Lo que dice la gente de...
Renovando tu Mente

Recomendamos ampliamente este devocional bíblico bien escrito y escrituralmente sólido. Le sugerimos que comience todos los días con una lectura antes de comenzar su lectura diaria de la Biblia. Hay muchos recordatorios en este libro del gran amor de Dios por ti, tanto que virtualmente ilumina cada uno de los devocionales. Esperamos nada menos que lo mejor de este talentoso y joven autor como miembro fiel y líder permanente de estudios bíblicos en nuestra familia de la Iglesia Packinghouse.

—Pastor Ed Rea
The Packinghouse
Redlands, CA

Renovando Tu Mente realmente hace eso. Patrick tiene una forma tan amable pero firme de recordarnos que no debemos pensar, actuar o reaccionar ante situaciones y circunstancias en nuestras vidas como lo hace el mundo; gentilmente invitándonos y guiándonos a pensar como Dios lo hace. Sus palabras te hablan como lo haría un amigo tomando una taza de café, y de una manera tal que mientras puedes estar recibiendo corrección y disciplina, la recibas como de un amigo. Este devocional hablará a los corazones de muchos conforme nos interesamos en pensar más y más como Jesús, aun en este mundo tan rápidamente cambiante.

—Pastor Garrie Price
Calvary Chapel Safe Harbor
Cabo San Lucas, México

Cuando pienso en el autor de este volumen que tienes ante que ti, pienso en él bajo el contexto en el cual lo he conocido. En este mundo triste de consumismo espiritual, es refrescante encontrar voces que han crecido dentro de una sola iglesia. ¡Recuerdo a Patrick en los primeros días como cristiano, y a su encantadora esposa Michelle en sus inicios! Ambos han pasado la mayor parte de sus vidas como miembros fijos entre los miles que conforman Packinghouse en Redlands, California, en cualquier fin de semana.

Ya se trate de Estudios Bíblicos, Viajes Misioneros o el Ministerio de la Sala de Oración, ¡Ellos dos han sido conocidos y apreciados como una pareja de confianza con un corazón entregado para el Dios viviente! ¡Tuve la bendición de haber sido el designado para ministrar su boda! Mientras lee este volumen delante de usted, si no ha tenido el privilegio como yo lo he tenido de crecer en tan saludable ambiente de la iglesia, escuchará el latido de lo que produce tal ambiente; las frases, los patrones de pensamiento, los latidos del corazón y el amor por las Escrituras me recuerdan a mi hogar. Patrick no solo ha capturado la esencia y el sabor de lo que recuerdo de mi iglesia local, sino que también ha permitido que el corazón del Señor lata a través de sus palabras, no de la misma manera que uno consideraría la doctrina de la inspiración, pero a la manera de un hombre que es guardado por el Espíritu Santo, y determinado como Él es, para alentar y reclutar hombres y mujeres para amar a Cristo más fervientemente, y que vivan sus vidas con más pasión dedicados a Dios.

Doy gracias al Señor por Patrick y Michelle. Su crecimiento es un testimonio de la fidelidad del Señor para mover los dones para el equipamiento de los santos. ¡Oro para que a la vez que usted lea este devocional su corazón pueda "captar" un poco más de lo que significa pertenecerle a Dios!

—**Pastor Frank Sanchez**
Calvary Christian Fellowship
Colton, CA

RENOVANDO
TU
Mente

BY

PATRICK EGLE

Agradecimientos

Cuando el Señor me dijo que escribiera un libro devocional, no tenía idea de cuán difícil eso sería. Afortunadamente, lo sabía, y por eso me rodeo de personas extraordinarias en mi vida para apoyarme a través de esta aventura increíble y desafiante.

Michelle Egle, mi esposa y mejor amiga; sin su gracia diaria, amor, aliento, apoyo y oraciones, este libro nunca hubiera visto la luz del día. Ella continuamente me alentaba y me volvía a enfocar cuando el desánimo, la depresión y el miedo me abrumaban. No importó cuan desesperada pareciera la situación, ella nunca me permitió darme por vencido. Gracias amor, verdaderamente eres la persona más increíble que he conocido!

La familia Egle: Paul, Linda, Chris, Julie, Sean, Pam, Kayla, Lex Borroto, Jacob Asherbranner; la familia Escobar: Moisés, Angela, Gracie, Danny, y por supuesto, Mike (y) Sassmann: Su inagotable y alentador apoyo para presionarme; fue algo invaluable para mí durante este proceso. ¡Gracias muchachos por escucharme siempre, por siempre contar con su opinión y siempre orar por mí durante este proceso!

Bill y Deann Hanley, Mark y Jennifer Conley, Darrell y Barbara Luttrull, Walt y Cynthia Harrison: Estas personas fueron mi Aaron y Hur que continuamente levantaban mis brazos mientras me debilitaba y me cansaba durante la batalla. Sus diligentes oraciones, el consejo y su amor fueron siempre perfectos en poder y tiempo para mantenerme enfocado, renovado y con un propósito. ¡Muchas gracias chicos por estar siempre ahí para mí!

Leah Moore-Evans: En las primeras etapas de este proyecto, Michelle y yo orábamos de continúo para que el Señor trajera junto a nosotros aquellos que tenían experiencia en escribir un libro. El Señor respondió esas oraciones al traer a Leah a nuestras vidas. Ella fue una fuente invaluable de sabiduría para mí con respecto a las leyes y normatividad relacionadas con los derechos de autor, edición y publicación. Ella libremente me dio su tiempo para responder a todas mis preguntas y siempre dejar que rebotaran mis ideas locas fuera de ella. Cada vez que llegaba a ese punto todo lo que podía decir era "¡Ack!" (Moore-Evans, Leah. Re:Devo Book, mensaje para Patrick Egle, correo electrónico del 7 de enero de 2018), ella gentilmente me habló y alivió mis preocupaciones. ¡Gracias Leah, realmente eres una respuesta a la oración!

El equipo de oración: Desearía poder enumerar todos los nombres de cada una de las personas que se tomaron el tiempo para orar por nosotros y con nosotros, pero me temo que podría dejar involuntariamente fuera a alguien así que pensé que era mejor escribirles un reconocimiento general de gratitud a todos. Gracias por el trabajo colaborativo de todos, por asociarse espiritualmente con nosotros en este proyecto y orar diligentemente a través de todas las etapas que enfrentamos. Fueron sus oraciones las que nos llevaron y nos sostuvieron en los momentos más difíciles. ¡Su gran trabajo de amor tiene y cosechará muchos frutos!

Pastor Ed Rea: La primera vez que me presenté en la Iglesia Packinghouse en 2001, era un cristiano recién convertido en busca de un hogar. Después de asistir a un servicio el miércoles por la noche, me fui proclamando que nunca volvería porque el mensaje "era demasiado convincente." Decidí regresar el siguiente sábado por la noche y darle a la Iglesia Packinghouse una oportunidad más, pero tuve exactamente la misma respuesta. Fue entonces cuando habló el Señor me dijo: "Patrick, aquí es exactamente donde debes estar, porque necesitas escuchar la verdad." Dieciocho años después, sigo asistiendo a la Iglesia Packinghouse porque todavía escucho la verdad, versículo a versículo. Gracias, Pastor Ed, por su gran fidelidad a esta congregación y por decir continuamente la verdad a mi vida.

Dolores Zamorano: No puedo agradecer lo suficiente a Dolores por voluntariamente tomar la ardua tarea de traducir este libro al Español. Sin ella, la traducción al Español de Renovando Tu Mente nunca hubiera visto la luz del día. Como Isaías respondió cuando el Señor preguntó, "A quien enviaré, y quien irá por nosotros?" Dolores también dijo, "Heme aquí! Envíame a mi." Su devoción, diligencia, sacrificio y dedicación para trabajar en este libro por más de un año no pueden ser expresados lo suficiente. Muchísimas gracias Dolores, verdaderamente tu eres una respuesta de oracion!

Editorial/editor: Quiero agradecer a Bill Carmichael, Andy Carmichael, Alexis Miller, Sean Tosello, Tamara Barnet y todo el personal de Deep River Books, así como a mi maravilloso editor, Carl Simmons, quien soportó minuciosamente todos los dolores de crecimiento que atraviesa un autor primerizo. Gracias por la gracia y paciencia que continuamente me mostraste, gracias por todo tu arduo trabajo y muchas gracias por arriesgarte a colaborar conmigo en este libro increíble.

Por último, quiero reconocer a todos los hombres y mujeres que contribuyeron en la realización de este libro vertiendo sus conocimientos y apoyo en mi vida. Decir que escribí este libro por mi cuenta sería algo tonto en el mejor de los casos. Me doy cuenta y confieso que todo lo que sé y he escrito en este libro vino de alguien en algún lugar que dijo: "Esto es la verdad de Dios, y esto es lo que significa." Si fue un sermón, un comentario, un libro, una oración, una canción, una historia, una conversación, una publicación, un texto, un tweet o un correo electrónico lo recibí y por lo tanto yo crecí. Lo único que lamento, como me he dado cuenta, es que es imposible para mí citar correctamente a cada persona que ha contribuido para mi crecimiento espiritual en Dios.

Mediante mis mejores esfuerzos, he buscado y orado minuciosamente e indagado cada recurso que tengo a mi disposición para que el crédito por la propiedad intelectual en este libro se le puede dar a quien se le debe. Pero, por desgracia, me temo que algunos todavía se han ido sin el reconocimiento que se merecen. A todos ustedes, les digo ¡Gracias, siempre lo haré y estaré en deuda con ustedes!

Dedicatoria

A nuestros amados tesoros, Kate y Joel.

La mayor herencia que alguna vez podamos dejarles; no es la plata ni el oro, sino el conocimiento de Jesucristo. Oramos para que este libro los ayude a guiarlos en su caminar con Él todos los días de su vida, para que puedan vivir en la Libertad y la Gracia que Él tan generosamente nos ofreció.

Nunca olviden: El Señor es bueno, siempre está dispuesto para perdonar y Él tiene misericordia que sobreabunda para todos los que invocan su nombre. Así que; dale gracias al Señor, invoca Su Nombre, hagan conocer sus obras, y siempre, siempre, siempre, entréguense a la oración.

Los amamos ahora y siempre con todo lo que somos,

Papá y Mamá

Prefacio

Por Bill Hanley

"Te daré un nuevo corazón y pondré un nuevo espíritu dentro de ti; voy a quitar el corazón de piedra de tu carne y te daré un corazón de carne."

Ezequiel 36:26

Todo comenzó como parte de una cadena de correo electrónico, una colección de eventos que describían versículos de la Biblia en el marco de lo que estaba sucediendo en este lado de la eternidad. En varias ocasiones antes de que se enviaran estos correos electrónicos, escuché a Patrick enseñar las Escrituras y fue un maestro talentoso y líder de un estudio bíblico semanal que nosotros compartíamos. Algo sobre los correos electrónicos era diferente. Rápidamente se hizo evidente que el objetivo era el de transformar la forma en que nos acercábamos desde este lado de la eternidad. ¿Cómo podemos tomar lo que la Escritura nos dice acerca de cómo amar y seguir a Cristo y aplicarlo a las cosas que surgen todos los días?

Estaba claro para mí que Patrick no estaba en una diatriba motivada filosóficamente con énfasis en nuestra forma de pensar caída. Por el contrario, el trabajo contenido en los devocionales surgió de un sincero deseo de servir a Cristo al aplicar Su Palabra a nuestras luchas, alegrías y mediocridades. El objetivo era simplemente compartir las rejuvenecedoras promesas de la Biblia con todos los que Patrick conocía.

El propósito determinado de Patrick siempre ha sido magnificar la Gloria de Dios al ser un siervo del poder de la Gracia de Cristo. Mostrando a otros la autoridad transformacional que solo se encuentra en el amor de Cristo, los esfuerzos de Patrick nos recuerdan la intensidad de la vocación y convicción de Pablo: "Porque estoy seguro de que ni la muerte ni la vida, ni los ángeles, ni los gobernantes, ni las cosas presentes, ni las cosas por venir, ni poderes, ni la altura, ni la profundidad, ni ninguna otra cosa creada podrá separarnos del amor de Dios en Cristo Jesús Nuestro Señor" (Romanos 8: 38–39, NVI).

Mientras se toma el tiempo al leer este libro, permita que su corazón de piedra sea convertido en un corazón de carne. Observe cómo los eventos diarios son importantes para nuestro Señor cuando los vemos a través de Su Palabra. Con una perspectiva bíblica, comprenderá mejor cómo vivir con un propósito celestial. Observe la bella manera que tiene Patrick en su libro Renovando su Mente, al plasmar y compartir el Espíritu del Señor moviéndose en su vida y las vidas de quienes lo que lo rodean. Disfrute el poder del regalo de Patrick, conforme nos comparte cómo amar a nuestro Señor con todo nuestro corazón, mente y alma.

ENERO 1

Lamentaciones 3:22–23: "A través de las misericordias del Señor no somos consumidos, porque sus compasiones no fallan. Son nuevas cada mañana; grande es Su Fidelidad."

Y así comienza . . . vamos a hacer más ejercicio, comer mejor, perder peso, ahorrar más dinero, escribir un libro, pasar más tiempo con Dios. . .y sigue y sigue la lista. ¿Qué tiene el 1 de Enero que nos hace tomar nuevas resoluciones para nuestras vidas? ¿Que agita estas pasiones dentro de nosotros, por qué nos vemos obligados a tomar las áreas débiles de nuestras vidas y desear mejorarlas?

Simple: el 1 de Enero representa un nuevo comienzo para nosotros; un nuevo comienzo fresco . . . con un pizarrón limpio sin nada escrito aún. Con él, tenemos la esperanza de un mejor mañana, uno en el que seremos más disciplinados, más agradecidos, más. . . buenos.

Sin embargo, según Lamentaciones 3:22–23, tenemos esto todas las mañanas con el Señor. "A través de las misericordias del Señor no somos consumidos, porque sus compasiones no fallan. Son nuevas cada mañana; grande es Su fidelidad." Jeremías escribió estos versículos después de que los babilonios habían destruido Jerusalén debido a la constante rebelión y pecado de Israel hacia Dios. Sin embargo, incluso cuando escupieron en la cara del Señor Jesús y le dijeron: "No te queremos ni te necesitamos, Dios," el Señor, en su increíble misericordia y gracia, todavía tenía piedad y favor para ellos. Fue solo por sus abundantes misericordias y su inquebrantable compasión que ellos no fueron consumidos, porque la fidelidad de Dios es grande.

Como creyentes en Jesucristo, debemos estar encantados porque la misma verdad exactamente se aplica a nosotros también. Imagínese si viviéramos todas las mañanas con Dios como si fuera el 1 de Enero. . . con un nuevo comienzo, un comienzo fresco, una pizarra limpia. Atrás quedaría la culpa y condena de los fracasos de ayer y en cambio tendríamos esperanza y alegría para un mejor hoy, no por algo que podemos hacer o lograr por nuestra cuenta, sino por la gran misericordia de Dios y su inquebrantable compasión hacia nosotros. Esto es en última instancia donde encontramos nuestra esperanza, nuestra fuerza y nuestra alegría de seguir adelante y caminar dignos del llamado al gran regalo de salvación que se nos ha dado.

Para el creyente, es muy importante recordar que confesamos nuestros pecados, no porque necesitan ser removidos de nosotros, sino porque ya hemos sido perdonados y limpiados por la sangre de Jesucristo. Fuimos perdonados, tiempo pasado, pero hemos sido y seguimos siendo como si nunca hubiéramos pecado. Si tuviéramos que llevar esto a la realidad última del amor y el perdón de Dios, veríamos que no solo cada mañana contamos con su misericordia, sino que también cada momento de cada día y por el resto de nuestras vidas porque cada vez y de continuo se renuevan sus misericordias hacia nosotros.

Cuando Jesús murió en la cruz, cada pecado que cometeríamos fue desnudado a su vista; aun así, Él dijo "Consumado es" cuando Jesús respiró su último aliento. La palabra griega allí es *tetelestai*, que significa pagado en su totalidad. Existen recibos históricos encontrados en Grecia que tenían esta palabra *tetelestai*, escrita en la parte inferior donde mostraba el saldo adeudado. Entonces se podía ver que ya no queda nada por hacer; Todos los negocios habían terminado. La deuda estaba pagada y concluida. Eso es lo que la cruz significa para el creyente. Está terminado y somos perdonados. Entonces hermano creyente, que cada momento sea tú 1 de Enero porque la verdad es que hay nuevas misericordias para este día.

ENERO 2

Marcos 9:23: "Jesús le dijo: "Si puedes creer, todo es posible al que cree."

A menudo me siento desanimado y frustrado conmigo mismo cuando simplemente no le creo a Dios, sin tener que tomar la decisión de creerle primero a Él. Estos son los momentos que me vuelvo vulnerable a la sugerencia de que algo anda mal conmigo por haber tenido que elegir en creer, en lugar de solo creerlo, como si tuviera la obligación de elegir en creer, porque entonces realmente no creo. Bueno, estoy aquí para decirte que esto no es cierto, así que no creas la mentira.

Necesitamos entender que las verdades de Dios son simplemente mucho más grandes que los pequeños espacios que tenemos dentro de nosotros, y creer que sus verdades son para nosotros, para nuestra situación, para este momento de nuestras vidas, nuestros pequeños y cómodos espacios tienen que estirarse, y nos causará incomodidad por un breve tiempo. Pero así es como crecemos en nuestra fe, así es como se desarrolla nuestra confianza en Dios. Esos pequeños espacios se convierten en espacios más grandes y pronto nos resultará más fácil asimilar esas grandes verdades cuando las necesitamos.

Hay una ley de creencias no escrita que dice, que cuando continuamente elegimos creer en algo y esa creencia se afirma constantemente, entonces nuestra opción de creer se transforma en creencia sin lugar a dudas. Por ejemplo, supongamos que vas a la casa de un amigo y tu amigo te ofrece un asiento en una silla vieja y rota. Entonces tu piensas para ti mismo: "No hay forma de que esta silla me sostenga." Pero tomas la decisión de creer y arriesgarte que lo hará, y mientras te sientas lentamente en la silla, te percatas que te sostiene. Una y otra vez vas a la casa de tu amigo y te sientas en esa misma silla vieja y rota, cada vez que eliges creer que no cederá por debajo de ti. Al hacer esto continuamente, pronto comenzarás a sentarte en la silla sin incluso pensar en ello. Cuando esto sucede, ahora te has graduado de la opción de creer, tener creencia sin pensar.

Encontramos un gran ejemplo de esto en el evangelio de Marcos 9 cuando un hombre trajo a su hijo enfermo a Jesús, inseguro de que Jesús pudiera sanarlo. Él le dijo a Jesús, "Pero, si puedes hacer cualquier cosa, ten compasión de nosotros y ayúdanos." Entonces Jesús le dijo: "Si puedes creer, todas las cosas son posibles para aquel que cree" (Marcos 9: 22-23). Observe la palabra clave de este hombre hacia a Jesús, si puedes hacer cualquier cosa entonces ten compasión de nosotros y ayúdanos. Jesús se lo revierte al decirle "Si puedes creer, todas las cosas son posibles para aquel que cree." Este hombre tenía dudas. No creía sin pensar porque la verdad de que Jesús podía curar a su hijo era demasiado grande para recibirla en ese pequeño espacio dentro de él. Le estaba diciendo Jesús: "Debes creer sin pensar?" No, Jesús le estaba diciendo: "¡Debes elegir creer!"

"Inmediatamente el padre del niño gritó y dijo con lágrimas: 'Señor, yo creo, ¡ayuda mi incredulidad!" (Marcos 9:24). El padre del niño tomó la decisión de creer, y Jesús sanó a su hijo.

Aunque es posible que nunca creamos sin pensar en todo, debemos recordar que cuanto más elegimos creer en el carácter de Dios, su fidelidad, su amor, su provisión, su palabra y sus demás atributos, más fácil será para nosotros la elección de creer en el futuro.

ENERO 3

Mateo 11:28: "Vengan a mí todos los que trabajan y están cargados, y yo les daré el descanso."

Estoy cansado, física, mental, espiritualmente…hasta a las profundidades de mi alma, cansado. Pero si miraras mi horario recientemente, no pensarías así. Veamos…

fui en un crucero a Ensenada California del 23 al 26, estuve enfermo los días 27 y 28, trabajé el 29, y luego volví a salir del 30 al 3… ¿De qué o por qué tengo que estar cansado?

Todo comenzó cuando salí para el crucero. Recuerdo haberles dicho a mis amigos antes de irme que todo lo que quería hacer en el crucero era descansar, simplemente acostarme en los pasillos del barco, relajarme y no hacer absolutamente nada. Lo justifiqué porque no podía recordar las últimas vacaciones que tuve y este no era un viaje misionero. Así que en los últimos días antes del crucero, me fui física, mental y espiritualmente relajado.

Bueno, conforme el crucero llegó a su fin, recuerdo haber pensado: "No he hecho nada sustancial que no sea subir miles de escaleras y comer una tonelada de pizza, y sin embargo no estoy descansado en absoluto. De hecho, estoy aún más agotado ahora, que antes de zarpar." Fue muy raro; No encontré absolutamente ningún descanso en el crucero. ¡Nunca me sentí relajado, nunca sentí una sensación de paz… ni una sola vez! Llegué al punto de solamente descansar, lo que tanto había anhelado. Luego, durante los próximos seis días, trabajé solo un día, estuve enfermo dos días y tuve tres días libres.

Sin embargo, aquí estaba, todavía agotado física, mental y espiritualmente. Entonces, ¿Qué gané?

Es simple, realmente intenté descansar *de* Jesucristo en lugar de descansar *en* Jesucristo. Cuando abordé ese barco, dejé todo detrás de mí, incluido a Dios, yo no quería pensar en el trabajo, la iglesia, el estudio de la Biblia, devocionales o en cualquier otra cosa. Yo solo quería "escapar" y "alejarme de todo" porque estaba exhausto. Por supuesto, oramos juntos en las comidas y a menudo hablábamos de Dios, pero nunca fijé una hora aparte solo para mí y Dios. Nunca descansé en él, ni una sola vez.

"Ven a mí… y te daré descanso", dice Jesús. No, "Viaja en un crucero y encontrarás descanso," "Duerme todo el día y encontrarás descanso" o "Deja de servir y encontrarás descanso." No, Jesús dice: "Ven a mí… y te daré descanso." El deja esto muy claro que el verdadero descanso solo se puede encontrar en Él, porque solo Él nos da el descanso.

Lo sorprendente de esta promesa es su simplicidad. No necesitamos tomar vacaciones, ir a un paraíso tropical o cortar cosas de nuestras vidas para recibir este descanso, simplemente necesitamos ir a Jesús, y Él nos dará el descanso y todo lo que a nosotros nos falta. Está disponible para nosotros en cualquier día y cualquier momento. En medio de un agitado día de trabajo, sentado o manejando en el tráfico o la hora pico, mientras las facturas se acumulan, mientras estamos perseguidos injustamente, mientras padecemos y estamos afectados por enfermedades o, mientras nuestros corazones están rotos, mientras nuestras vidas están completamente al revés y todo el mundo está en contra de nosotros, aun así, ¡podemos encontrar descanso en Jesucristo en cualquier lugar y en cualquier momento y bajo cualquier circunstancia!

¿Necesitas descansar? No cometas el mismo error que yo cometí al buscar en el mundo una respuesta porque no la vas a encontrar. Simplemente busca a Jesús. Solo pasa tiempo con Él, con Jesucristo y encontrarás la paz y el descanso para tu alma que tan desesperadamente anhelas.

ENERO 4

Salmo 119: 50 (NVI): "Mi consuelo en mi sufrimiento es este: Tu promesa preserva mi vida."

De vez en cuando me encuentro con un versículo de la escritura que es tan simple y a la vez tan profunda que quiero patearme porque siempre la olvido y no la tengo presente como debiera. Esta es uno de esos versículos de la escritura. El salmista nos recuerda que cuando nos enfocamos en las promesas de Dios para nosotros, podemos encontrar consuelo a pesar de nuestros sufrimientos actuales: "Yo me acuerdo, Señor, de tus antiguas leyes, y encuentro consuelo en ellas" (Salmo 119: 52, NVI).

En Mateo 11: 28–30 (NVI), Jesús nos invita: "Vengan a mí todos ustedes que están cansados y agobiados y yo les daré descanso. Toma mi yugo sobre ti y aprende de mí, porque soy gentil y humilde de corazón, y encontrarás descanso para tu alma. Porque mi yugo es fácil y mi carga es ligera." Al hablar sobre este versículo, muchas personas han usado la ilustración de un yugo que se coloca al buey mientras ara el campo: explican que el "yugo" de Cristo es perfecto para nosotros para no rozar nuestros hombros o ser demasiado pesado para que lo carguemos. Su carga para nosotros es por lo tanto fácil y ligera esto en verdad es muy cierto.

Pero hay otra verdad en esta palabra "yugo" que a menudo se pasa por alto. De nuevo en los antiguos días de los rabinos, ellos solían usar esta palabra en referencia a sus propias enseñanzas. Entonces cuando Jesús dice: "Toma mi yugo sobre ti y aprende de mí… y encontrarán descanso para sus almas. Porque mi yugo es fácil y mi carga es ligera," se refiere a su enseñanza. Entonces, lo que Jesús nos está diciendo aquí es: "Escúchenme y aprendan de mis enseñanzas, porque es allí, en mis palabras, donde encontrarán descanso para sus almas. Mi enseñanza es muy fácil de entender y lo que te pide de ti es muy poco."

Una de las razones principales por las que Dios nos ha dado la Biblia es para ayudarnos a través de nuestras dificultades y problemas que enfrentamos en esta vida, para que no nos rindamos, sino que aguantemos hasta la vida eterna. Recuerde, Dios no solo nos promete vida eterna en Jesucristo, pero también calidad de vida aquí en la Tierra. No estoy hablando de riquezas, fama o salud como un evangelio de prosperidad, sino más bien de esperanza, paz y consuelo en cada situación; todo esto es nuestro cuando lo necesitamos.

Pero para recibirlos, tenemos que ir a donde residen estas cosas. Como dice el capítulo 15 versículo 4 del libro de Romanos: "Porque todo lo que fue escrito en el pasado fue escrito para enseñarnos, para que entonces a través de la resistencia y el estímulo de las Escrituras podamos tener esperanza." Esto es lo que el salmista nos dice aquí: "Mi consuelo en mi sufrimiento es esto: Tu promesa conserva mi vida." Aquí es donde encuentro esperanza, paz y consuelo y mi corazón descansa en medio de sus sufrimientos y aquí es donde también los encontraremos.

ENERO 5

Números 11: 4: "Ahora la multitud mixta de extranjeros que estaba entre ellos cedió ante un intenso deseo."

Habrá muchas veces en nuestras vidas en las que lucharemos con anhelos intensos de nuestro pasado. A veces, estos anhelos pueden ser tan intensos que casi nos incapacita por el dolor de no cumplirlos. ¿Pero no es interesante que cuando anhelamos las cosas del pasado, olvidamos convenientemente los horrores y dolor de la esclavitud que nos hizo clamar a Dios en primer lugar? Con qué facilidad olvidamos que incluso cuando tuvimos estas lujurias cumplidas, aún éramos completamente miserables porque estas cosas solo trajeron destrucción a nuestras vidas y nunca pudieron satisfacernos. Sin embargo, a menudo entretenemos la mentira de que, si tuviéramos esas cosas ahora, nuestra vida sería mucho mejor y estaríamos completamente satisfechos.

¿Entonces por qué experimentamos ansias intensas de nuestro pasado si somos nuevas creaturas? Como un platero que elimina las impurezas de los metales preciosos a través del proceso de refinación, a menudo nos encontramos mirando hacia atrás y anhelando cosas del pasado porque a medida que continuamente nos moldeamos en la imagen de Cristo a través del proceso de santificación, esos viejos deseos están siendo obligados a subir a la superficie para que puedan ser eliminados permanentemente de nuestras vidas. Entre más se acercan esos deseos a ser derrotados, más lucharán fervientemente para mantener su control sobre nosotros. El peligro en este proceso es que, si elegimos ceder ante estas ansias intensas cada vez que se elevan a la superficie, continuarán gobernándonos como si fueran nuestro señor y maestro, y nunca nos libraremos de ellos.

Entonces, ¿Cómo nos mantenemos firmes cuando somos tentados por estos deseos de nuestro pasado? Tenga en cuenta que a pesar de que todo Israel fue tentado, solo fue la "multitud mixta" o sea los extranjeros quienes cedieron a sus anhelos intensos. Estos son los que tenían una mente dividida entre Dios y el mundo; cuya fe no estaba firmemente establecida en el Señor porque lucharon para decidir a quién querían realmente servir. Por otro lado, aquellos que, sí se mantuvieron firmes frente a estas tentaciones, fueron quienes pusieron firmemente su fe en el Señor y confiaron en lo que su Palabra decía acerca de lo que es bueno y lo que es malo.

Para que podamos combatir con éxito los deseos de nuestro pasado, debemos recordar que los buenos y viejos tiempos son ahora mismo en Jesús, nuestras vidas nunca han sido tan buenas como son hoy y mañana serán aún mejores. El reino de Dios no es un reino que mira hacia atrás, pero que mira hacia donde Dios nos está guiando. El Salmo 103:5 (NVI) nos promete que Dios "satisface tus deseos con cosas buenas." En otras palabras, las cosas que Dios tiene para nosotros son mucho mayores que cualquier cosa que podamos desear y tener en este mundo. Así que, hermano creyente, mantente firme en medio de la tentación, esperando las cosas que el Señor tiene para nosotros, fijando nuestros ojos hacia el premio de lo ascendente el llamado de Dios en Jesucristo (Filipenses 3: 13–14).

ENERO 6

Mateo 5:14: "Tú eres la luz del mundo."

Hace un tiempo, mi esposa Michelle me regaló un separador de libros que tengo sobre mi escritorio en el trabajo, que dice: "Toda la oscuridad del mundo no puede extinguir la luz de una sola vela." 1   He llegado a descubrir que este es un hecho científico comprobado; la oscuridad no puede apagar la luz. No importa cuánta oscuridad haya, no tiene el poder de extinguir la luz, porque la oscuridad es simplemente la ausencia de luz. Conforme pensaba en esto, me di cuenta de que cuanto más oscuro está; la luz de esa vela se vuelve más brillante. Se verifica de manera muy real, que la oscuridad no obstaculiza la luz, sino que la engrandece y exalta.

La Biblia a menudo contrasta la luz y la oscuridad, relacionando la luz con lo bueno y la oscuridad con lo malo. Como creyentes, debemos caminar en la luz porque ya no somos de la oscuridad. Primero de Tesalonicenses 5:5 nos recuerda esto: "Todos ustedes son hijos de la luz e hijos del día no somos de la noche ni de la oscuridad." Como seguidores de Jesucristo, somos luz. Por eso Jesús nos dijo: "Tú eres la luz del mundo." No importa cuán oscuro esté este mundo, y se pondrá aún más oscuro, no se podrá apagar nuestra luz, que es el Espíritu Santo que vive en y a través de nosotros en un mundo lleno de oscuridad.

Hace años, una amiga mía en Belice, Punta Gorda abrió una casa de ministerio en el centro de la ciudad y justo al otro lado de la calle donde abrió su casa de ministerio, planeaban abrir un club de striptease/bar/salón de baile/venta de drogas. Cuando este lugar se estaba abriendo, mi amiga hizo todo lo que pudo para evitarlo, pero fue en vano; se abrió el club justo en el tiempo planeado, pero entonces algo extraño sucedió: Su casa de ministerio despegó y floreció, porque muchas personas que vivían en la oscuridad fueron atraídos a la luz; y en cuestión de semanas, el club nocturno cerró. Mientras mi amiga oraba por todo esto, el Señor le habló muy claramente y le dijo: "La luz nunca huye de la oscuridad, más bien la oscuridad huye de la luz."

Hermano creyente, mientras los perdidos tropiezan en la oscuridad sin esperanza ni seguridad en la vida, nosotros, que tenemos esperanza y seguridad en y a través de Jesucristo, seremos un faro brillante para ellos por cómo vivimos nuestras vidas en medio de esa oscuridad. Esto es lo que significa ser la luz del mundo, es poder brillar en medio de la oscuridad, no huir de ella. Entonces cuando tu veas la oscuridad abundar, y lo harás, no pierdas la esperanza; no te dejes atrapar en el caos y la confusión que esta vida a menudo puede traer no comiences a vivir como si fueras una víctima de esta. Recuerda tu eres la luz del mundo y no importa cuán oscuro se torne, toda la oscuridad del mundo no podrá extinguir la luz de un solo creyente.

ENERO 7

Romanos 12: 2 (NVI): "No te conformes con el patrón de este mundo, sino se transformado por la renovación de tu mente."

Uno de los dones que creo que Dios me ha dado es la capacidad de mirar ciertas cosas desde un punto de vista completamente diferente a la mayoría de las personas. Tal vez es solo el rebelde que hay en mí, pero a menudo cuestiono las creencias y puntos de vista de que la mayoría de las personas solo aceptan como el *status quo*.

Por ejemplo, desde que Michelle y yo nos casamos, han venido muchas personas a nosotros y nos preguntan cómo va la vida matrimonial; nuestras respuestas generalmente varían desde "asombroso" hasta "sorprendente," según el día que sea, y casi como las manecillas del reloj ellos nos responden con: "Solo esperen; todo eso cambiará" o es porque todavía están en la fase de luna de miel, eso se acabará pronto." "Es casi como si nos estuvieran maldiciendo por tener un matrimonio estable… qué triste!

Aquí está mi pregunta a este tipo de pensamiento: ¿Por qué? ¿Por qué debe cambiar todo? ¿Por qué debe desaparecer? ¿En qué parte de la Biblia dice que, si se fundó un matrimonio centrado en Jesucristo, ¿No puede ser asombroso y sorprendente todos los días? Note que yo no digo "perfecto." Conozco a una pareja de jubilados que ha estado casados por más de cuarenta años, y se pellizcan todas las noches porque no pueden creer cuán asombroso y sorprendente es su matrimonio. La parte aterradora de tener este tipo de pensamiento negativo es que la gente acepta voluntariamente esto como un hecho, por lo que simplemente permitir que suceda porque "va a suceder de todos modos."

Michelle y yo, nos negamos a cumplir con este patrón de pensamiento, porque es un patrón de pensamiento muy mundano; no hay nada de Dios en este tipo de pensamiento. Es el mismo patrón que nos dice cuando somos tentados, "También puedes pecar, porque tarde o temprano vas a pecar de todos modos." El apóstol Pablo dijo muy claramente: "No se conformen según el patrón de este mundo, pero sean transformado por la renovación de su mente." Debemos desafiar estos patrones de pensamiento mundanos manteniéndonos firmes y luchando en contra de ellos, no solo acostarse y aceptarlos como si no tuviéramos nada que decir al respecto.

Honestamente, no tengo idea de lo que mañana traerá para Michelle y para mí, pero yo sé que hoy lucharé por lo asombroso y sorprendente de nuestras vidas. Serviré a mi esposa, oraré por ella, la lavaré en la Palabra de Dios, y la amaré tanto como posiblemente pueda, pero una cosa que no haré es aceptar que las cosas simplemente cambiarán o desaparecerán en nuestras vidas.

Te desafío a que hagas lo mismo, no solo en tu matrimonio sino en todas las cosas: tu caminar con Dios, tu trabajo, tu ministerio, tu vida. Una de mis citas bíblicas favoritas es "¡Bendito seas, porque Él es Dios!" porque ser bendecido no es algo reactivo que sucede después de que algo ha sucedido en nuestras vidas. Más bien, es una opción proactiva que hacemos cada minuto de cada día, porque Él es Dios y en Él somos bendecidos.

ENERO 8

> Juan 4:34: "Jesús les dijo 'Mi comida es hacer la voluntad del que me
> envió, y que termine su obra."

Últimamente me he sentido muy hambriento, no tanto físicamente, sino espiritualmente. Mi deseo de conocimiento y sabiduría de la palabra de Dios ha llegado a un punto de frustración, ya que no importa cuánto lea, ore o estudie, todavía me siento insatisfecho. Michelle y yo hemos estado buscando mucho al Señor recientemente. ¿También he buscado la sabiduría de mi pastor y mis hermanos espirituales, pero aún quedan preguntas. . . debería ir a un Colegio bíblico, seminario o escuela de ministerio? ¿Cómo puedo satisfacer esta hambre, Señor?

Ayer en el trabajo, Michelle me envió un mensaje de texto que decía: "La obediencia es cómo crecemos". Eso se agitó en mi corazón todo el día y eventualmente me llevó a recordar el versículo para el día de hoy: "Mi alimento es hacer la voluntad del que me envió, y terminar su obra." Estas fueron las palabras que Jesús habló a sus discípulos cuando le rogaron que fuera a comer algo de comida. Jesús continuó: "No digas: ¿Todavía faltan cuatro meses y luego viene la cosecha? He aquí, te digo, levanta los ojos y mira los campos, ¡Porque ya son blancos para la cosecha!" (Juan 4:35). Jesús, por supuesto, estaba hablando de la cosecha de almas perdidas, la verdadera razón por la cual Él vino a la Tierra.

Entonces, la respuesta a mi pregunta, la solución al hambre que siento, solo se llenará haciendo la voluntad de Dios y estando dispuesto a terminar el trabajo que Él me ha llamado a hacer. Ninguna cantidad de lectura, oración o estudio va a cumplir este deseo dentro de mí, si no estoy siguiendo la voluntad de Dios para mi vida. Entonces la única pregunta que queda es, ¿Cuál es la voluntad de Dios para mí en este momento de mi vida? ¿Qué queda pendiente todavía?

Una cosa si se: donde sea que estemos, hagamos lo que hagamos, debemos servir a Dios y hacer discípulos. La cosecha está madura con personas que están listas para encontrar y acepar a Jesús como su Señor y Salvador, porque como Él nos proclamó: "Te digo, levanta tus ojos y mira los campos, ¡Porque ya están blancos para la cosecha!" Nada nos satisface tanto como la comida de seguir la voluntad de Dios para nuestras vidas. Entonces hermano creyente, ¿Te sientes vacío e insatisfecho con tu vida? Predica el evangelio y cumple el ministerio al que el Señor te ha llamado, y estarás satisfecho.

ENERO 9

Lucas 12:34: "Porque donde esté tu tesoro, allí estará también tu corazón."

Un día, un cerdo y una gallina caminaban por el camino cuando vieron que se realizaba una recaudación de fondos. La gallina le dijo al cerdo: "Oye, deberíamos ayudarlos y donar un poco de tocino y huevos." El cerdo respondió: "¡De ninguna manera!" Cuando el pollo preguntó él por qué no, el cerdo dijo: "Porque para ti es una donación única; para mi es un compromiso de por vida."

Para muchos de nosotros, comprometerse con algo puede ser una cosa muy difícil de cumplir. Sin embargo, la verdad es que todos estamos totalmente comprometidos con *algo*. El evangelio de Lucas 12:34 nos dice: "Porque donde esté tu tesoro, allí estará también tu corazón." Lo que sea que nosotros consideramos lo más significativo y valioso es donde encontraremos nuestro compromiso completo. La pregunta es, ¿Dónde está tu tesoro?

Como ávido fanático del fútbol (¡Go Packers!), Siempre estoy atento a los acontecimientos alrededor de la liga. Un año, mientras los equipos estaban formando sus listas para la próxima temporada, un equipo en particular abrió el banco para que firmaran los famosos sus nombres gratis sin los agentes de por medio. Cuando el dueño de este equipo fue entrevistado sobre el gran chapoteo de las firmas de autógrafos en la agencia libre, simplemente dijo: "Estamos entrando a fondo," lo que significa que estamos comprometiendo todos los recursos que tenemos para ganar el Super Bowl.

Después de esa entrevista, estaba hablando con un par de amigos misioneros que Michelle y yo visitamos con bastante frecuencia, y el pastor me decía eso porque las finanzas y el apoyo para la iglesia eran bajos y tuvieron que echar mano de su cuenta personal de ahorros para construir una iglesia; pero no importa, "Estamos todos dentro." Me llamó la atención el hecho de que el dueño del equipo de fútbol y el pastor tenían exactamente la misma mentalidad: ir por todo y comprometer completamente todo lo que tenían para lograr su deseado objetivo, sin embargo, los motivos que alimentan su pasión no podrían haber sido más diferentes. Uno estaba tratando de obtener tesoros en este mundo para sí mismo; el otro estaba tratando de alcanzar tesoros en el cielo para los demás.

Creo que es muy sabio para cada uno de nosotros dar un paso atrás y tomar un largo tiempo para analizar nuestras vidas de vez en cuando, para que podamos determinar con exactitud donde yace nuestro tesoro, porque todos estamos comprometidos con algo. Deberíamos estar haciendo preguntas como estas, ¿Dónde estoy completamente comprometido y con qué estoy completamente comprometido? Jesús no pudo haberlo dicho mejor cuando preguntó y dijo: "¿Y de qué te beneficia si ganas todo el mundo, pero pierdes tu propia alma? ¿Hay algo que valga más que tu propia alma?" (Mateo 16:26, NTV).

Lo gracioso de ese equipo de fútbol es que a pesar de que habían construido lo que apodaron como "The Dream Team" (el Equipo de Ensueño) fueron uno de los peores equipos de la liga en ese año. Entonces, creyente, ¿Qué vas a lograr? ¿En qué estás invirtiendo tus recursos tanto espirituales como materiales? Elije sabiamente, porque los reembolsos o ganancias son eternos.

ENERO 10

> Apocalipsis 3:12: "Al que venciere, le haré un pilar en el templo de mi Dios, y él no saldrá más."

Esta frase puede no significar mucho para nosotros, pero para los cristianos que vivían en Filadelfia (en Asia Menor), esto significaba mucho. Usted ve, la región donde Filadelfia estaba localizada tuvo muchos terremotos; y cada vez que había un terremoto, la gente que vivía allí tenía que salir corriendo de la ciudad para evitar todos los escombros que caían. Esta fue una vida muy caótica para estas personas ya que los terremotos vendrían en todo momento, fuera de día o de noche y para mí personalmente, no hay nada peor que ser despertado a las tres a.m. por un terremoto.

Cuando la gente volvía a la ciudad después de que los terremotos hubieran cesado, a menudo lo único que quedaba en pie eran los pilares. Entonces Jesús les prometió a ellos, "Al que venciere, le haré un pilar en el templo de mi Dios, y ya no saldrá más." Básicamente les estaba diciendo: "En mí, lo harás te convertirás en una columna en el cielo; serás inquebrantable, inamovible y siempre permanecerás de pie por toda la eternidad. Ya no necesitarás correr por miedo a la muerte, porque estarás a salvo y seguro en el templo de mi Dios."

Después de que Michelle y yo nos casamos, decidimos, a través de muchas oraciones y consejos, renunciar temporalmente a nuestros respectivos ministerios para poder concentrarnos en nuestro matrimonio. Originalmente establecimos un marco de tiempo de dos meses antes de que volviéramos a esos ministerios, pero a medida que oramos más sobre lo que el Señor tendría preparado para nosotros dos, sentí que Dios me decía "Patrick, necesitas fortalecer lo que necesita permanecer firme." Fue entonces cuando recordé a la gente de Filadelfia y lo qué Jesús les había prometido. Creo que Dios me estaba diciendo que nuestro matrimonio necesitaba ser un pilar firmemente establecido en el Señor, de modo que cuando las tormentas de esta vida vinieran, y todo lo demás a nuestro alrededor se estrellara, nuestro matrimonio quedaría en pie . . . se mantendría fuerte. Cuatro meses después, mientras buscábamos dónde el Señor nos llevaría a servir en el ministerio, nos llevó a las parejas casadas de nuestra iglesia a un estudio, que acababa de comenzar con un libro sobre el fortalecimiento del matrimonio y tenía una imagen de un pilar en la portada.

Lo más importante a tener en cuenta en todo esto es que necesita tener unos cimientos sólidos. Podría tener el pilar más fuerte del mundo, pero si está construido sobre una base débil o cambiante, sería inútil ya que simplemente se caerá cuando lleguen las tormentas. Es por eso que en el evangelio de Mateo 7:24–27 se nos dice que establezcamos todo en nuestras vidas en la roca, que es Jesucristo nuestro Señor.

> Por lo tanto, el que escucha estas palabras mías (Jesús), y las lleva a cabo, lo compararé con un hombre sabio que construyó su casa sobre la roca: y cuando la lluvia descendió y vinieron las inundaciones, y los vientos soplaron y golpearon sobre esta casa no cayó, porque se fundó en la roca. Pero todos los que escuchen estas mis palabras y no las lleve a cabo, será como un hombre necio que construyó su casa en la arena, y la lluvia descendió, vinieron las inundaciones, y los vientos soplaron y golpearon esa casa; y se cayó y grande fue su caída.

Creo que es muy sabio para todos nosotros dar un paso atrás y pensar en las cosas en nuestras vidas en las cuales queremos permanecer en pie aun después que pasen las tormentas de la vida. Cosas como nuestros matrimonios, nuestros hijos, nuestros negocios, nuestra fe y luego necesitamos preguntarnos: ¿Cuáles son los cimientos en los que he fundamentado y construido estas cosas? ¿Lo harán sobrevivir a las tormentas que traerá esta vida?

Entonces, hermano creyente, fortalece aquellas cosas que necesitan mantenerse fuertes comenzando por tu fe, construye todo en tu vida en la roca que es Dios y conviértelos en pilares para que cuando el mundo que te rodea se derrumbe y se desmorone, esas cosas permanecerán en pie.

ENERO 11

Proverbios 27: 7 (NCV): "Cuando estás lleno, ni siquiera la miel sabe bien, pero cuando tienes hambre, incluso algo amargo sabe dulce."

Como aprendemos en la Biblia, la miel tiene muchas cualidades atractivas; es un alimento nutritivo una medicina útil, un regalo adecuado y una posesión valiosa. Debido a esto, la miel era muy buscada y muy deseable. Entonces, cuando Salomón escribió: "Cuando estás lleno, ni siquiera la miel sabe bien," estaba haciendo una declaración muy poderosa a la gente de aquellos días. Esencialmente, lo que Salomón dice aquí es: "Cuando estás lleno, incluso las cosas buenas no te atraerán"

Creo que Salomón nos está explicando las cosas que normalmente hacemos que nos gusta hacer como darse un festín. Piénselo de esta manera; si nuestra dieta consiste principalmente en comida chatarra, las posibilidades son que cuando se nos presenta algo nutritivo, no será atractivo porque nuestro cuerpo no lo anhelará ni lo deseará. En términos espirituales, si nos deleitamos con la basura y el pecado de este mundo, cuando las cosas de Dios se nos presentan, no serán atractivas porque no las anhelaremos.

Salomón nos advierte del peligro que conlleva este estilo de vida porque cuando nos llenemos de la basura de este mundo, no tendremos espacio para las cosas de Dios en nuestra vida. Vemos pruebas de esto en la segunda mitad de este versículo, "pero cuando tienes hambre, incluso algo amargo sabe dulce."

¿Alguna vez has tenido tanta hambre que incluso algo que no te gustaba te sabía bueno? Salomón nos advierte, cuando no comemos de las cosas de Dios, nos convertimos tan hambrientos de llenar ese vacío en nuestras vidas que haremos casi cualquier cosa para llenarlo. Cuando esto sucede, terminamos festejando con la basura de este mundo y cuando hacemos esto terminamos viviendo Proverbios 26:11, "Igual que cuando un perro vuelve a su propio vómito, un tonto repite su locura." Cada vez que nos deleitamos en el pecado y la basura de este mundo, eso es exactamente lo que estamos haciendo, volviendo a nuestro propio vómito, porque las cosas de este mundo son pecado y veneno para nuestra alma.

Entonces, creyente, ¿Cuándo fue la última vez que tomaste en cuenta lo que comiste? Una manera fácil de averiguarlo es hacerse esta pregunta: "Las cosas de Dios me atraen? ¿Tengo espacio para Él en mi vida, o he llenado mi vida con demasiada basura que eso es todo lo que realmente deseo?" Hágase estas preguntas y sabrá exactamente en qué consiste su dieta espiritual. Mi oración y mi deseo es que todos hagamos espacio para Dios en nuestras vidas hoy, porque cuando probemos las cosas de Dios, veremos que Él es bueno.

ENERO 12

Juan 6:35: "Y Jesús les dijo: 'Yo soy el pan de vida. El que viene a Mí nunca tendrá hambre, y el que cree en Mí nunca tendrá sed.'"

Mi esposa Michelle me llamó al trabajo esta mañana y compartió conmigo el sueño que ella tuvo anoche. Aparentemente estábamos cenando con otra pareja, pero ella sentía   mucha sed. Ella ordenó una cola dietética, luego otra, luego otra. Ella dijo que recordaba haber tomado las bebidas dietéticas tan rápido como pudo porque estaba muy sedienta, pero no importaba cuánto bebía su sed no se calmaba.

Como ella me contó su sueño, las convicciones que sentí esta mañana en mi tiempo de oración se confirmaron, que había fallado a mi papel como el líder espiritual de nuestro hogar. Antes de que Michelle me llamara y me hablara de su sueño, estaba meditando en Efesios 5:26, que habla del papel del esposo, "Para que Él pueda santificarla y limpiarla con el lavado de agua de la palabra." Estaba pensando en este versículo porque describe una de las formas en que Jesús ama a la iglesia; y como esposo de Michelle, debo amarla como Jesús ama a su iglesia.

Esto me convenció porque últimamente he estado pasando demasiado tiempo con Michelle viendo programas de televisión, películas, videojuegos, fútbol, andar en bicicleta, compañerismo, etc., pero no con la Palabra de Dios. Ahora no hay nada malo con ninguna de estas actividades per se; de hecho, uno de los mejores aspectos de nuestro matrimonio es que Michelle y yo somos mejores amigos y nosotros nos encanta hacer muchas de las mismas cosas juntos. Pero tan divertidas como pueden ser estas cosas, la verdad es que ninguna de ellas puede tomar el lugar de estar en la Palabra de Dios juntos ella y yo. Ninguna de estas cosas realmente podrá satisfacer, beneficiar y limpiar las cosas de este mundo, ninguna de estas cosas realmente nos satisfará, beneficiará y limpiará de este mundo.

Este es un aspecto de lo que Jesús está diciendo aquí: "Yo soy el pan de vida. Él que viene a mí nunca tendrá hambre, y el que cree en mí nunca tendrá sed." Cuando el pastor Ed enseñó sobre este versículo la semana pasada, declaró que cuando entrevistó, a una famosa estrella de Hollywood y le preguntó ¿Si alguna vez había considerado el suicidio? La estrella respondió: "A decir verdad, no conozco a nadie en este negocio que no lo han pensado seriamente." Muchas de las principales estrellas en películas, música y deportes han declarado abiertamente que a pesar de que tienen todo lo podrían querer o necesitar, todavía se encuentran deprimidos y vacíos y que varios habían considerado seriamente el suicidio. La fama, la fortuna, la riqueza, el sexo, las drogas, el alcohol, las posesiones, la comida, los pasatiempos, etc., nunca satisfarán el hambre y la sed que tenemos dentro de nosotros. Esos deseos solo se pueden cumplir teniendo una relación personal con Jesucristo.

Me imagino vivir en este mundo como estar atrapado en una balsa en el océano. Si bebes el agua del océano, te volverás más sediento; y no importa cuantos galones de agua del océano puedas beber, nunca satisfará las necesidades físicas de tu cuerpo, y eventualmente morirás de sed. Lo mismo sucede cuando nosotros deseamos consumir las cosas de este mundo; solo nos dejan con hambre y sed cada vez con más intensidad; no importa cuánto consumamos, nunca satisfarán el hambre y sed que tenemos dentro de nosotros.

Oro para que esto nos desafíe a todos a tener en cuenta lo que estamos consumiendo personalmente y lo que estamos consumiendo corporativamente como familia. A todos los padres y esposos que leen esto, deténganse por un minuto y consideren seriamente con qué estás lavando a tu esposa y familia. Solo una cosa limpia, solo Una cosa se beneficia, y solo Una cosa cumple. . . y ese es Jesucristo, el pan de vida.

ENERO 13

Juan 7:53: "Y todos fueron a su propia casa."

En 2007, cuando Michelle y yo apenas conocíamos y nos estábamos haciendo amigos rápidamente, el Señor nos indicó que dejáramos de comunicarnos y que nos separáramos de cada uno. Aunque no entendimos por qué Dios quería que hiciéramos esto, estábamos dispuestos a obedecer lo que nos había ordenado hacer. Como la gente a nuestro alrededor vio esta actitud algunos de ellos comenzaron a darnos consejos al respecto. La mayoría de las veces fue, "¿Qué estas esperando? Te gusta, a ella le gustas, solo comienza a salir y háganse novios."

Luego, una vez que el Señor nos unió como novio y novia dos años más tarde, la gente pronto comenzó a preguntarse por qué todavía no estábamos comprometidos. De nuevo el Señor nos había dicho que esperáramos, así que esperamos otros dos años más antes de casarnos; y cuanto más esperábamos, más intenso se volvió el consejo.

Michelle y yo siempre entendimos a las personas que estaban aconsejándonos con lo que pensaban que era mejor para nosotros; en sus corazones, solo querían lo mejor para que nosotros para fuéramos felices Pero lo que no consideraron fue el hecho de que al final del día, Michelle y yo seríamos los únicos que tendríamos que volver a casa y enfrentar nuestras decisiones.

Como sociedad, somos excelentes para dar consejos a las personas y decirles lo que pensamos que deberían hacer, en casi todos los aspectos de la vida. Pero cuando todo está dicho y hecho, al final estamos solos con nuestros pensamientos, cada uno de nosotros debe volver a casa y enfrentar nuestras decisiones por nosotros mismos. Todas esas personas que nos aconsejan no están en ninguna parte cuando los buscamos. Somos solo nosotros, Dios, y nuestras decisiones. Esto es lo que vemos en la última parte del Capítulo 7 del Apóstol Juan.

En el último día de la Fiesta de los Tabernáculos, Jesús proclamó que Él era el Mesías mientras clamaba a todo Israel: "Si alguien tiene sed, que venga a mí y beba." (Juan 7:37). Fue en este punto que Israel se dividió. Muchos dijeron que Jesús era el profeta. Otros decían que Él era el Cristo. Algunos dudaron diciendo: "¿Saldrá el Cristo de Galilea?" (Juan 7:41) Entonces los principales sacerdotes y los fariseos intervinieron y reprendieron a todos los que creían en Jesús como el Mesías. Pero independientemente de lo que alguien pensara o dijera, al final del día, "todos fueron a su propia casa" Cada persona tenía que irse a casa y enfrentar sus propias decisiones de cada día. No importaba cuántas personas estuvieran a favor o en contra de su decisión; cada persona tenía que tomar una decisión y solo ella sería responsable por su decisión.

En la trama de la película de *Indiana Jones, la última cruzada*, el villano encontró una habitación llena de cálices. Mientras miraba a su experto sobre qué cáliz beber para ganar la vida eterna, ella señaló a uno hecho de oro con muchas joyas cubriendo el exterior. Mientras bebía de esta taza o cáliz, murió bastante horrible. Fue entonces cuando el guardián del cáliz dijo: "Él eligió mal." Tenga en cuenta que a pesar de que su experto le había dicho de qué cáliz beber, solo él y únicamente él pagó el precio por aceptar esa decisión.

Hay muchos "cálices" para beber en este mundo, pero solo hay Uno quien realmente satisface; solo hay Uno que da vida eterna, y ese es Jesucristo. Así que búscate y elige sabiamente, porque cuando todo se reduce a eso, nadie tendrá que enfrentar las decisiones que tomó, excepto usted.

ENERO 14

Hebreos 11: 6: "Pero sin fe es imposible agradarle."

Este es probablemente un versículo muy familiar para la mayoría de nosotros, sin embargo, he descubierto que a medida que crecemos en el Señor, seguimos aprendiendo diferentes aspectos de su Palabra, aunque sepamos un versículo de memoria. Este fue el caso, hace un par de semanas, cuando estaba sirviendo en la sala de oración con algunos hermanos de la iglesia.

Recuerdo que estábamos discutiendo diferentes aspectos de la fe cuando mi buen amigo Darrell dijo: "Dios nunca nos permitirá escapar de nuestra necesidad de fe." Le pregunté si él podría repetir eso otra vez porque nunca había escuchado eso antes, y así lo dijo de nuevo: "Dios nunca nos permitirá escapar de nuestra necesidad de fe." Al escuchar esto la segunda vez, sentí que la puerta de mi mente se abría lentamente mientras una nueva verdad era revelada a mí.

Si, según las Escrituras, sin fe es imposible agradar a Dios, entonces podemos determinar con razón que todo lo que queremos hacer por el Señor, y todo lo que el Señor quiere que hagamos por Él, requerirá de una cierta medida de fe. Yo pensaba que en el fondo de mi mente siempre había creído que había cosas *fáciles* que yo podría hacer por el Señor que no requería fe; pero mientras pensaba en esto, me di cuenta de que no hay nada *fácil* en servir a Dios. Cada acto de obediencia, servicio, adoración u oración requerirá una cierta medida de fe de parte nuestra.

Esto me ayuda mucho personalmente, porque muchas veces cuando me piden que haga algo para el Señor, tengo una excusa para no hacerlo porque esa cosa en particular requiere un acto de fe. Entonces me digo a mí mismo: "Solo esperaré las cosas fáciles de hacer." En "términos de Patrick," esto significa que puedo hacer cosas que no requieran de un desafío me desafíen o me estiren o que me *sienta* incómodo. . . básicamente solo cosas para las que me siento preparado; cosas que no requerirán un acto de fe. Así no es como el Señor quiere que vivamos nuestras vidas.

Dios quiere que crezcamos y maduremos y que seamos transformados cada vez más a su imagen; y debido a esto, Él permitirá cosas en nuestras vidas que tal vez no entendamos. Nos llamará a hacer ciertas cosas que nos saquen de nuestra zona de confort; organizará eventos que nos hagan enfrentar nuestros miedos. Básicamente, Dios nunca permitirá que escapemos de la necesidad de tener fe en nuestras vidas, porque actuar con fe, vivir por fe, es lo que agrada al Señor. Como bien dijo Pablo en el capítulo de Romanos 1:17, "El justo vive por la fe"

ENERO 15

1 Pedro 1: 7 (NIV1984): "Han venido para que tu fe, de mayor valía que el oro, que perece, aunque refinado por el fuego, pueda ser demostrada genuina y pueda resultar en alabanza, gloria y honor cuando Jesús Cristo sea revelado."

Durante las últimas dos semanas, mi esposa Michelle y yo hemos sido golpeadas con bastantes aflicciones físicas Hemos tenido múltiples citas médicas, visitas de atención urgente, e incluso toda la noche en la sala de emergencias del Redlands Community Hospital. Siendo que ambos estábamos enfermos y teníamos mucho tiempo libre porque estábamos de vacaciones, pasamos casi las dos semanas enteras cuidándonos mutuamente para recuperar la salud. Aunque esto no fue divertido pasar por esto para ninguno de los dos, entendemos que hay tiempos difíciles; "vengan para que su fe de mayor valía que el oro el cual perece, aunque refinado por fuego pueda ser probado genuino y resultar en Alabanza Gloria y Honor cuando Jesucristo sea revelado."

Esto nos fue revelado el lunes por la noche cuando estábamos recapitulando lo que había sucedido en las últimas semanas. Fue interesante para nosotros que ambos miramos con mucho cariño nuestro tiempo de aflicción. Honestamente, en realidad fue un poco triste para mí, por el hecho de que ya estábamos mejorando y que las cosas volvían a la *normalidad*. Por favor, no me malinterpreten, ambos sufrimos y de ninguna manera fue tan agradable para nosotros, pero después de reflexionar sobre nuestro difícil momento juntos, nos resultó evidente que nuestras aflicciones eran en realidad una respuesta a la oración.

Mira, incluso antes de casarnos, Michelle y yo orábamos para que Dios hiciera florecer nuestro amor, nuestra amistad, y para que nos hiciera también el hombre y la mujer que Él quería que nosotros fuéramos. Este ha sido, y es hoy, nuestro mayor deseo para nuestro matrimonio. Conforme nosotros mirábamos hacia atrás durante las últimas dos semanas, rápidamente nos dimos cuenta de que estas oraciones habían sido respondidas, porque todo el tiempo que estuvimos afligidos, nuestro enfoque solo estaba en buscar a Dios y sirviéndonos el uno al otros. Eso fue todo. No había nada más en nuestras vidas para distraernos de amar a Dios y amarnos mutuamente; y debido a eso crecimos más a medida que nos acercamos a Dios.

Entiendan que de todas las cosas que Dios podría hacer que Michelle y yo seamos, la más importante para nosotros es estar ante sus ojos como un hombre y una mujer de fe, porque sin fe, es imposible para nosotros agradar a Dios (Hebreos 11: 6). Fe en Dios es lo que nos llevará a través de la adversidad, las situaciones imposibles y los tiempos de incertidumbre que enfrentaremos en esta vida. Tener una fe establecida y firme en Dios es lo que nos obligará a hacer cosas piadosas en un mundo impío que cambiará vidas por toda la eternidad. En última instancia nos dice el apóstol Pedro que es nuestra fe durante esos tiempos de tribulación que resultará en alabanza, gloria y honor cuando Jesucristo sea revelado. No hay nada más precioso que esto.

ENERO 16

Hechos 5: 19–20: "Pero por la noche un ángel del Señor abrió las puertas de la prisión y los sacó, y dijo: Ve, párate en el templo habla con la gente todas las palabras de esta vida."

A medida que el Señor realizó muchas señales y maravillas entre la gente a través de los apóstoles; el sumo sacerdote y sus seguidores agarraron a los apóstoles y los arrojaron en la cárcel. Al igual que Jesús, los apóstoles fueron perseguidos por sus buenas obras y su y popularidad entre la gente. Eran una amenaza para el sumo sacerdote, que quería mantener a la gente en un sistema de obras religiosas y esclavitud para que continuaran buscándolo a él y a los saduceos por su salvación.

"Pero por la noche un ángel del Señor abrió las puertas de la prisión y los llevó fuera, y dijo: "Ve, párate en el templo y habla a la gente todas las palabras de esta vida."

Note que los apóstoles no solo fueron liberados, sino que fueron liberados con un propósito específico.[2] "Ve, párate en el templo y habla a la gente todo el tiempo las palabras de esta vida."

Creo que es importante tener en cuenta que Dios no solo liberó a los apóstoles para que pudieran deambular sin rumbo en su recién descubierta libertad. Más bien, los liberó con un propósito muy específico en mente: predicar el evangelio de la vida. Es la misma razón por la cual también hemos sido liberados de nuestro encarcelamiento. Dios no nos liberó de pecado y esclavitud para que podamos vivir cómodamente en una burbuja cristiana, o disfrutar nosotros mismos en los placeres de este mundo; Él nos liberó para que podamos ser usados para liberar a otros también.[3]

Pero la manera en que se lleva a cabo eso es muy diferente. Dios se ha propuesto que algunos escriban canciones, algunos para jugar al fútbol, algunas para criar niños a través de hogares de guarda o adopción, algunas para enseñar en escuelas públicas y algunas para repartir folletos y alimentar a las personas sin hogar. Pero independientemente de lo que sea, hay un propósito implícito en cada uno de nuestros corazones por Aquél que nos creó, -un propósito que cumplirá y llenará nuestras vidas y siempre apuntarán a Él y su mensaje de vida eterna. Nuestra responsabilidad es simplemente ir a donde nos dice e ir y hacer lo que nos dice que hagamos. Así que hermano creyente, Dios tiene un propósito para ti. ¿Ya lo encontraste?

ENERO 17

Proverbios 15: 1 (NVI): "Una respuesta amable aparta la ira, pero una respuesta dura despierta la ira ".

He leído este versículo muchas veces, y hasta esta mañana siempre he pensado que este proverbio solo hablaba con respecto a tratar con otros. Por ejemplo, si alguien estuviera enojado conmigo y yo le respondiera con una respuesta amable, entonces eventualmente se resolverá la situación pacíficamente. Pero lo que noté esta mañana era que la sabiduría contenida en este versículo no se refiere a solo de tratar con otros; lo que es más importante, es tratar con nosotros mismos.

Creo que el Rey Salomón nos estaba diciendo que respondamos a los demás con una respuesta amable, no tanto por su bien, sino más por nuestro bien. Si respondemos a una situación con una palabra dura, simplemente estamos permitiendo que el enojo se interponga entre nosotros. Pero si respondemos a una situación con una respuesta amable, en realidad no permitimos que la ira entre y tome el control sobre nosotros. Es muy importante que nosotros entendamos e implementemos porque "La ira del hombre no produce la justicia de Dios" (Santiago 1:20). Como creyentes, somos ante todo testigos de Cristo.

La verdad que debemos recordar acerca de todas las instrucciones que Dios nos manda es que nosotros siempre seremos los bendecidos primeramente sobre todo cuando seamos obedientes a Él. Se nos ordena perdonar a los demás porque la falta de perdón es veneno para nuestras almas, somos instruidos para orar por nuestros enemigos para que nuestros corazones no se vuelvan fríos e insensible hacia ellos. Somos instruidos para diezmar y dar con alegría porque esto nos impedirá permitir que la avaricia y el amor al dinero establezcan una raíz en nuestro corazón. El juego final en todo esto es hacernos más como Jesús, no más como el mundo. Cuando somos obedientes a las instrucciones de Dios, somos bendecidos y conformados más a Su imagen.

ENERO 18

Juan 1:20: "Yo no soy el Cristo."

Una de las primeras lecciones que aprendí sirviendo en la sala de oración fue que nuestro papel allí es orar por las personas, no aconsejarlas o tratar de solucionar sus problemas por qué; bueno, simplemente no podemos. Solo hay un nombre debajo del cielo por el cual somos salvos, sanados, restaurados, liberados, etc., y ese es Jesucristo (Hechos 4:12).

Nuestro papel es simplemente el de señalar a la gente a Jesús y ayudarlos a entregar sus problemas a Él porque Él, y solo Él, es el Cristo.

Anoche, una buena amiga mía entró en la sala de oración para una petición muy necesaria. Mientras se sentaba conmigo y derramaba su corazón sobre lo que estaba sucediendo en su vida, rápidamente olvidé la primera lección para servir y orar en la sala de oración y en lugar de señalar primero a Jesús en oración, equivocadamente traté de ser el Cristo y salvar el día. Busqué fervientemente en mi corazón y mi mente para encontrar esas palabras perfectas, algo profundo y significativo que mejoraría todo para ella, pero no pude. Al hacer esto, estaba orando por ella en mi fuerza y sabiduría, y no en el poder del Espíritu Santo. Esto nos recuerda en Zacarías 4: 6 que es "No es con fuerza (nuestra fuerza), ni con poder, (nuestro poder) sino (siempre) con Mi Espíritu, dice el Señor." Estas son las ocasiones en que necesito recordar que: "No soy el Cristo."

Pero no es solo en la sala de oración que necesitamos recordar esto. ¿Cuántas veces hemos ido a trabajar pensando que podemos, o tenemos que hacer todo por nuestra cuenta? ¿Cuántas veces hemos vivido con la creencia de que el destino descansa únicamente en nuestras manos; que el resultado depende completamente de nosotros?

Tal vez pensamos que somos responsables de la felicidad de alguien; tal vez pensamos que podemos hacer que nuestro matrimonio trabaje con nuestra perspicacia y sabiduría; tal vez pensamos que podemos elevar a nuestros hijos recurriendo por nuestras propias experiencias. ¿Qué es realmente este tipo de pensamiento? Nos está diciendo equivocadamente "yo soy el Cristo."

Hay tanta libertad y sabiduría cuando nos damos cuenta que depender totalmente en las palabras de Jesús: "Sin mí no puedes hacer nada" (Juan 15: 5). La verdadera sabiduría comienza cuando nos damos cuenta de que no podemos hacer nada bueno apartados de Dios. Entonces, hermano creyente, libérate hoy, porque tú no eres el Cristo.

ENERO 19

> Santiago 5: 16a: "Confiesen sus ofensas unos a otros, y oren los unos por los otros para que puedas ser sanado".

¿Cuántos de nosotros realmente nos gusta confesar ante otra persona esas cosas personales con las que luchamos? Es probablemente una de las cosas más incómodas para un cristiano, porque tenemos que destruir nuestra "imagen cristiana perfecta ante los demás" para poder para hacerlo. Sin embargo, en el evangelio del apóstol Santiago 5:16 se nos instruye a "Confesar tus ofensas unos a otros, y oren los unos por los otros, para que puedan ser sanados." Santiago dice que cuando confesamos nuestros pecados el uno al otro, y oramos unos por otros el pecado perderá su control sobre nosotros.[4]

Tenemos que recordar que el pecado es como un amante: excesivo, celoso, controlador, engañoso, y no quiere compartirnos con nadie más. Nos impide confesar nuestro pecado a otros al hacernos creer que nadie más entendería nuestra lucha interna, o que nos mirarían de manera diferente debido a esto. Sin embargo, la Biblia nos dice que todas nuestras tentaciones son comunes al hombre (1 Corintios 10:13), así que no importa con qué podamos luchar, no estamos solos en esa lucha. David Guzik nos recuerda que "la confesión rompe el poder del pecado secreto" porque cuando lo confesamos, queda expuesto y pierde todo su poder sobre nosotros.[5]

Sé de muchos hombres que habían luchado con la adicción a la pornografía durante años, y cada hombre para sí mismo, admitió que intentaron casi todo para liberarse de esta esclavitud, sin embargo, nunca pudieron. Pero cuando aplicaron el consejo de este versículo y lo pusieron en práctica, encontraron responsabilidad con los otros hombres de la iglesia y continuamente confesaron su pecado y cada vez oraban por ellos hasta que finalmente fueron liberados de esa adicción y esclavitud.

También es interesante notar que el pecado oculto no solo nos obstaculiza espiritualmente, sino que también nos puede afectar físicamente. Muchas personas han luchado con algún tipo de aflicción o enfermedad física, solo para ser sanados después de que confesaran algún pecado oculto y al confesarlo oraron por ellos y fueron sanados. Entonces, vemos que es muy importante para nosotros tener este tipo de compañerismo continuo entre hermanos. Todos deberíamos tener una o dos personas en nuestras vidas con las cuales podamos ser brutalmente honestos y mostrar nuestras almas a estas personas que no nos juzgarán, sino que nos escucharán y orarán por nosotros para que podamos ser sanados de ese pecado. Entonces hermano, ¿Tienes este tipo de compañerismo en tu vida? De no ser así, búscalo; ora para que Dios traiga este tipo de compañerismo con responsabilidad a su vida, ya que como dice Eclesiastés 4: 9–10: "Dos son mejores que uno, porque tienen una buena recompensa por su labor. Porque si cae uno lo levantará su compañero. Pero ¡ay del que cae y está solo! Porque no tiene a nadie que lo ayude a levantarse."

ENERO 20

Lucas 22:42 (NVI): "Padre, si quieres, no me hagas beber este trago amargo: pero no se cumpla mi voluntad, sino la tuya"

Mientras Jesús oraba en el huerto de Getsemaní horas antes de su arresto y crucifixión, en un tiempo íntimo de oración con el Padre, fue aquí que la cruz y todo lo que representaba espiritual, física y emocionalmente fue derrotado. Fue aquí donde Jesús se rindió a la voluntad de Dios cuando declaró humildemente: "No sea mi voluntad, sino la tuya se haga." Este es el momento en que Jesús tomó la decisión de tomar nuestro pecado sobre sí mismo, el momento; en que decidió que bebería nuestra copa de la ira de Dios, derrotando el pecado y la muerte para siempre.

Me acordé de esto cuando Michelle y yo nos sentamos en el jardín de Getsemaní con alrededor de otras cuarenta personas de nuestra iglesia en Abril del 2012. Después de un breve estudio bíblico y algo de adoración, todos nos separamos y tuvimos tiempo para reflexionar sobre dónde estábamos y lo que este lugar significaba para nosotros. Cuando Michelle y yo oramos, recordé que hace unos dos mil años, Jesús se sentó aquí, postrado, y rezó esta misma oración. Fue porque Él tomó la decisión de llevar nuestro pecado y muerte. Estuvimos allí Michelle y yo dos mil años después, somos literalmente el fruto de la elección que Él hizo por nosotros ese día.

Entonces, mientras continuamos orando, me sentí guiado a orar con el mismo espíritu de sumisión con que Jesús oró. En esta ocasión no por los demás, claro, sino por mis propios problemas de la vida. "Padre, cúrame de mi aflicción; sin embargo, no es mi voluntad, sino la tuya. Michelle y yo seguimos haciendo esta oración por todas las cosas que llevamos con nosotros, pero siempre termina con "no mi voluntad, pero la tuya que se haga." Fue tan liberador dejar estas cosas en las manos marcadas con las heridas de Aquel que murió por nosotros en la cruz, sabiendo que Él es bueno, confiando en que su voluntad para nosotros es perfecta, y que sus planes para nosotros traerán la alegría, el propósito y la realización, incluso si eso significa llevar una aflicción.

¿Eso significa que dejaré de orar por sanidad? No, en absoluto. Pero significa que dejaré de preocuparme por eso. Quizás esta mañana te encuentres en una situación similar si es así, hermano, eleva esa preocupación a Dios, preséntala en un momento de oración íntima, y entrégala a Él, sabiendo que no hay mejor lugar para ese problema o tribulación que estar en las manos del mismo Dios que murió por ti.

ENERO 21

Hechos 14: 22b: "Debemos, a través de muchas tribulaciones, entrar al reino de Dios."

Hay muchos conceptos erróneos sobre el caminar cristiano. Por ejemplo, cuando me convertí en cristiano, pensé que iba a tener que empezar a usar suéteres, separarme el cabello de lado y dejarme crecer un bigote a la Ned Flanders, porque equivocadamente pensé, que en eso consistía ser un cristiano. Otro ejemplo fue cuando una mujer de mediana edad entró en la sala de oración por primera vez y nos pidió que oráramos por ella; nerviosamente ella preguntó si íbamos a golpearla en la frente, haciendo que cayera hacia atrás como lo había visto en la televisión. Estas falsas ideas terminaron con mucha alegría y alivio cuando la verdad finalmente se reveló, pero no todos los conceptos erróneos son como estos ejemplos previos.

Probablemente el error más común hoy en día es que el caminar cristiano es uno sin dificultad o tribulación. Por lo tanto, cuando los nuevos creyentes encuentran tiempos difíciles no están preparados y tropiezan con ímpetu porque creen que deben haber hecho algo mal o que Dios los ha abandonado. Hay que recordar que debemos "ser conformados a la imagen de su Hijo" (Romanos 8:29). El deseo de Dios para nosotros no es una vida temporal, físicamente cómoda, sino una fe espiritual eterna que nos llevará a través de esta vida.

La afirmación de que "a través de muchas tribulaciones debemos entrar en el reino de Dios "es difícil de aceptar; sin embargo, abrazar esta verdad nos debería fortalecer y animarnos. Cuando el apóstol Pablo dijo esto a los creyentes en Listra, Iconio,y Antioquía, él estaba "fortaleciendo las almas de los discípulos, exhortándolos a continuar en la fe," puesto que enfrentaban tiempos muy difíciles (Hechos 14:22b). Pablo podía predicar correctamente este mensaje de resistencia, porque todavía estaba sanando de un experiencia cercana a la muerte que había tenido apenas unos días antes cuando predicaba el evangelio en un pueblo cercano. Los judíos de las ciudades circundantes lo habían agarrado, y lo arrastraron fuera de las puertas de la ciudad y lo apedrearon y después lo abandonaron para que muriera. Pero pablo "Se levantó y fue (de regreso) a la ciudad" de donde lo sacaron (Hechos 14:20b) y continuó el trabajo del ministerio.

Entonces hermano creyente; como nos recuerda David Guzik, no se equivoque: la vida de alguien que camina con el Señor "año tras año, prueba tras prueba" es difícil, ya que se requiere de un "alma fuerte y una fe alentada" para soportar las pruebas que trae esta vida.[6] Pero sepa esto, no somos vencidos por la tribulación; más bien, somos vencedores en Cristo Jesús. No somos vencidos por el sufrimiento; somos más que vencedores a través de Aquel que nos salvó. Porque mayor es el que está en ti que el que está en el mundo (Primera de Juan 4: 4). Cuando elegimos soportar las pruebas de esta vida, y no darnos por vencidos o perder la fe, sino seguir adelante, confiando en los propósitos y promesas de Dios para nosotros y permaneciendo firmes en nuestra fe, recibiremos la corona de la vida eterna que se promete a todos los que vencen en Cristo Jesús. Definitivamente vale la pena luchar por eso.

ENERO 22

> Hebreos 11: 6: "Pero sin fe es imposible agradarlo, porque aquel que viene a Dios debe creer que Él es, y que Él es galardonador de los que diligentemente lo buscan".

Ayer, mientras algunos de nosotros orábamos en la sala de oración durante el servicio, me dieron una meditación muy poderosa. Esto es lo que vi. . . mientras la gente estaba sentada en la iglesia, cada persona tenía un regalo colocado suavemente en su regazo. Cada regalo fue empaquetado en hermoso papel de regalo blanco y estaba perfectamente atado con un lazo rojo carmesí; los regalos fueron todos del mismo tamaño y forma, y todos eran muy ligeros para no cansar a nadie bajo su peso.

La siguiente parte de la visión es lo que me rompió el corazón: cuando salí del santuario, me entristeció la gran cantidad de personas que habían dejado sus regalos detrás, sin siquiera abrirlos. ¿Cuánto más pensaba en esto, más comencé a preguntarme qué regalo le había dado Dios a cada persona la oportunidad de recibir? Tal vez para algunas personas fue la salvación; para otros fue sanidad, restauración, o tal vez libertad de la esclavitud del pecado por el que estaban sufriendo; algunos regalos fueron respuestas a oraciones, palabras de sabiduría, instrucción y conocimiento; mientras que otros regalos eran exhortaciones de fuerza y resistencia para las pruebas que estaban pasando en ese momento, pero a cada persona se le dio la oportunidad de recibir. Independientemente de cuál fuera el regalo, muchos habían dejado la iglesia ese día sin recibir la bendición que Dios tenía para ellos.

La verdad de la vida cristiana es que Dios quiere bendecirnos; vemos esto retratado en toda la Biblia desde Génesis hasta Apocalipsis. La Biblia promete claramente, en el evangelio de Santiago 4: 8 que, si nos acercamos a Dios, Él se acercará a nosotros. Entonces cada vez que adoramos a Dios, abrimos Su Palabra, o que individualmente o colectivamente oremos tenemos la oportunidad de ser bendecidos, porque cada vez que hacemos estas cosas, tenemos un encuentro con el Dios viviente.

Pero necesitamos acercarnos a Dios con cierta expectativa que, de alguna manera, Dios nos va a bendecir durante esta interacción. Necesitamos ser conscientes de esta verdad para que constantemente lo busquemos e interactuemos con Él durante nuestros tiempos de intimidad con El. Por ejemplo, mi hermano a menudo recibe estos obsequios de premios gratuitos por correo de los concesionarios de automóviles locales. Le prometen que, si viene y prueba un automóvil, recibirá una tarjeta de regalo, una tarjeta de gasolina u otro premio seleccionado. Entonces él va con la expectativa de que cuando pruebe un auto, va para obtener un premio; y efectivamente, cada vez que prueba un auto, recibe un premio como se lo prometió la concesionaria. ¿Cuánto más nos bendecirá el Dios de todo amor y fidelidad cuando Él promete que lo hará? ¡Si . . . abundantemente más!

Esto es lo que el autor del libro de los Hebreos en el Capítulo 11:6 nos está instruyendo hacer; él dijo que cuando venimos a Dios, necesitamos acercarnos a Él con fe, creyendo que Él es (el Dios viviente; el dador de dones buenos y perfectos [Santiago 1:17]; queriendo bendecirnos con todo lo que necesitamos) y que Él es un galardonador de aquellos que lo buscan diligentemente. Cuando venimos a Dios con este enfoque y expectativa, no nos perderemos las bendiciones que Dios tiene para nosotros.

ENERO 23

> Daniel 3:18: "Pero si no, déjate saber, oh rey, que no serviremos a tus dioses, ni adoraremos la imagen de oro que tú has levantado."

El rey Nabucodonosor ordenó a Sadrac, Mesac y Abednego que se inclinaran para adorar al ídolo de su propia imagen o ser arrojados a un horno de fuego. A esto, respondieron: "Incluso si Dios no nos salva, oh rey, y sin duda, Dios puede salvar, sanar, liberar, bendecir en todas las cosas y en todo momento. . . pero incluso si no lo hace, aun le serviremos?" ¡Incluso si no obtenemos lo que más deseamos, seguiremos alabando a Dios!

He estado lidiando con una afección física de la piel durante aproximadamente dos años y medio. Han orado por mí, he ido a todos los médicos, he hecho todos los análisis clínicos y pruebas, tomé todos los tratamientos, y aun así lo llevo conmigo. Esta aflicción no significa poner en peligro la vida, pero es incómodo y realmente limita lo que puedo hacer físicamente, porque estar en el calor hace que mi aflicción se extienda e intensifique.

Hace un par de años, mientras Michelle y yo nos preparábamos para ir a Israel, seguí encontrando la historia de Naamán, el comandante del ejército sirio que tenía lepra. Le dijeron que fuera a ver a Eliseo, el profeta del Dios de Israel. Eliseo instruyó a Naamán que se lavara en el río Jordán siete veces y que su piel sería restaurada. Naamán se burló de las instrucciones de Eliseo al principio, pero después de mucho dudarlo, furioso y quejándose, Naamán finalmente obedeció lo que Eliseo le dijo que hiciera y su piel fue completamente restaurada, "como la carne de un niño pequeño" (2 Reyes 5:14). Seguí pensando para mí mismo: "Esto es todo. . . el Señor ha preparado todo esto para que pueda ser curado milagrosamente en el rio Jordan."

Oré por esto durante meses, rogándole a Dios que me sanara en el Jordán. Bien, finalmente llegó el momento en que estábamos teniendo un bautismo en el río Jordán. Después de ser bautizados Michelle y yo, nos escabullimos a un lado y comencé a sumergirme en el Rio Jordán siete veces. Fue una experiencia muy emotiva para mí porque quería ser sanado más que nada; pero cuando salía de debajo del agua por séptima vez. Sentí que Dios me preguntaba: "Patrick, aunque no te sane, seguirás amándome?" Estaba abrumado por la emoción mientras las lágrimas corrían por mi cara, "Señor, incluso si no me sanas, todavía te amo." Fue un momento muy poderoso para mí cuando encontré la paz de Dios en medio de un deseo no cumplido.

Ser sanado ese día nunca me habría traído la paz, la alegría y la intimidad con Dios que realmente necesitaba, porque estas cosas no se encuentran cuando todo está bien y el sol brilla sobre nosotros. No, estas cosas solo se encuentran durante las tormentas de la vida, cuando las cosas se derrumban alrededor de nosotros, cuando nuestras oraciones no son respondidas a nuestro gusto, cuando nuestros deseos no son conocidos, y aun así decimos con confianza, "Te amo Señor, y todavía confío en ti con toda mi vida." La paz de Dios solo se encuentra cuando confiamos en quién es Él a pesar de nuestras circunstancias.

ENERO 24

Romanos 8:13: "Porque si vives según la carne, morirás; pero si por el Espíritu matas las obras del cuerpo, vivirás ".

¿Por qué a menudo fallamos cuando nos enfrentamos a un deseo carnal? ¿Por qué parece que somos tan impotentes para mantenernos firmes contra la tentación y simplemente decir no cuando llama para someternos? La respuesta es simple: tratamos de usar nuestra carne para vencerla. Como explicó el pastor Jim Cymbala, tratamos de combatir nuestras tentaciones con nuestras propias fortalezas, al construir una mentalidad de que nuestra fuerza de voluntad nos impedirá ceder a esa tentación; y si somos afortunados, podría funcionar por un tiempo, pero en unos cuantos días esa lucha está de regreso y nos encontramos preguntándonos a nosotros mismos ¿Que me está pasando?[7]

El problema no es usted per se (por sí mismo); es la carne que lleva consigo. El apóstol Pablo dijo que nuestra carne es un "cuerpo de muerte" (Romanos 7:24) que arrastramos con nosotros hasta el día de nuestra muerte. Olvidamos que nuestra carne no es para nosotros; más bien está total y completamente en contra de nosotros. Siempre se nos darán los deseos de este mundo, y no importa cuánto lo intentemos, nunca podremos obligarlos a ayudarnos ni a superar las tentaciones que trae esta vida. Debemos entender que la carne se opone directamente al Espíritu Santo y solo trae muerte a nuestras vidas. (Romanos 8: 6–7). Independientemente de si nuestra lucha es con la lujuria de la carne, la lujuria de los ojos, o el orgullo de la vida (1 Juan 2:16), nuestra carne siempre tendrá sed, y hambre y grita por estos pecados hasta el día en que Jesús nos lleve a casa.

Entonces, ¿Qué hacemos hasta entonces? ¿Cómo soportamos las tentaciones de esta vida? En el pasaje de Romanos 8:13 nos dice: "si (vives) por el Espíritu, hacéis morir las obras de la carne." Gálatas 5:16 hace eco de esta misma verdad: "Camina en el Espíritu, y no cumplas la lujuria de la carne." El Pastor Jim Cymbala escribió en su libro *You Were Made for More* (Tu Fuiste Hecho para Más), En ninguna parte del Nuevo Testamento dice que Dios "trabajará con nuestra carne. Él solo habla de matarlo." "Por lo tanto, haced morir, pues lo terrenal en vosotros; fornicación, impureza, pasión, malos deseos y codicia que son idolatría" (Colosenses 3: 5). La única esperanza para lidiar con el enemigo interno es abandonarnos a la dirección del Espíritu Santo."[8]

Como no podemos separarnos físicamente de la carne, tenemos que separarnos nosotros espiritualmente de la carne. Esto se logra caminando en el Espíritu a través de un estilo de vida diario y habitual de permanecer en Cristo a través de la oración, Leyendo su Palabra y con obediencia a sus instrucciones. Esto no quiere decir que cuando caminamos en el Espíritu seremos perfectos, o que nunca seremos tentados; más bien, está diciendo que cuando tomemos decisiones acertadas sobre cómo pasamos nuestro tiempo y qué permitimos en nuestro corazón y mente, el mundo y todas sus lujurias se desvanecerán hasta el fondo y su control en nosotros se verá muy disminuido.

Por ejemplo, he estado en muchos viajes misioneros; y honestamente, cuando estoy en estos viajes, no lucho con las cosas con las que lucho en casa. ¿Por qué es esto? Porque en estos viajes, estoy completamente consumido y dedicado a Dios. . . sirviéndole, buscándole, sometiéndome a su voluntad. Al hacer esto, mi mente permanece en Él; por lo tanto, no hay lugar para las cosas del mundo ya que el Espíritu Santo llena mi mente y ocupa todos mis pensamientos. El punto es que cuando caminamos en el Espíritu, nuestra carne no tiene voz. Se ha silenciado por completo y ha perdido toda la influencia que alguna vez tuvo sobre mí. Entonces, no luches contra la carne con tu misma carne; más bien, ponte toda la armadura de Dios para que puedas mantenerte firme en el día de la adversidad.

ENERO 25

Santiago 5:15: "Y la oración de fe salvará al enfermo, y el Señor lo levantará."

La oración de fe no es algo que se deba a sentimientos agitados, o incluso al pensamiento positivo. No, la oración de fe se hace cuando se responde a las instrucciones del Señor.[9] Ahora si esa fe es en respuesta a las instrucciones de Dios, Santiago 5: 13–14, o en respuesta del Espíritu Santo en la vida de alguien, eso es una oración de fe. ¿Significa esto que todos serán sanados cuando oremos por ellos? No, y solo Dios puede responder por qué. Dios tiene planes y propósitos y tiempo que no podemos entender. Algunas personas se curan de inmediato, otras se curan más tarde, y algunas personas no se curan; hasta que el Señor las tome y lleve al hogar celestial; independientemente, todos serán curados.

Entonces, ¿Cómo sabemos cuándo orar con valentía en la fe y cuándo no? Bueno, es una pregunta capciosa, ya que siempre debemos orar con la esperanza de que el Señor va a sanar a esa persona. Como mi querido amigo Darrell a menudo me dice: "Dios no se enojará con nosotros si siempre oramos con fe. No nos dirá, detente ya deja orar con fe así. ¿Qué sucede contigo?

Dios nos ama cuando oramos en fe. Solía preguntarme cuando oraba por alguien, "Dios, ¿Qué pasa si oro con fe y no sanas a esa persona? Yo no quiero representarte mal ante ellos." David Guzik nos recuerda: "Dios es auto suficiente para manejar su propia reputación."[10] Él no necesita que trate de defenderlo, no es mi trabajo hacerlo. Nuestro trabajo es orar por los demás con fe y dejar el resto a Dios.

Sin embargo, debo decir esto: cada vez que oramos por alguien, aunque su situación puede no haber cambiado en ese mismo momento, si ha cambiado su perspectiva ya no es desesperanza, preocupación o ansiedad, sino más bien una de esperanza y promesa.

La oración no se trata tanto de solucionar los problemas de las personas como el de llevarlos a la presencia de Dios y ayudarlos a rendir sus problemas ante el Dios amoroso que murió por ellos. Cuando oramos por las personas, el enfoque es sacarlos de sus problemas y colocarlos directamente frente a Él. Se les recuerda quién es Dios y lo que dice Su Palabra y lo que nos ha prometido. La oración de fe no se trata tanto de resultados como de experimentar a Aquel a quien oramos y saber que Dios escucha nuestras oraciones y quiere ayudarnos, siempre debe conmovernos a orar en fe por los demás y por nosotros mismos.

ENERO 26

Salmo 68:19 (NVI): "Alabado sea el Señor a Dios nuestro Salvador, quien todos los días lleva nuestras cargas."

¿Alguna vez te has preguntado por qué te sientes abrumado cuando la vida se vuelve pesada? Yo pienso que cada persona daría una respuesta parecida a esto: "Tengo una gran carga sobre mis hombros." Ahora tal vez esas no son las palabras exactas que usamos, pero independientemente, el punto sigue siendo el mismo. Nos abrumamos cuando tratamos de llevar las cargas de la vida nosotros solos. Así no debería ser para nosotros, como David nos recuerda: "Alabado sea Dios nuestro Salvador, quien diariamente lleva nuestras cargas."

David continúa: "Nuestro Dios es un Dios que salva; del Soberano Señor viene el escape de la muerte" (Salmo 68:20, NVI). ¿Qué nos dice David exactamente? Básicamente, David está mostrándonos esta imagen que nos recuerda que Dios está en completo control de cada cosa. Él es el Señor sobre todas las cosas, incluso de lo más abrumador que jamás enfrentaremos. . . la muerte. Dios, a través de Jesucristo, nos regala la promesa y garantía de salvación, o en palabras de David, un "escape de la muerte."

Jesucristo ha soportado la carga del pecado sobre sus propios hombros y la muerte del hombre, sin embargo, muchas personas todavía están tratando de llevar esas cargas ellos mismos.

Es absurdo que alguien intente cargar con el pecado y la muerte, porque es una carga imposible de llevar. Para cualquiera que intente hacer esto, será completamente abrumado por ello y sería aplastado por su enorme peso. De la misma manera de pensar, es absurdo para nosotros tratar de llevar nuestras cargas cotidianas porque no están hechas para que las carguemos.

Jesús dejó esto muy claro en el evangelio de Mateo 11:28 (NVI) cuando declaró: "Vengan a mí, todos ustedes que están cansados y agobiados, y les daré descanso." Jesús sabía eso, que intentaríamos llevar estas cargas nosotros mismos mientras todavía pensamos que podríamos encontrar descanso por nuestra cuenta. El Señor Jesús lo deja todo muy claro, "Ven a mí y dame esa carga, la llevaré por ti para que puedas descansar; no es tuya para llevar." "David afirma esta declaración en el Salmo 55:22 (NVI), "Echa tus preocupaciones sobre el Señor y él te sostendrá; él lo hará porque nunca deja caer a los justos."

Creo que la declaración subyacente en todo esto es que Jesús ya está llevando todas nuestras cargas eternas y diarias por nosotros, ya que "lleva nuestras cargas a diario." Creer que tenemos que llevarlos, o que en realidad los estamos cargando de alguna manera, es solo una gran porción de estrés y ansiedad indebidos que no están destinados para que las carguemos nosotros. Piensa en ello como dos hombres fuertes llevando un escritorio de roble macizo grande, pesado y un niño de cinco años caminando junto a ellos con las manos debajo del escritorio, pensando que en realidad los está ayudando a cargarlo. Jesús nos dice a todos: "¡Lo tengo! Soy plenamente consciente de lo que está sucediendo en tu vida y yo estoy completamente en control, así que déjamelo. No te preocupes."

Entonces, creyente, cualquiera que sea esa carga, date cuenta de que Cristo ya la lleva para ti. Preocuparse por eso no tiene sentido y es contraproducente. Por eso nos dice en Filipenses 4: 6–7 (NVI), "No se inquieten por nada; más bien, en toda ocasión, con oración y ruego, presenten sus peticiones a Dios y denle gracias. Y la paz de Dios, que trasciende todo entendimiento, guardará sus corazones y sus mentes en Cristo Jesús."

ENERO 27

Juan 21: 3a: Simón Pedro les dijo: "Voy a pescar."

Pedro está en una encrucijada interesante en su vida. A pesar de que acaba de tener un encuentro con el Cristo resucitado, creo que su negación de Jesús en el patio todavía estaba fresca en su mente. Los discípulos habían recibido instrucciones de ir a cierta montaña en Galilea para que se encontraran con Jesús, pero aquí vemos a Pedro de regreso en su ciudad natal de Betsaida.

Es difícil decir qué estaba pasando en la mente de Pedro en este momento, pero creo que es lo que todos hemos sentido antes, es ese estado mental que tenemos después de haber fallado en nuestro caminar con Jesús. Permitimos que la condena, la culpa y el odio a uno mismo sean la voz dominante en nuestra cabeza y nos negamos a creer que todavía podemos ser usados por Dios, o que Él incluso quiera usarnos de nuevo. Esto es cuando renunciamos a Jesús y nos decimos a nosotros mismos: "Se acabó. Soy un asqueroso y horrible fracaso y merezco morir y pudrirme para siempre por mí mismo, en soledad." Entonces volvemos a lo que nos era familiar, lo que alguna vez fue cómodo para nosotros; donde estábamos antes de que Cristo viniera a nuestras vidas. Pedro, estaba pescando. "Y esa noche, no pescaron nada" (Juan 21: 3c).

Pero nunca es lo mismo, ¿verdad? Sí, el mar todavía huele igual, el viento todavía viene de la misma dirección, el bote todavía flota, las redes aún funcionan, la gente es la misma . . . pero en tu corazón, todo ha cambiado. Ya no existe el propósito, la alegría y la realización que una vez hubo; ese lugar familiar y cómodo esta ahora vacío, hueco, insípido e infructuoso. Una vez que has caminado con Jesús y verdaderamente has experimentado la vida con Él, nunca puedes volver a lo que una vez fue familiar y cómodo porque Él te ha cambiado.

A menudo comparamos ser salvados como la transformación de una oruga a una mariposa. Bueno surge la pregunta; ¿Puede una mariposa volver a vivir la vida de una oruga después de haber experimentado la belleza, maravilla y libertad de vuelo? Si fuera el caso; esa vida nunca realmente se ajusta al destino de la mariposa porque la mariposa está hecha para volar, no para caminar en el fango y lodo. Sería completamente en contra de su nueva naturaleza. Lo mismo es cierto para nosotros como nosotros ahora somos creaciones completamente nuevas en Cristo. No podemos volver a ser quienes fuimos o hacer lo que una vez hicimos; debemos avanzar: "pero una cosa que hago es olvidar esas cosas que están atrás y alcanzar a las cosas que están adelante" (Filipenses 3:13).

ENERO 28

Salmo 75: 2: "Cuando yo decida el tiempo apropiado, juzgaré con rectitud".

Hace un par de semanas, en un estudio bíblico al que asistía, estalló una discusión sobre la salvación. Una persona dijo que, si vives en pecado continuo / habitual, entonces has desechado tu salvación. Otra persona intervino que una vez salvada, siempre estarás salvada. Otra persona dijo que solo somos perdonados siete veces setenta. Desde un punto de vista objetivo, esta fue una conversación inútil y sin fruto, porque el Señor nos recuerda en muchos lugares de la Biblia, "Yo juzgaré" Solo Dios conoce el corazón del hombre y por lo tanto solo Él puede juzgar correctamente. Sin embargo, todavía lo intentamos, ¿no?

No estoy seguro de lo que hay dentro de nosotros que nos hace querer saber las cosas de Dios que nunca lo sabremos. El orgullo, ego, auto gratificación etc.. . . "Quiero ser el indicado ¡para averiguarlo!" Si volvemos al Jardín del Edén, se nos recuerda que una de las razones por las cuales Eva desobedeció a Dios fue que ella quería saber todo lo que el Señor sabía. ¡Mira lo bien que resultó! Hoy vemos esto; ya que las personas están constantemente prediciendo el día en que Jesús regresará por su iglesia. Se han escrito libros, seminarios impartidos, los matemáticos han usado sus números, teorías y fechas para crear estos gráficos masivos y detallados que supuestamente predicen el momento exacto en que Jesús regresará y, sin embargo, en la Biblia se nos dice que nunca lo sabremos.

Entonces, ¿Qué dice Jesús acerca de la salvación? "Y cuando Él [el Espíritu Santo] haya venido, convencerá al mundo de pecado, de justicia y de juicio; de pecado, porque no creen en mí" (Juan 16: 8–9). Note que Jesús dijo que el mundo será condenado por el pecado "porque no creen en mí." Como señaló el pastor Chuck Smith: "(La salvación) se reduce a un solo problema: ¿Qué has hecho con Jesús? "[11] Si lo recibimos como nuestro Señor y Salvador, somos salvos. Si no lo hacemos, no somos salvos: Entonces, ¿Cómo puedo saber lo que tú o alguien más ha hecho con Jesús? ¿Cómo puedo saber qué sucede en esos últimos segundos mientras alguien toma su último aliento y pasa de esta vida a la siguiente?

Muchos responderán y dirán que conocerás un árbol por su fruto, lo que significa que nosotros sabemos si alguien es salvado por la fruta que produce en su vida. Sin embargo, puedo hacer el caso más grande, más fuerte y más revestido de hierro de por qué alguien no es salvado. Puedo probarlo al revés y de arriba para abajo y por los lados en las Escrituras y enumerar todos los frutos de su vida; puedo publicarlo, documentarlo y hacer que todo el mundo esté de acuerdo conmigo. Y, sin embargo, Dios todavía dice: "Yo juzgaré," no tú Patrick, ni nadie más acerca de ese asunto, "Solo Yo juzgaré." "Porque el Señor no ve como el hombre ve; el hombre mira la apariencia exterior, pero el Señor mira el corazón" (1 Samuel 16: 7).

Entonces, creyente, dejemos de "involucrarnos en discusiones tontas. . . estas cosas son inútiles y una pérdida de tiempo" (Tito 3: 9, NTV). Más bien, caminemos con cordura, redimiendo el tiempo, entendiendo cuál es la voluntad del Señor para nosotros. Ve y haz discípulos a todas las naciones y deja el juicio a Dios.

ENERO 29

Juan 21:19: "Él le dijo:" Sígueme."

Hay muchas veces en la Biblia donde Jesús nos instruye a seguirlo. El aspecto reconfortante de esta invitación a "Sígueme" es que para que podamos seguirlo a Él, Jesús debe ir antes que nosotros (Deuteronomio 31: 3). La razón por la que encuentro esto tan reconfortante es porque independientemente de lo que Jesús nos llame a hacer, él ya se habrá ido delante de nosotros y preparado todo para el trabajo que Él quiere realizar. Entonces si Jesús nos dice que lo sigamos a un país extranjero como misionero, a un pequeño pueblo en Idaho como pastor, o en la casa de nuestro vecino para compartir el evangelio, en un nuevo trabajo o a la casa de nuestros padres para hacer un estudio bíblico, Jesús ya se ha adelantado y ya tendría preparado el camino para ti.

Lea este extracto del Salmo 78 en el que el salmista recuerda cómo el Señor fue ante su pueblo durante el éxodo masivo de Egipto:

Pero él sacó a su gente como un rebaño; los condujo como ovejas a través del desierto. Los guió a salvo, por lo que no tenían miedo; pero el mar envolvió a sus enemigos. Así los llevó a la frontera de Tierra Santa, a la región montañosa que su mano derecha había tomado. Él condujo y expulsó naciones delante de ellos y les asignó sus tierras como herencia; él instaló las tribus de Israel en sus hogares. (Salmo 78: 52–55, NIV 1984).

Note cómo el Señor fue ante su pueblo y preparó cada cosa para su llegada. Nada ha cambiado hoy, mientras el Señor continúa yendo delante de nosotros y prepara todo para nuestra llegada. El Salmo 23: 5 también captura este pensamiento: "Tú preparas una mesa delante de mí en presencia de mis enemigos." Deuteronomio 31: 3 dice perfectamente: "El Señor tu Dios mismo cruzará delante de ti." Tenga en cuenta que es el Señor Dios mismo quien nos precede y prepara el camino para nuestra llegada; eso solo debería traer paz y confianza en todo lo que Él nos llama a hacer.

ENERO 30

Génesis 28:16: "Ciertamente el Señor está en este lugar, y yo no lo sabía".

En Génesis 28, encontramos a Jacob corriendo por su vida después de haber engañado a su padre Isaac para darle la bendición de su hermano. No hace falta decir que Esaú no estaba muy satisfecho con Jacob que planeaba matarlo una vez que su padre falleciera. Al enterarse del plan de Esaú, Jacob decidió huir de su casa y quedarse con su tío Labán en Padan, Aram hasta que las cosas se enfriaran.

Una noche, mientras Jacob dormía bajo las estrellas fuera de la ciudad de Luz, Dios vino a él en un sueño y le prometió muchas bendiciones de tierra y descendientes. Dios le recordó a Jacob en el sueño: "Estoy contigo y te guardaré y sostendré donde sea que estés" (Génesis 28:15). Cuando Jacob se despertó a la mañana siguiente, dijo: "Seguramente el Señor está en este lugar y yo no lo sabía."

David Guzik dijo: "Jacob tenía razón al sentir la presencia del Señor allí, pero se equivocó al pensar que Dios estaba en algunos lugares y en otros no."[12] El Rey David entendió este concepto muy bien mientras escribía: "¿A dónde puedo huir de tu Espíritu? ¿O a dónde puedo huir de tu presencia?" (Salmo 139:7). Creyente, Dios está en todas partes, todo el tiempo. No hay ningún lugar al que podamos ir donde podamos escapar o escondernos de su presencia. No importa si es un lugar de ubicación, o un lugar en la vida, Dios está en ese lugar.

Muchas veces cuando pecamos, nos encontramos corriendo y escondiéndonos de Dios. Nosotros tratamos de aislarnos saliendo a los lugares desérticos porque creemos que Dios no estará en ese lugar con nosotros. Sin embargo, incluso allí, en nuestro lugar de quebrantamiento. y autodesprecio, nosotros también debemos darnos cuenta, "El Señor también está en este lugar." Esta increíble y reconfortante verdad permanecerá en cada lugar en la vida que enfrentaremos: En nuestros lugares de enfermedad, desaliento y corazón quebrantado, sufrimiento, duelo, miedo, estrés, soledad y eventualmente la muerte, pero debemos saber con certeza que Dios está en ese lugar con nosotros. La promesa que hizo a Jacob también es su promesa para nosotros: "Estoy contigo y te guardaré donde quiera que vayas."

Una vez escuché una gran historia sobre la misionera Gladys Aylward mientras intentaba escapar de Yang Chen, que había sido devastado por la guerra, en 1938. La región en la que estaba fue rápidamente invadida por las fuerzas japonesas y, a pesar de haber sido herida, tuvo que conducir y guiar a noventa y cuatro niños huérfanos a través de un terreno muy accidentado para poder salvarlos. Según cuenta la historia, una mañana se encontró sin aparente esperanza de llegar a un lugar seguro. Una niña de trece años que caminaba con ella trató de consolarla diciendo: "No olvides lo que nos dijiste sobre Moisés en el desierto," a lo que Gladys respondió: "Sí, querida, pero yo no soy Moisés." La joven sabiamente respondió: "Sí, pero Dios aún sigue siendo Dios."

ENERO 31

Génesis 37:24: "Entonces lo tomaron y lo echaron a un pozo. Y el pozo estaba vacío; no había agua en ella ".

¿Considerarías que José es una víctima? Tal vez en un tribunal de justicia sería definido como una víctima, pero yo diría que no a esta pregunta simplemente porque la Biblia nunca nos proclama ser víctimas en ninguna situación. Más bien, en Romanos 8:37, "Sin embargo, en todas estas cosas somos más que vencedores por medio de Aquél que nos amó." Hace un tiempo, el Señor me habló muy claramente sobre cuántas veces nosotros, como cristianos, vivimos, actuamos y oramos como si fuéramos un pueblo derrotado, que somos víctimas porque nuestras circunstancias, juicios, tentaciones y aflicciones son demasiado grandes de vencer por nosotros y que aparentemente no hay esperanza de victoria. El apóstol pablo destruyó este tipo de comportamiento y pensamiento sin esperanza al recordarnos: "Sin embargo, en todas las cosas somos más que vencedores por medio de Aquel que nos amó."

¿Sabes qué es un conquistador? Es alguien que tiene la victoria después que ha librado una batalla y ha tomado el lugar de vencedor. Bueno, aquí, Pablo enfáticamente nos señala que somos "más que los conquistadores," lo que significa que tenemos la victoria sobre todas las cosas antes que la batalla incluso tiene lugar. Pablo dice que cuando lleguen las dificultades, y vendrán, nosotros no deberíamos vivir como si nuestra situación fuera desesperada y que somos víctimas indefensas en todo. Por el contrario, debemos vivir con la plena seguridad de la esperanza y la victoria debido al amor y el poder que nuestro Señor y Salvador Jesucristo tiene para nosotros.

Muchas veces en la vida nos encontraremos en un pozo sin agua. Nosotros fuimos lastimados por las personas que amamos, el pecado nos ha atrapado tan fácilmente, la enfermedad nos ha dejado abajo, las circunstancias de la vida aparentemente están en contra de nosotros. . . aun así, incluso allí, incluso en el pozo sin agua, cuando aparentemente estamos solos y en una situación desesperada, El Señor dice: "En cuanto a ti también, a causa de la sangre de tu pacto, pondré tus prisioneros libres del pozo sin agua. Regresen a la fortaleza, ustedes prisioneros de esperanza. Incluso hoy declaro que te devolveré el doble (Zacarias 9 11-12).

Piensa en lo que significa ser un "prisionero de esperanza." Significa que estamos retenidos y cautivos por la esperanza; estamos bajo su autoridad. Así es como se nos describe en Zacarías cuando nos encontramos en los pozos sin agua de la vida; somos prisioneros de esperanza no víctimas desesperadas. No hay nada que podamos hacer para escapar de la esperanza que tenemos en Cristo Jesús, como su prisionero. Y recuerde, la definición de la palabra "esperanza" como se usa en la Biblia, significa saber con certeza, estar absolutamente seguro de algo. Entonces vemos que somos prisioneros de las garantías y promesas de Dios, y que no podemos hacer nada para escapar de ellos. Romanos 5: 5 nos recuerda esto mismo, (énfasis agregado) "Ahora la esperanza, *no decepciona* porque el amor de Dios ha sido derramado en nuestros corazones por el Espíritu Santo que nos fue dado."

FEBRERO 1

Juan 10:14 (NVI): "Yo soy el buen pastor; conozco mis ovejas y mis ovejas me conocen."

No tengo dudas de que Dios me conoce. No hay duda en mi mente de que Dios te conoce a ti. Juan 10:14 nos dice lo mismo: "Conozco a mis ovejas." Realmente es algo muy sorprendente cuando consideramos cuán bien nos conoce Dios. Él conoce nuestras venidas y nuestras salidas Él sabe cuándo estamos acostados y cuándo estamos sentados; Él sabe lo que pensamos y lo que deseamos; conoce la cantidad de cabellos en nuestra cabeza, y Él sabe la cantidad exacta de días que tendremos en esta tierra; Él registra en su diario lo que decimos y hacemos, y sus pensamientos hacia nosotros superan en número a la arena en la tierra. Dios nos conoce a diferencia de cualquier otra persona que diga que nos conoce, incluso mejor que nosotros mismos.

La segunda mitad de este versículo es muy similar: "mis ovejas me conocen." ¿Pero que tanto sabemos nosotros de Dios? ¿Alguna vez has pensado en eso? Tómese un minuto y considere todo lo que sabe sobre Dios. Obviamente no puedo enumerar todo lo que cree saber acerca de Dios, porque simplemente hay demasiado para enumerar. Pero en esto vemos que hay una relación entre Dios y nosotros, una relación que se construye casi como un matrimonio. Su propósito es que podamos conocernos en un nivel más íntimo.

Fui convencido por esto el otro día cuando estaba orando a Dios y me di cuenta de que mi relación con Dios se había convertido en escribir devociones, enseñar, orar por otros, liderando las reuniones de adoración, etc. Me di cuenta de que mi relación era servir a Dios en el ministerio, y no en conocerlo íntimamente. Es sorprendente lo rápido que nuestro enfoque puede cambiar porque yo nunca me percaté del cambio.

Pero sí cambió, porque había perdido de vista lo que es una relación con Dios. Claro, estaba estudiando su Palabra en busca de devociones y enseñanzas, y lo estaba buscando en nombre de otros, pero me alejé de pasar tiempo solo hablando con Él. Para nosotros es necesario recordar que una relación va en ambos sentidos. Si es solo unilateral, ¿Es realmente una relación?

Imagínese, como esposo que soy, que trabajé todos los días para mantener a mi familia, lavé los platos, corté la hierba, saqué la basura, etc., pero en realidad nunca me senté y pasé tiempo con mi familia. ¿Realmente tendría una relación con ellos? No, eso no sería una relación con ellos, es lo mismo con Dios. Podemos pasar nuestras vidas trabajando y sirviendo en un ministerio, pero de ninguna manera eso significa que estamos construyendo sobre nuestra relación con Dios. Entonces, creyente, nunca confundas servir a Dios como tener una relación con Dios; más bien, tómese el tiempo para conocerlo íntimamente y luego permita que su Espíritu Santo le proponga servirlo, usted será feliz de haberlo hecho.

FEBRERO 2

Éxodo 6: 1: "Entonces el Señor le dijo a Moisés: 'Ahora verás lo que yo le haré al faraón. Porque con mano fuerte los dejará ir, y con mano fuerte los expulsará de su tierra.'"

Después de que Dios llamó a Moisés para ir a Egipto y liberar al pueblo de Dios de las manos de Faraón, Dios le dio a Moisés esta promesa: "Ahora verás lo que haré con Faraón. Porque con mano fuerte los dejará ir, y con mano fuerte los expulsará de su tierra." Y efectivamente, tal como Dios le había prometido a Moisés, Faraón expulsó a la nación de Israel fuera de Egipto.

Lo que quiero que noten es que esto no sucedió de inmediato. Ahí aún quedaba mucho trabajo por hacer antes de que esta promesa se cumpliera, ya que Moisés tendría muchos encuentros con Faraón antes de que Faraón eventualmente expulsara a la nación de Israel como Dios había prometido. En esto, debemos recordar que las promesas de Dios no vienen en el momento que queramos en nuestro tiempo; las promesas de Dios vienen en su tiempo, el tiempo de Dios. Algunas pueden suceder de inmediato, como el llenado del Espíritu Santo en nosotros cuando entregamos nuestra vida a Jesucristo, o el perdón de nuestros pecados cuando le pedimos perdón a Dios (1 Juan 1: 9). Pero para muchas promesas, debemos esperar a que se cumplan como Dios desea ¿Eso significa que solo porque tenemos que esperar la promesa, esto no sucederá como Dios dijo que lo haría? Seguro que a veces parece así, ¿No es así? Pero no es verdad; Las promesas de Dios siempre se cumplirán tal como Él dijo que lo haría.

El libro de Proverbios 13:12 nos recuerda: "La esperanza frustrada enferma el corazón, pero cuando el deseo es cumplido es como un árbol de vida." Cuando tenemos que esperar a que se cumplan las promesas de Dios seremos probados en gran medida, ya que estaremos tentados a perder la esperanza. Esto es lo que Salomón quiso decir cuando escribió: "La esperanza diferida o el deseo no cumplido enferma" Nuestros corazones literalmente se sentirán enfermos cuando pasen nuestros plazos autoimpuestos para el cumplimiento de estas promesas. Pero mira en la segunda mitad de este versículo: "cuando el deseo es cumplido, es como un árbol de vida." Nota que Salomón no dijo "si" viene el deseo, sino más bien, "*cuando* venga el deseo." Las promesas de Dios *siempre* se cumplen. Entonces, hermano creyente, aunque estés esperando para que se cumpla una promesa y tu corazón se enferme durante este tiempo de espera, nunca pierdas la esperanza, porque Dios *siempre* cumple sus promesas.

FEBRERO 3

Isaías 58: 9: "Entonces llamarás, y el Señor responderá."

Uno de los aspectos más desafiantes de caminar con el Señor es confiar en que Él siempre escucha y contesta nuestras oraciones. Ha habido muchas veces donde he orado específicamente por algo y aparentemente no hubo respuesta de Dios, así que seguí preguntando, buscando y tocando, y aun así no hubo respuesta. Esto es el momento en que generalmente me desanimo y me deprimo, cuando empiezo a creer que Dios no está escuchando, no me responde, o que de alguna manera me he alejado de Él y ni siquiera se dio cuenta.

La Biblia nos recuerda acerca de estos difíciles tiempos en el libro de Proverbios 13:12, "La esperanza diferida o frustrada enferma el corazón." Es una progresión natural para nosotros comenzar a pensar en estas cosas. Sin embargo, la Biblia promete que Dios nos escucha y que nos responderá. Entonces; ¿Qué hacemos en estos tiempos de oración aparentemente sin una respuesta? Lo que he aprendido es que necesitamos alejarnos de esa oración con la que estamos obsesionados y comenzar a orar por otras cosas.

Por ejemplo, estaba en uno de estos momentos de los que estamos hablando y me volví obsesionado con una oración específica tanto que no estaba orando por nada más; y porque Dios no estaba respondiendo esa oración, creí todas las mentiras que Satanás me arrojó. Bueno, una mañana, mientras conducía al trabajo, me encontré dentro de un tráfico muy pesado en la autopista y no pude cambiar de carril para salir de la autopista. Yo recuerdo pensar para mí mismo, "¿Para qué oro?" Dios no contesta mis oraciones; sólo me conduciré hacia la próxima rampa de salida y daré vuelta en "U" (vuelta en círculo). Pero oré de todos modos, "Padre, por favor deja espacio para que pueda pasar y salir del atolladero." Al instante, como la separación del Mar Rojo, un gran espacio se abrió para mí y pude deslizarme y bajar por la autopista.

Ahora, puede estar pensando, "¿Cuál es el gran problema?" El gran problema fue que tan pronto como esa pequeña oración fue contestada, me di cuenta de que Dios todavía estaba a mi lado y trabajando en mi vida. Me tranquilizó que Dios escuchó mis oraciones y que estaba de hecho respondiéndome. Toda mi perspectiva con respecto a esta oración específica cambió. Ahora sabía que Dios me estaba respondiendo: "Espera."

Estoy seguro de que hay oraciones específicas en tu vida en este momento, y tal vez te encuentres en la misma situación en la que yo estaba. Creyente, da un paso atrás, ora por todas las cosas y observa a Dios obrar en tu vida. Ten seguridad, escucha Tú porque Él está respondiendo.

FEBRERO 4

1 Timoteo 1:16: "Pero por esto fui recibido a misericordia, para que Jesucristo mostrase en mí el primero toda su clemencia, para ejemplo de los que habrían de creer en él para vida eterna."

No es ningún secreto quién era el apóstol Pablo antes de que Cristo se apoderara de él. Él era un fariseo llamado Saulo, quien realmente creía que estaba haciendo la obra de Dios al perseguir, encarcelar y asesinar a los cristianos. Sin embargo, por alguna razón, la magnitud de lo que Saúl había hecho no me impacta mucho; tal vez es porque yo no estaba ahí cuando hizo todas esas cosas, o tal vez es porque no lo veo como ese. Lo conozco como el apóstol Pablo en Cristo, no Saulo el mundano.

Pero en aquellos días, cuando las acciones de Pablo eran muy conocidas para muchos, estas palabras tenían mucho peso. Pablo le dijo a Timoteo esto en una carta, "Pero Dios tuvo misericordia de mí para que Cristo Jesús pudiera usarme como primo ejemplo de su gran paciencia incluso con los peores pecadores. Entonces otros se darán cuenta que ellos también pueden creer en Él y recibir la vida eterna" (1 Timoteo 1:16, NTV).

Pablo le dijo a Timoteo que él era un ejemplo para todos los que han sufrido durante mucho tiempo, un ejemplo de la asombrosa gracia que Dios tiene hacia toda la humanidad. Siendo un ejemplo de la gracia de Dios, nadie podrá decir: "Dios no puede perdonar lo que he hecho." Como bien dijo Pablo en 1 Timoteo 1:15, "Este es un dicho fiel y digno de toda aceptación, que Cristo Jesús vino al mundo para salvar a los pecadores, de quienes soy el primero." Pablo esencialmente nos afirma aquí: "Si Dios puede perdonarme, el principal de todos los pecadores, por lo que he hecho, Él puede perdonar a cualquiera."

Muchas veces cuando escuchamos historias sobre Ted Bundy o Jeffrey Dahmer quienes fueron asesinos seriales que llegaron a la salvación, nos estremecemos ante la idea de verlos en el cielo "Dios, ¿Cómo puedes perdonarlos por lo que han hecho?" Todavía ellos, como Pablo, son un ejemplo para nosotros de la paciencia de Cristo, un patrón de la sublime Gracia de Dios, asombrosa para aquellos que vendrán a la salvación algún día.

Admito que me fue difícil aceptar el hecho de que estaba completamente perdonado cuando vine al Señor, como estoy seguro que fue duro para muchos de ustedes también. Pero una vez que finalmente acepté su perdón, y creí que era verdad, entonces fue difícil para mí compartir todo lo que había hecho antes porque quería ser un cristiano perfecto a los ojos de otras personas. Pero nunca debemos perder la oportunidad de compartir de dónde nos ha traído Dios: No nos deleitamos en nuestro libertinaje como hacen muchos cuando comparten su testimonio, pero más bien deleitándonos y alardeando de la gracia que nos ha sido otorgada a través de Cristo, Jesús nuestro señor. Deberíamos ser un ejemplo para otros de la paciencia de Cristo para que todos puedan decirse a sí mismos: "Si Dios puede perdonar a esa persona, seguramente Él puede perdonarme a mí."

FEBRERO 5

> Mateo 11:28 (NTV): "Entonces Jesús dijo: "Vengan a mí, todos ustedes que están cansados y llevan cargas pesadas, y les daré descanso."

Me encanta el hecho de que Jesús nos invita a venir a Él con todos los problemas de la vida, para que podamos encontrar descanso en cada situación. Esto debería ser una práctica común para cada creyente porque solo Jesús realmente puede llevar nuestras cargas y resolverlas para nuestro bien (Romanos 8:28). Pero esta no debería ser la única razón por la que venimos a Jesús.

Michelle y yo estábamos hablando con una amiga nuestra el otro día y ella estaba contándonos sobre uno de sus hermanos. "Él solo llama cuando necesita algo," ella dijo. "Él nunca llama solo para saludar." Fue entonces cuando Michelle y yo miramos entre nosotros y suspiramos porque sabemos que a menudo hacemos esto con el Señor.

Solo acudimos al Señor Jesús cuando necesitamos ayuda; y esta no es el tipo de relación adecuada para tener con Él. Escuche a Juan 15:15 (NTV): "Ya no los llamo esclavos, porque el amo no confía en sus esclavos. Ahora ustedes son mis amigos, ya que les dije todo lo que el Padre me dijo." Jesús no solo nos llama sus amigos, sino que también nos declara que quiere confiar en nosotros como Sus amigos.

Cuando pienso en la amistad que debemos tener con Jesús, a menudo pienso sobre la amistad que tengo con Michelle. Hemos pasado horas juntos hablando sobre la vida, lo que estamos sintiendo, pensando, deseando, luchando. . . Viajamos juntos, salimos a caminar, vemos películas, leemos la Biblia, oramos y servimos juntos… hacemos todas estas cosas porque nos encanta pasar tiempo juntos y porque queremos convivir en un nivel más profundo e íntimo.

Así es como debemos ver nuestra relación con Jesús. Como mi amistad y convivencia con Michelle, porque no se detuvo el día que nos casamos. Nuestra amistad con Jesús no debería detenerse el día en que somos salvos; más bien, debería crecer y madurar más y más cada día. Necesitamos hacer un esfuerzo decidido para pasar tiempo con Jesús con la única intención de conocerlo más. Esto es lo que hacen los amigos, y es cuando Él confiará a nosotros las cosas del Padre.

FEBRERO 6

Salmo 118: 7 (NTV): "Sí, el Señor está por mí; Él me ayudará."

A menudo hay una pregunta que le hacemos al Señor cuando surgen dificultades en nuestras vidas: "Dios, ¿por qué no me ayudas?" Tal vez no usamos exactamente estas palabras, pero si puede ser más como, "Dios, ¿por qué no me contestas?" "Dios, ¿por qué no lo haces? ¿Dios, porque no me sanas? o "Dios, ¿cómo puedes dejar que esto me suceda?" Independientemente de cuál podría ser la pregunta, el tema subyacente es el mismo: comenzamos a cuestionar los motivos y acciones de Dios en nuestras vidas porque creemos que Dios nos está fallando de alguna manera. El salmista aparentemente responde todas nuestras preguntas por nosotros esencialmente diciendo: "Sí, Dios está por ti, si, ¡Él te ayudará!"

Mientras pensaba en todas las veces que he cuestionado los motivos de Dios para mi vida y me pregunté lo mismo que Isaías le preguntó al pueblo de Israel: "¿Qué más puede Dios hacer para mostrarte que Él está para ti? (Ver Isaías 5: 4).

Esto no quiere decir que debemos auto flagelarnos por no vencer los momentos de incredulidad ya que, como la Biblia nos recuerda solo somos carne y es la condición humana que naturalmente dudemos de Dios. Pero no porque es lo natural en nosotros dudar, no significa que estaremos justificados al dudar o incluso actuar sobre esas tendencias naturales del hombre.

El apóstol Pablo hizo la misma pregunta en Romanos 8: 31–32: "¿Qué, pues diremos frente a estas cosas? Si Dios está de nuestra parte, ¿Quién puede estar en contra de nosotros? El que no escatimó ni a su propio Hijo, sino que lo entregó [en la cruz] por todos nosotros, ¿Como no habrá de darnos generosamente, junto con El, todas las cosas?"

Con todo lo que Dios ha hecho para líbranos del pecado y la muerte, ¿Cómo podríamos creer que Dios no está por nosotros en algún momento o tiempo de nuestras vidas? Dudamos de Él porque en el fondo de nuestras defectuosas experiencias de amor imperfecto hacia Él, todavía creemos que el amor de Dios depende de lo que hacemos y no hacemos.

La clave para obtener paz y alegría en estos momentos de confusión y duda es saber que la Palabra de Dios es más grande que nuestros sentimientos. Aunque parezca que Él está contra nosotros, o incluso que nos ha abandonado, podemos estar seguros de que "Su fiel amor [por nosotros] permanece para siempre" (Salmo 118: 1, NTV). Entonces, creyente, repite después de mí: Sí, el Señor está por mí y sí, Él me ayudará.

FEBRERO 7

Juan 17:17: "Santifícalos en tu verdad. Tu palabra es verdad."

¿Crees en esta Escritura? Honestamente, en el fondo, ¿Crees que la palabra de Dios es verdad absoluta? ¿Las promesas, las garantías, la instrucción es verdad o solamente usos y costumbres? Esta es una pregunta que a menudo me encuentro preguntándome una y otra vez. No porque no crea la Palabra de Dios por sí misma, sino porque a menudo hago cosas en el orden equivocado cuando las dificultades entran en mi vida.

Hay muchas ocasiones en que miraré mi situación, la diagnosticaré, haré una determinación al respecto, alzar la voz y luego mirar la Palabra de Dios. El problema con este orden de eventos es que primero diagnosticamos nuestra situación; luego proclamamos qué es y   en segundo lugar cómo se desarrollará; y por último, miramos la Palabra de Dios para tratar de encajarla de alguna manera en nuestra situación. Esto no es lo que este versículo dice que debemos hacer. Este versículo proclama correctamente que solo la Palabra de Dios es verdad, y que por esta verdad somos santificados (apartados).

Se nos dice que la Palabra de Dios nos santifica del mundo; a su vez, necesitamos santificar la Palabra de Dios en el mundo también. Su Palabra debe ser separada de nuestras circunstancias para que podamos ver su verdad de tal manera que nuestras circunstancias, sentimientos o dudas no influyan o disminuyan lo que dice. Su palabra, como verdad, necesita estar aislada en nuestras vidas sin nada apegado a ella. En otras palabras, debemos permitir que su verdad nos diga sobre nuestras situaciones, y no permitir que nuestras situaciones nos cuenten acerca de Su verdad.

Así es como Jesús derrotó a Satanás cuando lo tentó en el desierto. Así es como el apóstol Pablo aprendió a contentarse en cualquier situación en que se encontrara. Así es como nos mantendremos estables y firmes durante las tormentas de esta vida.

El escritor de himnos estadounidense H. L. Hastings, al describir la Palabra de Dios, escribió:

> Los infieles durante mil ochocientos años han estado refutando y derrocando este libro (la Biblia), y aún hoy se mantiene tan sólido como una roca. Su circulación y diversas publicaciones cada vez aumentan más y es más querido y apreciado y leído hoy más que nunca antes. Los infieles, con todos sus asaltos, ganan tanto impresión en este libro como lo haría un hombre con un martillo tratando de derrumbar las Pirámides de Egipto. Cuando el monarca francés propuso la persecución de los cristianos en su dominio, un viejo estadista y guerrero le dijo: "Señor, la Iglesia de Dios es un yunque que se ha desgastado muchos martillos." Entonces los martillos de los infieles han estado picoteando sin resultado en este libro por siglos, pero los martillos se han desgastados y el yunque en su fortaleza aún perdura. Si este libro no hubiera sido el libro de Dios, los hombres lo habrían destruido hace mucho tiempo. . . todos los gobernantes lo han intentado; pero al contrario ellos mueren y el libro aún vive.[13]

Entonces, cristiano, ¿Qué crees? ¿Es Su Palabra la verdad sobre todas las otras verdades?

FEBRERO 8

Hebreos 6:19: "Esta esperanza la tenemos como ancla del alma, segura
y firme, y que entra en la Presencia detrás del velo."

Hace un par de semanas, Michelle y yo y otras dos parejas de nuestra comunidad
espiritual hicimos una visita a algunos queridos amigos que están luchando
con algunas afecciones físicas muy graves. Después de que Michelle nos llevó a
la adoración, compartí algunos pensamientos que El Señor había puesto en mi
corazón por ellos. Uno de esos pensamientos estaba contenido precisamente en este
versículo, "Esta esperanza que tenemos es como un ancla del alma, segura y firme,
y que entra en la Presencia detrás del velo."

La esperanza de la que habla el escritor de Hebreos es nuestra esperanza en
Jesucristo. La palabra literalmente significa saber con certeza, no tener dudas.
Nuestra esperanza en Jesucristo está bien arraigada, porque sabemos sin lugar
a dudas que estamos para siempre seguros en El. Él es el ancla que nos impide
alejarnos de Dios. Cuando consideras todas las distracciones y tentaciones que el
mundo nos arroja, y agregamos nuestra propia naturaleza pecaminosa a esa mezcla,
necesitamos desesperadamente un ancla que sea "Segura y firme," que evitará que la
fuerte corriente de este mundo nos arrastre.

Note que nuestra esperanza entró en "la Presencia detrás del velo." En el templo
el velo separaba al hombre del mismo lugar donde habitaba la presencia de Dios.
Cuando el sumo sacerdote hacía el sacrificio y lo llevaba al Lugar Santísimo entonces
posteriormente tendría que dejar la presencia de Dios. Pero nuestro eterno Sumo
Sacerdote, Jesucristo entró en "la Presencia detrás del velo" cuando se sacrificó y
murió en la cruz, y no tuvo que abandonar la presencia de Dios; en cambio, Él "se
sentó a la diestra de la Majestad en las Alturas" (Hebreos 1: 3). Entonces el ancla de
nuestra alma yace detrás del velo, en la misma presencia de Dios Todopoderoso, y
es el Guardián de nuestras almas para siempre.

Cuando oramos por nuestros amigos esa noche, nuestro buen amigo Walt
hizo una analogia de una correa bajando del cielo que estaba unida a ellos. La
idea aquí era que no estaban anclados a nada aquí en la tierra, sino que estaban
anclados a Cristo en el cielo. Y porque estaban anclados en el cielo, la atadura los
había levantado del suelo, arriba de sus circunstancias, llevándolos a través de este
momento muy difícil.

Mientras pensaba en esta imagen visual, imaginé dos correas, una bajando del
cielo y otra que viene de la tierra. Entonces imaginé un gran barco en medio de una

gran tormenta, y me pregunté: "¿Qué sería mejor tener: un ancla que está atada al fondo del océano pesándonos, ¿o un ancla que está atada al cielo, levantándonos?"

Con ese pensamiento, creo que es importante entender que todos tenemos una elección a tomar con respecto a lo que anclamos nuestra alma. Podemos elegir a Jesucristo y anclar nuestra alma en el cielo, o podemos elegir el mundo y anclar nuestra alma a la tierra. Sin embargo, no podemos elegir ambos. Entiende esto: ambos anclajes están seguros y firme, pero solo uno te levantará; el otro te derribará. Así que permítanme preguntarte, ¿Dónde está puesta tu esperanza?

FEBRERO 9

> Éxodo 16: 4 (NVI): "Entonces el Señor le dijo a Moisés, lloverá pan del cielo para ustedes. La gente debe salir todos los días y reunir lo suficiente para cada día. De esta manera los probaré y veré si siguen mis instrucciones."

Después de que Dios liberó a los israelitas de los egipcios de manera milagrosa, los israelitas pronto se preocuparon cuando se encontraron en el desierto y cuando la comida y las reservas de agua se estaban agotando. "En el desierto, toda la comunidad se quejó contra Moisés y Aarón. Los israelitas les dijeron: '¡Si tan solo hubiéramos muerto por la mano del Señor en Egipto!" Allí nos sentamos alrededor de ollas de carne y comíamos toda la comida que queríamos, pero nos has traído a este desierto para matar de hambre a toda esta asamblea." (Éxodo 16:2–3, NVI). Desde su punto de vista, los israelitas no vieron esperanza para el mañana, entonces se quejaron de su situación hoy.

En respuesta a sus quejas, Dios le dijo a Moisés que Él proveería para su pueblo, pero para probar su fe en Él, Dios instruyó a su pueblo a que solo reuniera suficiente comida para ese día para que tuvieran que confiar en Él para mañana. Y ahí radica el desafío de la fe para el pueblo de Israel y para nosotros hoy en día: tenga fe en que Dios no solo no nos abandonará en los desiertos de la vida, sino que suplirá todas nuestras necesidades todos los días. Esto debe haber sido algo muy difícil para los israelitas. . . ver tanta comida y sin embargo, solo reunir lo suficiente para solo un día, confiando en que Dios proveería para mañana, el día siguiente, el próximo día, y así sucesivamente. ¿Cuántos de nosotros hubiéramos reunido algo de comida extra "por si acaso" Dios nos fallaba mañana? ¡Sí, yo también lo habría hecho!

En realidad, es nuestra preocupación por las necesidades del mañana lo que nos hace tropezar el día de hoy. Nos preocupamos por cosas que aún no han sucedido; todo el tiempo, extrañamos algo extra fuera de las bendiciones que se nos dan hoy. La Biblia nos obliga una y otra vez a no preocuparse por el mañana, sino que se centre en cómo Dios ha provisto para este día. Debemos dejarle nuestro mañana a Dios, sabiendo que Él es el mismo Dios del mañana y del hoy. Como dice el viejo dicho, hoy es el mañana que estuvimos preocupados ayer, y todo está bien.

Es en estos momentos de prueba cuando debemos preguntarnos: "¿Alguna vez Dios nos ha fallado? ¿Se ha detenido alguna vez su bondad? ¿Ha habido alguna vez un momento en nuestras vidas que no haya provisto exactamente lo que necesitábamos y cuándo lo necesitábamos?" La respuesta a todas estas preguntas es un rotundo no, pero, aun así; ¿Todavía nos preocupamos por el mañana o no? Michelle y yo a menudo hablamos de cómo el otro zapato nunca cae con Dios. Infieles esperamos el fin de la bondad de Dios aun después de las inmensas bendiciones del día de hoy, nunca llegará. Verdaderamente la fidelidad de Dios y su bondad hacia nosotros perdurará por siempre.

En Hebreos 13:5 (NVI), Dios dice: "Nunca te dejaré; jamás te abandonaré." Si nos fijamos en la raíz de estas palabras griegas aquí, se utilizan cinco negativos. Así que el versículo en realidad dice: "Yo nunca, nunca, nunca, nunca, nunca, te dejaré; Yo nunca, nunca, nunca, nunca, nunca te abandonaré." ¿Qué crees que Dios está tratando de decirnos?

FEBRERO 10

Salmo 130: 3 (NIV1984): "Si tú, oh Señor, mantuvieras un registro de nuestros pecados, oh Señor, ¿Quién podría estar delante de ti?"

Muchas veces, cuando me estoy revolcando en las secuelas de mi pecado, estoy convencido que soy el peor pecador de todos los tiempos. Estoy convencido de que de ninguna manera existen "verdaderos cristianos" tan malos como yo, y esta vez, no habrá perdón para mí. Si eso es cierto, y no hay perdón para mí, entonces tampoco puede haber perdón para alguien más también. Dicho esto, sin embargo, sí creo que otros son perdonados de su pecado, entonces también debo creer que soy perdonado de mi pecado.

"Si tú, Señor, mantuviste un registro de los pecados, Señor, ¿quién podría soportarlo?" Observe al salmista que no dijo: "Si tú, Señor, llevaras un registro de mis pecados. . . ." No, él claramente declaró: "Si tú, oh Señor, llevaras un registro de los pecados, oh Señor, ¿Quién podría permanecer delante de ti?" El salmista está hablando solo de los pecados registrados aquí, no de aquellos que cometieron el pecado. Creo que su punto es que si Dios mantiene un registro de los pecados que se cometen. Él vería rápidamente que cada persona tendría múltiples pecados asignados a cada quien, y si todos somos culpables de pecado, ¿Quién podría estar frente al juicio perfecto de Dios? ¡Ninguno! Afortunadamente para nosotros, por la sangre de Jesucristo, todos podemos recibir el perdón total y completo por nuestro pecado. Porque "contigo hay perdón" (Salmo 130: 4, NVI).

En esos momentos al darnos cuenta de nuestro pecado, puede ser muy difícil creer que podemos ser perdonados cuando confesamos ese pecado, especialmente si es algo que continuamos repitiendo. Es por eso que el escritor de Hebreos nos instruye: "Por lo tanto, vengamos valientemente al trono de la gracia, para que podamos obtener misericordia y encontrar gracia para ayudarnos en tiempo de necesidad" (Hebreos 4:16). El pastor John Blanchard escribió: "Para las necesidades diarias allí hay gracia diaria, y por necesidad repentina hay gracia repentina, y por abrumadora necesito que haya una gracia abrumadora."[14] Esto es de lo que apóstol Santiago estaba hablando cuando él escribió en el evangelio de Santiago 4:6a, "Pero Él da más gracia."

Entonces, ¿Cómo recibimos esta gracia asombrosa? Santiago 4: 6b nos dice: "Dios resiste al orgulloso, pero da gracia a los humildes." Recibimos gracia cuando nos humillamos ante Dios. En 1 Juan 1: 9 se nos dice: "Si confesamos nuestros pecados, Él es fiel y justo y nos perdonará nuestros pecados y nos limpiará de toda maldad." Confesar nuestros pecados significa estar de acuerdo con Dios acerca de lo que Él dice que es el pecado. Al confesar nuestros pecados a Dios a través de Jesucristo, de hecho, nos estamos humillando ante Dios; a cambio, recibimos su abundante gracia.

Debemos recordar que cuando Jesucristo murió en la cruz por nuestros pecados, murió sabiendo muy bien cada pecado que cometeríamos. Por eso hay una medida de gracia que se nos da a cada uno de nosotros diariamente, medida que es más que suficiente para las necesidades de ese día. Muchos expositores han notado que la gracia no es simplemente nuestro boleto a través de la puerta al cielo; también es nuestro combustible para el viaje. D. L. Moody entendió esto muy bien. Una vez escribió: "Un hombre ya no puede tomar un suministro de gracia para el futuro, haciendo una analogía como si pudiera comer lo suficiente durante para los próximos seis meses; o tomar suficiente aire en sus pulmones de una sola vez para mantener la vida durante una semana. Debemos depender sobre la infinita reserva de gracia de Dios para nosotros día a día, según la necesitemos."[15] Entonces, creyente, sin importar cuánta gracia necesites para este día, ten la seguridad de que Su gracia es suficiente.

FEBRERO 11

Romanos 12: 2a: "Y no se amolden a este mundo, sino sean transformados por la renovación de su mente."

Mientras servíamos en la sala de oración hace un par de semanas, la palabra "exponer" fue utilizada por uno de nuestros hermanos durante un tiempo de oración. Inmediatamente reflexioné sobre qué significa la palabra "exponer;" abrirse a la influencia de algo. Entonces yo pensé en lo que nos pasa cuando nos exponemos a la radiación. Si nos exponemos a pequeñas cantidades de radiación, los impactos son mínimos. Pero si nos exponemos a grandes cantidades de radiación, puede causar envejecimiento prematuro, cáncer, incluso muerte. Cuanta más radiación nos expongamos, más poderoso será el efecto que tendrá en nuestros cuerpos. Lo que realmente me impactó fue la transformación física que tiene lugar en nuestros cuerpos sin que tengamos que hacer nada. La radiación nos cambia físicamente y automáticamente.

Mientras pensaba en esto, comencé a pensar en lo que sucede cuando nos exponemos a Dios. Si nos exponemos en pequeñas cantidades de Dios, podemos esperar pequeños cambios en nuestras vidas espiritualmente. Pero si nos exponemos a grandes cantidades de Dios, podemos esperar cambios mucho más grandes en nuestra vida espiritualmente. Entre más nos exponemos a Él cuanto más poderoso es el efecto que tiene en nuestras vidas. De forma similar a los efectos de la radiación, cuando nos exponemos a Dios, automáticamente se produce una transformación en nuestras vidas. Dios simplemente cambia sobrenaturalmente nuestro espíritu. La diferencia es que la radiación nos envenena y Dios nos limpia.

La palabra "transformado" que se usa en este versículo significa cambiar a otro estado o forma, y habla de un tipo de cambio permanente. Lleva la idea de un cambio interior que es esencial para nosotros como creyentes. Lo que Pablo nos está diciendo en este versículo es que no debemos permitirnos ser cambiados en el exterior por las cosas del mundo, sino que seamos transformados interiormente por las cosas de Dios. Por favor, comprenda que seremos vulnerables y cambiados por cualquier influencia a la que nos expongamos en este mundo. En 2 Corintios 4:4, Satanás es llamado el dios de este mundo, así que puede imaginar los cambios que tienen lugar en nuestras vidas cuando nos exponemos a las cosas de este mundo. Los vemos como inofensivos, pero la realidad de que cualquier cosa fuera de Dios es malvado y realmente debería obligarnos a considerar a lo qué nos exponemos a diario. Como padres, esto debería motivarnos a controlar qué películas, programas de televisión, sitios de internet, música, videojuegos y personas a las que están expuestos nuestros hijos. Si lo piensas, el mundo es una radiación espiritual que envenena nuestra alma.

Pablo nos dice que tiene que haber una renovación de nuestra mente. Ya no estamos para pensar como el mundo piensa, sino que debemos asumir la forma en que Dios piensa y acercarnos al mundo y las cosas del mundo tomando en cuenta lo que su Palabra dice acerca de esto. A. W. Tozer escribió una vez: "Nuestros pensamientos no solo revelan lo que somos, sino que predicen en lo que nos convertiremos. Pronto seremos la suma total de nuestros pensamientos."[16] que serán determinados por aquello a lo que nos expongamos.

FEBRERO 12

Romanos 5: 1: "Por lo tanto, habiendo sido justificados por la fe, tenemos paz con Dios a través de nuestro Señor Jesucristo ".

Mientras conducía al trabajo esta mañana, estaba pensando en los "períodos de gracia" que tenemos en la vida. Por ejemplo, en el complejo de apartamentos donde vivimos Michelle y yo, tenemos un período de gracia para nuestro cheque de alquiler. Aunque vence el primero de cada mes, hay un período de gracia para todos los inquilinos hasta el día cuatro del mes. Así que siempre que entreguemos nuestro cheque de alquiler antes del cuatro de cada mes, no se considera retraso y no hay penalizaciones. Tal vez tenga un período de gracia en su trabajo donde siempre que no llegue más de diez minutos tarde, no tiene que llamar a un encargado y explicar por qué llegó tarde. O tal vez tienes un período de gracia en la escuela donde si no puedes entregar tu tarea en clase el día en que se vence, aún puedes entregarla en cualquier momento después ese día.

Independientemente de cuál sea el período de gracia, si entregamos nuestro cheque de alquiler antes del cuatro del mes, o lleguemos al trabajo dentro de los diez minutos permitidos, o entregar nuestra tarea antes de que termine ese día, tenemos paz porque estamos cubiertos por la gracia de otro. Entienda que solo encontramos paz en estas situaciones porque la gracia que se nos concede es otorgada gratuitamente por alguien ante quien somos responsables. Era su deseo de darnos esta gracia, y cuando cumplimos con el plazo que establecieron, y recibimos la gracia que nos han brindado, ya no tenemos que preocuparnos ni temer porque estamos cubiertos por su gracia.

Bueno, hay un período de gracia en la vida que ninguno de nosotros puede permitirse perder. Esta gracia el período comienza en el segundo en que podemos decidir por nosotros mismos si queremos rendir nuestras vidas a Jesús o no, y termina en el momento en que morimos. Esta es la cantidad de tiempo que tenemos que aceptar para recibir su regalo gratuito de salvación. El problema con este período de gracia es que ninguno de nosotros conoce el plazo para ello. Podría llegar en cualquier segundo para cualquiera de nosotros, y una vez transcurrido este plazo, la oferta de gracia queda anulada y el pago es la muerte eterna.

Pero una vez que entregamos nuestras vidas a Jesucristo, somos justificados, lo que significa que somos perdonados eternamente. No más condenación, no más duda, no más miedo, no más preocupaciones. Cumplimos con la fecha límite para el período de gracia de Dios en la vida eterna y nosotros podemos estar en completa paz porque el único ante el que somos responsables de nuestro pecado es Dios; y por su propio deseo, nos ha dado gratuitamente gracia que quita nuestro pecado a través de su Hijo Jesucristo. No nos queda más que hacer, solamente recibir y gozarnos.

FEBRERO 13

1 Corintios 2:10: "Pero Dios nos ha revelado esto a través de Su Espíritu. Porque el Espíritu todo lo escudriña, aun lo profundo de Dios."

Muchas veces cuando estoy enseñando o escribiendo devocionales, trato de desempeñar el papel del Espíritu Santo en la vida de otras personas, tratando de cubrir cada ángulo, cada pensamiento y cada aplicación que pueda surgir en el material que se está cubriendo. Esta es una tarea imposible de intentar y asumir porque la Palabra de Dios se conecta a cada parte de la vida del hombre; la gran cantidad de información al tratar de hacer esto es abrumadora. Al tratar de desempeñar el papel del Espíritu Santo, estoy tratando de llenar un rol que no me corresponde a mí.

"Pero Dios nos lo ha revelado por medio de su Espíritu." Hay un nivel de fe que se requiere cuando enseñamos, escribimos oramos o compartimos el evangelio en el sentido de que debemos tener fe en que el Espíritu Santo revelará las verdades a las personas cuando compartamos con ellas. Nuestro trabajo es simplemente orar, escudriñar la Palabra de Dios y luego hablar mientras nos guía el Espíritu Santo, sabiendo que está trabajando en la vida de los demás y que revelará a ellos las cosas que necesitan escuchar.

He tenido personas que se me acercan después de una enseñanza y me dicen: "Cuando dijiste [esto], me ministró totalmente." Pero nunca dije lo que escucharon. Era el Espíritu Santo que obra en ellos, les habla y les revela las cosas que necesitaban escuchar. Ha habido momentos en que he compartido una de verdad de Dios con alguien, y el Espíritu Santo usó esa verdad para desencadenar otra verdad dentro de esa persona que fuera aplicable a sus necesidades. Solo Él tiene el poder de hacer eso, porque solo Él "busca todas las cosas, [si, incluso] las cosas profundas de Dios," y sabe exactamente lo que la gente necesita escuchar.

El desafío para nosotros aquí es ser obedientes a la incitación del Espíritu Santo a compartir solo lo que Él nos dice que compartamos, ni más ni menos, porque "[Mi palabra] logrará lo que me propongo porque, Yo lo envié" (Isaías 55:11, ESV). Dios tiene un propósito específico para cada verdad que es compartida; el nuestro no es descubrir la intención de Dios para esa persona, el nuestro es solo tener fe en que Él seguirá trabajando en la vida de esa persona ya que Él puede satisfacer sus necesidades en Su tiempo y en Su camino, de acuerdo con Su propósito.

FEBRERO 14

1 Juan 4:19: "Lo amamos porque Él nos amó primero."

Hay algo poderoso en las palabras "Te amo." Solo son tres pequeñas palabras, sin embargo, tienen mucho peso. Para el que lo dice, es una declaración de la elección que han hecho al amar a alguien por lo que es, no por lo que hacen. El amor es una elección, no un sentimiento. Para el que lo recibe, trae comodidad, alegría y seguridad sabiendo que alguien realmente se preocupa por ellos y quiere estar en su vida incluso cuando las cosas se pongan difíciles.

Pero existe toda otra dinámica para decir "Te amo," que viene en forma de la respuesta. Por ejemplo, recuerdo una vez cuando Michelle y yo estábamos en el teléfono, y mientras nos despedíamos, le dije: "Te amo." Ella también dijo "te amo." Lo preocupante para mí fue que no la escuché decir: "Yo también te amo" y porque no la escuché decir la última palabra "también," pensé no me escuchó, así que la llamé de inmediato para asegurarme de que había escuchado bien. Necesitaba que ella reconociera el hecho de que lo escuchó, que lo recibió y que ella lo creía. Eso es lo que significa "también" cuando lo agregamos "Yo lo escuché, yo lo recibo y yo lo creo." Es sorprendente cómo dejar de lado a esa pequeña palabra me afectó tanto.

Anoche, mientras Michelle y yo orábamos, le dije a Jesús: "Yo también te amo, Señor." Fue entonces cuando me di cuenta, que nunca antes le había dicho eso. Le he dicho que lo amo miles de veces, pero ni una sola vez dije: "Te amo, también, señor." Cuanto más pensaba en esto, más me dejaba perplejo. ¿Por qué no nosotros no le decimos a Jesús, "Yo también te amo"? Después de todo, Él nos lo dijo primero, porque "Lo amamos porque Él nos amó primero." Todos los días, y de muchas maneras, Dios nos dice que Él nos ama. Él nos dice a través de su creación, a través de su pueblo, a través de su Palabra, y más importante, a través de la cruz. "Dios demuestra su propio amor hacia nosotros, en que, siendo aún pecadores, Cristo murió por nosotros" (Romanos 5: 8, LBLA), sin embargo, nunca le había dicho: "Yo también te amo, Señor."

Había algo poderoso en decirle eso, cuando lo hice, reconocí el hecho de que Él me lo dijo primero. Reconocí el hecho de que me ama. Esto es muy importante para mí personalmente, porque, aunque puedo decirle a cualquiera que Jesús los ama y realmente lo creo, a menudo lucho con la certeza de que me ama. Sin embargo, cuando dije: "Yo también te amo, Señor", no solo reconocí el hecho de que Él me ama, sino que también lo recibí y lo creí.

FEBRERO 15

> Santiago 3: 5–6: "Así, la lengua es un miembro pequeño y se jacta de grandes cosas. ¡Mira qué gran bosque enciende por un pequeño fuego! Y también la lengua es un fuego, un mundo de iniquidad. La lengua está tan implantada entre nuestros miembros que contamina todo el cuerpo e incendia el curso de la naturaleza; y es encendida por el infierno."

Aquí en el sur de California, sabemos muy bien cómo una pequeña chispa puede causar una devastación masiva. En octubre de 2007, los incendios forestales destruyeron más de 500,000 acres de terreno y más de 1.500 viviendas. Los incendios fueron provocados por chispas de energía de cableado, un niño de diez años que jugaba con cerillos y un semirremolque volcado que se incendió. En un momento, los incendios fueron tan grandes que fueron visibles desde el espacio exterior. El apóstol Santiago compara la destrucción que puede causar un incendio forestal con la de la lengua. De hecho, dice que una lengua incontrolada "es un fuego, un mundo de iniquidad," es decir que su destrucción no tiene fin; puede ser un pozo sin fin de pecado y destrucción si no se le controla.

Santiago también dice que está "tan establecida entre nuestros miembros que contamina todo el cuerpo." La palabra "profanar" que se utiliza aquí significa contaminar o enturbiar. Cuando nuestra lengua se deja sin control, nos contamina por completo. Jesús habló sobre esto en Mateo 15:11, cuando declaró que "no es lo que entra en la boca que contamina al hombre; pero lo que sale de la boca, esto es lo que contamina al hombre."

Santiago también dice que una lengua incontrolada "prende fuego al curso de la naturaleza." John MacArthur declaró que esta frase significa literalmente todo "el círculo de la vida," y enfatiza el hecho de que el daño que puede causar la lengua se extenderá mucho más allá de la misma persona que habla, ya que "afectará todo en su esfera de influencia."[17] Eso incluye a nuestro cónyuge, nuestros hijos, nuestra familia, nuestros amigos, nuestro trabajo, nuestro ministerio, nuestro testigo, etc.

El punto del apóstol Santiago aquí, es un tema común en toda la Biblia: lo que hacemos afecta directamente a los demás. La idea de que nuestro pecado solo nos afecta a nosotros, o que de alguna manera puede ser contenido o controlado, es una mentira del abismo del infierno. Ron Daniel comentó que no vemos el tipo de destrucción generalizada que una lengua puede causar, entonces lo hacemos con los chismes. Probablemente sea el pecado que más se pasa por alto en la iglesia. Este fue un tema tan serio en la iglesia primitiva que Pablo advirtió tanto a Timoteo como a Tito sobre los chismosos en la iglesia y lo destructivos que podían ser. La palabra griega que Pablo usó para estos chismosos en 1 Timoteo 3:11 es *diábolos*. Si esta palabra te es familiar, es porque es el nombre dado al diablo. En español se llama *el Diablo*. Cuando chismeamos, Santiago dice que nuestra lengua "está encendida por el mismo el infierno" (Santiago 3: 6, NTV), lo que significa que ahora estamos bajo la influencia del diablo y básicamente están haciendo su trabajo por él.[18]

Ninguno de nosotros quiere eso, ni siquiera quiere hacer eso, pero cuando no controlamos nuestra lengua, y simplemente abrimos la boca y dejamos salir esa bestia, es exactamente lo que sucede cuando nuestra lengua quema y destruye vidas, matrimonios, reputaciones, hijos, inocencia, confianza, etc. Solo por el poder del Espíritu Santo se puede dominar la lengua, porque de la abundancia del corazón habla la boca. (Mateo 12:34). Solo el Espíritu Santo puede cambiar el corazón del hombre.

FEBRERO 16

> Santiago 3: 11–12: "¿Envía un manantial agua dulce y amarga de la misma abertura? Hermanos míos, ¿Puede una higuera producir aceitunas, o una vid higos? Por tanto, ningún manantial produce tanta agua salada como agua dulce."

Santiago continúa su tema de la lengua indomable usando un par de analogías de la naturaleza. Como explicó David Guzik, "Santiago señala la máxima imposibilidad de tal contradicción. Si continúan saliendo frutos malos y agua amarga, significa que no hay contradicción. El árbol es malo y la primavera es mala."[19] Jesús dijo en Mateo 12: 33–34, "O haces bueno el árbol y su fruto bueno, o bien haces el árbol malo y su fruto malo; porque el árbol se conoce por su fruto. ¡Generación de víboras! ¿Cómo pueden, siendo malos, hablar cosas buenas? Porque de la abundancia del corazón la boca habla."

De nuevo, no tenemos un problema tan solo de la lengua; tenemos un problema del corazón. No podemos domesticar nuestras lenguas porque no podemos cambiar nuestro corazón; solo la obra del Espíritu Santo en nuestras vidas puede traer una transformación tan radical. Por eso Jesús dijo en Juan 16:7, "Es para tu conveniencia que yo me vaya, porque si no me voy, el Consolador no vendrá a ti, pero si me voy, lo enviaré a ti." Tanto como Jesús podía hacer por nosotros mientras estuvo aquí en la tierra, Él sabía que aunque fue evidente sus enseñanzas, sus sanaciones y aún su gran amor por nosotros nunca cambiaría el corazón del hombre. El Señor Jesús tuvo que irse para que el Espíritu Santo venga y nos llene de su presencia. Es únicamente el trabajo del Espíritu Santo en nuestras vidas que nos cambia de adentro hacia afuera. Él es el indicado quien limpia nuestros corazones.

El pastor Jim Cymbala escribió en su libro *Spirit Rising*: "Sabemos que Jesús el Hijo está sentado a la diestra del Padre. Entonces eso significa que el Espíritu Santo es el único agente en la tierra. Él es la única experiencia que podemos tener de Dios Todopoderoso, la única manera en que podemos aplicar la obra de Jesucristo a nuestras vidas, y la única forma en que podemos entender la Palabra de Dios."[20] El papel del Espíritu Santo en nuestras vidas es el poder que necesitamos para vivir una vida que agrade a Dios.

En Hechos 1: 8, Jesús dijo, "recibirán poder cuando el Espíritu Santo haya venido sobre ustedes." La palabra "poder" que Jesús usa aquí puede traducirse como "habilidad;" entonces, en Cristo, tenemos la capacidad del Espíritu Santo dentro de nosotros para controlar la lengua y confiamos en Él como nuestra fuente de poder, porque cuando andamos en el Espíritu, no satisfacemos los deseos de la carne (Gálatas 5:16).

FEBRERO 17

Éxodo 31: 2: "Mira, he llamado por nombre a Bezalel, hijo de Uri, el hijo de Hur, de la tribu de Judá."

Bezalel no es realmente un nombre familiar como Abraham y Moisés, pero eso no quiere decir que es menos significativo que las "estrellas de rock" de la Biblia de las que hablamos a menudo. De hecho, vemos que Dios llamó a Bezalel por su nombre, lo que significa que Dios específicamente lo apartó para una obra muy especial. Así como Dios eligió a Abraham y Moisés para tareas muy particulares, Dios también eligió a Bezalel.[21]

Es importante notar que, en el Antiguo Testamento, el Espíritu Santo no era derramado sobre todos los que creyeron; sólo en los elegidos por Dios para un propósito específico fueron ungidos de esa manera. Entonces, cuando leemos en Éxodo 31: 3 que Dios llenó a Bezalel con Su Espíritu Santo, debemos preguntar: "¿A qué llamaba este hombre, ¿Dónde y porqué necesitaba una llenura del Espíritu de Dios?" Bezalel era artesano. Ahora generalmente cuando escuchamos que alguien ha sido apartado para los propósitos de Dios y lleno del Espíritu Santo, automáticamente pensamos en misioneros o pastores o en algún "superior" llamado no solo para realizar un trabajo promedio. Sin embargo, aquí hay un hombre lleno del Espíritu de Dios y apartado para ser artífice del Señor.

Creo que es importante entender que Dios vio el trabajo que Bezalel haría al participar como artesano espiritualmente significativo, justo como el trabajo en el que participaron Abraham y Moisés.[22] Sin embargo, el aspecto más importante de este trabajo fue que debía hacerse para Dios, no para el hombre. Esto es lo que dice Colosenses 3:23: "Todo lo que hagas, hazlo de corazón, como para el Señor y no para los hombres." El empoderamiento y los dones del Espíritu Santo en nuestras vidas nunca deben usarse para nuestros propósitos; más bien para el propósito de Dios.

Para la mayoría de nosotros, no estamos llamados a ser pastores de una mega iglesia o misioneros en una tierra extranjera; estamos llamados a trabajar de lunes a viernes en un trabajo que aparentemente no tiene ningún significado espiritual. Algunas están llamadas a ser amas de casa criar hijos, y algunos ya están jubilados; ¿Significa esto que somos insignificantes y que Dios no nos usa? De ningún modo. Como creyentes, todos estamos dotados y llenos con el mismo Espíritu Santo; todos somos llamados por nuestro nombre; y todos estamos apartados para el trabajo al que Dios nos ha llamado. Ninguno de nosotros es insignificante a los ojos del Señor, independientemente del trabajo que tengamos. Nuestro papel es buscar al Señor y encontrar hacia donde Él nos quiere ubicar o llevar, y luego trabajemos según las indicaciones del Espíritu Santo.

FEBRERO 18

Eclesiastés 1: 3: "¿Qué provecho tiene un hombre de todo su trabajo en el que se afana bajo el sol?"

La pregunta que nos hizo Salomón en Eclesiastés 1:3 es una que debemos todos considerar continuamente a lo largo de nuestros días aquí en la Tierra. "¿Qué beneficio tiene el hombre de todo su trabajo en el que se afana bajo el sol?" En otras palabras, "¿En qué se beneficia el hombre de todas sus actividades en esta vida?" La conclusión de Salomón a esta pregunta se escribe una y otra vez a lo largo del libro de Eclesiastés: todo es vanidad, todo está vacío, insatisfactorio y sin sentido. Esto es lo que Salomón dolorosamente descubre después de una búsqueda de por vida de las actividades de esta vida.

Entienda que Salomón no fue solo un hombre sabio; también fue un buscador de conocimiento y verdad. Él documentó en el libro de Eclesiastés buscó todo lo que hay bajo el sol (en esta vida), y descubrió que nada de eso satisface. Él probó y experimentó todas las cosas; no hay nada que podamos tener o experiencia en esta vida, que Salomón no tuvo ni experimentó. Esto es lo que quiso decir cuando escribió, "no hay nada nuevo bajo el sol" (Eclesiastés 1: 9). Ya está todo hecho. Como bien dijo Ray Stedman, "No hay cosa, no hay placer, no existe ningún tipo de relación perdurable o positiva. Nada de lo que el Rey Salomón encontró, tenía un valor duradero en la vida. Después de que el hombre haya succionado hasta secar todo el deleite, la alegría o el placer de algo de este mundo; lo que sobra, lo que permanece, lo que perdura es para alimentar continuamente el hambre de satisfacción de su vida"[23] Nada es de provecho dice el Rey Salomón, ni una sola cosa. ¡Nada repite Salomón!

Un compañero de trabajo vino a mi oficina una mañana después de haber recibido su premio de servicio de treinta y cinco años de antigüedad en el trabajo, y me dijo: "Sabes, he estado aquí treinta y cinco años. Me he entregado a mi trabajo y he recibido todos los premios y logros que mi trabajo tiene para ofrecer. Me he hecho un gran nombre aquí en el condado. Pero, es tan insignificante. Siento que he desperdiciado mi vida."

Jesús nos lo resumió de esta manera en Marcos 8:36: "¿De qué le servirá al hombre si gana el mundo entero y pierde su propia alma?" Las preguntas que estoy continuamente desafiando son, "¿Qué estoy haciendo con mi tiempo? ¿En qué estoy invirtiendo? ¿Estoy buscando la voluntad y los propósitos de Dios, o estoy viviendo para mí y desperdiciando mi vida?" Jesús dijo en Apocalipsis 22:12 (ESV), "He aquí, vengo pronto, trayendo mi recompensa conmigo, para recompensar a cada uno por lo que ha hecho." Así que déjame preguntarte a ti creyente, ¿Qué estás haciendo con tu vida?

FEBRERO 19

Números 13: 32a: "Y dieron a los hijos de Israel un mal informe de la
tierra."

Mientras los hijos de Israel se acercaban a la Tierra Prometida, Moisés envió doce
espías para ir a indagar la tierra e informarle lo que habían encontrado. Al volver,
los espías le dijeron a Moisés que la tierra era una que fluía leche y miel, tal como
Dios les había dicho. También informaron que la tierra estaba llena de ciudades
fortificadas y con personas que eran mucho más fuertes que ellos (Números 13:31).
Bueno todos conocen la historia aquí: Israel permitió que el miedo tomara una
decisión por ellos, y terminaron vagando por el desierto durante cuarenta años
porque eligieron el miedo sobre la fe.

En Diciembre de 2012, me operaron el hombro derecho debido a una lesión
en curso que empeoraba con el tiempo. Antes de operarme, tuve que ir al hospital
y llenar todo el papeleo y responder todas las preguntas relacionadas con el proceso
preoperatorio. Durante todo este tiempo, el médico, las enfermeras y el personal del
hospital me advirtieron continuamente del dolor que iba a experimentar después
de la cirugía, así que necesitaba asegurarme de tomar los analgésicos que me iban a
dar. Mientras compartía esto con los hermanos en la iglesia, y se oraba por ello, mi
buen amigo Darrell me recordó el "mal informe" que se les dio a los hijos de Israel.
Inmediatamente me sentí lleno de paz por toda la situación.

Cuando salía del hospital después de la cirugía, mi médico me recordó
nuevamente que me asegurara de tomar los analgésicos antes de irme a la cama
porque cuando el bloqueo nervioso o sea la anestesia se apagara el dolor iba a llegar
rápidamente. Esa noche, mientras Michelle y yo hablábamos con algunos amigos
sobre la cirugía, mencionaron que conocían a algunas personas que había tomado
estos analgésicos en particular y después le había salido un sarpullido. Con la
condición existente de mi piel, esto era lo último que necesitaba. Entonces Michelle
y yo oramos y mientras orábamos, seguí pensando en mensaje equivocado que se
le dio al pueblo de Israel. Seguí pensando en cómo los hijos de Israel dejaron que
el miedo a ese mal informe dictara sus acciones. Y así, después de mucha oración,
Michelle y yo decidimos quedarnos con Motrin y ver qué pasaba. Bueno con gozo
vimos que el dolor "increíble" nunca llegó.

Todo esto para concientizar que recibiremos muchos informes negativos en
esta vida sobre nuestra salud, nuestros empleos, la economía, nuestro embarazo,
nuestros hijos, etc., pero solo Dios realmente sabe lo que va a pasar de un minuto a
otro. La verdad es que cualquier informe dado, que no venga de parte de Dios va a

ser un mal informe. Por lo tanto, tenemos que consultar cada informe con Dios y preguntarle si tiene alguna otra verdad para nosotros.

FEBRERO 20

> Proverbios 17: 9: "El que encubre y perdona una transgresión busca amor, pero el que insiste en ella separa a los amigos."

Aprendí desde el principio en mi caminar cristiano que el perdón es una parte esencial de tener un corazón puro y una conciencia limpia a los ojos del Señor, porque sostener las cosas unas contra otras consumen nuestros pensamientos y envenenan nuestros corazones. Cuando Jesús nos instruyó a perdonarnos unos a otros en Mateo 6:14, no hizo esto por el que ofendió; más bien, lo hizo por el bien de quien estaba ofendido.

Albergar amargura o falta de perdón es como beber veneno y esperar que la otra persona muera; solo destruye al que lo quiere sostener. Pero cuando elegimos perdonar a alguien por una falta, esencialmente le mostramos el mismo amor que Jesús nos muestra todos los días. Esto es lo que nos señala el autor de Proverbios aquí: "El que encubre una transgresión busca el amor." Perdonar a alguien no es solo amarlos como Cristo nos ama, sino que también es de lo que buscamos llenarnos. Es con este acto de amor que nuestros corazones se limpian y nuestra perspectiva hacia esa persona cambia, ya que literalmente asumimos la misma mente de Cristo.

Pero hay otra parte del perdón que a menudo se pasa por alto: "pero el que repite un asunto, el que insiste en una transgresión separa a los amigos." Perdonar verdaderamente a alguien significa que no volveremos a mencionar esa ofensa. Si se perdona, se olvida la ofensa para siempre. Demasiadas veces decimos que perdonamos a alguien, solo para mencionar esa transgresión una y otra vez de nuevo para usarla contra ellos cuando nos convenga; esto no es perdón. Imagina si Jesús continuamente nos mencionara nuestras malas acciones: ¿Realmente nos sentiríamos como si estuviéramos verdaderamente perdonados?

El perdón nunca será algo que tengamos ganas de hacer, porque no está en nuestra naturaleza de perdonarnos unos a otros. Más bien es algo que se nos ordena hacer, una elección que debemos tomar porque confiamos y creemos en lo que dice la Palabra de Dios sobre el perdón. La clave es perdonar de inmediato, antes de que nuestro corazón se endurezca y el veneno del rencor se selle dentro de nosotros. Esperar perdonar a alguien sería como ser mordido por una serpiente y luego esperar para tomar el antídoto; no tiene sentido, porque lo ideal es querer deshacerse de ese veneno lo antes posible, antes de que nos cause algún daño, lo mismo ocurre con la falta de perdón. Entonces, creyente, recuerda que el amor no puede crecer donde falta el perdón, porque el amor y el odio no pueden coexistir.

FEBRERO 21

> Éxodo 33: 3: "Sube a una tierra que fluye leche y miel; porque yo [Dios] no subiré en medio de ti, para que no te consuma en el camino, porque sois gente terca."

Cuando Moisés subió al monte para encontrarse con Dios durante cuarenta días, los hijos de Israel pidieron que Aarón hiciera un becerro de oro al que pudieran adorar como su dios. Todavía incluso con esa flagrante rebelión e idolatría, Dios no negó a los hijos de Israel, la Tierra Prometida o la protección que les había prometido.[24] En Éxodo 33: 1–2, Dios le dijo a Moisés: "Sal y sube de aquí, tú y la gente a quien sacaste de la tierra de Egipto, a la tierra que juré a Abraham, Isaac y Jacob, diciendo: "A tu descendencia se lo daré." Yo enviaré a mi ángel delante de ti, y expulsaré al Cananeo, al Amorreo y al Hitita, al Ferezeo, al Heveo y al Jebuseo."

Dios prometió a los hijos de Israel que aún expulsaría a los habitantes de la Tierra Prometida y los bendeciría con la tierra que fluye leche y miel; sin embargo, también dijo: "No subiré en medio de vosotros. . . porque sois un pueblo de dura cerviz." En otras palabras, como explicó David Guzik, Dios todavía daría a ellos la tierra, pero "Él negaría a Israel su presencia." Porque eran un pueblo quienes continuamente rehusaban humillarse y entregarse a Él y a Sus mandamientos. Dios estaba probando a los hijos de Israel para ver si solo deseaban las cosas materiales del mundo, o si realmente deseaban una relación estrecha e íntima con El cómo su Padre. Su respuesta hacia Dios determinaría si solo amaban sus bendiciones o si realmente amaban a Dios mismo.[25]

Hoy en día, muchas personas quieren que Jesús sea su Salvador para poder tener la seguridad de la vida eterna en el cielo, nuestra Tierra Prometida, pero no quieren tener nada que ver con Jesús como su Señor y Salvador. Quieren las bendiciones en esta vida y en la próxima, pero no desean una relación personal e íntima con Dios mismo. Esto es lo que yo llamo cristianismo de autoservicio. Venimos a Dios y hacemos nuestro pedido, orando por exactamente lo que queremos o necesitamos; sin embargo, no tenemos ningún deseo de conocer a Aquél que nos da todas las cosas. ¿Qué valor tiene este tipo de vida? ¿Hay alguna satisfacción o alegría en tener todas las bendiciones que esta vida puede permitirse y, sin embargo, vivir sin Dios?

Comprenda que Dios es la esencia del cumplimiento. Tener una relación con Él es lo que nos satisface, no solo recibir bendiciones. Podríamos tener todo en este mundo, y en el próximo, sin embargo, sin Dios, no tendríamos nada. Entonces, creyente, es tu anhelo simplemente las bendiciones de Dios, ¿O es tu anhelo Dios mismo?

FEBRERO 22

Salmo 2: 3: "Rompamos sus ataduras en pedazos y desechemos sus cuerdas de nosotros."

¿Alguna vez has visto a alguien tratando de ayudar a un animal salvaje que está herido? Es toda una escena ya que el animal luchará ferozmente contra aquellos que están tratando de ayudarlo, simplemente porque no comprende la intención de los ayudantes. Tal vez tú has intentado atrapar a un perro o gato callejero que deambulaba hacia una peligrosa avenida tan solo para que se escapara porque no comprendía el peligro que corría. De manera muy similar, el hombre se enfurece incesantemente contra Dios cuando todo lo que Dios quiere hacer es salvarlo.

El salmista reflexiona sobre este mismo tema en el Salmo 2: 1-3, "¿Por qué se enfurecen las naciones, y el pueblo trama algo en vano? Se establecieron los reyes de la tierra, y los gobernantes se reunieron en consejo contra el Señor y contra su Ungido, diciendo: romperemos Sus ataduras en pedazos y desecharemos Sus cuerdas de nosotros." La intención de Dios no es para dañar al hombre, sino para liberarlo de la esclavitud del pecado y la muerte" Sin embargo, en nuestra propia ignorancia obstinada y orgullosa, luchamos obstinadamente contra Dios con todo lo que somos sólo para que podamos alejarnos de Él.

El problema es que el hombre no ve a Dios como alguien que quiere ayudarlo, más bien como alguien que quiere encarcelarlo. "Rompamos sus ataduras en pedazos y desechemos de nosotros sus cuerdas." Como señaló Ron Daniel, nos esforzamos para escapar del agarre de Dios "como un niño rebelde" retorciéndose y luchando para romper con el abrazo amoroso de un padre.[26] Los lazos de Dios no son lazos de prisión como un yugo pesado que se pone sobre un animal para controlarlo; más bien los lazos de Dios son lazos de amor para protegernos, guiarnos y evitar que deambulemos hacia el pozo sin agua de este mundo. Esto es lo que nos recuerda el profeta Oseas en el capítulo 11: 4: "Los sujeté con suaves cuerdas, con lazos de amor, y yo era para ellos como los que quitan el yugo de su cuello. Me incliné y les di de comer." Hasta que el hombre se dé cuenta de cuál es realmente la buena la intención de Dios y cuánto peligro corre al apartarse del regalo gratuito de salvación de Dios, él luchará contra Dios hasta el final.

FEBRERO 23

Proverbios 20:24: "Los pasos del hombre son del Señor; ¿Entonces cómo puede un hombre entender su propio camino?"

Recientemente vi el Karate Kid original con Pat Morita (Sr. Miyagi) y Ralph Macchio (Daniel). Mi parte favorita de la película fue el enfrentamiento entre los dos hombres después de que el Sr. Miyagi había prometido entrenar a Daniel en kárate. Cuando Daniel apareció para comenzar su entrenamiento, el Sr. Miyagi hizo que Daniel encerara autos, pintara cercas y lijara los pisos. Daniel rápidamente se sintió frustrado y enojado porque no entendía cómo todo esto lo ayudaría para aprender kárate; pero una vez que el Sr. Miyagi le mostró cómo funciona todo junto, se sintió humilde y agradecido por todo lo que el Sr. Miyagi le hizo hacer.

Caminar con Dios puede ser muy parecido a esto, pues ya que muchas veces, no siempre entendemos por qué las cosas suceden como suceden. Sin embargo, cuando vemos el producto terminado tiempo después, estamos muy agradecidos por todo lo que Dios hizo y permitió y por lo general acabaremos pidiéndole perdón por nuestra incredulidad y falta de fe a través del proceso.

Como creyentes, debemos recordar que estamos llamados a caminar por fe, no por vista. No sé por qué alguna vez pensamos que esto sería algo fácil de hacer porque nunca lo será. No importa cuántas veces Dios nos demuestre su fidelidad, todavía luchamos confiando en Él en medio de las dificultades porque nuestra visión y entendimiento se basan únicamente en lo que vemos y sentimos. No podemos imaginar cómo Dios lo hará y resolverá todo, por lo que gastamos todo nuestro tiempo y energía tratando de comprender cosas que nunca vamos a entender, dejándonos frustrados y enojados.

El Rey Salomón nos recuerda: "Los pasos del hombre son del Señor; ¿Entonces cómo puede un hombre entender su propio camino?" Nos recuerda que nunca entenderemos por qué Dios hace ciertas cosas hasta que las vemos todas juntas. Pero solo porque no entendemos lo que está sucediendo, no significa que no podamos confiar en Él mientras estemos pasando por eso. ¡Creyente, Dios es fiel! Él nunca nos ha defraudado y nunca lo hará, nunca nos defraudará. El corazón de Dios, en todos sus caminos, es lo mejor para nosotros. Como se menciona en la epístola de Romanos 8:28, Dios dispone todas las cosas en conjunto para el bien de aquellos que lo aman. Entonces, aunque pueda estar encerando coches, pintando cercas y lijando suelos en este momento, tenga fe en Dios y confíe en que Él lo usará todo para beneficio nuestro.

FEBRERO 24

Salmo 37: 4: "Deléitate en Jehová, y Él te concederá los deseos de tu corazón."

Una mujer vino a la sala de oración un día, y mientras me contaba la razón por la quería que orara por ella, me dijo que nunca pide la sabiduría de Dios y que ella no quiere saber su voluntad para su vida. ¿Confundido por esto, tuve que preguntarle por qué? Me dijo que tenía miedo del plan de Dios para su vida y que, si preguntaba por la voluntad de Dios, tal vez la llamaría a ser soltera por el resto de su vida y la enviaría a que se fuera de misionera en algún lugar como África.

Entiendo este pensamiento hasta cierto punto. Puede ser muy aterrador venir a Dios y decirle: "Aquí estoy, Señor, hágase tu voluntad," porque Él podría enviarnos al África, o llamarnos para hacer lo que más tememos hacer, por eso esta mujer tenía miedo de estar soltera por el resto de su vida y era demasiado para ella, y en lugar de pedir la voluntad de Dios y Su dirección para su vida, hizo sus propias decisiones de lo que pensó que era mejor para ella. El problema en ella según lo expresó es que era miserable y su vida un desastre.

Cuando me preguntó qué pensaba de todo esto, le dije que lo que ella estaba haciendo era una locura. Luego compartí con ella la definición de locura: hacer continuamente lo mismo una y otra vez y esperar un resultado diferente. Esta mujer había estado repitiendo el mismo ciclo destructivo en su vida una y otra vez durante años, y sin embargo, ella todavía huía del Señor por temor a sus planes para su vida. Lo que ella no había aceptado es que ella era miserable y su vida un desastre porque no quería la voluntad de Dios para su vida.

Proverbios 8:35 nos recuerda que la sabiduría de Dios da vida, "Porque quien encuentra [la sabiduría] halla vida y alcanza el favor del Señor." Y el Salmo 37: 4 nos asegura, "Deléitate en el Señor, y él te concederá las peticiones de tu corazón." La verdad es que nunca debemos temer lo que Dios ha planeado para nosotros, ni debemos descuidarnos en la búsqueda de Su voluntad y sabiduría para nuestras vidas. Él es bueno; Sus caminos son perfectos; y sabe lo que es mejor para nosotros. Entonces, hermano creyente, deléitate en el Señor, busca Su rostro, encuentra Su voluntad para tu vida y cumple el propósito para el cual fuiste creado.

FEBRERO 25

Salmo 59: 9: "En ti esperaré, oh Dios, fortaleza mía; porque eres mi protector."

Cuando era un joven creyente que asistía a la iglesia, el Señor trajo muchas parejas de esposos a mi vida. quienes me acogieron y se convirtieron en padres espirituales para mí. Muy parecido a lo que Aquilla y Priscilla hizo por Apolos, estas parejas me discipularon en el camino del Señor y me ayudaron asentar los pies en mi fe. Una de las parejas que estimaba mucho tuvo una hija que se hizo buena amiga de una ex novia mía. Pronto, esta pareja se distanció de mí por algunas cosas que mi exnovia le había dicho a su hija sobre mí. Cuanto más trataba de explicarme y arreglar la situación, cuanto más se hundió la brecha entre nosotros.

Fue entonces cuando Dios me trajo a este versículo: "Te esperaré, en tu Fuerza; porque Dios es mi defensa." Saber que la gente piensa mal de usted, especialmente las personas a las que respeta y le importan, y no poder defenderse a sí mismo o arreglar la situación, es insoportable por decir lo menos. Pero cuando quité mis manos de esta situación y esperé en Dios, mi fuerza se completó.

Aproximadamente un año después, la esposa de la pareja se acercó a mí un domingo por la mañana llorando. Las primeras palabras que salieron de su boca fueron: "¡Por favor, perdónanos!" Resulta que mi exnovia comenzó a decir las mismas cosas sobre su hija que ella dijo sobre mí. Se dieron cuenta del gran error que habían cometido al no manejar la situación adecuadamente y quedaron devastados por la forma en que me habían tratado.

Como presencié como todo esto se desarrolló, había una alegría inmensa en mi corazón porque sabía que tenía el respaldo de Dios en Su palabra y me mantuvo firme en la fe; y demostró, una vez más, que nunca, nunca me fallaría. Mi relación con esa pareja se restauró y todos aprendimos una lección muy valiosa.

Pensar que podemos controlar lo que la gente dice o piensa de nosotros es vanidad; como dijo Salomón, es como perseguir el viento (Eclesiastés 1:14). El único control que tenemos en esta vida está en las elecciones que hacemos; fuera de eso, sólo existe la ilusión de control. Tratar que la gente crea en nosotros, para defendernos cuando surgen tales problemas o asuntos, generalmente terminamos empeorando las cosas, ya que el enemigo simplemente torcerá nuestra defensa en contra y las usará como una cuña entre nosotros. Pero cuando liberamos el control de esa situación a Dios y esperamos en Él, Él será nuestra defensa, la verdad surgirá y habrá gran victoria.

FEBRERO 26

> Salmo 25: 8 (NTV): "El Señor es bueno y hace lo justo; Él muestra el camino correcto para los que se descarrían."

Yo diría que la mayor preocupación para cualquier creyente es la salvación de un ser querido. Muchos que entran en la sala de oración piden oración por un hijo pródigo que le ha volteado la espalda a Dios, por un padre que está obstinadamente atado en su orgullo, negándose incluso a discutir el tema de Dios y su plan de salvación. El salmista nos recuerda que Dios es intrínsecamente bueno y siempre hace lo correcto, porque Él "muestra el camino apropiado a los descarriados."

Debemos recordar que el mayor deseo del Señor es que todos los hombres se salven (1 Timoteo 2: 4) y que Él "no se complace en la muerte de los impíos, sino desea que el impío se aparte de su camino y viva" (Ezequiel 33:11). Dios desea que todos los hombres se arrepientan y se vuelvan de sus caminos perversos para que Él pueda tener misericordia de ellos. Independientemente de lo desesperado que pueda parecer para ciertos seres queridos venir a Cristo, debemos recordar que Dios siempre está trabajando en sus vidas y alrededor de ellas para acercarlos a Él y no dejará de hablarles hasta que tomen su último aliento aquí en la tierra.

Para entender esto mejor, no debemos mirar más allá de nosotros mismos. En algún punto en nuestra rebelión a Dios, Él nos mostró el camino correcto a seguir y eventualmente lo seguimos y aceptamos como nuestro Salvador. A algunos les sucedió cuando eran pequeños; para otros, como yo, tomó veintinueve años. Independientemente; Dios nunca deja de acercarnos a Él. Escuche lo que Charles Spurgeon escribió una vez sobre esto: "¿Estás orando por alguien amado? Oh, no abandones tus oraciones, porque Cristo es "poderoso para salvar." Tú puedes ser impotente para recuperar al rebelde, pero tu Señor es Todopoderoso. Echa mano de su poderoso brazo que es eficaz para desplegar su fuerza."[27]

Creyente, nunca dejes de orar por los perdidos y nunca pierdas la esperanza de salvación de un familiar o ser amado; nuestro Dios es un Dios bueno y siempre hace lo correcto. El demostrará a esa persona por la que tu oras como llegar al camino correcto a seguir; solo necesitamos ser diligentes en la oración para que cuando el camino sea mostrado, ellos lo acepten.

FEBRERO 27

Santiago 5: 13-14: "¿Está sufriendo alguno de ustedes? Déjelo que ore. ¿Alguien está alegre? Que cante salmos. ¿Hay alguno entre ustedes que esté enfermo? Déjelo que llame a los ancianos de la iglesia y que oren por él, ungiéndolo con aceite en el nombre del Señor."

¿Quién es aquel del que habla Santiago cuando dice: "Que ore… ¿Que cante… Que llame…? Si . . . yo, usted, "cualquiera" dice el apóstol Santiago. Santiago usa la palabra "cualquiera" tres veces en estos dos versículos para señalar que cualquiera, independientemente de quién sean o de lo que hayan hecho, pueden invocar al Señor. La oración no está reservada solo para pastores o guerreros de oración o ancianos de la iglesia, y tampoco solo para las "grandes peticiones" de la vida; la oración es para cada creyente y para cada situación. Sabemos esto porque Dios nos invita a acercarnos a Él y orar. "Pide y te será otorgado a ti; Busca y encontraras; llamad, y se os abrirá" (Mateo 7: 7) "Vengamos, pues, confiadamente al trono de la gracia para que obtengamos misericordia y gracia para sostenernos en nuestro tiempo de necesidad" (Hebreos 4:16). Entonces vemos que Dios no solo nos invita a acercarnos a Él en oración, sino que también nos demuestra que Él quiere ayudarnos también en nuestro momento de necesidad.

"Alégrense siempre, oren sin cesar, den gracias en todo; porque esta es la voluntad de Dios en Cristo Jesús para con ustedes" (1 Tesalonicenses 5: 16–18). ¿Lo captaste? Esta es la voluntad de Dios para ti. ¿Cuántas veces le has preguntado a Dios cuál es su voluntad para tu vida? Aquí está: Regocíjate siempre, ora sin cesar y en todo da gracias. Filipenses 4: 6 también nos recuerda esto: "Por nada estéis afanosos, sino en todo; con oración y súplica, y con acción de gracias, sean tus peticiones dadas a conocer a Dios." Me encanta la versión NLT de este versículo: "No se preocupe por nada; en cambio, ore por todo." El caso es que Dios quiere saber de ti por tu propia boca todo lo que sucede en tu vida todo el tiempo. Es por eso que el continuamente enfatiza en estos versículos, "Que ore, que cante… déjalo que llame a los ancianos." "¡No tienes, porque no pides!" (Santiago 4: 2).

FEBRERO 28

Santiago 5: 13b: "¿Hay alguien alegre? Que cante salmos."

Pensé que era interesante que entre el sufrimiento y la enfermedad estuviera este pensamiento de cantar salmos. Santiago 5:13-14 dice: "¿Está sufriendo alguno de vosotros? Déjelo orar. ¿Alguien está alegre? Que cante salmos. ¿Hay alguno entre ustedes que esté enfermo? Que llame a los ancianos de la iglesia y que oren por él, ungiéndolo con aceite en el nombre del Señor" Hay mucho que decir sobre alabar a Dios en medio de nuestras pruebas y aflicciones, porque durante estos tiempos precisamente la alabanza eleva nuestros ojos a Dios, alivia nuestra ansiedad y vuelve a centrar nuestra atención en Dios, donde pertenece.

Creo que el apóstol Santiago nos está diciendo que al igual es natural cantar cuando estamos gozosos, también lo hagamos cuando estamos enfermos o sufriendo. La oración no debería ser algo que otros tengan que recordarnos, o incluso forzarnos a hacerlo la oración nunca debería ser nuestro último recurso, más bien debería ser algo en lo que participamos automáticamente porque creemos en el poder de la oración.

El matemático griego Arquímedes escribió una vez: "Dame un lugar para pararme y con una palanca moveré el mundo entero." De una manera muy real, Dios ha dado una palanca en la oración; con él, podemos mover el mundo porque la oración puede hacer todo lo que Dios puede hacer. El pastor Ed Rea dijo una vez: "La oración mueve la mano que mueve el universo, y [Dios] nos invita a pedir ese poder hoy."[28] ¿Cree que esto es cierto?

En Éxodo 32, leemos acerca de cómo los hijos de Israel hicieron un becerro de oro y luego comenzaron a adorarlo, lo que hizo que Dios se enojara mucho. Dios le dijo a Moisés que Él iba a destruir la nación de Israel (Éxodo 32: 9-10), pero Moisés intercedió por su pueblo; oró por ellos, suplicó a Dios que les perdonara la vida, y se nos dice que "el Señor se arrepintió" y no los destruyó (Éxodo 32:14). La palabra "arrepentido" que se usa aquí es también la palabra "arrepentido," que significa que Dios cambió de opinión. Como explicó David Guzik, "La oración de Moisés no cambió a Dios, sino que cambió la posición del pueblo a los ojos de Dios: el pueblo estaba ahora en un lugar de misericordia, mientras que antes estaban en un lugar de juicio."[29] Entonces, creyente, ¿Cree usted que hay poder en la oración? ¿Crees que la oración cambia las cosas? Si es así, entonces ore. Si no es así, ore aún más.

FEBRERO 29

Isaías 6: 1: "En el año que murió el rey Uzías, vi al Señor sentado en un trono, alto y sublime, y la cauda de su manto llenaba el templo."

¿Una vez le pregunté a mi mamá cuándo se casaron ella y mi papá?, y en lugar de decir "El 23 de noviembre de 1963," dijo, "Nos casamos el día después de que John F. Kennedy fue asesinado." Para que mi mamá dijera que se casaron el día después de Kennedy fue asesinado fue para colocar un antecedente de fondo de lo que estaban experimentando ese día. Todos estaban tristes y desanimados porque Kennedy era un hombre muy querido; y el que muriera de una manera tan trágica dejó a muchas personas sintiéndose asustadas y vulnerables. Así que cuando Isaías escribió: "En el año en que murió el rey Uzías, vi al Señor sentado en un trono, alto y sublime, y la cauda de su manto llenaba el templo", Isaías estaba colocando un telón de fondo de lo que estaba experimentando cuando vio al Señor sentado en un trono.[30]

El rey Uzías fue un gran rey porque hizo lo recto ante los ojos del Señor (2 Reyes 15: 3). Condujo a Judá a muchas victorias sobre sus enemigos, y su fama se extendió por todas partes porque era amado por todo el pueblo (2 Crónicas 26: 8). Sin embargo, su vida tuvo un final trágico cuando transgredió contra el Señor, se volvió leproso, y pasó el resto de su vida aislado. Fue un final tan trágico para tan gran hombre que Isaías se desanimó. Al igual que la pregunta que la gente hacía cuando Kennedy fue asesinado y cuando ocurrió el 11 de septiembre, Isaías también estaba preguntando: "Señor, ¿dónde estás en todo esto? "[31]

Para Isaías, la desesperanza crecía: Uzías había muerto, el caos aumentaba, y los enemigos de Judá se agitaban. Fue entonces, en ese momento, cuando parecía más oscuro, cuando parecía que el Señor no estaba en ninguna parte, que Isaías "vio al Señor sentado en un trono alto y sublime, y la cauda de su manto llenaba el templo." Aunque parecía que todo estaba fuera de control y que todo se estaba desmoronando, el Señor le dejó muy claro a Isaías que Él todavía estaba en el trono y que tenía todo el control.

A menudo tendremos sentimientos y experiencias similares en nuestras vidas a las que tuvo Isaías en ese entonces; y en esos momentos de desesperación debemos recordar y confiar en que el Señor todavía está sentado en el trono, alto y es exaltado sobre todas las cosas. Aunque sus caminos son misteriosos, Su carácter se revela claramente en y a través de la Biblia. Él es bueno, es fiel y tiene el control total de todas las cosas.

MARZO 1

Mateo 14:30: "¡Señor, sálvame!"

En la epístola de Santiago 5: 16b, Santiago escribió: "La oración eficaz y ferviente del justo vale mucho." Entonces, ¿Qué significa orar con fervor? Cuando Elías oró por lluvia, él se postró en el suelo, colocó la cabeza entre las rodillas y oró por lluvia siete veces. Lo qué es realmente interesante sobre la posición en la que se encontraba Elías orando postrado es que es parecido a la posición de cuando una mujer que está dando a luz durante el trabajo de parto. De una manera muy real y poderosa, Elías trabajó en oración hasta que El Señor le respondió. Este es un ejemplo de oración ferviente.

Dicho esto, sin embargo, la oración ferviente a veces puede ser muy simple también no es necesario que esté en una posición específica para orar con fervor. Recuerdo haber escuchado una historia sobre un pastor, un sacerdote y un rabino, que estaban todos sentados en una oficina discutiendo la forma más efectiva de orar. El pastor comenzó diciendo: "La forma más eficaz de orar es orar de rodillas." En desacuerdo, el sacerdote dijo: "No, es más eficaz orar con las manos cruzadas y la cabeza doblegada." "Ambos están equivocados," dijo el rabino, "la forma más eficaz de orar es con las manos en alto en el aire." Estaba escuchando su conversación el técnico reparador sistema telefónico de la oficina. ¡Disculpen dijo el técnico, pero la oración más eficaz que he hecho es cuando me quedé colgando boca abajo en un poste de teléfono!

La oración siempre tendrá que ver con el corazón, no con la posición. Una de mis oraciones fervientes favoritas de todos los tiempos es "¡Señor, sálvame!" Esta es la oración que gritó Pedro a Jesús después de que él se bajó del bote y comenzó a caminar sobre el agua. No fue una oración larga y extensa, y definitivamente no fue elocuente, pero hombre, ¡seguro que fue ferviente!

Charles Spurgeon escribió una vez esto con respecto a la oración: "Las oraciones cortas son suficientemente largas." Había sólo tres palabras en la petición, que Pedro grito, pero eran suficientes para su propósito. No es deseable la longitud en la oración, sino la fuerza. Un sentido de la necesidad es un poderoso maestro de brevedad. Si nuestras oraciones tuvieran menos características del orgullo serían mucho mejores."[32]

Creyentes, la oración ferviente nunca se centrará en la posición en la que se encuentra o incluso las palabras que usas. La oración ferviente siempre será para abrir tu corazón y derramarlo delante del Señor, no por un método determinado, sino por tu relación con El. Recuerde, la oración ferviente no se trata tanto de obtener lo que queremos ya que se trata de dar a luz una relación más profunda con Dios por medio de la fe.

MARZO 2

145: 18 (NTV): "Cercano está Jehová a todos los que le invocan, sí, a todos los que lo invocan en verdad."

Hace un par de semanas, en un estudio bíblico al que asistía, estábamos cantando una alabanza que expresó nuestra profunda hambre de Dios. Mientras cantaba esta alabanza, recuerdo completamente deseando más de Dios. Fue entonces cuando el Espíritu Santo imprimió en mi corazón lo siguiente: "Patrick, si realmente quieres más de Dios, Él está totalmente disponible para ti. . . tanto como tú quieras."

Me sentí muy convencido, ya que recordé cómo a menudo cantamos canciones y hacemos oraciones como si Dios fuera difícil de alcanzar; como si estuviera tan lejos de nosotros que tenemos que suplicar y suplicar tan solo para que podamos alcanzarlo. Sin embargo, esto no podría estar más lejos de la verdad, ya que el salmista nos recuerda: "Cercano está Jehová a todos los que lo invocan, sí, a todos los que lo invocan sinceramente." Fue en ese momento que en mi mente se cambiaron las palabras de esa alabanza en lugar de que tengamos hambre de Él, convertidas en que Él tenga hambre pidiendo más de nosotros.

Creyente, por favor comprenda, no somos nosotros los que tenemos hambre de Dios; es Él quien tiene hambre de nosotros de nuestra relación con Él. Todo el día espera que le invoquemos y tengamos comunión con Él como verdaderos adoradores, y sin embargo ocupamos nuestras vidas con casi todo menos Él, y luego cantamos alabanzas como si Él fuera el difícil de alcanzar. Dios siempre está disponible para nosotros. Si realmente queremos más de Dios, Él está dispuesto a ser nuestro libremente; tanto como deseemos anhelarlo porque Él desea más de nosotros.

MARZO 3

Daniel 1: 8: "Pero Daniel propuso en su corazón no contaminarse."

Mientras Daniel estaba en cautiverio, hubiera sido muy fácil para él justificar qué estaba bien comer las delicias del rey Nabucodonosor. "Pero Daniel se propuso en su corazón que no se contaminaría." John MacArthur comentó que complacerse con estos alimentos se "entendía como honrar" a los dioses falsos que el rey Nabucodonosor adoraba, por lo que Daniel se negó a comprometer su fe sin importar lo conveniente que hubiera sido para él.[33] En cambio, pidió que solo comiera vegetales y bebiera solo agua; Dios honró la fidelidad de Daniel y le dio favor con los guardias encargados de él. No puedo evitar pensar que si nosotros, como creyentes, nos propusiéramos en nuestros corazones como lo hizo Daniel para no comprometernos con placeres o dioses ajenos, Dios nos bendeciría tremendamente justo como bendijo a Daniel. A decir verdad, se necesita una persona fuerte con una fe fuerte para que diga no a la conveniencia si eso implica comprometer su fe. Oh, como necesitamos ser como esas personas antes mencionadas hoy.

Me encontré con una vieja amiga hace un par de años. Cuando le pregunté cómo iban las cosas, me dijo que se había divorciado. Su marido fue abusivo y la había estado engañando, y después de mucho consejo y oración, se decidió que debían divorciarse porque él se negó a arrepentirse y a cambiar sus caminos. Ella me dijo que después del divorcio, su esposo aún vivía en la casa con ella y su hija porque ella no podía permitirse el lujo de vivir aparte por la situación económica. Sin embargo, estaba claro que Dios le estaba diciendo que necesitaba pedirle a él, que se fuera de la casa, que se mudara. Durante semanas luchó con esta decisión porque, por su vida, no podía saber si funcionaría alguna vez. Finalmente, decidió obedecer las instrucciones del Señor, confiando en que Dios proveería para ella tal como Su Palabra promete, y le dijo a su ex marido que tenía que irse.

Durante semanas luchó con esta decisión porque, por su vida, no podía ver cómo funcionaría alguna vez. Finalmente, decidió obedecer las instrucciones del Señor, confiando en que Dios proveería para ella tal como Su Palabra promete, y le dijo a su ex marido que tenía que irse. Días después de que se mudara el marido, el casero de mi amiga la llamó y le dijo que le estaba bajando el alquiler; al día siguiente en el trabajo su jefe se acercó a ella y le dijo que le iba a dar un aumento. Dios recompensó a mi amiga porque tomó la decisión de ser obediente a sus instrucciones y no transigir en su fe. . . y Él hará lo mismo por todos nosotros también.

MARZO 4

Deuteronomio 11:24 (NVI): "Todo lugar donde pongas tu pie será tuyo."

Últimamente ha habido un patrón de aprendizaje en mi vida, y es algo así como esto cuando oro; "Señor, por favor (haz esto, dame aquello, cámbiame, etc.);" y la respuesta que recibo de Dios es: "Patrick, si realmente quieres que se cumpla, (cualquiera que sea esa petición de oración) la respuesta es: aplica Mi Palabra a tu vida y has el esfuerzo para recibirlo, porque está completamente disponible para ti." La lección que me recuerdan continuamente es que para recibir las cosas por las que estoy orando, debe haber un esfuerzo presentado de mi parte. Estas solicitudes y respuestas no van a surgir por arte de magia o a través de ósmosis mientras me siento y juego videojuegos todo el día. Si realmente quiero estas cosas tengo que ir a buscarlos.

Comparo esto cuando Dios les habló a los hijos de Israel sobre su herencia de la Tierra Prometida. Dios les dijo: "En todo lugar donde pongan su pie la tierra será tuya." Dios prometió a los hijos de Israel tierra en abundancia; todo lo que ellos tenían que hacer era ir a buscarlo. Sin embargo, sabemos que los hijos de Israel nunca ocuparon más del diez por ciento de lo que Dios tenía para ellos, simplemente porque no querían hacer el esfuerzo de ir a buscarlo.

Piénselo así; si realmente queremos la voluntad de Dios en nuestra vida y estamos dispuestos de hacer un esfuerzo para buscarlo diligentemente, ¿Realmente nos lo va a ocultar? ¡Por supuesto que no! Porque es el deseo de Dios que todos conozcamos Su voluntad para nuestras vidas. De hecho, Dios nos promete en Su Palabra que, si lo buscamos, lo encontraremos (1 Crónicas 28: 9). Pero tenemos que esforzarnos por buscar, llamar y pedir (Mateo 7: 7).

Al considerar todas estas cosas, no puedo evitar pensar que Dios quiere y tiene mucho más para nosotros de lo que tenemos ahora. Su deseo innato es bendecirnos abundantemente, sin embargo, a menudo nos conformamos con mucho menos, simplemente porque no queremos tomarnos el tiempo o hacer el esfuerzo de aplicar Su Palabra a nuestras vidas.

Me recordó una historia que una vez me contó un amigo sobre Alejandro Magno. Un día, un mendigo le pidió una limosna a Alejandro, así que Alejandro arrojó al hombre varias monedas de oro. Asombrado por su generosidad, uno de los generales de Alejandro le dijo: "Las monedas de cobre habrían satisfecho las necesidades del mendigo. ¿Por qué darle oro? Alejandro respondió, "Las monedas de cobre podrían haber satisfecho la necesidad del mendigo, pero las monedas de oro se ajustan a mi misericordia y generosidad." Y así es con Dios, en un grado mucho mayor y benevolente. Entonces, creyente, ¿Cuánto más tiene Dios para ti? ¿De qué te estás perdiendo, simplemente porque no estás haciendo el esfuerzo de buscar Su rostro y aplicar Su Palabra para tu vida?

MARZO 5

Juan 3:16: "Porque de tal manera amó Dios al mundo. . ."

Comencé a meditar sobre lo que realmente es el amor verdadero, y eso me llevó a pensar en video juegos. Déjeme explicarle, cuando salieron los videojuegos, había un botón de reinicio en la consola que te permitiría comenzar el juego de nuevo si cometías un error o tomabas un camino equivocado. A medida que los juegos se volvieron más profundos y las consolas de juegos se volvieron más avanzadas, los botones de reinicio se reemplazaron con tarjetas de memoria y discos duros que te daban la posibilidad de guardar tu progreso a medida que avanzaras en el juego. Esta tecnología ha revolucionado los juegos porque permite a los jugadores hacer cualquier elección que quieren tomar sin consecuencias. Los jugadores saben muy bien que, si cometen un error, simplemente pueden volver al último punto guardado, cargarlo, y evitar volver a cometer el mismo error.

Este enfoque funciona muy bien en los juegos, pero no se traduce demasiado bien en el matrimonio. Muchas personas se casan confesando que se aman, pero realmente no tienen idea de lo que verdaderamente implica amar a alguien. Para ellos el amor es un sentimiento que se basa en los buenos tiempos, lo que su cónyuge hace por ellos y cómo su cónyuge los trata. Entonces, cuando llegan tiempos difíciles y su cónyuge comete errores y sufren, los sentimientos de amor se van. . . solo quieren presionar el botón de reinicio y empezar de nuevo con otra persona. El mundo dice que el amor verdadero es un sentimiento basado en lo que otros hacen por ti. La Biblia dice que el amor verdadero es una elección que está basado en lo que tú haces por los demás.

Vemos un ejemplo perfecto de amor verdadero en la historia de la creación. En algún momento, al principio, Dios decidió que iba a crear al hombre. Conforme Él pensó en esta nueva creación suya, Dios decidió que no quería hacer al hombre como un robot, que tendría que hacer todo lo que Dios dijera sin oportunidad de elección. No, Dios quería que Su nueva creación fuera como Él y tuviera libre albedrío para tomar sus propias decisiones. Sin embargo, Dios quería que el hombre pudiera tomar la decisión de amarlo y obedecerlo libremente. Pero, con ese libre albedrío Dios también sabía que el hombre tomaría la decisión de pecar, separando así al hombre de la comunión con Dios.

Dios sabía que el hombre se volvería malvado, rebelde y perverso, y que eventualmente el hombre lo negaría y adoraría a otros dioses. Dios conocía a ese hombre maldeciría Su nombre y le levantaría el puño. ¡A pesar de todo Dios sabía que tendría que convertirse en hombre y morir en la cruz para salvar a toda la humanidad de la muerte eterna, esto si es amor verdadero!

Entonces, creyente, recuerda: el amor no es un sentimiento; es una elección que hacemos todos los días y en cada situación. Decir, "Siento desamor por mi cónyuge" o "No puedo amar a esta o aquella persona" es como decir que ya no tienes libre albedrío, que ya no eres capaz de tomar decisiones, y todos sabemos que esto no es cierto. Así que elige amar hoy y observa cómo cambia tu corazón.

MARZO 6

Juan 16: 9: "de pecado, porque no creen en mí."

Jesús nos recuerda que una de las funciones del Espíritu Santo es convencer al mundo de pecado; más específicamente, "del pecado, porque no creen en mí." Note que el pecado se define o concreta como tener incredulidad en Jesús. "En otras palabras, se reduce a un solo problema: ¿Qué has hecho con Jesús?"[34] No por nuestra mentira, robo, engaño, adulterio, asesinato, etc., sino más bien por nuestra única decisión de aceptar o rechazar a Jesucristo como nuestro Señor y Salvador.

Con demasiada frecuencia aceptamos la condenación después de tropezar y caer al decir cosas como, "¿Cómo rayos puedo ser salvo?" Y luego nos torturamos durante todo el tiempo descuidando la promesa de 1 Juan 1: 9, "Si confesamos nuestros pecados, Él es fiel y justo para perdonar nuestros pecados y limpiarnos de toda maldad."

Al hacer esto, asumimos la falsa perspectiva de que cuando hacemos cosas buenas o cuando no hacemos cosas malas, de alguna manera somos más justos a los ojos de Dios.

Al tomar esta perspectiva, esencialmente estamos diciendo que lo que Jesús hizo en la cruz no fue suficiente para nosotros; todavía debemos ganar nuestra justicia por obras y hechos. Todavía debemos recordar que en la cruz Jesús dijo que todo estaba consumado; no queda nada más hacer; la deuda del pecado del hombre ha sido pagada en su totalidad.

Cuando entregamos nuestras vidas a Jesucristo y lo llamamos nuestro Señor y Salvador, la Biblia nos dice que somos justificados ante los ojos de Dios. Más específicamente, como escribió Jeremías, "Jehová es justicia nuestra" (Jeremías 23: 6, ESV). Nuestra justicia a los ojos de Dios no tiene nada que ver con nosotros. Segunda epístola a los Corintios 5:21 dice: "Porque Él [Dios] lo hizo, [Jesús] al que no conoció pecado, por nosotros pecado, para que pudiéramos llegar a ser justicia de Dios en él."

Por favor no me malinterprete, deberíamos estar absolutamente tristes cuando pecamos porque el pecado es muy grave. Pero solo deberíamos estar tristes hasta el punto en que nos lleve al arrepentimiento, de regreso a Dios, no a donde se convierte en condenación. y nos aleje de Dios. Entonces, ¿Cómo equilibramos el hecho de que somos pecadores con el hecho de que tenemos perdón total en Cristo? ¿Cómo podemos evitar abaratar Su gracia y simplemente correr al pecado porque tenemos ese perdón?

La clave, creo, está en el Salmo 119: 7 (NTV): "¡Conforme aprendo tus justas leyes, te agradeceré viviendo como debo!" El salmista se dio cuenta de que decir "Gracias" a Dios no fue suficiente por todo lo que Dios había hecho por él. Así que hizo una elección; se propuso en su corazón agradecer a Dios viviendo como debiera, viviendo como Dios le había dicho que viviera. Ésta es la actitud y la perspectiva que debemos tener con respecto al pecado. Deberíamos estar tan agradecidos por lo que Dios ha hecho por nosotros que debemos hacer todo lo que esté a nuestro alcance para evitar el pecado, no correr hacia él, solo porque sabemos que tenemos el perdón.

MARZO 7

Jueces 16:20: "Pero él no sabía que el Señor se había apartado de él."

Sansón fue un hombre que, desde que nació, fue bendecido por Dios y empoderado por el Espíritu Santo (Jueces 13: 24-25). Dios propuso que Sansón luchara contra los filisteos dándole una fuerza y habilidad increíbles para la batalla. A tal grado que, Sansón mató a mil filisteos con la quijada de un burro. Pero a pesar de su asombrosa fuerza y sus increíbles hazañas de valentía, la vida de Sansón llegó a un final triste.

Una mujer llamada Dalila sedujo a Sansón para averiguar cuál era la fuente de su fuerza. Finalmente, después de que "su alma se enfadara hasta la muerte" (Jueces 16:16, LBLA) por su constante curiosidad, Sansón le dijo a Dalila su secreto, y mientras él dormía, ella le cortó el cabello. A la mañana siguiente, los filisteos atacaron, y Sansón salió a su encuentro como lo había hecho muchas veces antes. Esta vez, sin embargo, lo capturaron, lo ataron y le sacaron los ojos porque Sansón "no sabía que el Señor se había apartado de él." Aunque estoy seguro de que Sansón no se sintió diferente esa mañana, el Señor de hecho había dejado a Sansón debido a su desobediencia de los mandamientos durante mucho tiempo, por eso se quedó sin fuerza no solo porque le cortaron el pelo. Sansón vivió comprometido durante tanto tiempo que se imaginó que nada cambiaría nunca.

Encontramos una historia similar con la iglesia de Sardis en Apocalipsis 3: 1 (NASB) donde Jesús les dijo: "Yo conozco tus obras, que tienes un nombre de que vives, pero estás muerto." Aunque esta iglesia parecía viva porque tenía una gran reputación entre los hombres y todavía estaba realizando buenas obras, de hecho, era una iglesia muerta.

El Pastor John MacArthur dijo: "La iglesia de Sardis era como un museo en el que los animales disecados o en taxidermia se exhiben en sus hábitats naturales. Todo parece ser normal, pero nada está vivo. El pecado mató a la iglesia de Sardis. ¿Cuáles son las señales de peligro que una iglesia está muriendo? Una iglesia está en peligro cuando se contenta con descansar en sus laureles pasados, cuando se refiere más a las formas litúrgicas que a la realidad espiritual, cuando se centra en curar los males sociales en lugar de cambiar el corazón de las personas a través de la predicación del evangelio vivificante de Jesucristo, cuando se trata más de lo material que de las cosas espirituales, cuando se trata más de lo que piensan los hombres que de lo que dice Dios. Cuando está más enamorado de los credos doctrinales y los sistemas de teología que con la Palabra de Dios, o cuando pierde la convicción de que cada palabra de La Biblia es la Palabra de Dios mismo."[35]

Debemos depender tanto de la presencia y el poder del Espíritu Santo que no podría hacer absolutamente nada sin Él. Entonces, creyente, déjame preguntarte algo: Si el Espíritu Santo dejara su vida, su iglesia, su negocio, su matrimonio, ¿Se daría usted cuenta?

MARZO 8

1 Timoteo 2: 1: "Por tanto, exhorto ante todo a las súplicas, que se hagan oraciones, intercesiones y acciones de gracias por todos los hombres."

¿Por qué se nos instruye a orar por los demás? Se nos dice por qué en 1 Timoteo 2: 3: "Porque esto es bueno y agradable a los ojos de Dios nuestro Salvador, que desea que todos los hombres sean salvos y que lleguen al conocimiento de la verdad." Dios desea que todos los hombres sean salvos y que puedan llegar al conocimiento de la verdad, y la oración juega un papel vital en estas cosas que suceden.

Un hermano de la iglesia se acercó a mí la semana pasada y me preguntó cómo debería testificar a su familia. Me dijo que su familia tiene creencias muy extrañas, y que siempre que les comparte la Palabra de Dios, se meten en una discusión porque no quieren escucharlo. Le dije que orara, pero no solo orara por ellos — más bien, ¡con ellos! Aprendí hace mucho tiempo que, si tienes tiempo para decirle a alguien que orarás por él, entonces debes orar con ellos en ese mismo momento. ¿Cuál es el problema? Bueno, piénsalo: cada vez que oramos, somos llevados a la presencia misma de Dios; entonces, ¿Por qué no llevar a alguien contigo especialmente alguien que no conoce al Señor?

Entender que cuando oramos con alguien, si esa persona es creyente o no, tiene un encuentro con el Dios vivo. Me lo imagino como nosotros caminando directamente a Dios y presentárselos. Eso solo es razón suficiente para orar con la gente cuando se nos da la oportunidad. Una vez escuché una historia sobre un pastor a quien se le pidió que predicara un sermón a una gran multitud temprano al amanecer. El pastor estaba tan abrumado por la emoción que todo lo que pudo hacer fue orar conforme sus lágrimas rodaban por su rostro, oró con todo su corazón al Señor. Algún tiempo después, cuando él visitó de nuevo el área, el pastor local le informó que más de cuarenta personas habían entregado sus vidas al Señor esa mañana. El pastor dijo: "Pero todo lo que hice fue orar." "Sí", respondió el otro pastor, "pero lo más increíble es que ninguno de ellos hablaba inglés.

MARZO 9

> Génesis 45: 7: "Y Dios me envió delante de ti para preservar una posteridad para ustedes en la tierra, y salvar sus vidas con una gran liberación."

La historia de José es asombrosa. Aquí estaba un hombre que fue arrojado a un pozo por sus hermanos, vendido a traficantes de esclavos, vendido de nuevo a los egipcios, y luego arrojado en la cárcel por acusación falsa. Pero ese no es el final de la historia. A través de la perseverancia y la obediencia a Dios, José finalmente se convirtió en el segundo hombre más poderoso de Egipto. ¿Por qué se permitió todo esto? me pregunto. Se hizo "para preservar una posteridad para ustedes en la tierra, y para salvar sus vidas con una gran liberación." el "Ustedes" mencionado aquí no era solo la familia de José, sino también para la nación de Israel. Al igual que Jesús, José soportó tiempos difíciles por el bien de los demás.

Estaba pensando en esto cuando uno de los chicos en la sala de oración me dio algunas noticias recientes sobre nuestro buen amigo Ted. Hace unos cuatro años, Ted sufrió un accidente de buggy (vehículo todo terreno) y se fracturó la vértebra C-2 de su cuello. Ahora yo no soy doctor; pero incluso yo sé que Ted debería haber muerto o al menos debería haber quedado paralizado ya que las vértebras C-2 se encuentran justo debajo de la base del cráneo. Pero después de una cirugía de fusión de cuello y mucha fisioterapia, Ted volvió a trabajar como un chofer de camión.

Recientemente, Ted tuvo un grave accidente de motocicleta cuando un camión lo atropelló en la autopista. El diagnóstico original era que Ted iba a perder toda la pierna, pero ahora parece que solo puede perder el pie. Mientras lo trasladaban del hospital al centro de rehabilitación para convalecientes, Ted tuvo la oportunidad de hablar con los chicos de la ambulancia sobre Jesús. Cuando llegaron al centro de rehabilitación poco tiempo después, Ted había llevado a ambos hombres a Cristo. Además, habiendo estado en las instalaciones durante poco más de una semana, Ted ha llevado a unas veinticinco personas a los pies del Señor, no solo pacientes, médicos, enfermeras, personal del hospital. . . básicamente con quienquiera que se haya encontrado Ted.

La reacción instintiva cuando escuchamos una historia como esta es asumir que Ted tiene algo que nosotros no tenemos, como que sus dones son más poderosos que los nuestros, o algo en ese sentido. Bueno, déjame decirte, Ted es solo una persona normal como tú y yo. La unción que ha recibido de Dios es la misma unción que todos hemos recibido como creyentes (1 Juan 2:20). Cuando el apóstol Santiago escribió sobre Elías en Santiago 5:17, Santiago dejó en claro que Elías tenía "una naturaleza como la nuestra," incluso aunque Dios hizo cosas maravillosas en y a través de su vida. Pablo y Bernabé dijeron lo mismo a los griegos y judíos en Hechos 14, después de que sanaron a un paralítico y la gente quería adorarlos como a un dios. La verdad es que estos hombres siempre estaban listos y disponibles para Dios, y al hacerlo, Dios los usó poderosamente. Entonces, creyente, cuando enfrente temporadas de dificultad en su vida, y lo hará, ¿Cómo responderá? ¿Verá esa situación como una maldición o como una oportunidad para ser usado por el Señor?

MARZO 10

1 Juan 2:15: "No amen al mundo ni las cosas del mundo. Si alguno ama al mundo, el amor del Padre no está en él."

Es bueno recordar al leer el Nuevo Testamento que, aunque en el idioma inglés existe una sola palabra para "amor," el idioma griego tiene muchas. Así que cuando veo un versículo con la palabra "amor" escrita en él muchas, veces, recurro al griego para encontrar a qué tipo de amor se refieren.

Los dos primeros usos de la palabra "amor" en este versículo es la palabra griega *agapao*, que significa "dar la bienvenida." Como señaló David Guzik, el término "mundo" utilizado aquí no se refiere a personas o creación, sino que tiene la idea de "el mundo como un sistema o forma de hacer las cosas."[36] Así que el apóstol Juan nos dice que no debemos dar la bienvenida a la forma en que el mundo hace las cosas en nuestro corazón, porque si hacemos esto, si amamos las maneras del mundo, entonces el "amor del Padre no está en nosotros."

La palabra "amor" que Juan usa en la segunda mitad de esta Escritura es la palabra ágape del griego, que tiene la idea de un amor entregado que da sin exigir ningún tipo de reembolso. Este amor contradice completamente la forma de amar del mundo, ya que es el amor que solo se puede tener a través de una relación con Jesucristo. Algo que realmente me resulta interesante es la palabra "ni" que John usa aquí. Es exactamente la misma palabra en griego que se usa para describir cómo el Espíritu Santo viene a nosotros cuando entregamos nuestras vidas a Jesucristo.

El punto es que en nuestro corazón solo hay espacio para una cosa. O damos la bienvenida al Espíritu Santo en nuestro corazón, o damos la bienvenida al mundo. No podemos recibir ambas cosas porque la oscuridad y la luz no pueden coexistir juntas. Eso es lo que el apóstol Juan está diciendo aquí: si le das la bienvenida a las cosas del mundo al aceptarlas en tu corazón, entonces no podrás tener el amor del Padre en ti. "Porque todo lo que hay en el mundo, la concupiscencia de la carne, la lascivia de los ojos y la vanagloria de la vida, no es del Padre sino de este mundo." (1 Juan 2:16).

Cuando venimos a Jesucristo y le entregamos nuestras vidas, hay un proceso que debe tener lugar dentro de nosotros. Eso es de lo que habla Romanos 12: 2 cuando dice que debemos ser "transformados por la renovación de nuestra mente." Necesitamos dejar de pensar como el mundo y tenemos que empezar a pensar en cómo agradar a Dios. Necesitamos cambiar nuestros patrones de hábitos, las palabras deben redefinirse, los filtros deben reemplazarse y los problemas deben tener una fuente diferente de confianza cuando estemos luchando. Debemos comenzar a rechazar la manera de hacer las cosas del mundo y abrazar la manera de hacer las cosas de Dios, porque el amor del mundo trae la muerte, mientras que el amor del Padre trae la vida. Entonces, creyente, ¿A qué le está dando la bienvenida a tu corazón?

MARZO 11

Proverbios 3:12: "Porque el Señor corrige a los que ama, como un padre corrige a un niño en quien se deleita."

El otro día, Michelle estaba hablando con uno de nuestros mejores amigos sobre su hija de dos años. Al parecer, cuando nuestros amigos le preguntaron a su hija quién era su mejor amigo ella, dijo, "Patchik." Nuestros amigos respondieron con amor a su hija: "Patrick es muy buen amigo, absolutamente, pero Jesús es tu mejor amigo."

Empecé a pensar en por qué una niña de dos años me elegiría para ser su mejor amigo, ella pudo elegir a su mamá o a su papá. En realidad, es bastante simple cuando piensas al respecto: siempre que estoy allí, ella y yo jugamos un rato, nos reímos y hacemos todo tipo de diversión, pero nunca soy yo quien la disciplina, la corrige, la instruye, la lleva a tomar una siesta, la acuesta, la baña, le da de comer, le comparte etc. Ya sabes, todas esas cosas que son esenciales para su desarrollo. En este escenario, espiritualmente hablando, soy un representante del mundo, mientras que sus padres son representantes de Dios.

No es ningún secreto que los niños odian la disciplina, porque quieren poder hacer todo lo que ellos deseen Les cuesta entender que no todo lo que quieren hacer es bueno. Les cuesta trabajo ver un aspecto más grande el de una mala elección y sus consecuencias imagen de elecciones versus consecuencias, por eso cuando llega la disciplina o la corrección, lo ven como algo malo.

Sin embargo, nosotros los adultos no somos diferentes. El mundo nos dice que nos divirtamos y hagamos lo que sea para lograrlo. En este caso es el Señor es quien nos disciplina y corrige cuando lo necesitemos. Él es quien nos da la estructura y el equilibrio que tanto necesitamos desesperadamente para nuestro desarrollo espiritual. Él hace estas cosas porque nos ama y tiene en mente nuestros mejores intereses lo que más nos conviene. "Porque el Señor a los que ama corrige como un padre corrige a un hijo en quien se deleita."

El papel de los padres en la vida de un niño no es ser su mejor amigo; es ser la persona que los ama lo suficiente como para disciplinarlos y corregirlos, aunque puede que no sea agradable para el niño o para los padres en ese momento. Mientras miro hacia atrás en mi crianza y recuerdo la disciplina que recibí de mis padres, odiaba cada momento de ello; pero estoy tan agradecido por eso ahora.

Lo que me pareció realmente interesante de todo esto fue que incluso aunque la hija de nuestra amiga dijo que yo era su mejor amigo, cuando llegan los miedos en medio de la noche, o se enferma o se raspa la rodilla, no llamará ni correrá a "Patchik;" ella estará llamando y corriendo hacia su mamá y papá porque, en definitiva, confía en ellos y sabe que la aman. Aunque puede sonar extraño, a través de la disciplina y corrección adecuada los niños comienzan a confiar en sus padres; y a medida que crecen en comprensión, descubren cuánto los padres realmente los aman.

MARZO 12

Mateo 5:45 (ESV): "Porque El hace salir su sol sobre malos y sobre los buenos, y hace llover sobre justos e injustos."

Jesús nos recuerda en este versículo que las tormentas son parte de la vida, ya seas creyente o no, porque Dios "envía lluvia sobre justos e injustos." Entonces, ¿Cuál es el propósito detrás de las tormentas de la vida? Obtenemos una pequeña comprensión de esto en Hebreos 6:7–8: "Porque la tierra que bebe de la lluvia que a menudo cae sobre ella, y lleva hierbas útiles para aquellos por quienes se cultiva, recibe la bendición de Dios; pero si lleva espinas y zarzas, es rechazada y próxima a ser maldita, cuyo fin es ser quemada."

Piénselo así: Cuando llega una tormenta, la tierra que recibe esa lluvia que produce vegetación fresca que a su vez da frutos; por lo tanto, la necesidad de la tormenta está justificada y el propósito de la tormenta se cumple. El escritor de Hebreos dice que cuando las tormentas se reciben de la manera adecuada, son una "bendición de Dios." Pero si la tierra no da frutos, entonces el propósito de la tormenta se desperdicia.[37]

Mientras pensaba en esto, comencé a pensar en el valle en el que vivimos. Después que ha llegado una tormenta y nos ha dado una lluvia muy necesaria, todo está verde, exuberante y hermoso; las flores están floreciendo, las plantas están creciendo usted puede literalmente ver cómo la lluvia ha traído vida a este valle. Pero cuando no hay lluvia y el sol brilla día tras día calurosamente, este valle se vuelve muy feo, ya que se convierte en una tierra seca, parda e infructuosa.

Lo mismo ocurre con nosotros. Si nuestras vidas fueran fáciles todo el tiempo y nunca nos enfrentáramos con algunas tormentas, nuestras vidas serían como este valle: secas, opacas e infructuosas. Pero porque Dios nos ama y quiere que crezcamos y demos mucho fruto, El permite que algunas tormentas entren en nuestras vidas para que nos nutran y enriquezcan. Así es como el apóstol Pablo fue capaz de decir en Filipenses 4:11, "He aprendido a tener contentamiento en cualquier estado en que me encuentre" Noté que estar contento no era algo natural para el apóstol Pablo; él deja muy claro que tuvo que aprender a estar contento. Esto solo fue posible por todas las tormentas que había soportado. Entonces, creyente, cuando vengan las tormentas a tu vida, no huyas de ellas, sino recíbelas con fe, sabiendo que con las tormentas viene mucho fruto.

MARZO 13

Isaías 26: 3: "Lo guardarás en perfecta paz, a aquel cuya mente está en ti, porque en ti confía."

Con una gran decisión que se avecinaba en nuestro futuro cercano, Michelle y yo pensamos que era inteligente ayunar, orar y buscar el consejo del Señor. A medida que avanzaba el día y las horas pasaban comencé a desanimarme porque no escuchaba nada del Señor. En mi mente estaba pensando, "Dios, esto no está bien. Estoy ayunando y orando; ¿Por qué no me respondes?" pregunté. El problema era que solo buscaba una respuesta; no buscaba al Señor.

Todo el propósito del ayuno y la oración es acercarse a Dios y experimentarlo de una manera más íntima; no es un ritual o trabajo que hacemos con el fin de conseguir lo que queremos. Me sentí frustrado porque no tenía paz con la situación. No tenía paz con la situación porque nunca la había rendido realmente a Dios. Nunca se lo había rendido verdaderamente a Dios porque no se lo confiaba.

Tome en cuenta lo que Isaías nos dice en este versículo: "Tú guardarás en perfecta paz, aquel cuya mente está puesta en ti, porque en ti confía." Para entender lo que Isaías nos está diciendo aquí, debemos considerar invertir el orden de las palabras: "Porque El confía en ti, Su mente permanecerá en Ti, y te mantendrá en perfecta paz." Aunque mi mente se había quedado en Dios todo el día, nunca había rendido esa petición a Él, confiando en que Dios lo resolvería.[38] En mi consideración yo tenía que tener una respuesta de Dios en ese momento para que yo pudiera resolverlo.

Más tarde esa noche, pasé un par de horas orando a Dios, entregando esa situación a Él, sabiendo que dirigiría nuestros caminos (Proverbios 3: 6). Una vez lo hice y me rendí ante Dios, Su perfecta paz me abrumaba.

Mientras escribo este devocional, todavía es necesario tomar una decisión en esta situación y cumplir con una fecha límite que se acerca rápidamente; Sin embargo, Michelle y yo estamos en perfecta paz porque confiamos en que Dios lo sabe y que tiene el control total. Así que, hermano creyente, "Por nada esté afligido, sino con oración y súplica dé a conocer sus peticiones a Dios; y la paz de Dios, que sobrepasa todo entendimiento guardará vuestro corazón y vuestra mente en Cristo Jesús" (Filipenses 4: 6–7).

MARZO 14

Mateo 8:26: "Hombres de poca fe. . ."

Michelle y yo hemos comenzado a buscar casa por primera vez en nuestras vidas, y ha sido una revelación para nosotros. El mercado en este momento es un mercado de vendedores, ya que son simplemente más compradores que casas para comprar; entonces cuando una casa se convierte en disponible, la gente acude en masa y se pelea por élla como animales salvajes.

El otro día volvió a salir al mercado una casa en una zona muy cotizada. Yo rápidamente llamé a mi agente de bienes raíces, pero no pude localizarla.

Mientras estaba sentado ahí esperando que me devolviera la llamada, el nivel de ansiedad estaba aumentando rápidamente en mi corazón así que llamé frenéticamente al agente de la lista, pero tampoco pude localizarla. Como el tiempo pasaba dolorosamente, comencé a enojarme mucho, porque creía que íbamos a perder esta casa simplemente porque no pude conseguir un apoyo de nadie. Toda esperanza estaba perdida.

El Señor rápidamente me recordó Filipenses 4: 6–7, donde se nos dice que no estemos ansiosos por nada y que demos a conocer todas nuestras peticiones a Dios a través de la oración y acción de gracias. Mientras me sentaba y meditaba en este versículo, que me había convertido en el lapso de cuarenta y cinco minutos. . . en una ansiosa, irracional, e infiel persona. En lugar de cambiar el sistema de mercado mundial, permití que el sistema de mercado mundial me cambiara.

También se me recordó que, aunque es un mercado de vendedores, y aunque hay más compradores que casas, en realidad, es el mercado de Dios, no del mundo. Él es quien en última instancia tiene el control de todo, y Él dicta quién recibe qué y cuando. Mientras compartía mi experiencia con un hermano en la sala de oración, él simplemente me respondió: "Hombres de poca fe." Palabras más verdaderas no pudo haber dicho.

Pero todo esto me trae a la mente una gran pregunta: ¿Cuándo venimos a la cruz qué traemos que realmente contribuya al poder de la cruz? La respuesta es bastante simple: absolutamente nada. Llegamos a la cruz culpables, perdidos y sin esperanza; temblando con un corazón dolorido en todas nuestras imperfectas debilidades. La única cosa que llevamos a la cruz es una abundancia de pecado, y sin embargo encontramos el perdón completo debido a la obra perfecta que Jesucristo hizo ese día en el Calvario. No el trabajo que *nosotros* hicimos sino el *trabajo que Dios hizo*.

Así que la pregunta que debemos hacernos es la siguiente: ¿Podemos confiar en Dios para nuestra salvación eterna? Cómo no confiarle las cosas temporales de este mundo; ¿Como casas, autos, trabajos, enfermedades, relaciones, etc.? A decir verdad, no podemos confiar en nosotros mismos debemos confiar en el Espíritu Santo; tiene que ser uno o el otro. Debemos recordar que "No es por [nuestra] fuerza ni por [nuestro] poder, sino por [Su] Espíritu," dice el Señor" (Zacarías 4: 6).

MARZO 15

Proverbios 2:10: "Cuando la sabiduría entre en tu corazón. . ."

Matthew Henry escribió que "Cuando la sabiduría se apodere de ti, te sostendrá."[39] No estamos hablando aquí de un conocimiento mental exclusivamente, sino más bien de un conocimiento que nos transformará en la imagen misma de la sabiduría. Cuando esto sucede, nuestras decisiones, deseos, palabras, acciones y vidas reflejarán su carácter. Escuche y preste mucha atención a lo que sucede cuando entronizamos la sabiduría en nuestras vidas:

> Cuando la sabiduría entre en tu corazón y el conocimiento sea agradable a tu alma, la discreción te preservará; la comprensión te mantendrá, para librarte del camino del mal; del hombre que habla perversidades; de aquellos que dejan los caminos de la rectitud para caminar en los caminos de oscuridad; que se regocijan en hacer el mal y se deleitan en las perversidades de los malvados; cuyos caminos son torcidos y tortuosos en sus caminos. Serás librado de la mujer inmoral... Porque su casa lleva hasta la muerte. [Te mantendrá así] El Señor para que puedas caminar en el camino de bondad y por sendas de justicia. (Proverbios 2: 10–16,18, 20)

Salomón vuelve a enfatizar esta verdad en Proverbios 3:1–2, "Pero mantén tu corazón en mis mandamientos; por largos días y larga vida y paz te añadirán." Él también nos da una advertencia sobre la sabiduría: "No dejes que la misericordia y la verdad te abandonen; mi hijo, que no se aparten de tus ojos; mantén la sana sabiduría y la discreción" (Proverbios 3: 3, 21).

Pensé que era muy profundo que Salomón dijera que la verdad (la sabiduría) puede dejarnos. Comparo esto como andar en bicicleta; mientras pedalees, avanzas, pero cuando dejes de pedalear, eventualmente tu impulso te dejará y tu bicicleta se detendrá por completo. Esto es generalmente cuando nos encontramos en problemas porque hemos dejado de andar en el consejo del Espíritu y hemos comenzado a caminar en el consejo de nuestra carne.

El escritor de Hebreos nos da un gran consejo que sería prudente escuchar; "muestra la misma diligencia con plena certeza de esperanza hasta el final, para que no te vuelvas perezoso, sino imita a los que por la fe y la paciencia heredan las promesas" (Hebreos 6: 11-12). Así que no solo debemos buscar sabiduría por una temporada; más bien, debemos ser diligentes en buscarlo hasta el final de nuestras vidas, para que podamos heredar las promesas de la vida eterna. "Porque los rectos habitarán en la tierra, y los irreprensibles permanecerán en ella" (Proverbios 2:21).

MARZO 16

Salmo 89:33: "Sin embargo, mi misericordia no tomaré del todo de él, ni dejaré que mi fidelidad le falle."

Esta mañana estuve reflexionando sobre algunas de las decisiones que he tomado en los últimos dos meses, y digamos que no me sentí animado. "¿Hice la elección equivocada Señor? ¿Se suponía que debía hacer esto en lugar de aquello? Rápidamente mi mente comenzó a rastrear incluso más atrás a las decisiones que había tomado hace años," ¿Señor lo que sucede ahora, es ahora por eso de ayer? Me sentí cada vez más desanimado y frustrado conmigo mismo, pero luego recordé este asombroso atributo de Dios: Él. . . es . . . fiel!

Mientras permanecía en este principio del carácter de Dios, sabiendo que nunca podría cambiarlo, Su paz se apoderó de mí y me recordó que la fidelidad de Dios es mayor que cualquier error que pudiera cometer. Dios nos dice incluso en tiempos de disciplina y corrección: "No te quitaré del todo mi misericordia, ni dejaré que mi fidelidad fracase". Dios siempre nos es fiel.

El desafío para nosotros es salir de nosotros mismos, de lo que estamos sintiendo, lo que estamos pensando y apoyarnos en lo que Dios dice de El mismo; que es Fiel. "Porque si nuestro corazón nos condena, Dios es mayor que nuestro corazón" (1 Juan 3:20). La fidelidad de Dios es mayor que nuestros sentimientos. Incluso cuando no somos fieles a Dios, cedemos al miedo y lo desobedecemos, incluso entonces Dios permanece fiel a nosotros. "Si somos infieles, él permanece fiel, Él no puede negarse a sí mismo" (2 Timoteo 2:13).

Incluso cuando no creemos que Dios puede salvarnos, ayudarnos, sanarnos, proveernos, o libéranos, Él es fiel. Hay una gran historia sobre un padre que trajo a su hijo a Jesús, buscando desesperadamente la curación de su hijo. Y sin fe, le dijo a Jesús, "*Si* puedes hacer algo, ten compasión de nosotros y ayúdanos." Jesús le dijo: "*Si* puedes creer, al que cree todo le es posible." El padre del niño gritó y dijo entre lágrimas: "Señor, yo creo; ayuda a mi incredulidad" (Marcos 9: 22-24). Jesús sanó al hijo de este hombre, no por la fe del hombre, sino porque Dios es fiel.

Más importante aún, incluso cuando pecamos, y estamos seguros de que hemos desgastado la gracia de Dios esta vez; todo lo que tenemos que hacer es confesarle nuestro pecado, porque Él es Fiel y Justo para perdonarnos y limpiarnos de toda maldad (1 Juan 1: 9). Entonces, siempre que sienta que finalmente ha agotado la gracia de Dios, o que tu fe te falla porque una oración no ha sido respondida, recuerda estas palabras: "Pero el Señor es fiel" (2 Tesalonicenses 3: 3).

MARZO 17

Proverbios 9: 10b: "y el conocimiento del Santo es el entendimiento."

Como he estado leyendo el libro de Proverbios este mes, ha habido una palabra que continuamente me ha llamado la atención: "entendimiento." Se nos dice en muchos lugares diferentes de la Biblia, "aplica tu corazón al entendimiento," "alza tu voz al entendimiento," "el entendimiento te mantendrá," "¡Obtén entendimiento!" (Proverbios 2: 2, 3, 11; 4: 5). Una y otra vez Salomón habla sobre el entendimiento y lo vital que es para nosotros obtenerlo. Entonces comencé a preguntarme: "¿Qué es exactamente el entendimiento?"

Una de las reglas para estudiar la Biblia que he encontrado más útil es permitir que la misma Escritura lo explique y defina. Caso en cuestión, Proverbios 9:10 (énfasis añadido) nos dice que "el conocimiento del Santo es entendimiento." Entonces el entendimiento se define como tener el conocimiento de Dios. Cuanto más pensaba en esto, mucho más tenía sentido para mí. No sé cuántas veces le he dicho a Dios, "No entiendo por qué hiciste esto o permitiste aquello, Señor." Pero cuanto más yo he crecido en mi conocimiento de quién es Dios, más confío en Él en esas situaciones que no entiendo.

Necesitamos aceptar el hecho de que hay ciertas situaciones y cosas de esta vida que nunca entenderemos. Pero cuanto más conocemos a Dios, más se obtendrá comprensión de quién es Él en esas situaciones. Puede que no entendamos la situación en sí, pero entenderemos al Dios que está en control de esa situación. Es allí, y solo allí, donde encontraremos la paz y el descanso que sobrepasa nuestra necesidad de entendimiento.

MARZO 18

Gálatas 5: 22–23: "El fruto del Espíritu es amor, gozo, paz, paciencia, benignidad, bondad, fidelidad, mansedumbre, templanza. Contra tales cosas no hay ley."

A menudo se dice que estos son los frutos del Espíritu Santo cuando obran a través de nuestra vida. Pero note que el apóstol Pablo escribió "El *fruto* del Espíritu," no "los *frutos* del Espíritu." La palabra "fruto" que se usa aquí es singular, no plural, Pablo realmente está diciendo en este versículo que el "El fruto del Espíritu es amor." Las ocho características que siguen (gozo, paz, paciencia, bondad, benignidad, fidelidad, mansedumbre, templanza, son todos subproductos diferentes de este amor. David Guzik sugirió que estas ocho características son en realidad una descripción de "lo que el amor en acción parece."[40]

Realmente, en el fondo, eso es lo que es el amor, ¿verdad? Primera de Juan 3:18 nos dice lo mismo: "No amemos de palabra ni de lengua, sino de hechos y en verdad." El amor al que se hace referencia en Gálatas 5: 22-23 es el amor conocido como ágape, un amor que se sacrifica a sí mismo y que da lo mejor de sí mismo por el bien de los demás sin exigir o esperar algo a cambio. La palabra ágape en sí misma es un sustantivo, pero proviene de la raíz de la palabra *agapao*, que es un verbo. Esta palabra habla de un acto continuo de amor. Entonces, nuevamente, en su esencia, el amor es una acción.

Debemos recordar que "el amor solo puede conocerse verdaderamente por la acción que indica."[41] Por ejemplo, en Juan 3:16 se nos dice: "Porque de tal manera amó Dios al mundo que dio a su Hijo unigénito." Sabemos del amor de Dios por nosotros porque había una acción asignada a ese amor; Envió a Su Hijo Jesucristo a morir en la cruz por nosotros.

Si Dios simplemente hubiera dicho que nos amaba una y otra vez, pero nunca hubo ninguna acción motivada por ese amor, entonces no hubiéramos conocido realmente el amor de Dios por nosotros. Lo mismo puede decirse de nosotros. La única forma en que los otros sabrán que los amamos es cuando ese amor nos impulsa a representar ese amor en y alrededor de sus vidas.

MARZO 19

1 Juan 4: 7: "Amados, amémonos unos a otros."

El término "amado" que se usa aquí proviene de la misma raíz, *agapao*, de la que la palabra ágape viene, y básicamente significa "ser digno de amor." Así que permítame preguntarle algo: ¿Crees que eres digno de ser amado? Pregunto esto por aquellos que luchan con la creencia de que son dignos de amor y a menudo terminan luchando por amar a los demás de la manera que Dios quiere que lo hagan. Dios me dijo, incluso antes de conocer a Michelle, que nunca podría amar de verdad a mi esposa hasta que primero aceptara y creyera en su amor por mí. Tiene sentido si lo piensas, porque ¿Cómo puedes dar algo que no has recibido primero?

A menudo hacemos la pregunta, "¿Por qué me amas?" porque en el fondo no creemos ser dignos de ser amados. Creemos que el amor se basa de alguna manera en lo que hacemos, como nos conducimos, cómo nos vemos, etc. Si hacemos bien las cosas, o si nos vemos bien, seremos amados; pero cuando cometemos errores o no estamos en plena forma, entonces ese amor se va. La verdad es que nada de esto tiene algo que ver con el amor de Dios por nosotros y no debería tener nada que ver con la manera en que amamos o somos amados por otros.

Para entender esto, debemos preguntarnos: "¿Por qué somos amados por Dios?" ¿Es quiénes somos, qué hacemos o cómo nos vemos? No. Somos amados por Dios porque el amor verdadero, el amor que es de Dios, el amor ágape, se trata de que Dios elije amarnos a pesar de quiénes somos, qué hacemos y cómo nos vemos. No tiene nada que ver con nosotros; somos amados por Dios simplemente porque Dios ha elegido amarnos.

Dicho esto, da un paso más y pregúntate esto: "¿Qué califica a alguien para ser digno de amor?" El mundo dice que es quiénes son o qué hacen, o cómo se ven. Pero de acuerdo con la Biblia, solo necesitas ser humano "Porque de tal manera amó Dios al mundo" (Juan 3:16). Sabiendo esto, cuando leí la palabra "amado" en la Biblia, veo dos palabras diferentes combinadas en una sola: "Creer" y "amar." Por lo tanto, deberíamos leerlo como, "(Inserte su nombre aquí), cree que eres amado," porque en esencia, eso es exactamente lo que significa esta palabra.

Incluso podría dividir la palabra aún más y no simplemente decir "ser amado," ser bendecido, estar alegre, estar gozoso etc. El pensamiento aquí es simplemente aceptar el hecho de que somos amados y dejar de luchar, dejar de cuestionarlo, dejar de analizarlo y dejar de entenderlo, simplemente abrázalo como verdad, porque Dios ha elegido amarte.

MARZO 20

> 1 Juan 4: 9–10: "En esto se manifestó el amor de Dios hacia nosotros, que Dios ha enviado a su Hijo unigénito al mundo para que vivamos a través de Él. En esto está el amor, no que amemos a Dios, sino que Él nos amó a nosotros y envió a Su Hijo para ser la propiciación por nuestros pecados."

El apóstol Juan nos recuerda que el amor perfecto de Dios se reveló cuando Jesús murió en la cruz por nosotros. Él nos amó primero, cuando no se nos podía amar y a causa de ese amor, Jesús se convirtió en "la propiciación por nuestros pecados" para que "pudiéramos vivir a través de Él." El tema oculto en estos versículos no es lo que Dios hizo para mostrar su amor por nosotros, sino más bien *cuando* lo hizo. Romanos 5: 8 nos dice: "Pero Dios demuestra su propio amor para con nosotros, en que cuando todavía éramos pecadores, Cristo murió por nosotros."

Juan hace hincapié en recordarnos que Cristo murió por nosotros cuando éramos sus enemigos. Eso es lo que dice la epístola de Romanos 5: 1 "Por tanto, habiendo sido justificados por la fe, tenemos paz con Dios por medio de nuestro Señor Jesucristo." David Guzik señaló que Pablo no dice que ahora tenemos la "paz *de* Dios", sino que ahora tenemos "Paz *con* Dios"[42] Ya no peleamos con Dios como lo hicimos una vez como enemigos de Dios; ahora hemos sido reconciliados con Dios a través de la muerte y resurrección de Jesucristo.

Juan trae esto a relucir para recordarnos quiénes éramos antes de Cristo. ¿Tu si lo recuerdas? Todos tenemos un testimonio para compartir de la abundante gracia y amor que Dios nos mostró al perdonarnos por nuestros pecados. ¿No deberíamos extender esa misma medida de gracia y amor a los demás? Debemos recordar que Dios no solo murió por nosotros. Murió por cada persona, porque todos son dignos de amor. Eso incluye a los hipócritas, los legalistas, los perversos, los abortistas, los asesinos, los violadores, los narcotraficantes, los terroristas. . . Cristo murió por cada uno de nosotros para que todos vivamos por Él.

Yo diría que nos va bastante bien amando a los amables; y en ocasiones nosotros incluso podríamos amar a quienes nos molestan o incluso nos hacen enojar; pero rara vez, si es que alguna vez, amaremos aquellos que son nuestros enemigos. Entonces Juan nos dice: "Amados, si Dios nos amó de tal manera, nosotros también debemos amarnos unos a otros." (1 Juan 4:11). En otras palabras, si Dios te amó cuando estabas en tu peor momento, entonces deberías poder tomar lo que has recibido de Él y amarnos unos a otros. Ese es el desafío que se nos presenta como creyentes, amar a los demás como nos ha amado Dios.

MARZO 21

Hechos 16:25: "Pero a la medianoche Pablo y Silas estaban orando y cantando himnos a Dios, y los presos los escuchaban."

La semana pasada, Michelle y yo nos levantamos a las 5:20 am para salir a correr. Esto no sería tan gran cosa, excepto por el hecho de que no había podido correr durante más de dos años debido a algunos problemas de salud. No hace falta decir que fue una gran lucha para mí tan solo correr arriba y abajo de nuestra calle. Al día siguiente, me dolían mucho las piernas; dos días después yo apenas podía caminar porque me dolían tanto, las piernas. Pero fue un buen dolor que con gusto acepté, porque esperaba el beneficio resultante de ese dolor.

Pablo y Silas conocían muy bien esta verdad. Temprano en la mañana, estos dos hombres habían lanzado fuera un demonio de una joven esclava y a cambio fueron arrestados, golpeados y encarcelados (Hechos 16: 16-24). Sin embargo, incluso después de todo lo que les sucedió, "a medianoche, Pablo y Silas estaban orando y cantando himnos a Dios." Es algo asombroso cuando consideras el dolor en el que estaban estos hombres. Les habían abierto la espalda por los latigazos, "sus pies se sujetaron en culatas diseñadas para inducir calambres dolorosos abriéndoles las piernas, lo más ancho posible"[43] y sin embargo aquí estaban orando y cantando himnos a Dios. Para ellos, este fue un dolor que recibieron con gusto porque entendieron el beneficio de ello.

¿No es interesante lo mucho que aborrecemos el dolor que nos infringen los demás? con mucho gusto nos enfrentamos al dolor autoinfligido porque conocemos sus beneficios. Por ejemplo, hacemos ejercicio para quemar grasa y para esculpir y moldear nuestros cuerpos. Esos adjetivos en sí mismos describen un proceso muy doloroso por el que pasamos con mucho gusto porque sabemos el bien que proviene de ello. Sin embargo, cuando el sufrimiento espiritual, la aflicción o la persecución llega, rápidamente asumimos el papel de víctimas.

Necesitamos preguntarnos, ¿Es el dolor lo que causa nuestro sufrimiento, o es nuestro enfoque a ese dolor que causa sufrimiento? Como Pablo escribiría más tarde en Romanos 8:18, "Porque considero que los sufrimientos de este tiempo presente no son dignos de ser comparados con la gloria que será revelada en nosotros". Se trata de perspectiva. Entonces creyente, ¿Cuál es tu perspectiva?

MARZO 22

1 Juan 4:12: "Nadie ha visto a Dios jamás. Si nos amamos Dios permanece en nosotros y su amor se ha perfeccionado en nosotros."

Este es un pasaje de las Escrituras muy interesante aquí. Juan nos dice que ningún hombre alguna vez visto a Dios, lo cual es absolutamente cierto, sin embargo, al mismo tiempo, aprendemos en el libro de 1 Juan que Dios es visible para que lo vean todos los hombres, lo cual también es cierto. . . ¿Y qué otorga? Déjame explicarlo.

A lo largo de este libro, Juan proclama continuamente que Dios *es* amor. Con esto, el apóstol Juan también dice que "Su amor se ha perfeccionado *en nosotros. . . sí* nos amamos." Entonces esto, en cierto sentido, es cuando Dios se hace visible para toda la humanidad. Dios se manifiesta en nuestro amor (ágape) el uno por el otro. Dijo que no se puede ver a Dios cuando amamos a los que nos agradan, los que son amables con nosotros y los que amamos; más bien Dios es visto cuando amamos a los que no son dignos de amor; los tercos, egoístas, mezquinos y groseros. Aquí es cuando Dios se manifiesta verdaderamente al mundo.[44]

Yo diría que la mayoría de las personas que no son creyentes están completamente confundidas acerca de quién es Dios. Hay tantas sectas y facciones que dicen: "Este es Dios" que la mayoría de la gente simplemente no sabe en qué creer.   Pero, aunque los que nos rodean pueden no conocen los evangelios de Mateo, Marcos, Lucas o Juan, conocen el evangelio de (inserte su nombre aquí) y cuándo Dios está siendo revelado a través de su vida por cómo los amas, el Dios invisible se manifiesta claramente de una manera real y poderosa.[45]

En el libro de los Hechos leemos que Pablo y Silas fueron golpeados, arrestados, encarcelados y encadenados. A la medianoche cantaron himnos y oraron a Dios haciendo que todos los que les rodeaban escucharan con atención. Luego, después de que un terremoto gigante abriera todas las puertas de la celda y soltó todas las cadenas, el carcelero, que pensó que todos los prisioneros habían escapado, estaba a punto de suicidarse cuando Pablo le gritó: "No te causes ningún daño, porque todos estamos aquí" (Hechos 16:28).

Pablo y Silas pudieron haber escapado, pero entendieron que, si lo hacían, el carcelero habría sido ejecutado, por lo que se quedaron; simplemente porque la vida del carcelero era más importante para ellos que la suya propia. Al oír esto, el carcelero cayó a sus pies y dijo: "¿Qué debo hacer para ser salvo?" (Hechos 16:30). Este es Dios hecho visible. Que sea así con nosotros hoy.

MARZO 23

1 Juan 5:21 (NTV): "Queridos hijos, manténganse alejados de todo lo que pueda ocupar el lugar de Dios en sus corazones."

Muchas veces, cuando leemos lo que se debe y no se debe hacer en la Biblia, automáticamente suponemos que es para el beneficio de Dios que hagamos o no hagamos esas cosas. Sin embargo, nosotros a menudo olvidamos que las instrucciones de Dios son siempre para nuestro beneficio y mejora, no Suya. Estaba pensando en esto cuando Michelle y yo comenzamos a hacer un presupuesto para nuestra casa. Una de las cosas que decidimos hacer fue cancelar nuestro servicio de

TV y mantener solo nuestra Internet. Durante semanas luché con esta decisión, lo admito, hubo un aspecto de miedo involucrado. He tenido televisión desde que tengo uso de razón, así que para mí la idea de cancelarlo era algo muy aterrador. Finalmente, sin embargo, tomé la decisión de cancelar nuestro servicio de cable, y por muy loco que sea para mí decirlo, mi corazón estaba un poco triste. Literalmente me sentí como si estuviera perdiendo a un amigo. Y cuanto más lo pensaba, más tenía sentido para mí por qué me sentía así.

¿Has notado que cuando estamos tristes, a menudo miramos la televisión para animarnos a través de una comedia? Cuando nos sentimos solos, a menudo buscamos que la televisión sea nuestro compañero y que traiga esperanza a través de una historia de amor; cuando estamos agobiados por nuestros problemas, a menudo buscamos que la televisión se convierta en un escape de la realidad. Aunque esta metodología podría proporcionarnos un alivio temporal, una distracción de lo que realmente está sucediendo en nuestras vidas, a la larga no nos ayuda a nosotros ni a nuestra situación en absoluto. Solo Dios puede traer el gozo, la esperanza y la liberación que tanto anhelamos.

No es solo la televisión con lo que hacemos esto, hay muchas cosas en esta vida con la que tratamos de reemplazar a Dios, como comida, compras, drogas, deportes, posesiones, ejercicio, etc. Sin embargo, debemos recordar que no importa cuánto hagamos, no importa cuánto acumulemos, y no importa cuán grande sea la euforia nada suplirá jamás lo que nos falta, porque Dios es lo único que puede llenar el vacío en nuestras vidas y en nuestro corazón. Entonces, creyente, pregúntese: ¿Algo ha ocupado el lugar de Dios en tu corazón?

MARZO 24

> 1 Juan 5: 14-15: "Ahora bien, esta es la confianza que tenemos en Él, que, si pedimos algo de acuerdo con Su voluntad, Él nos escucha y si sabemos que oye lo que le pidamos, sabemos que tenemos las peticiones que le hemos pedido."

La palabra "confianza" que usa Juan aquí es una palabra asombrosa. Significa tener tal libertad al hablar que usted divulga con alegría, valentía y confianza todas las cosas sin miedo. Juan dice que esta es la actitud que debemos tener cuando venimos a Dios en oración porque "si pedimos algo conforme a Su voluntad, Él nos escuchará, y si sabemos que Él nos escucha cualquier cosa que le pidamos, sabemos que tenemos las peticiones que le hemos hecho."

Aquí obtenemos una gran comprensión del propósito de la oración. La oración no está diseñada para conseguir que Dios cumpla nuestra voluntad; más bien, la oración está diseñada para descubrir cual es la voluntad de Dios para nuestras vidas. Así que el apóstol Juan nos da seguridad aquí diciendo que, si preguntamos cualquier cosa conforme a la voluntad de Dios, se hará.

Cuando Michelle y yo oramos por el matrimonio, lo admito, tenía muchos miedos; pero mi mayor temor era estar fuera de la voluntad de Dios, así que oramos y esperamos hasta que Dios nos revelara su voluntad No fue hasta que ambos llegamos al punto en que pudimos decir honestamente a Dios con todo nuestro corazón, mente y alma: "No es mi voluntad, sino hágase tu voluntad" que nuestras oraciones fueron respondidas y Dios nos unió como esposo y esposa. Y realmente, este debería ser nuestro corazón en cada oración que decimos a Dios: "No se haga mi voluntad, sino la tuya."

Ahora tal vez estés sentado aquí pensando, "Qué estafa. ¿Solo obtendremos lo que está de acuerdo con la voluntad de Dios?, ¿Qué pasa con lo que quiero y lo que necesito?" Bueno, piensa en todo esto lógicamente por un segundo. Sabemos que la voluntad de Dios incluye todo lo que alguna vez necesitaremos espiritual, física, emocional y material ¿verdad? Quiero decir, es lo que Dios promete para cada uno de Sus hijos. También sabemos que no hay nada que necesitemos que esté fuera de la voluntad de Dios para nosotros, porque lo que está fuera de la voluntad de Dios para nosotros no es bueno.

Así que realmente necesitamos preguntarnos, ¿Realmente nos gustaría que esas oraciones que están fuera de la voluntad de Dios nos sean respondidas? Recuerde, Dios solo dice "no" a aquellas cosas que están fuera de su voluntad para nosotros. Ahora lo admito, estos son los momentos en que nuestra fe en quién es Dios, está realmente puesta a prueba. ¿Es realmente el buen Dios que decimos que es cuando todo va bien para nosotros? ¿Es realmente digno de confianza? ¿Es Su voluntad realmente lo mejor para nosotros?

Muchas veces nos enojamos con Dios porque no responde nuestras oraciones conforme lo que queremos o lo que pensamos que necesitamos, sin embargo; todo el tiempo Dios simplemente nos está protegiendo de aquellas cosas que podrían dañarnos u obstaculizar nuestra vida. Entonces, creyente, tenga confianza plena cuando se acerque a Dios en oración sabiendo que, si está en Su voluntad, la respuesta siempre será "sí."

MARZO 25

Mateo 12:13: "Entonces El [Jesús] le dijo al hombre:" Extiende tu mano. " Y la extendió, y fue restaurada tan completa como la otra."

Una vez escuché a un pastor enseñar sobre esta sección en Mateo y dijo algo realmente interesante acerca de este versículo. El pastor vio a este hombre con una mano que estaba paralizada, algo retorcido en un puño. Y cuando Jesús le dijo: "Extiende tu mano," el hombre abrió la mano y estiró los dedos. La cuestión es que el mandamiento de Dios fue la *habilitación* para que este hombre extendiera su mano.

Lo mismo ocurre con nosotros. Como creyentes, cada uno de nosotros está listo, ahora mismo, para hacer todo lo que Dios nos ha mandado que hagamos, porque de nuevo, Su mandato es toda la habilitación que alguna vez necesitaremos. Así que no creas la mentira de que no eres capaz de hacer lo que Dios te ha mandado que hagas, porque la verdad es que ya has sido capacitado para hacer eso mismo.

Es importante señalar que, aunque Jesús le ordenó a este hombre que extendiera su mano, si este hombre no tuviera la fe para siquiera tratar de estirar su mano, nunca habría sido curado. Muchas veces cuando Dios nos llama a hacer algo, esperamos hasta que sintamos que estamos listos para hacerlo. Sin embargo, esto es caminar por vista, no por fe.

Cuando Dios ordenó a Josué que cruzara hacia la Tierra Prometida, los sacerdotes, que llevaban el arca del pacto, tenían que pisar primero las aguas del Rio Jordán antes de que retrocedieran las mismas. Si los sacerdotes hubieran esperado a que el agua retrocediera primero nunca hubiera puesto un pie en la Tierra Prometida. Así que, creyente, ¡Anímate!

Sea lo que sea lo que Dios te está ordenando que hagas hoy, sal con fe sabiendo que Él te ha capacitado para hacer eso mismo.

MARZO 26

Judas 24: "Ahora al que puede evitar que tropieces. . ."

A Michelle y a mí nos encanta dar largos paseos por nuestra ciudad natal de Redlands porque el lado sur de la ciudad tiene algunas casas increíbles de principios del siglo XX,

Sin embargo, la infraestructura también es bastante antigua; las aceras están agrietadas, desarraigadas, desiguales y a veces a causa de estas anomalías, simplemente te detienes, por lo que debes estar muy atento a tu entorno al caminar en ese lugar en todo momento.

Un sábado, mientras salíamos a caminar, Michelle señaló algo para que yo lo viera. Mientras miraba para ver a qué estaba señalando, la acera cayó debido a la raíz de un árbol y perdí el equilibrio y me caí, lo que me hizo torcerme la espalda. Luego casi otra cuadra después señalé algo para que ella también se fijara, y ella casi se rompió el tobillo cuando de repente la acera se acabó. Luego, mientras miraba mi teléfono para ver que tan lejos habíamos caminado, no me fijé y me golpeé la cabeza con la rama de un árbol que colgaba bajo. Conforme nos estábamos riendo de nuestra desgracia y hablando de los "peligros de caminar en Redlands," le dije a Michelle: "No puedes apartar los ojos del lugar al que vas dos segundos sin lastimarse."

Para el cristiano, la lección aquí es obvia. En mi ciudad natal salir a caminar es diferente; siempre me he imaginado el camino cristiano como si fuéramos caminando por este sendero de tierra suave, subiendo y bajando colinas y valles. Pero a lo largo de este camino, a ambos lados, está el mundo con todas sus tentaciones y distracciones. Mientras caminamos por este camino manteniendo la mirada al frente, sin tropezarnos ni caernos. Pero si quitamos nuestros ojos fuera del camino por donde vamos y comenzamos a mirar las cosas del mundo, lentamente podemos ser desviados del camino hacia un terreno muy irregular con muchas trampas y peligros. Esto es cuando podemos salir lastimados.

Tenemos que recordar, que tenemos un enemigo y un mundo y una carne que intencionalmente trata de sabotear nuestro caminar con Jesús al hacer que nos enfoquemos en cosas diferentes y del mundo. El apóstol Judas nos recuerda que solo hay Uno que puede evitar que tropecemos y ese es Dios. "Ahora, al que puede evitar que tropecemos. . .." Note que el apóstol Judas dice que Dios es "capaz" de evitar que tropecemos. La habilidad para no tropezar está disponible para todos nosotros, pero debemos trabajar con Dios para recibirlo. Esto sólo sucede a través de una relación habitual y creciente con Cristo. Entonces, creyente, aprenda una lección a partir de caminar por Redlands: mantenga la vista en el lugar por donde esté yendo, y no en todo lo que le rodea.

MARZO 27

Génesis 3: 6: "Cuando la mujer vio que el árbol era bueno para comer, que era agradable a los ojos y un árbol deseable para hacerlos sabios, tomó de su fruto y comió. Ella también le dio a su esposo y con ella comió."

Después de que Satanás había engañado a Eva para que comiera la fruta prohibida, Eva tomó la fruta y le dio a su esposo, Adán, para que pudiera compartirla con él. Ella hizo esto porque pensó que la fruta era "buena" y "agradable." Si Eva realmente hubiera creído y entendido las consecuencias de comer la fruta, dudo que la hubiera compartido con Adán. Muchas veces encontramos algo en el mundo que, en nuestra opinión, es bueno y agradable, y lo llevamos a los demás para compartirlo con ellos. El problema es que, como con Eva, la mayor parte de lo que traemos a otras personas no es bueno y agradable en la estimación de Dios. Lo llamamos compartir, Dios lo llama chisme; lo llamamos ficción, Dios lo llama veneno; lo llamamos inofensivo, Dios lo llama destructivo. Cuando confiamos en nuestras estimaciones, y no en las de Dios, y llevamos estas cosas a otras personas, en realidad nos convertimos en piedra de tropiezo para ellos.

También es interesante notar que, aunque Eva fue engañada acerca de este fruto, Adán no lo fue. David Guzik señaló que Adán comió la fruta con pleno conocimiento y comprensión de las consecuencias que traerían sus acciones; sin embargo, "en abierta rebelión contra Dios," todavía eligió comer del fruto.[46] y note que las consecuencias de su pecado no se sintieron hasta que Adán comió la fruta. "Entonces los ojos de ambos fueron abiertos" (Génesis 3: 7).

¿Qué hubiera pasado si Adán le hubiera dicho que no a Eva y no hubiera comido la fruta que ella le trajo? Piense en esto por un segundo: los ojos de Eva no se abrieron en el momento en que ella comió la fruta, solo se abrieron después de que Adán lo hizo.

La Biblia confirma esto en Romanos 5:12, "Por tanto, como por un hombre el pecado entró en el mundo, y la muerte por el pecado, y así la muerte se extendió a todos los hombres [la humanidad], porque todos pecaron." Me hace preguntarme, y si Adán le hubiera dicho que no a Eva, y si no hubiera comido la fruta, ¿Los ojos de Eva todavía se habrían abierto?

El punto es que tenemos una responsabilidad no solo en lo que brindamos a los demás, sino en lo que otros nos traen. Cuando alguien nos trae algo que sabemos que no es bueno y agradable, no debemos participar en él; en cambio, deberíamos llamarlo conforme a la verdadera apreciación de parte de Dios y explicarles por qué no es bueno, para que sus ojos puedan abrirse a la verdad de lo que nos trajeron. Entonces, creyente, esté atento a lo que toma y come de este mundo, porque no todo es tan bueno y agradable como parece.

MARZO 28

Génesis 3:24: "Echó, pues, al hombre; y puso querubines en al oriente del huerto del Edén, y una espada de fuego que se revolvía por todos lados, para guardar el camino hacia el árbol de la vida."

Michelle y yo hemos estado orando por tener hijos desde que nos casamos, y yo admito, hay un aspecto de miedo involucrado porque sé que nunca puedes realmente prepárate para tener hijos. Pueden prepararse espiritualmente tanto como sea posible, financiera, mental y materialmente, pero al final, es realmente una prueba de fuego con mucha y mucha oración. Mientras continuamos discutiendo esto, recordé a Adán y Eva y lo mal preparados que estaban para la vida en general.

Después de la caída en el Jardín del Edén, Dios "echó al hombre; y puso querubines al oriente del huerto del Edén, y una espada de fuego que se revolvía en todos los sentidos para guardar el camino al árbol de la vida." Cuán aterrador debe haber sido esto para Adán y Eva. De repente, los animales no eran tan amables y dóciles; el clima ya no era tan agradable; el suelo no era tan blando; la comida no era tan fácil de conseguir; pero lo más importante, ya no podían caminar en la frescura del huerto con Dios como antes. Todo lo que habían conocido quedaba ahora detrás de ellos, y ahora se enfrentaban a un mundo caído completo con peligro e incertidumbre.

Es una locura pensar en ello, pero en este momento, eran las únicas dos personas en la tierra. Entonces, ¿Quién dio a luz a los bebés? ¿Quién inició un incendio por primera vez? ¿Quién cocinaba la comida? ¿Quién plantó semillas para cultivos? ¿Qué hicieron cuando alguien se heria? ¿Se rompió una pierna? ¿Se Lastimaron? ¿Ves a dónde voy con esto? ¿Como le hicieron para saber cómo hacer alguna de estas cosas? Si alguna vez existieron dos personas que no estuvieran listas para el matrimonio, los hijos y la vida en general, eran Adán y Eva, sin embargo, de alguna manera, aquí estamos todos hoy. . . asombroso.

Entender que solo porque Dios los había quitado del Huerto del Edén, no significaba que les había quitado Su mano. De hecho, vemos el gran amor de Dios por ellos en las escrituras anteriores. Note que la espada en llamas guardaba específicamente el camino al árbol de la vida. Si Adán y Eva hubieran podido comer de ese árbol, habrían vivido para siempre en un mundo pecaminoso, separados de Dios. El Señor puso una guardia en el árbol porque los amaba, no porque los había abandonado. La verdad es que, si Dios no hubiera mantenido Su mano sobre Adán y Eva después de que dejaron el jardín, no habrían sobrevivido ni un día en el desierto. Pero Él los sostuvo, les enseñó y les proveyó en muchas maneras asombrosas e increíbles. ¿No mantendrá también Su mano protectora sobre nosotros, sosteniéndonos, enseñándonos y proveyéndonos? Por supuesto que lo hará, porque Él es el mismo Dios que era entonces, que es hoy y que será mañana.

MARZO 29

8:32: "El que no escatimó ni a su propio Hijo, sino que le entregó
por todos nosotros, ¿Cómo no nos dará con él todas las cosas?"

Uno de mis versículos favoritos de la Biblia es Isaías 1:18, donde Dios evidentemente dice a toda la humanidad, "Venid ahora, y razonemos juntos." En otras palabras, "sentémonos acérquense y hablemos de Mi plan de salvación, la Biblia y Mis promesas para ustedes; pensemos en todo esto lógicamente por un momento y consideremos lo que estoy diciendo y vean si todo tiene sentido."

Bueno, Romanos 8:32 es uno de esos versículos donde el pensamiento aquí es bastante simple: Si Dios no guardó a su Hijo amado de nosotros, entonces, ¿Qué nos negaría? Aparentemente nada, El Señor nos promete que nos dará "todas las cosas." Todas las cosas según Su voluntad, es decir, todas las cosas que nos beneficiarán y no nos dañarán.

En términos generales, las promesas de Dios nunca son más solicitadas que cuando nos encontramos en una situación difícil. Estos son los momentos en los que aparentemente necesitamos esperanza y consuelo al máximo. Pero debemos recordar que una promesa es solo tan buena como el que la da. Por lo tanto, nuestro enfoque no debería estar en la promesa en sí misma, sino más bien en Aquel que nos da esa promesa.

Esa es la lógica que debemos tomar de Romanos 8:32: "El que no perdonó a su propio Hijo, pero lo entregó por todos nosotros, ¿Cómo no podrá junto con El darnos gratuitamente todas las cosas?" Nuestro enfoque en este versículo no debe centrarse en "todas las cosas;" la importancia debe ser puesta sobre Aquel que no escatimó ni a su propio Hijo, sino que lo entregó por todos nosotros. Este es el testimonio del carácter de Dios y de Su fidelidad para mantener su palabra para con nosotros sin importar el costo. Entonces, podemos encontrar esperanza en todas sus promesas debido a su infinita fidelidad y misericordia hacia nosotros; y podemos encontrar consuelo en cada situación gracias a Su amor eterno por nosotros.

MARZO 30

Salmo 103: 2: "Bendice, alma mía, al Señor, y no olvides todos sus beneficios."

El tema común que se encuentra en todo el libro de los Salmos es que, aunque la vida es difícil, Dios es bueno. Afortunadamente, se nos ha dado la Biblia, que es una fuente de verdad y aliento. Está llena de hechos históricos que nos revelan cuán fiel ha sido Dios a una gran variedad de personas en múltiples y diferentes situaciones. En esto aprendemos sobre la naturaleza de Dios, Su carácter, Su amor por la humanidad, y cómo se han cumplido sus promesas a lo largo de la historia.

Pero surge un problema grave cuando solo buscamos en la Biblia el movimiento de Dios independiente de nuestras propias vidas. Al hacer esto, sin saberlo, desarrollamos un patrón disfuncional de pensamiento que dice algo como esto: Eso es lo que Dios era entonces y lo hizo por ellos porque eran más [espirituales, fieles, especiales. . . llenar el espacio en blanco con alguna otra cualidad que se le ocurra].

El resultado de esta disfunción es que comenzamos a dudar de su fidelidad para nosotros en las dificultades que enfrentamos hoy.

Es importante que recordemos que, aunque busquemos en la Biblia para aprender más acerca de Dios, hoy solamente miramos nuestras propias vidas para experimentar a Dios. Por eso la Biblia a menudo nos desafía a cantar un cántico nuevo al Señor, porque nos obliga a pensar sobre todas las cosas que Dios está haciendo en nuestras vidas hoy.

Recuerdo cuando Michelle empezó a leer un libro para su estudio de mujeres acerca del agradecimiento. Una de las asignaciones era registrar por todo lo que estaba agradecida, y en sólo dos días, Michelle había llenado un cuarto de cuaderno con todas las cosas que Dios estaba agradecida a Dios en su vida. El resultado final de haber hecho este ejercicio; el resultado para Michelle fue un corazón lleno de alegría, paz y emoción, porque se dio cuenta de lo especial y significativa que es ella para el Señor.

De la misma manera, el salmista nos declara, "no olvides todos sus beneficios", porque cuando olvidamos lo que el Señor ha hecho en nuestras vidas, nos perdemos lo que está haciendo actualmente, y dudamos de lo que va a hacer en el futuro. Para combatir esto, el salmista nos dio un ejemplo de qué hacer exactamente, ya que enumeró solo algunos de los muchos beneficios que ya nos ha dado Dios a través de Cristo: "quien perdona todas tus iniquidades, quien sana todas tus enfermedades, quien redime tu vida de destrucción, el que te corona con amorosa benevolencia y tierna misericordia, el que sacia tu boca de viandas deliciosas" (Salmo 103: 3-5). Una y otra vez la lista sigue. Entonces, creyente ¿Qué está haciendo Dios en su vida hoy?

MARZO 31

Salmo 10: 1: "¿Por qué estás lejos, oh Señor? ¿Por qué te escondes en tiempos de problemas?

¿Cuántas veces se ha hecho esta pregunta cuando su mundo se está desmoronando? ¿Cuándo la corrupción en nuestro gobierno parece no tener fin? ¿Cuándo el mal parece ganar y prosperar sin consecuencias? O simplemente cuando los deseos de su corazón han quedado sin respuesta. David era tan humano como nosotros; y cuando las dificultades entraron en su vida, tenía las mismas preguntas que tenemos hoy. En el Salmo 10 David le preguntó a Dios: "¿Dónde estás, Señor? ¿Por qué prosperan los malvados roban y asesinan y oprimen? Ellos te renuncian, Señor, y se jactan de que no les tomas en cuenta sus acciones. ¿No vas a hacer nada?"

Cuando nos encontramos en este lugar de desesperación y confusión como lo estaba David; debemos recordar que estamos llamados a caminar por fe, no por vista. David confiaba claramente en lo que estaba viendo, no en lo que sabía que era verdad. Por eso él estaba frustrado, ya que todo parecía desesperado. Pero una vez que el enfoque de David volvió a donde debería haber estado, sobre quién es el Señor, dijo: "Pero Tú has visto, porque observas problemas y dolor, Tú eres la ayuda de los huérfanos, El Señor es Rey para siempre" (Salmo 10:14, 16). David se recordó a sí mismo que Dios es soberano y que Él tiene el control total de todas las cosas; nada escapa a Su Vista ni a Su Oído.

Tenemos que preguntarnos cómo vamos a vivir en este mundo. Si vamos a ser conmovido por cada tormenta en nuestra vida, como si nuestros nombres estuvieran escritos en arena; o vamos a permanecer en la fe, ¿Sabiendo que nuestros nombres están cincelados para siempre en la Roca? En 1 Pedro 5:10 se nos dice que después de que hayamos sufrido un tiempo, Dios nos "perfeccionará, establecerá, fortalecerá y asentará. Pero note que, para ser perfeccionados, establecidos, fortalecidos y asentados, primero debemos sufrir por un tiempo. Primero debemos ser probados y refinados para liberarnos de esas impurezas de la duda y la incredulidad que nos debilita y hace que actuemos como arena movediza." Es el caminar por fe durante estos difíciles tiempos que permite crear dentro de nosotros una fe profundamente arraigada en nuestro corazón que tan desesperadamente necesitamos para soportar esta vida.

Proverbios 10:25 nos recuerda: "Cuando pasa el torbellino [piensa: tornado o huracán], los malvados ya no existen, pero el justo tiene un fundamento eterno." Creyente, recuerde, el fuego de prueba de Dios no nos quema; solo nos refina.

ABRIL 1

Juan 2: 3: "No tienen vino."

Hubo una boda en Caná de Galilea a la que fueron invitados Jesús y sus discípulos, y en algún momento durante la celebración de la boda, se les acabó el vino. Sabiamente los sirvientes fueron a Jesús y le pidieron ayuda. Jesús luego les instruyó que llenaran seis ollas grandes de piedra con agua. Así lo hicieron. Luego les dijo que sacaran un poco de agua y que lo llevaran al encargado del banquete. Cuando el encargado bebió el agua convertida en vino, así se realizó el primer milagro de Jesús.

Este fue uno de los pasajes sobre los que Brian y Cheryl Broderson hablaron en nuestro retiro de parejas casadas el fin de semana pasado. El punto era simple, pero muy poderoso: en algún momento, todos nos quedamos sin (vino) algo; ya sea en el matrimonio o en la vida, todos nos quedamos sin paciencia, sin alegría, gracia, fuerza. . . lo que sea, usted nómbrelo y verá que en algún momento nos quedamos sin eso.[47] Nuestro primer instinto cuando esto sucede es intentar rellenarnos por nuestros propios medios.

"Yo lo que necesito son unas vacaciones; necesito acostarme en la playa en algún lugar y no hacer nada; necesito alejarme de [mi cónyuge, mis hijos, mi trabajo, etc.]" ¿Has notado que esto nunca funciona? La razón es que no se puede corregir la carne con la carne. Es por eso qué Jesús nunca nos enseñó a trabajar con la carne; más bien, nos dijo que destruyéramos la carne.

El problema que enfrentamos no es tener déficits, más bien, es cómo intentamos suplir esos déficits. Al igual que la Ley, los déficits nunca fueron pensados para enmendarlos o para cumplirlos; más bien, están ahí para recordarnos nuestra desesperada necesidad de Dios. Los sirvientes de esta historia nos muestran exactamente qué hacer cuando se nos acaba o desgasta la vida: vamos a Jesús y hacemos exactamente lo que Él diga.

ABRIL 2

Josué 1: 7: "Sólo sé fuerte y muy valiente, para que puedas hacer conforme a toda la ley que ordenó mi siervo Moisés no te apartes de ella ni a la derecha ni a la izquierda, para que puedas prosperar donde quiera que vayas."

Después de la muerte de Moisés, finalmente llegó el momento de que los hijos de Israel hicieran su camino a la Tierra Prometida y reclamar lo que era legítimamente suyo. Pero antes de que ellos cruzaran el Jordán, Dios le dijo a Josué: "Esfuérzate y sé valiente, porque a este pueblo darás y dividirás en heredad la tierra que juré a sus padres para darles. Solo sé fuerte y muy valiente, para que puedas observar y hacer conforme a toda la ley que mi siervo Moisés mandó; no te desvíes ni a la derecha o la izquierda, para que prosperes dondequiera que vayas" (Josué 1: 6–7).

Note la diferencia entre las dos órdenes que Dios le dijo a Josué. Que fuera fuerte y valiente para dividir la tierra entre ellos, pero dijo específicamente que Josué fuera muy fuerte y *muy valiente* al seguir la Ley de Moisés. Como mi buen amigo Darrell siempre dice: "Dios nunca permitirá que escapemos de nuestra necesidad de fe." Aprendemos aquí que siempre será necesario un gran coraje y una cierta medida de fe para dar un paso adelante y seguir a Dios, porque es probable que cuando Él nos llame a hacer algo, comenzaremos a experimentar miedo y dudas sobre lo que nos ha dicho que hagamos. Creo que cuando esto sucede, nuestra reacción natural es esperar que los miedos y las dudas se alejen antes de seguir adelante y seguir a Dios. Pero tener coraje y ser valiente no es ser obediente en ausencia del miedo; más bien, es ser obediente en medio del miedo. Dios nunca dijo que no experimentaremos miedo y duda; más bien, dijo ser muy valiente en medio del miedo y la duda y seguir Sus mandamientos.

Entonces creyente, lo que sea que Dios te ha mandado hacer, lo que sea Él te está llamando hoy, se muy valiente y no temas, porque "como yo estaba con Moisés, así estaré contigo. Nunca te dejaré ni te desampararé" (Josué 1: 5). Sólo sé obediente y sigue sus mandamientos.

ABRIL 3

Salmo 139: 7: "¿Adónde me iré de tu Espíritu? ¿O a donde puedo huir de tu presencia"

Mientras cerrábamos en oración la otra noche, un pensamiento vino a mi corazón: Si Dios estuviera físicamente con nosotros, ¿Oraríamos de otra manera? ¿Retendríamos algo? ¿Habría algo que no le pediríamos? ¿Nuestras oraciones serían más fervientes, más apasionadas, más llenas de fe? ¿Dejaríamos su presencia sin una respuesta, ¿O seguiríamos preguntándole hasta que nos respondiera?

Lo admito, hay muchas veces en las que oro porque lucho por comprender el hecho de que Dios está tan íntimamente cerca de mí. Lucho por creer que estoy realmente en medio de Su santa presencia. Cuando esto sucede, mis oraciones tienden a carecer de fe y fervor y adquirir un sentido de incredulidad; Siento como si estuviera orando en una habitación vacía.

Parte del problema es la forma en que pensamos sobre nuestra relación con Dios. Creo que naturalmente cedemos al pensamiento de que estamos separados de Dios y por eso tengo que *hacer algo* santo para entrar en Su presencia. Pero esto no puede estar más lejos de la verdad. Una vez que entregamos nuestras vidas a Jesucristo, ya nada nos separa de Dios ya que estamos para siempre en Su presencia porque Jesucristo rasgó el velo. Mientras David meditaba, "¿A dónde puedo huir de tu Espíritu? ¿O a donde puedo huir de tu presencia? La realidad no es que tengamos que entrar en la presencia de Dios, sino que siempre estamos en Su presencia, porque dondequiera que estemos, allí está Él.

ABRIL 4

Salmo 73:17: "Entré en el santuario de Dios; entonces lo entendí."

En el Salmo 73, Asaf, el salmista, reflexionó sobre una época en la que estaba luchando en su fe. "Pero en cuanto a mí, mis pies casi tropezaron; mis pasos casi se habían resbalado" (Salmo 73: 2, ESV). El problema fue que dejó de confiar en el Señor y comenzó a confiar en su propio entendimiento. "Cuando pensé en cómo entender esto fue demasiado doloroso para mí" (Salmo 73:16, énfasis agregado).

No le parecía correcto a Asaf que los malvados prosperaran mientras que la buena gente estaba luchando. Cuanto más pensaba e insistía en estas cosas, más lo abrumaba su depresión, y muy pronto la autocompasión había enterrado su fe. "Seguramente he limpiado mi corazón en vano, y he lavado mis manos en inocencia. Durante todo el día yo he sido azotado y castigado cada mañana" (Salmo 73: 13-14). Pero cuando Asaf fue a Dios por estas cosas, todo cambió. "Entré al santuario de Dios; entonces entendí" (Salmo 73:17, énfasis agregado). Note que fue sólo cuando Asaf fue al Señor, que sus ojos se abrieron y su perspectiva cambió de lo carnal a lo espiritual.

Creyente, cuando nos encontramos en situaciones como Asaf, también debemos ir a Dios y alabarle por todo lo que Él es y todo lo que nos ha prometido. Porque es allí, en esas alabanzas donde Dios está entronizado (ver Salmo 22: 3) a través de la gratitud y alabanza, Dios toma el lugar que le corresponde como Señor de nuestras vidas y lo que es más importante, como Señor de nuestras situaciones. Luego nos reenfocamos y nuestra confianza se coloca de nuevo donde debería estar; en Él, no en nuestro propio entendimiento.

ABRIL 5

Romanos 6: 4: "Por tanto, mediante el bautismo fuimos sepultados con él en su muerte, a fin de que, así como Cristo resucitó por el poder del Padre, también nosotros llevemos una vida nueva."

Una de las cosas más difíciles de hacer para nosotros como creyentes es dejar atrás el pasado. Ya sea el pasado con el que luchamos hace diez años o diez segundos, lamentamos nuestro pasado hasta el punto de que nos detenemos en ellos durante horas y horas. Conforme Michelle y yo estábamos orando el domingo por la mañana por los servicios de ese día, recordé rápidamente este verso; más específicamente, recordé el hecho de que se nos dice que "caminemos en la nueva vida."

Note que la palabra "caminar" está escrita en tiempo presente, lo que significa que es algo que debemos hacer continuamente. Es un estilo de vida habitual que debemos practicar cada minuto de cada día. Entonces, ¿En qué vamos a caminar? La "novedad de vida," dice el apóstol Pablo. Bueno, ¿Qué es la novedad de vida? Es exactamente lo que dice que es: una nueva vida. Ezequiel 36:26 nos recuerda que, como creyentes, se nos ha dado un corazón nuevo y un espíritu nuevo. Segunda de Corintios 5:17 nos dice que "[somos] una nueva creación; las cosas viejas han muerto, he aquí todas son hechas nuevas." La Epístola de Romanos 6: 4 aparentemente afirma estas verdades en lo que se refiere a la regeneración del creyente; ya no somos definidos por nuestros pecados (el viejo hombre); ahora estamos definidos por Su justicia (el nuevo hombre)[48]

Caminar en la novedad de la vida no es solo alejarse del pecado y caminar en el Espíritu; no es solo seguir la dirección del Espíritu Santo y seguir en los asuntos de nuestro Padre mientras nos dirige, también es comprender que cada minuto que pasa es un nuevo comienzo para el creyente… un pizarrón limpio, por así decirlo. Independientemente de lo que hicimos en nuestra vida anterior, o lo que hicimos hace un minuto, el pasado se ha ido. Está detrás de nosotros, vaporizado, y no hay recuerdo de él en Cristo Jesús porque se ha eliminado por completo. Como declara Romanos 8: 1, no hay condenación en Cristo. Necesitamos recordarnos a nosotros mismos que no podemos cambiar lo que hemos hecho, pero podemos elegir lo que haremos. Podemos ir a Jesús y pedirle perdón, porque cuando lo hacemos, Jesús nos promete que no solo nos perdonará nuestro pecado, sino que también nos limpiará de toda maldad (1 Juan 1: 9).

ABRIL 6

Daniel 2:21: "Y Él cambia los tiempos y las estaciones."

Hay cuatro estaciones que dividen nuestro calendario durante un año: otoño, invierno, primavera y verano. Cuando era niño, temía el verano porque significaba que era hora de volver a la escuela; el invierno no fue tan malo porque significaba que la Navidad pronto llegaría; la primavera siempre fue algo que esperar porque tendríamos unas vacaciones de primavera; pero el verano era mi favorito porque significaba una completa libertad de la escuela y tareas. Año tras año, sin embargo, no importaba lo que hiciera, no podía evitar que las estaciones llegaran y no había absolutamente nada que pudiera hacer para que terminaran antes. Solo tuve que esperar y soportar esas temporadas, sabiendo que un día terminarían.

Si te detienes y lo piensas, las estaciones de la vida no son diferentes. No podemos evitar que vengan, y no podemos hacer que terminen antes. Están completamente en las manos de Dios, porque solo "Él cambia los tiempos y las estaciones."

En Eclesiastés 3:1, Salomón escribió: "Para todo hay un tiempo, un tiempo para todo propósito bajo el cielo." Luego enumera los tiempos y estaciones de la vida que todos experimentarán, tales como: un momento de nacer y un momento de morir; un tiempo para llorar y un tiempo para bailar, etc. Pero luego dice algo muy profundo en el versículo 11: [Dios] ha hecho todo hermoso en su tiempo." Es extraño pensar que la muerte o el duelo o la aflicción pueden ser hermosos, pero con Dios, todos son hermosos en el sentido de que son exactamente lo que se necesita en ese momento. El versículo 11 esencialmente hace eco con Génesis 1:31: "y vio Dios. . . que era bueno."

Michelle y yo hemos estado orando mucho por comprar una casa, tener hijos, etc. y mientras oraba el otro día, Dios llevó a Michelle a estos versículos del libro de Daniel. "Bendito sea el nombre de Dios por los siglos de los siglos, porque la sabiduría y el poder son de Él. El cambia los tiempos y las estaciones" (Daniel 2: 20-21). Nuestra oración a partir de ese tiempo ha sido para que Dios cambie nuestras estaciones en Su tiempo, no el nuestro, porque sabemos que, en Su tiempo, todas las cosas se hacen hermosas.

Es importante darse cuenta de que sea cual sea la temporada o estación en la que se encuentre ahora, es la mejor temporada para ti en este momento de tu vida. No hay nada que puedas hacer para detenerla, y no hay nada que puedas hacer para que vaya más rápido. Tu definitivamente no debes intentar terminarlo con sus propias fuerzas (ver Abraham y Sara para un ejemplo; Génesis 21).

Nuestro tiempo de espera y perseverancia es un tiempo de aprendizaje y crecimiento para que estemos listos para la próxima temporada. Entonces, creyente, no desperdicie esta temporada simplemente cerrando tus ojos y metiendo la cabeza bajo las mantas. Ora y pregunta al Señor lo que necesitas aprender y cómo necesitas crecer durante este tiempo, porque solo haciéndolo así las estaciones cambiarán de otoño a invierno y de primavera a verano.

ABRIL 7

> Salmo 37: 5: "Encomienda tu camino al Señor, confía también en Él, y Él hará que suceda."

Michelle y yo hemos pasado mucho tiempo con niños últimamente, y he de decir que me ha sorprendido la cantidad de lecciones de la Biblia que veo cobrar vida en y a través de sus vidas. Una de las cosas que me encanta ver es cómo estos niños de uno a tres años interactúan con sus padres. Siempre me recuerda cómo Dios es nuestro Padre y somos Sus hijos.

El otro día, mientras Michelle y yo visitábamos a unos amigos, noté que su hija me traía un juguete, me lo daba y luego se quedaba allí y me miraba esperando ansiosamente para ver qué haría con él juguete. Después de un par de segundos de inactividad, ella lo retiraría, solo para dármelo de nuevo. Me estaba riendo porque me recordó cómo a menudo *entregamos* cosas a Dios, solo para recuperarlas unos segundos después.

El salmista escribió en este salmo: "Encomienda al Señor tu camino, confía también en Él, y Él lo hará realidad". La palabra "encomienda" en este versículo significa dale algo al Señor. Pero note que no es suficiente con encomendar algo a Dios; el salmista dice que debemos "confiar también en El, y Él hará que suceda."

Somos realmente buenos en encomendarle cosas a Dios; el problema es que nosotros no se lo dejamos a Dios sobre todo si no actúa lo suficientemente rápido para nosotros, o no se actúa cómo pensamos que debería actuar, luego recuperamos esas cosas y tratamos de hacerlas nosotros mismos. Pero al hacer esto, esencialmente estamos diciendo que no confiamos en que Dios lo pueda hacer o llevar a cabo.

Mire cuidadosamente este versículo, ya que está dividido en tres pasos: Primero, "Encomienda al Señor tu camino;" segundo, "confía también en Él"; y tercero, "Él hará que suceda." Es álgebra simple: A + B = C. Note la promesa que Dios nos da;

Dios hace que eso suceda y solo ocurre después de que encomendamos nuestro camino al Señor *y* confiamos en Él.

También es importante recordar que debido a que nuestros tiempos y estaciones están en Sus manos, las cosas sucederán en Su tiempo y en Su camino, no el nuestro. Entonces, creyente, no se limite a entregar las cosas a Dios; confía en Él a cerca de esas cosas y no las tomes de regreso. Déjalas a Su cuidado, sabiendo que Él las llevará a cabo en su perfecto tiempo y temporada.

ABRIL 8

Salmo 34: 1: "Bendeciré al Señor en todo tiempo; Su alabanza estará de continuo en mi boca."

David era un hombre que sabía mucho acerca de alabar a Dios porque David era un hombre que sabía lo que era estar bajo juicio. Como suele decir mi buen amigo Darrell, "Si nunca tuviste un problema, nunca conocerías a Aquel que puede resolverlo por ti." "Fue debido a las pruebas y tribulaciones por las que vivió David que pudo escribir algunos de los más dulces salmos de alabanza que jamás encontrarás. En el Salmo 34, David comienza diciendo: "Bendeciré al Señor en todo tiempo; Su alabanza estará de continuo en mi boca." David sabía que la alabanza al Padre no solo era apropiada, sino que también entronizaba a Dios en cualquier situación que David encontrara. Escuche y preste mucha atención a algunas de las justificaciones que David nos dice por qué debemos "ensalzar su nombre a una" (Salmo 34: 3):

Busqué al Señor, y Él me escuchó, y me libró de todos mis miedos. El ángel del Señor acampa alrededor de los que temen, Él los libera. No hay necesidad ni carencia para los que le temen. Pero los que buscan al Señor no les faltará ningún bien. Los ojos del Señor están sobre los justos, y sus oídos atentos a su clamor. El Señor está cerca de los que tienen el corazón quebrantado y salvó a los de espíritu contrito. Muchas son las aflicciones del justo, pero el Señor lo librará de todos ellas. (Salmo 34: 4, 7, 9-10, 15, 18-19)

Creyente, Dios es fiel. Dios es bueno. Dios escucha todos nuestros gritos de miedo, nuestras preocupaciones, nuestras necesidades, nuestro desamparo, aflicción, etc., y Él nos consuela en ellos y nos libra de todos ellos. Él nunca nos ha fallado y nunca nos fallará. Así que cuando te encuentras dudando de la bondad de Dios, acepta la invitación de David para probar estas verdades: "Probad y ved que el Señor es bueno; Bienaventurado el hombre que confía en Él" (Salmo 34: 8).

ABRIL 9

> Hechos 9:13: "Entonces Ananías respondió: Señor, he oído de muchos acerca de este hombre, cuánto daño ha hecho a tus santos en Jerusalén."

¿Hay alguien en este mundo por quien no deberíamos orar? Supongo que depende a quién le preguntas. Algunas personas dicen: "No ores por ellos por lo que han hecho." Otras personas dicen: "No ores por ellos porque siguen esa religión." Una vez incluso escuché a un cristiano decir: "No ores por ellos porque no sabes que hay en su corazón."

Permítanme reformular la pregunta, entonces: ¿Hay alguien en este mundo por quien Dios no quiera que oremos? O mejor aún, ¿Hay alguien en este mundo por quien Jesús no interceda? Ahora la respuesta es mucho más clara: No, la voluntad de Dios es que se ore por todos los hombres. "Por tanto, exhorto ante todo a que se hagan súplicas, oraciones, intercesiones y acciones de gracias por todos los hombres… Porque esto es bueno y aceptable ante los ojos de Dios nuestro Salvador" (1 Timoteo 2: 1, 3).

Vemos un gran ejemplo de esto con Ananías y Saulo. Un día el Señor habló a Ananías y le indicó que fuera a orar por Saulo, a lo que Ananías respondió: "Señor, he escuchado de muchos acerca de este hombre, cuánto daño les ha hecho a tus santos en Jerusalén." No culpo a Ananías por no querer orar por Saulo, porque Saulo fue un perseguidor y asesino de cristianos, pero el Señor respondió a Ananías: "Ve, porque él es vasija mía escogida." (Hechos 9:15).

Me acordé de esto el otro día cuando me presenté al trabajo y me di cuenta que una de mis compañeras de trabajo había estado llorando. Mientras caminaba hacia su escritorio, sentí al Señor que me dijo que fuera a orar por ella, pero yo estaba como, "No quiero orar por ella Señor. Ella hace esto, ella es aquello," y enumeré todas las razones por las que no quería ir y ministrarla. Fue entonces cuando el Señor me dijo: "Patrick, yo también morí por ella. Ella es Mi hija y la amo. Si fuera alguien que no te cae mal, orarías por ello sin dudarlo." Fue entonces cuando se me hizo muy claro que el problema no estaba en esta mujer ni en sus peculiaridades de personalidad; el problema estaba con mi corazón.

Humillado, me acerqué a ella y le pregunté si podía orar por ella; ella dijo que sí. Fueron unos momentos de oración muy poderosos que cuando terminaron, trajeron tanta paz para mi alma y gozo para su corazón. De repente, esas peculiaridades que me molestaban tanto se habían ido y vi a esta mujer como Dios la vio. Entonces creyente, recuerda que no hay una sola persona en este mundo por quien Dios no quiera que oremos, independientemente de lo que hayan hecho o de quiénes sean.

ABRIL 10

> 1 Juan 3:16: "En esto conocemos el amor, porque El dio su vida por nosotros."

Mientras me preparaba para enseñar sobre la crucifixión, no dejaba de preguntarme: "¿Voy a hablar en detalle sobre la crucifixión o no? ¿Describo el sufrimiento de nuestro Señor a tal grado, que todos se vayan reflexionando sobre Su espantosa muerte en lugar de regocijarse en Su magnífico amor? Creo que es muy revelador que los cuatro escritores de los evangelios sean muy reservados al describir la crucifixión de Cristo; simplemente declaran, "y lo crucificaron" (Marcos 15:25).

Esto se hizo por dos razones: 1) Todos en ese momento sabían exactamente qué implicaba la crucifixión; y 2) Como señaló Alistair Begg, "los escritores de los evangelios no se enfocaron en el aspecto físico del sufrimiento en la cruz, sino que se centraron en lo que el sufrimiento realmente estaba logrando"[49] Debemos recordar que la verdadera intención de los Evangelios, y en realidad la Biblia en su conjunto, es para animar nuestra fe, no para evocar una respuesta emocional dentro de nosotros. Esto es lo que sentí que el Señor me estaba obligando a tomar en consideración: "¿Quiero evocar sus sentimientos o quiero fortalecer su fe? ¿Quiero que se alejen contemplando cómo murió Jesús en la cruz, o quiero que recuerden y entiendan *por qué* Jesús murió en la cruz?"

Creo que es importante entender que cuando Jesús tomó la cruz, Él no lo hizo para inducir simpatía, empatía o compasión en nosotros; Él no lo hizo para que estemos tristes y abatidos, ni para recordar Su muerte al aferrarse a esta imagen de Él golpeado, ensangrentado y quebrantado. No, Cristo tomó la cruz para que podamos estar gozosos con su recuerdo, celebrando Su victoria en que derrotó el pecado y la muerte, se levantó de entre los muertos, ascendió al cielo, y ahora está sentado a la diestra del Padre, glorificado en todo su esplendor. Jesús tomó la cruz para que pudiéramos estar seguros de su amor inconmensurable y eterno que lo obligó a subir a la cruz, y por ese amor nos salvó a través de Su sufrimiento.

Ahora, estoy totalmente de acuerdo en que es necesario que entendamos hasta qué punto llegó Jesús por nosotros, cómo sufrió increíblemente en nuestro lugar, cómo intercambió Su justicia por nuestro pecado, etc., todo con la condición, fíjate, de que el resultado de esa comprensión nos conduzca a una mayor apreciación de Su amor por nosotros, no solo en una tristeza abrumadora que nubla su sacrificio. Como bien dijo Agustín de Hipona, la cruz es el púlpito desde el cual Dios predicó su amor al mundo.[50] Primera de Juan 3:16 parece ser el eco de este mismo sentimiento, "En esto conocemos el amor, porque Él entregó Su vida por nosotros." Así que tenemos que tomar una decisión: podemos centrarnos en el inmenso sufrimiento físico que Jesús aguantó y nos encontramos en el mismo estado que los que dejaron la cruz en el Calvario ese día, o podemos considerar el sufrimiento que Él soportó como una confirmación del abundante y eterno amor por nosotros que lo envió allí en primer lugar, "Porque tanto amó Dios al mundo que dio a su Hijo unigénito, para que todo aquel que crea en Él no se pierda, más tenga vida eterna" (Juan 3:16).

ABRIL 11

> Mateo 17: 2: "Se transfiguró ante ellos. Su rostro brillaba como el sol, y sus vestidos se volvieron blancos como la luz".

Durante la última semana, me he encontrado con muchas personas que están luchando con el temor de no glorificar a Dios. En cada encuentro, inmediatamente pienso en la transfiguración. A menudo miramos esta increíble historia y pensamos "¡Qué milagro: Jesús se transfiguró en Su gloria eterna!" Pero cual es mayor milagro; ¿El hecho de que la gloria de Dios fue revelada, o que la gloria de Dios realmente pueda estar oculta?[51]

En julio de 2003, estaba con un equipo misionero en un ferry nocturno, cruzando el Mar Adriático desde Italia hasta Albania. Era mi primer viaje misionero y estaba tan abrumado por el miedo y la emoción que a pesar de haber estado viajando durante treinta y seis horas, no pude dormir en absoluto. Cuando el sol empezó a salir a la mañana siguiente, decidí subir al nivel superior del ferry para que nada obstaculizara mi visión de la gloriosa creación de Dios. Mientras estaba allí mirando el amanecer sobre el mar, recuerdo haberle pedido a Dios que me mostrara su gloria. No pasó nada. Sin desanimarme continué orando esta misma oración una y otra vez. Finalmente, comencé suplicando a Dios: "¡Por favor, Señor, ¡muéstrame tu gloria!" Aún nada. Así que intenté crear Su gloria con los colores del cielo, las nubes y el agua, pero no era realmente Su gloria; era solo yo creando cosas en mi mente para apaciguar mi hambre de lo que quería ver. Desanimado, finalmente me di por vencido y me volví para ver qué estaba haciendo el resto del equipo. Fue entonces cuando vi la gloria. No sé de qué otra manera describir lo que vi, aparte de decir que fue una luz y energía sobrenatural que irradiaba de cada miembro del equipo. Lo sorprendente es que ni siquiera estaban haciendo nada *espiritual*; Algunos inclusive estaban durmiendo, algunos estaban hablando, y algunos solo estaban escribiendo un diario.

Fue entonces, en ese momento de acción de la transfiguración, que escuché a Dios decirme: "Patrick, mi gloria está en ti. "Entonces, recuerde: "Ustedes son la luz del mundo" (Mateo 5:14). Justo como un árbol no necesita tratar de dar fruto, no es necesario que intentes ser la luz del mundo; *Eres* la luz del mundo. Entonces, "Deja que tu luz brille ante los hombres, para que vean tus buenas obras y glorifiquen a tu Padre que está en los cielos" (Mateo 5. 16)

ABRIL 12

> Génesis 2:24: "Por tanto, dejará el hombre a su padre y a su madre y
> será unido a su mujer, y serán una sola carne."

Hemos estado estudiando algunas parejas de la Biblia en nuestro estudio de parejas casadas, como Adán y Eva, Abraham y Sara, David y Betsabé, José y María. Luego nos encontramos con la pareja conocida como Aquila y Priscilla, la última pareja de equipo. Cuanto más los estudiaba, más me di cuenta de que esta pareja era diferente a todas las otras parejas que habíamos estudiado. Había una unidad en ellos que las otras parejas no tenían.

Empecé a pensar en lo que es estar unidos como una sola carne y lo que significa para esposos y esposas, así que volví a donde todo comenzó, Génesis 2: 23-24. Aquí, Dios había hecho que Adán cayera en un sueño profundo, tomó de su costado e hizo Dios a la mujer. Al verla por primera vez, Adán dijo: "Esto es ahora hueso de mis huesos y carne de mi carne; ella se llamará Mujer, porque ella fue sacada de Adán. Por tanto, el hombre dejará a su padre y a su madre y se unirá a su mujer, y serán una sola carne."

La idea de ser una sola carne casi se ha convertido en una insignia de honor que usamos alrededor de nuestro cuello, como si hubiéramos logrado esta gran cosa porque pasamos por consejería prematrimonial, habernos casado en la iglesia por un pastor, e ir a la iglesia juntos etc. Pero, ¿Hay algo más para nosotros aparte de estas estas cosas? ¿Nos convertimos en una sola carne y luego eso es todo? Es interesante que incluso los incrédulos se vuelven una sola carne cuando ellos se casaron. Incluso cuando un hombre y una mujer mantienen relaciones sexuales fuera del matrimonio, se vuelven una sola carne (1 Corintios 6:16). Entonces debe haber algo más para el matrimonio según el diseño de Dios que simplemente convertirse en una sola carne.

"Pero recibirás poder cuando el Espíritu Santo haya venido sobre ti; y me seréis testigos en Jerusalén, en toda Judea y Samaria, y en el fin de la tierra" (Hechos 1: 8). Ahí está, es la unción y la llenura del Espíritu Santo. Aquila y Priscila difieren de todas las demás parejas que estudiamos porque nacieron de nuevo en el evangelio, eran creaciones nuevas en Cristo y tenía al Espíritu Santo viviendo dentro de ellos, dentro de su matrimonio, unidos con el Señor como un solo espíritu. "Pero aquel que se ha unido al Señor es un solo espíritu con Él" (1 Corintios 6:17).

El punto es que la misión del creyente ha cambiado. Ya no vivimos bajo la Ley, separados de Dios como lo hicieron aquellas otras parejas. Ya no somos llamados a ocupar la tierra y hacer descendencia. Ya no estamos llamados a expulsar otros pueblos de la tierra y míralos como nuestros enemigos. Jesucristo cumplió la Ley. Ahora estamos llamados a hacer discípulos de todas las naciones. Estamos ahora llamados a amar a nuestros enemigos, orar por ellos, tender la mano a los perdidos y ganar almas para el Reino de Dios. La misión ha cambiado. Nuestro propósito ha cambiado.

Cuando leo sobre Aquila y Priscila, veo en ellos poder, veo en ellos propósito, veo en ellos plenitud. . . simplemente, veo a Jesús. ¿Es eso lo que la gente ve en nosotros como matrimonio, o aun vivimos bajo el Antiguo Testamento, con limitado poder y tratando de sobrevivir para poblar la tierra y expulsar a nuestros enemigos?

ABRIL 13

Romanos 4:20: "No dudó de la promesa de Dios por incredulidad, sino que fue fortalecido en la fe, dando gloria a Dios."

A menudo hablamos de lo difícil que es caminar por fe, porque se supone que debemos creer en algo que no se ve. Aunque Dios nunca nos ha fallado, nunca, todavía luchamos de alguna manera para creer que Él nos librará en las circunstancias.

¿Sin embargo, se ha dado cuenta que nunca parece que tengamos problemas para creer en lo invisible cuando se trata de temor?

El miedo permite que nuestras mentes pinten imágenes vívidas y representen con precisión detalles y escenarios de exactamente lo que se desarrollará cuando encaremos ese miedo. Entonces nos preparamos nosotros mismos de mil formas diferentes de manejar y enfrentar esta situación imposible, sabiendo por seguro que, si no mentimos, escapamos o tiramos a otra persona debajo del autobús, entonces estamos condenados a lo peor. Además, a medida que el tiempo nos arrastra a esa situación, tratamos frenéticamente de encontrar una salida, solo para darnos cuenta de que el Goliat que esperábamos enfrentar era tan solo un pequeño ratón de campo.

El jueves pasado, Michelle y yo estábamos luchando con nuestro propio miedo de lo que íbamos a tener que afrontar ese día en nuestros respectivos trabajos. Oramos el uno por el otro, nos animamos mutuamente en las Escrituras, pero en el fondo de nuestras mentes todavía creíamos que se avecinaba lo peor. Conforme cada uno de nosotros enfrentó su propia situación ese día, el temor del que estábamos seguros que enfrentaríamos nunca sucedió. Mientras conducíamos a casa después del trabajo, regocijándonos en el Señor, le dije a Michelle: "Realmente somos como niños, ¿no? Le decimos a Dios: "¡Dios, hay un monstruo debajo mi cama! "Entonces Dios enciende la luz y dice: "Mira, no hay nada debajo de tu cama." Entonces le decimos: "¡Dios, hay un monstruo en el armario!" Entonces Dios abre la puerta del armario y dice: "Mira, no hay nada en el armario." Continuamos y Entonces le decimos: "¡Dios, hay un monstruo fuera de mi ventana! "Entonces Dios abre las persianas y dice: "Mira, no hay nada fuera de tu ventana." Luego nos detenemos un momento, miramos a nuestro alrededor y decimos de nuevo: ¡Dios, hay un monstruo debajo de mi cama!" Y seguimos y seguimos…

Como explicó el pastor Justin Alfred, en nuestro retiro anual de hombres, el miedo es simplemente una "Falsa evidencia que parece real."[52] Se trata solo de engaños y verdades a medias, verdades falsas que parecen ser reales. Pero la Fe en el Señor es tan real, verdadera y posible que no da lugar a dudas. Dios nos ha demostrado su fidelidad una y otra vez, y sin embargo todavía nos inclinamos a creer en el miedo en lugar de la fe. Pero déjame preguntarte algo: ¿Que es más difícil de creer: ¿Un miedo que nunca se hace realidad, o una Fe que se prueba constantemente una y otra vez? Entonces, creyente, ¿Qué elegirás creer en este día?

ABRIL 14

Mateo 4: 4: "No solo de pan vivirá el hombre, sino de toda palabra que procede de la boca de Dios."

Hace aproximadamente un mes, este versículo apareció en mi vida tres veces en un día, por medio de tres fuentes diferentes. Aprendí en mi caminar con el Señor que cuando esto sucede, necesito dejar lo que esté haciendo y concentrarme en ese versículo, porque Dios está tratando de prepararme para algo. Y estoy muy agradecido de haberlo hecho.

Cuando leemos este versículo en contexto, encontramos que fue la respuesta de Jesús a Satanás cuando lo estaba tentando en el desierto. Ahora, cuando vino el tentador le dijo: "Si eres el Hijo de Dios, ordena que estas piedras se conviertan en pan." Pero Él respondió y dijo: "Escrito está: No solo de pan vivirá el hombre, sino de toda palabra que sale de la boca de Dios" (Mateo 4: 3-4).

El punto que Jesús hace énfasis es, que la Palabra de Dios es más vital para nosotros que la comida misma. Esta es una declaración muy poderosa ya que todos entendemos la necesidad desesperada que tenemos de comida. Observe que no es solo parte de la Palabra, o la mayor parte de la Palabra, sino que es toda palabra que sale de la boca de Dios. Sí; eso significa incluso los libros de Deuteronomio, Levítico y Números son esenciales para nuestro caminar con el Señor. Es toda la Biblia el consejo de Dios para nuestra edificación.

¿Por qué es tan importante para nosotros tener absolutamente toda la palabra de Dios? Porque cuando el tentador viene, y vendrá, así es como nos defenderemos. Ponga atención en que Jesús no usó Su Poder Divino para derrotar a Satanás; más bien, reprendió a Satanás como hombre; simplemente usando la Palabra de Dios.[53] En esto, Jesús nos muestra cómo defendernos contra los ataques del enemigo, ya sean pruebas o tentaciones.

Pero, ¿Cómo podemos permanecer como individuos o como familia, si no sabemos ni practicamos la palabra de Dios? ¡No podemos, por eso se nos ha dado la Biblia! Entonces, creyente, hágase un favor a sí mismo y a sus seres queridos y permanezca en la Palabra. Apréndela, estúdiela, analícela y confía en lo que Dios nos dice y aplícalo a tu vida para que tú también puedas resistir el día de la adversidad.

ABRIL 15

1 Crónicas 21:11: "Elige tú mismo."

Michelle trabaja como maestra suplente en la ciudad de San Bernardino, y con frecuencia recibo un mensaje de texto por parte de ella diciendo que su escuela está cerrada. Cuando esto sucede, de inmediato envío un mensaje de texto a algunos guerreros de oración muy fieles a nosotros y todos se ponen a orar. Pero luego los horribles pensamientos vienen a mi mente de lo que posiblemente podría estar pasando en su escuela. Nadie piensa que les pudiera pasar a ellos o a su familia algo inesperado, pero cuando te asalta la duda de que le podría estar pasando a un ser querido tuyo, llegas a darte cuenta de lo indefenso que eres en realidad. Los límites de lo que puedes controlar, y lo que no puedes controlar, queda claramente definido.

Entonces, ¿Sobre qué tenemos control? Honestamente, no mucho. Como sociedad, a menudo creemos que tenemos control sobre las personas, los niños, los animales, la naturaleza, nuestra salud, los viajes y planes, a veces, incluso la vida en su conjunto.. pero la verdad es que de lo único que tenemos control es sobre cada decisión que tomamos. Esta comprensión se manifiesta a menudo cuando un cónyuge engaña y quiere el divorcio, o un hijo se rebela, o un ser querido se niega aceptar a Cristo. Intentamos hacer todo lo posible para remediar la situación, pero en última instancia, cada persona tiene que elegir por sí misma porque no importa lo que hagamos o cuánto nos esforcemos, no podemos tomar decisiones por ellos.

Claro; pueden poner excusas, diciendo que nosotros o alguien más los orillamos a tomar esa decisión y desafortunadamente, a menudo les creemos y nos ponemos en el gancho, sintiéndonos culpables por no haber hecho o dicho las cosas correctas o a tiempo, pero esto no es cierto. Dios nos ha dado a todos libre albedrío. Cada uno de nosotros toma decisiones en nuestro propio beneficio (buenas) o para nuestro propio dolor (malas); casi nadie está obligado a tomar ninguna decisión. Lo único que podemos hacer; que en realidad es lo mejor, es tomar la decisión de orar por ellos y luego permitir que Dios tome el control de esa situación en la vida de esa persona.

Es en estos momentos cuando descubrimos dónde está realmente nuestra fe. Está en nuestro Dios infalible y amoroso, ¿O es la ilusión de control que creíamos tener? También es en estos momentos cuando descubrimos cuán fuerte y firme es realmente nuestra Fe, porque cuando nos damos cuenta de que no tenemos control sobre una situación, nuestra Fe en Dios es todo lo que nos queda.

ABRIL 16

Marcos 14:22: "Y mientras comían, Jesús tomó pan, lo bendijo y lo rompió, se los dio y dijo: "Tomen, coman; este es mi cuerpo."

Cuando nos sentimos quebrantados por los demás, tendemos a mirar ese momento negativamente porque… bueno; simplemente también nos duele. Los minutos parecen durar horas, nuestro corazón duele como si nuestra alma hubiera sido herida de muerte, y la preocupación y la tristeza nos consume por esos seres queridos todos nuestros pensamientos se vuelven pura tortura sin embargo, cuando realmente piensas en ello, no hay otro momento en nuestras vidas en el que seamos tan semejantes a Cristo como lo somos cuando estamos quebrantados por los demás, porque es allí, en ese estado de quebrantamiento, donde nuestra preocupación por los demás supera en realidad nuestra preocupación por nosotros mismos.

Esta es una experiencia rara para las personas que generalmente se preocupan por sí mismas. Por su autoconservación y la autopromoción son lo que rigen nuestros pensamientos día tras día. Sin embargo, no es de extrañar por qué. Toda nuestra sociedad se centra en uno mismo y en hacer lo que es mejor para nosotros como individuos, incluso si eso significa estar sobre los hombros de otros para llegar allí. Nos hemos convertido en un pueblo que se deleita con el pan mohoso y el vino amargo del "yo."

Sin embargo, cuando estamos quebrantados por los demás, realmente podemos disfrutar de la dulce comunión de Cristo. Nuestras oraciones cobran vida, ya no son débiles y rancias, sino que se vuelven frescas y poderosas a medida que son expulsadas de las profundidades de nuestra alma y muchas veces inclusive en forma de gemidos y lágrimas. Esto sucede porque nuestros motivos o razones en estos momentos; lo que nos impulsa a orar e interceder por los demás, no es la mejora de uno mismo, sino más bien la sanidad espiritual y restauración de los demás. Oh, como necesitamos este corazón en todos los hombres.

Algo que el Señor me recordó sobre esto es, que de la misma manera que nuestros corazones se rompen por el cónyuge que fue engañado, la esposa que fue golpeada, el niño quién fue abandonado, las personas a las que les disparó el pistolero. El corazón de Dios también se conmueve por el agresor: esposo infiel o el que golpea y abusa a su esposa, los padres que abandonaron a ese niño, y al hombre que mató a todas esas personas, porque Dios murió por ellos así como murió por nosotros. Él los ama tal como nos ama a nosotros. Dios nos recuerda que son almas separadas de Dios por lo tanto hasta ahora perdidas que necesitan a Jesús tanto o más que nosotros.

ABRIL 17

Mateo 13: 8: "Pero otras [semillas del evangelio] cayeron en buena tierra y dieron una cosecha: algunas al ciento por ciento, otras a sesenta, otras a treinta."

A menudo, cuando pensamos en la salvación, pintamos un cuadro de lo que debería parecer basándonos en cómo fuimos salvados y los cambios que tuvieron lugar en nuestras vidas. Esto nunca se vuelve más claro solo cuando comparamos nuestra salvación con la de otra persona. No me refiero a cómo somos salvos, sino a lo que sucede después de que somos salvos.

En Mateo 13 leemos la parábola del sembrador. Allí, Jesús habla de la obra de salvación en la vida de cada persona. "Pero otras [semillas del evangelio] cayeron en buena tierra y dieron una cosecha: algunas al ciento por ciento y otras al sesenta, otras al treinta." No creo que Jesús estuviera limitando la cantidad de fruto tan solo a estas tres opciones; más bien, creo que está haciendo énfasis de que algunas personas darán muchos frutos con sus vidas, y otras rendirán muy poco.

Lo sé por mí mismo, hay momentos en que miro la salvación de otra persona y me pregunto: "¿Son realmente salvos? ¿Simplemente porque no veo la cantidad de fruto que yo he asignado en mi mente y que yo pienso que es necesario para la verdadera salvación?" Esto es especialmente cierto cuando se trata de alguien que me importa mucho, como un miembro de la familia o un amigo cercano. En mi corazón, quiero verlos en llamas, persiguiendo diligentemente al Señor hasta el punto donde es obvio que son salvos. Hago esto porque quiero tener paz acerca de su salvación y saber que estarán en el cielo conmigo. Aunque bien intencionado, esto es en realidad puro egoísmo porque lo que realmente estoy diciendo cuando hago esto es que su salvación no es suficiente para mí. Necesitan más de esto o aquello para ser verdaderamente salvos, sin embargo, esto no es lo que la Biblia nos enseña: "Si confiesas con tu boca al Señor Jesús y crees en tu corazón que Dios lo ha levantado de entre los muertos, serás salvo. Porque con el corazón se cree para justicia, y con la boca se confiesa para salvación" (Romanos 10: 9-10).

Entonces, ¿Cuánta fruta tiene que producir una persona para ser salva? cien por ciento, treinta por ciento, ¿diez por ciento? ¿qué tal una pieza de fruta? ¿Será suficiente? ¿Qué tal ninguno, como el ladrón en la cruz? *¿O produjo fruto?* ¿No crees que cuando reprendió al otro criminal en la cruz y confesó que Jesús era el Señor estaba produciendo fruto? De hecho, lo estaba. Entonces, creyente, no pongamos nuestras normas en la salvación, sino más bien dejemos que el Señor sea el Señor de la salvación.

ABRIL 18

Proverbios 4: 5: "¡Adquiere sabiduría! ¡Obtén comprensión! No te olvides, ni apartes de las palabras de mi boca."

Cuando Salomón fue nombrado rey, lo primero que hizo fue buscar a Dios y pedirle sabiduría; más específicamente, pidió sabiduría para gobernar al pueblo de Dios. Dios respondió la oración de Salomón y le dio la sabiduría y el conocimiento que necesitaba para gobernar y gobernar correctamente sobre el pueblo de Israel, como le pidió Salomón (2 Crónicas 1:11).

Desafortunadamente para Salomón, no se gobernó así mismo muy bien. Después que Dios bendijo a Salomón con la sabiduría para gobernar a Israel, Salomón rompió los tres mandamientos que Dios le dio a todos los reyes de Israel para seguir, como se enumeran en Deuteronomio 17: 16-17. Debido a eso, el corazón de Salomón lentamente comenzó a alejarse de su Señor.

"¡Obtén sabiduría [para ti mismo]! ¡Obtén comprensión [por tí mismo]! "La cuestión es que la sabiduría de Dios debe ser para nosotros en primer lugar y ante todo. Con frecuencia vamos en busca de sabiduría con el único propósito de guiar a otros, sin embargo, no hay aplicación de ella en nuestra propia vida. ¿Cuántas veces ha escuchado un sermón y ha pensado para sí mismo: ¿Sabes quién necesita escuchar esto?" Mientras tanto, te perdiste lo que Dios tenía para ti esa mañana.

"Por tanto, debemos prestar más atención a las cosas que hemos oído, para que no, nos desviemos" (Hebreos 2: 1). La Palabra de Dios debe ser real para nosotros personalmente, individualmente. Debemos poseerla por nosotros mismos, creerla por nosotros mismos, confiar en ella para nosotros mismos, o eventualmente no podremos ayudar a nadie porque nos habremos alejado del Señor.

A veces, cuando estoy orando por un sentimiento y actitud de profunda veneración que el Señor quiere que escriba, me sorprendo leyendo las Escrituras solo por encontrar una devoción o mensaje, leyéndolo solamente para que pueda aprender y ser cambiado. pienso para mis adentros "Patrick, ¿Qué hay de ti? No te sirve de nada si no lo aprendes y asimilas por ti mismo primero." Como dice Santiago 1:22: "Pero sed hacedores de la palabra, y no solamente oidores, engañándonos a vosotros mismos."

Creyente, es realmente fácil encontrar un sentido de propósito al ser el que continuamente da a la demás sabiduría sobre qué hacer y cómo vivir sus vidas, pero si tu vida es un naufragio vacío porque te has alejado de Dios, ¿Hasta dónde puedes llevarlos realmente? Primero, adquiere sabiduría y comprensión; entonces podrás guiar verdaderamente a los demás.

ABRIL 19

Mateo 4: 3: "Y cuando vino el tentador. . ."

David Guzik dijo que "No es una cuestión de si viene la tentación", sino cuando venga la tentación.[54] Así que, independientemente de si es Satanás, el mundo o nuestra carne, vamos a ser tentados. Desafortunadamente para nosotros, nuestra tendencia natural es tratar de averiguar por qué estamos siendo tentados, en lugar de simplemente lidiar con el problema a la mano. "¿Qué hice? ¿Por qué está pasando esto? ¿Qué está causando esto?" Continuamos tratando de entender qué hicimos que nos provocó esto. ¿Pero es eso el mejor curso de acción cuando nos enfrentamos a la tentación? ¿Deberíamos centrarnos en ello? ¿Por qué y cómo, o deberíamos concentrarnos en permanecer firmes en y a través de esa tentación? Piénselo de esta manera: Imagine que está sentado en su casa una noche y de repente te das cuenta de que tu casa está en llamas. Deberías a) sentarte en su silla favorita e intentar averiguar qué inició el fuego; ¿o b) salir de la casa y llamar al 911 y tratar de apagar el fuego lo antes posible? Obviamente la elección sabia es b), pero muchas veces cuando enfrentamos la tentación, elegimos a). Sólo porque viene la tentación, no significa necesariamente que hayamos hecho algo mal. Después de todo, estamos en una batalla espiritual; vamos a enfrentar la tentación pase lo que pase no importa cuánto hagamos para evitarla. Pero recuerde, ser tentado no es un pecado, porque incluso Jesús fue tentado. Es lo que hagamos durante esa tentación que determinará si se convertirá en pecado o no.

La tentación viene en muchas formas y tamaños; no solo se relega a las cosas de naturaleza sexual. A menudo nos sentimos tentados a volvernos ansiosos, temerosos, preocupados, enojados, etc. Sin embargo, a lo largo de la Biblia, Dios nos ordena que no estemos ansiosos por nada, a no temer, no preocuparse, no ceder a la ira, etc. Vemos en todas estas cosas que tenemos que tomar una decisión al enfrentar estas tentaciones.

Obedeceremos a Dios al mandarnos permanecer firmes y no ceder a esa tentación, o elegimos ceder y permitir que la tentación se abra paso dentro de nosotros. Es muy importante recordar que, durante estos tiempos, el mandato de Dios es Su habilitación, lo que significa no tener que ceder a esa tentación porque Dios nos ha dado poder sobre toda tentación. En Gálatas 5:16, el apóstol Pablo escribió: "Andad en el Espíritu y no satisfagas los deseos de la carne." Tenga en cuenta que él no dijo que no se sentiría tentado; dijo específicamente que no cedieras a esa tentación. Entonces, creyente, no te desanimes cuando te sientas tentado; más bien, camina en el Espíritu y elige no satisfacer esa lujuria.

ABRIL 20

Salmo 78:34: "Cuando los mató, entonces lo buscaron; y ellos regresaban y buscaban a Dios con fervor".

¿Cuántos programas de televisión han utilizado la línea "¿Podemos hacer esto de la manera más fácil o puede hacer esto de la manera difícil" La mayoría de las veces, la persona que se enfrenta a esta elección elige el camino difícil, ¿Solo para eventualmente ser atrapado o capturado después de alguna lucha dolorosa y prolongada? Suele ser una escena algo cómica, porque todos pensamos en el fondo: ¡Así soy yo!

En el Salmo 78, el salmista reflexiona sobre todos los milagros que Dios hizo por los hijos de Israel en el desierto. "Dividió el mar y los hizo pasar... Durante el día los guió con la nube, y toda la noche con una luz de fuego. También sacó arroyos de la roca, llovió maná del cielo sobre ellos para comer. . . el pan del cielo. . . les llovió carne como polvo" (Salmo 78: 13-14, 16, 24, 27). El salmista también reflexionó sobre los milagros que Dios hizo en Egipto: "Sin embargo, probaron y provocaron al Dios Altísimo" (v. 56) con su incredulidad, rebelión, adoración de ídolos y "no creyeron en sus maravillosas obras" (v. 32).

Sin embargo, "Cuando los mató, le buscaron; y se volvieron y buscaron fervientemente a Dios." ¿Por qué siempre tiene que ser difícil para nosotros? ¿Por qué no puede ser simplemente la forma más fácil? Por alguna razón, milagros, señales y las maravillas no funcionan en nosotros. Somos un pueblo que solo respondemos cuando estamos destrozados y en confusión. ¿Porque tenemos que ver nuestra necesidad antes de volvernos y recibir? ¿Es de extrañar que en la Biblia se nos llame ovejas?

Dios nos ha demostrado una y otra vez cuán fiel es para con nosotros. Sus caminos siempre tienen Su mejor interés en nosotros. Todo lo que tenemos que hacer es confiar en Él y seguir sus caminos. Sin embargo, incluso el seguidor más fiel debe ser disciplinado, porque naturalmente nos alejamos. Por eso Dios nos recuerda tantas veces en la Biblia que nos disciplina porque nos ama. Él permite que a través de las dificultades pueda refinarnos, cambiarnos y rompernos de todas esas cosas que nos separan de Él y que nos llevan por mal camino. Si hubiera una manera más fácil de hacer que cambiemos, escuchemos, obedezcamos y seamos salvos...Dios haría eso con gusto. Pero, lamentablemente, somos un pueblo que simplemente ama hacer todo de la manera difícil.

ABRIL 21

Salmo 81: 6: "Le quité el hombro de debajo de la carga;"

Me encanta leer la Palabra de Dios lentamente por dos razones: 1) Me ayuda a prestar atención a cada palabra que está escrita; y 2) Me ayuda a prestar atención al orden en que las palabras están escritas. Hago esto porque cuando leo la Biblia, a menudo se pierden verdades asombrosas como esta. Note que Dios no quitó la carga de Israel, sino que quitó a Israel de llevar la carga. La carga permaneció, pero Israel ya no estaba luchando bajo ella.

Primera de Pedro 5: 7 (NVI) dice: "Depositen en él toda ansiedad, porque él cuida de ustedes." Tenga en cuenta que no dice que la situación desaparecerá; dice, entrega tu situación a Dios y permítale que la lleve por usted. Muchos padres vienen a la sala de oración pidiendo oración por un hijo pródigo; y mientras oro por ellos, percibo que están cargando con el peso de las decisiones de sus hijos, porque se culpan o creen que hicieron algo mal al criar a su hijo, y debido a eso su hijo se ha alejado de Dios, o alguien entra con el peso de la salvación de un miembro de la familia, como si fuera su responsabilidad salvar a ese ser querido y si no dice o hace lo correcto, esa persona no se salvará y será por su culpa.

Creyente, como nos recuerda Juan 1:20, "[*Nosotros*] no somos el Cristo." Sólo hay Uno que puede salvar, sanar, restaurar, proveer y liberar. . . solo hay Uno que realmente puede llevar todas las cargas que esta vida nos arroja. Somos incapaces de llevar las cargas de esta vida porque no estaban destinadas a nosotros. Solo Cristo es fuerte y suficiente y tiene hombros lo suficientemente anchos para llevar las cargas de este mundo. Nuestro trabajo es entregarle nuestras cargas a Él a través de la oración y la súplica mientras reflexionamos sobre estas verdades. Es solo cuando hacemos esto que Dios puede quitar de nuestro hombro la carga y ocupar nuestro lugar bajo su peso.

ABRIL 22

Proverbios 10:17: "Pero el que rechaza la corrección se extravía."

La palabra "ir" que se usa aquí literalmente significa "conducir." Así que el que rechaza la corrección (instrucción) no solo se extravía a sí mismo, sino que, lo que es más importante, conduce a otros a la perdición o a descarriarse también.

El 22 de Abril de 2000, el mismo día en que fui salvo, Jesús me dijo muy claramente: "Patrick, los estás conduciendo a la muerte. Quiero que los lleves a la vida." El artículo *los* al que se refiere aquí el Señor es el pronombre (ellos), Jesús se refería aquí a mis amigos y mi familia. Verán yo era una especie de eje central en estas relaciones. Yo era quien planeaba todos los eventos y el que llevó a otros a hacer las cosas que hicimos nosotros en ese entonces. La triste realidad de lo que dijo Jesús para mí ese día siempre se quedó conmigo, porque nunca me di cuenta de que estaba llevando a otros a la muerte. Todo parecía tan inofensivo. Pero en última instancia, si no estamos liderando gente a Cristo, entonces los estamos conduciendo a la muerte. Y esa es la realidad que nosotros todos debemos considerarlo, porque todos estamos guiando a alguien: familia, amigos, niños. La pregunta es, ¿Hacia dónde los estamos conduciendo?

Esta es la seriedad que Salomón nos presenta aquí en este versículo. Las decisiones que tomamos no solo afectan nuestras propias vidas, sino que cada uno de nosotros puede estar liderando o guiando a alguien; nos seguirán adonde los llevemos. Entonces cuando guardamos las correctas instrucciones no solo las guardamos para nosotros; lo guardamos para todos los que están siguiéndonos también se beneficien de ellas.

Ahora, sabemos que cada persona será responsable de las elecciones que hagan; es decir, nunca seré responsable de las decisiones que tome alguien más; pero creo que seré responsable hacia dónde dirijo a las personas. Yo he escuchado a muchos cristianos hablar sobre cómo pueden hacer lo que quieran, siempre que lo quieran, todo porque están en Cristo. El apóstol Pablo escribió sobre esto en 1 de Corintios 10: 23-24 (ESV): "'Todas las cosas son lícitas," pero no todas son útiles. "Todo es lícito," pero no todo edifica." Que nadie busque su propio bien, sino el bien de su prójimo."

Entonces, tal vez puedas beber alcohol y pensar que nunca tomaste demasiadas bebidas; tal vez puedes ver películas y programas de televisión realmente oscuros o perversos y nunca te tropezarás por ellos; tal vez puedas caminar justo al borde del acantilado y nunca resbalarte y caer porque tienes el control todo el tiempo (¿puedes darte cuenta del sarcasmo?); pero ¿Puedes garantizar que los que te siguen nunca resbalarán y caerán? ¿Puedes garantizar que no los harás tropezar con lo que estás haciendo? ¡No, no puedes! Comprende, la vida cristiana no se trata de uno mismo; se trata de otros. Puede que no seas responsable de las decisiones que tomen los demás, pero seremos responsables hacia donde los llevamos. Nuestra responsabilidad es llevarlos a Jesús, no al mundo y no a las cosas del mundo.

ABRIL 23

> Salmo 19: 7–8: "La ley del Señor es perfecta, que convierte el alma; el testimonio del Señor es seguro, que hace sabio al sencillo; los estatutos del Señor tienen razón, alegra el corazón; el mandamiento del Señor es puro, ilumina los ojos."

W. Glyn Evans escribió una vez: "Señor, una emergencia no significa un desastre para un discípulo; significa una encrucijada. La emergencia significa que la palabra de Dios está en juego de manera vital. La emergencia da lugar a la pregunta: "¿Es tu Dios Poderoso. . . poderoso como un Rey?' Le preguntó el rey Darío a Daniel en el foso de los leones. La guarida no era la cámara de muerte de Daniel sino su púlpito. Allí, la palabra de Dios fue reivindicada."[55]

Llega un momento en la vida de cada creyente cuando tenemos que sentarnos y decidir por nosotros mismos si realmente creemos que lo que dice la Biblia es verdad o no. En la Palabra de Dios no hay *algunas* verdades, la Biblia; no es *mayormente* cierta; Lo que se escribió en la Biblia es completamente cierto o es completamente falso para ti esas son las únicas dos opciones que tienes para elegir, y lo que elijamos determinará en última instancia si estamos en el día de adversidad o no. No me refiero a las máscaras que nos ponemos en la iglesia que llevan a otros a pensar que creemos plenamente que la Biblia es verdadera. Estoy hablando de cuando nadie más está alrededor y todo lo que tenemos es nuestra conciencia; es ese momento cuando nos miramos en el espejo y sabemos en el fondo que ya sea que creemos en la Palabra de Dios porque la hemos aplicado a nuestras vidas y hemos creído y descansado en El, o nos hemos saltado Su Palabra y hemos huido de ella porque no confiamos.

Escuche de nuevo y preste mucha atención a estos versículos: "La ley del Señor es perfecta, que convierte el alma; el testimonio del Señor es seguro, que hace sabio al sencillo; los estatutos del Señor son rectos, alegran el corazón; el mandamiento del Señor es puro, ilumina los ojos." Note que la Palabra de Dios es perfecta, segura, recta y pura; nos devuelve y nos restaura con Él, nos hace sabios, nos hace regocijarnos, y nos da claridad. Lo que debemos entender es que la única forma de superar la incredulidad y la falta de confianza que tenemos en la Palabra de Dios es poner todo nuestro peso en ella y aplicándola a nuestras vidas para comprobarlo. Como Pedro saliendo del bote y caminando sobre el agua, está ahí, en esa aplicación, que Su Palabra será probada perfecta y verdadera. Aquí es donde nuestra fe crece; aquí es donde nuestra mente se renueva y nos transformamos más a la imagen de Cristo; y aquí es donde nuestra cámara de muerte se convertirá en nuestro púlpito al mundo.

ABRIL 24

Salmo 84: 6: "Al pasar por el valle de Baca, lo convierten en un manantial"

El Valle de Baca también puede denominarse Valle del Llanto o de las Lágrimas. Fue un valle muy seco por el que pasarían muchas personas mientras subían a Jerusalén.[56] Este fue un viaje extremadamente difícil de hacer para muchas personas, simplemente por el calor y la falta de provisiones en el camino, por no hablar del tiempo que se tardaba en recorrer y pasar por ahí en esos días.

Sin embargo, escuche al salmista: "Bienaventurado el hombre cuya fuerza está en ti Señor, cuyo corazón está puesto en su peregrinación. Conforme pasan por el Valle de Baca, lo convierten en un manantial, la lluvia también lo cubre de charcos. Van de esfuerzo en esfuerzo; cada uno se presenta delante de Dios en Sion" (Salmo 84: 5-7). El salmista está diciendo que cuando la gente se centró en el objetivo de llegar a Jerusalén para alabar y adorar al Señor, el desierto no los agotó. Más bien, fueron fortalecidos por el deseo de estar con Dios. Al pasar por el valle, el valle no los cambió, ellos cambiaron al valle. Se convirtió en un manantial, cubierto de estanques de agua. Todo esto vino del conocimiento de que aparecerían ante Dios en Jerusalén.

La clave de su perseverancia fue que sabían que estaban de paso. El Valle de Baca no era su destino; era solo un valle que tenían que pasar para llegar a su destino. Sus ojos no estaban fijos en su entorno inmediato, sino en el lugar donde pronto estarían.

Creyente, somos peregrinos aquí en la tierra. Este no es nuestro hogar; este es nuestro Valle de Baca. Es una tierra espiritualmente seca y estéril, y debemos atravesarla para poder llegar a nuestro destino final. Pero cuando nuestros corazones están puestos en la peregrinación, sabiendo donde está nuestro lugar de descanso final, compareciendo ante Dios, nosotros también seremos bendecidos a medida que nos fortalecemos con ese enfoque. A medida que atravesamos el valle, tenemos ese enfoque, nosotros también haremos de esta tierra seca y estéril un manantial que traerá mucho refrigerio y restauración para los necesitados.

ABRIL 25

Salmo 86: 5: "Porque tú, Señor, eres bueno, y estás dispuesto a perdonar, y grande en misericordia a todos los que te invocan".

Si Michelle y yo tuviéramos hijos alguna vez, este sería el primer verso que escribiría en la pared de su dormitorio. Sería el primer verso que les enseñaría para que lo memorizaran porque en él tenemos el fundamento del evangelio de Jesucristo. Aprendemos tres cosas vitales acerca de nuestro Padre Celestial que desesperadamente necesitamos recordar sin importar a dónde vayamos o lo que hagamos: 1) Él es bueno; 2) Él está dispuesto a perdonar; y 3) Él tiene abundante misericordia para con todos los que le invocan.

A menudo, cuando nos encontramos en situaciones difíciles, podemos recordarnos a nosotros mismos que Dios tiene el control total, pero nos olvidamos de recordarnos a nosotros mismos que Él también es inherentemente bueno. No solo es bueno en algunas cosas; No solo es bueno en la mayoría de las cosas; más bien, Él es bueno *en todas* las cosas. Él es quien es; No puede no ser bueno. "¡Oh, den gracias al Señor, porque Él es bueno! Porque su misericordia permanece para siempre "(Salmo 136: 1)

Muchas veces, después de pecar, nos revolcamos en la condenación y el desprecio por nosotros mismos porque sentimos que no podemos ir y pedirle perdón a Dios vez tras vez. Pensamos para nosotros mismos: No es correcto ir a pedir perdón de nuevo porque no lo merezco. Yo de buena gana elegí pecar. ¿Por qué Dios me perdonaría? Note que Dios está listo para perdonar, lo que significa que Él solo está esperando que le pidamos perdón y se hará. Primera de Juan 1: 9 dice lo mismo: "Si confesamos nuestros pecados, él es fiel y justo para perdonar nuestros pecados y limpiarnos de toda maldad." ¿Pero cuantas veces? "Espera, oh Israel en El Señor; porque con El Señor hay misericordia, y con Él está la abundante redención" (Salmo 130: 7). Con El Señor, hay abundante redención, más de la que jamás necesitaremos.

En otras palabras, es imposible para nosotros agotar su gracia. Y, por último, observe que Dios tiene abundante misericordia para con todos aquellos que le invocan. No solo algunos, no solo la mayoría, y no solo para los buenos; Dios tiene abundante misericordia de todos los que le invocan. He escuchado a muchos incrédulos decir que Dios nunca los perdonaría por lo que han hecho. He escuchado a muchos pródigos y creyentes descarriados decir que Dios nunca les daría la bienvenida de nuevo. Yo he escuchado a la gente ofrecer razón tras razón por la que piensan que Dios no tendrá misericordia de ellos. A ellos les digo, olvídate de lo que piensas y lo que sientes ¿Qué dice Dios al respecto? ¿Qué promete? El primer paso de fe es creer en la Palabra de Dios. Así que, quien quiera que seas, y lo que sea por lo que estés pasando hoy, sabe bien esto: Dios es bueno, está dispuesto a perdonar y tiene abundante misericordia para con todos los que llaman Él tiene abundante misericordia para todo aquel que le invoque.

ABRIL 26

Romanos 1: 5: "Por medio de Él hemos recibido gracia y apostolado para obediencia a la fe entre todas las naciones por Su nombre."

La condenación es una de las mayores luchas que tenemos como cristianos; nos aleja de Dios y nos dice que no podemos acudir a Él en busca de perdón debido a lo que hemos hecho. Hay mucho poder detrás de este pensamiento, porque creemos que no merecemos ser perdonados, lo cual, en realidad, es completamente cierto. No merecemos ser perdonados, así que ni siquiera intente discutir consigo mismo sobre esta lógica. Afortunadamente para nosotros, "Por medio de [Jesús] hemos recibido la gracia." La gracia es un favor inmerecido, es decir que no hay absolutamente nada que podamos hacer para ganarlo. Se nos da gratuitamente a través de Jesucristo nuestro Señor y Salvador, como se le dijo a Pablo en 2 Corintios 12: 9, la gracia para con nosotros es suficiente para todas nuestras necesidades.

Note que *ya hemos recibido* esta Gracia. No es algo que todavía esté por venir; es algo que ya se ha dado. Cuando dimos nuestras vidas a Jesucristo, *recibimos* toda la Gracia que necesitaríamos, Jesús murió en la cruz con todos nuestros pecados a la vista. Él conocía cada pecado que cada persona había cometido, y que cometería alguna vez en el futuro y aun así tomó nuestros pecados sobre El mismo. No obstante, todavía dice Jesús que somos perdonados y cubiertos por su Gracia. Por eso el apóstol Pablo pudo escribir más tarde en su epístola de Romanos 8: 1, "Por tanto, ahora no hay condenación para los que están en Cristo Jesús." Ponga atención en el énfasis en la palabra "ahora." Aquí mismo, ahora mismo, en este momento y para todos los momentos venideros, *no* hay condenación porque hemos recibido Su Gracia.

Entonces, ¿Qué tenemos que hacer para recibir Su Gracia? Lo mismo que tenemos que hacer cuando alguien nos da un regalo de cumpleaños: solo tenemos que recibirlo. La batalla en nosotros radica en creerlo, no en recibirlo; porque si realmente lo piensas, incluso si no creemos o entendemos completamente Su Gracia, de acuerdo con Su Palabra, tenemos ya su Gracia y *ya hemos sido* perdonados. La perfecta medida de Gracia que Dios ha proporcionado para nosotros tiene la capacidad de que el Padre nos vea tal como ve a Cristo: Justo y sin pecado. Entonces tome en cuenta que cuando pecamos, pecamos solo contra el Señor; entonces, si Él puede perdonarnos, ¿Por qué no podemos perdonarnos a nosotros ni a los demás? Entonces, creyente, deja de luchar, deja de intentar entenderlo y simplemente acéptalo. Aunque no merecemos su gracia, ya la hemos recibido por medio de Cristo Jesús nuestro Señor. . . ¡Se libre!

ABRIL 27

Romanos 1:19: "porque lo que de Dios se conoce se manifiesta a ellos, porque Dios se lo ha mostrado."

He estado pensando mucho últimamente sobre por qué tropezamos en momentos de dificultad, y lo que he concluido es que a menudo tropezamos porque confundimos quien es Dios, con la forma en que Dios hace las cosas. Déjeme explicarle; A menudo citamos al profeta Isaías 55: 8–9 cuando Dios hace algo que simplemente no podemos entender: "Porque mis pensamientos no son tus pensamientos, ni tus caminos son mis caminos "dice el Señor. Porque como los cielos son más altos que la tierra, así son mis caminos más altos que tus caminos, y mis pensamientos que tus pensamientos." La premisa aquí es que los caminos de Dios son, y siempre serán, un misterio para nosotros. Hace cosas que están tan lejos y altas, más allá de nuestro entendimiento, que es imposible para nosotros ver cómo funcionará todo para nuestro bien. Sin embargo, siempre sucede.

Creo que esta es la razón por la que Moisés oró con el Salmo 90:16: "Que tu obra se manifieste a tus siervos," porque Moisés quería ver cómo los caminos de Dios en las dificultades presentes estaban resolviendo las cosas para un futuro mejor. Pero honestamente, si Dios fuera a darnos una comprensión perfecta de sus caminos, ¿Cómo podríamos tener una necesidad de fe?

Todo esto para decir que los caminos de Dios pueden ser un misterio para nosotros, pero Dios mismo no lo es. Él es conocido por nosotros, como nos dice en la epístola de Romanos, "Lo que de Dios se conoce es manifiesto en ellos, porque Dios se los ha mostrado". Hay ciertas cosas que no podemos conocer de Dios hasta que lleguemos al cielo, pero para todo lo que necesitamos saber sobre Él aquí en la tierra, lo sabemos, ya que Dios nos ha revelado quién es por medio de Su Palabra. Sabemos que Dios es Amor, Incorruptible, Eterno, Inmortal, Omnipotente, Omnisciente, Omnipresente, Inmutable, Sabio, Glorioso, Perfecto, Justo, Verdadero, Recto, Bueno, Grandioso, Misericordioso, Fiel, Piadoso, Paciente, Compasivo... una y otra vez la lista sigue acerca de los atributos de Dios y nos habla sobre quién es Dios. Si tuviéramos que tomarnos unos momentos y simplemente sentarnos y pensar en todo lo que Dios ha hecho en nuestras vidas, veríamos que todas estas descripciones de Él son completamente ciertas. Él nunca nos ha fallado, y siempre ha hecho lo mejor para nosotros. Aunque Sus formas de hacer esas cosas son a menudo un misterio para nosotros, Dios mismo no es un misterio. Él es bueno, es fiel y Él tiene el control de todas las cosas.

Entonces, creyente, la próxima vez que se encuentre en un momento de dificultad, no confunda quién es Dios con la forma en que Dios hace las cosas.

ABRIL 28

Salmo 91: 4: "Su verdad será tu escudo y tu defensa".

¿Dónde está nuestra defensa contra las mentiras del mundo, el enemigo y nuestra carne? ¿Nos mantenemos cuando las dificultades, las pruebas y las aflicciones llegan a nuestras vidas? ¿Cómo seguimos adelante cuando hemos transgredido contra nuestro Señor y la condenación que sentimos nos está aplastando? El salmista lo deja muy claro: "Su verdad será tu escudo y tu defensa."

Continúa en el Salmo 94: 12-13: diciendo "Bienaventurado el hombre a quien instruyes, Señor, enséñale tu ley para que le des reposo desde los días de adversidad." Note que el hombre a quien el Señor instruye y enseña Su Palabra es bendecido (más que alegre); observe cómo recibirá descanso de los días de adversidad cuando es enseñado e instruido por el Señor.

Cuando nos encontramos en esos tiempos difíciles, solo en la verdad y las promesas de La Palabra de Dios encontraremos descanso de lo que nos agobia. Ese es esencialmente el mensaje de la Biblia: "Venid a mí todos los que estáis trabajados y cargados, y yo te daré descanso. Lleva mi yugo (mi enseñanza) sobre ti y aprende de mí, porque yo Soy Manso y Humilde de corazón, y hallarán descanso para sus almas. Porque mi yugo es fácil y ligera mi carga" (Mateo 11: 28–30).

Dios no solo nos promete descansar al intentar ganarnos la salvación a través del legalismo, obras y rituales, sino también de tratar de pararse físicamente mientras luchas contra una batalla espiritual. Su Palabra derrota todas esas cosas que vendrán contra nosotros. No importa lo que pueda ser, hay una promesa o una seguridad que nos hará descansar de esa misma cosa. Pero tenemos que conocer Su Palabra; tenemos que confiar en Su Verdad y tenemos que estar firmes en Sus Promesas, o vacilaremos.

"En la multitud de mis angustias dentro de mí, Tus consuelos alegran mi alma" (Salmo 94:19). Entonces, creyente, no huyas de Dios; más bien, corre hacia Dios. Abre Su Palabra y recibe lo que necesitas hoy.

ABRIL 29

Salmo 94:22: "Pero el Señor ha sido mi defensa; y mi Dios la Roca de mi refugio."

Recientemente, Michelle y yo nos hemos enfrentado a circunstancias bastante difíciles: del tipo donde no hay una elección fácil de hacer porque no hay solo blanco o negro como respuesta a ellos. No importa en qué dirección pensábamos ir, era una situación de no ganar de aquí en adelante para nosotros.

Nada parecía correcto; sin embargo, llegaba el momento en que teníamos que hacer algo. Entonces, en lugar de tomar una decisión apresurada, oramos, pedimos sabiduría y esperamos al Señor hasta que absolutamente tuvimos que decir algo. A medida que el tiempo se acercaba para tomar una decisión, el nivel de ansiedad dentro de nosotros aumentó. Planeamos en nuestras mentes cómo manejaríamos todos los escenarios posibles que surgieran, pero incluso esto no trajo consigo paz en absoluto. Finalmente llegó el momento en que nos enfrentamos a nuestra situación, y como los eventos se desarrollaron ante nosotros, nunca tuvimos que decir ni hacer nada. . . Dios resolvió todo por completo para nosotros, y la situación se resolvió.

El salmista tenía toda la razón cuando dijo: "Pero el Señor ha sido mi defensa." Para cada ocasión y cada etapa de la vida, no importa que tan malo se vea o cuán desesperada se sienta la situación, el Señor es nuestra defensa en todas las cosas. Incluso cuando nosotros no veamos salida posible, el Señor sigue siendo nuestra defensa. Así que creyente, ora, busca sabiduría y espera en el Señor. No se apresure a la batalla solo, porque "El Señor peleará por usted; sólo necesitas estar quieto y esperar en Él" (Éxodo 14:14, NVI).

ABRIL 30

> Proverbios 10:17: "El que guarda la instrucción está en el camino de la vida."

¿Has probado y visto que el Señor es bueno (Salmo 34: 8)? No me refiero a salvación, fíjate, sino a la bendita aplicación de la perfecta Palabra de Dios en tu vida. El cristianismo nos dice que apliquemos Su Palabra, y como nuevos creyentes comenzar fervientemente a hacer esto eliminando las cosas hasta ahora importantes en nuestras vidas, como las drogas, alcohol, inmoralidad sexual, etc. Pero la Palabra de Dios es mucho más que una lista de cosas que hacer y que no hacer. También es una sabia instrucción sobre cómo vivir correctamente a la vista de ambos Dios y el hombre.

En Proverbios 10:17, Salomón declaró: "El que guarda la instrucción está en camino de vida." Me resulta enloquecedor cuando me enfrento a una situación difícil y mi respuesta inmediata proviene de mí mismo en lugar de la instrucción que el Señor nos ha dado. Afortunadamente, el Señor me recuerda continuamente Proverbios 11:14: "en la multitud de consejeros hay seguridad."

Lo que encuentro realmente inquietante sobre mi respuesta inicial es que aparentemente parece tan sensato y justificado y recto, y estoy seguro de que los hermanos lo afirmarán cuando les pregunte. Sin embargo, cuando me señalan la Palabra y escucho la instrucción que el Señor ha dado para mí en esta situación, quedo asombrado en lo lejos que estaba realmente de la verdad de Dios. Salomón nos recuerda que cuando guardamos la instrucción, estaremos en "el camino de la vida" o literalmente, en *el sendero de los vivos*. Habiendo dicho esto, podemos determinar con razón que cuando no aplicamos Su instrucción, y confiamos en el mundo o en nosotros mismos para nuestra sabiduría, estamos en el camino de la muerte.

Es importante notar que Salomón usó la palabra "guardar" en lugar de la palabra "recibir" u "oír" en este versículo. En última instancia, no es suficiente recibir o escuchar instrucciones; debemos prestarle atención o se volverá inútil en nuestras vidas. Santiago nos recuerda esto mismo en Santiago 1:22: "Mas sed hacedores de la palabra, y no sólo oyentes, engañándose a sí mismos." Creo que es interesante que el apóstol Santiago específicamente dice que seamos hacedores de la palabra en lugar de solo decir que debemos ser obedientes a la palabra. La palabra "hacedores" es una descripción de quién la persona es, no solo qué hace la persona. Santiago dice que esto debería ser lo que somos en nuestra esencia: hombres y mujeres que guardan continuamente la Palabra de Dios, porque cuando lo hagamos, estaremos en la buena manera de vivir.

MAYO 1

> Proverbios 24:27: "Prepara tu trabajo exterior, hazlo adecuado para ti
> en el campo; y luego edifica tu casa".

Esperar nunca fue un punto fuerte para mí hasta que me convertí en creyente. Como la mayoría de la gente, yo vivía con la mentalidad de "¿Por qué esperar? Si quieres algo, ve y obtenlo." Pero una vez que me convertí en un creyente, el Señor me enseñó acerca de las bendiciones que vienen con la espera, uno de los aspectos más importantes de la espera es permitir que las cosas se hagan en el orden y tiempo adecuados.

Salomón declaró en Proverbios 24:27 que deberíamos asegurarnos económicamente a través del trabajo duro y la planificación inteligente, y luego ir a construir nuestras casas. Las personas en esos días vivían en tiendas de campaña mientras plantaban los campos, y no construirían sus casas hasta después de la cosecha. La idea aquí es establecer una firme cartera financiera que cubrirá todas las necesidades y posibilidades que puedan antes de construir su casa.[57]

El Señor nos mostró a Michelle y a mí este versículo la última vez que estábamos buscando una casa hace un año, entonces oramos sobre lo que Él quería que hiciéramos antes de comprar una casa. Lo primero que nos enseñó fue presupuestar nuestra casa para que supiéramos exactamente lo que podíamos pagar. Esto ha revolucionado la estructura de nuestro hogar y ha construido una base financiera para nosotros, ya que estamos completamente libres de deudas.

Después de orar más por la casa, Michelle y yo sentimos fuertemente que había algo que el Señor todavía quería hacer antes de que fuéramos a comprar una casa. Entonces, oramos y esperamos. Bueno, el viernes pasado, Michelle y yo descubrimos que ella estaba embarazada. Lo asombroso de esto es que, a pesar de que ella estuvo tratando de quedar embarazada desde finales de agosto, no estuvimos listos hasta la semana pasada. Yo creo que hace tres meses, incluso hace tres semanas, no hubiéramos estado preparados para esta noticia; pero la semana pasada no hubo miedo, ni preocupación, ni ansiedad. . . solo paz y emoción porque hemos confiado en Dios para que cambie nuestras estaciones. Creyente, esperar en el Señor no es estar ocioso; más bien, es fe en acción, sabiendo que está llevando a cabo Sus planes perfectos para ti en Su tiempo perfecto, para Sus perfectos propósitos.

MAYO 2

Salmo 105: 1: "¡Oh, den gracias al Señor! Invoquen su nombre; ¡Manifiesten y den a conocer sus obras entre los pueblos!"

El salmista abre el Salmo 105 con tres cosas que siempre debemos hacer como creyentes: 1) Dar gracias al Señor; 2) Invocar su nombre; y 3) Dar a conocer Sus hechos entre el pueblo. Cuanto más pensaba en este verso, más me di cuenta que estas tres cosas son las que constituyen la vida de un creyente en Cristo.

Primero, debemos dar gracias a Dios. Piensa en todo lo que Dios ha hecho, todo lo que está haciendo y todo lo que ha prometido hacer por nosotros. . . esto solo debe causarnos el caer de rodillas y dar gracias a Dios de continuo. No por miedo a que detenga su bondad y misericordia para con nosotros; sino simplemente porque Él es misericordioso y merece ser agradecido, merece toda nuestra gratitud. Nosotros debemos recordar que la acción de gracias trae paz a nuestras almas, especialmente en situaciones difíciles, porque nos hace reflexionar sobre todo lo que Él ha hecho por nosotros, todo lo que Él nos prometió, y todo lo que Él está haciendo ahora mismo en la situación que enfrentamos actualmente. Él es Benevolente y Fiel y tiene el control de todas las cosas.

En segundo lugar, debemos invocar Su nombre. Esto debe ser fácil para nosotros, porque en esta vida necesitamos a Dios cada minuto de cada día. ¿Pero nos alejamos algunas veces verdad? ¿no es así? Cuando la vida se vuelve más *fácil* y las cosas van bien para nosotros, simplemente nos alejamos naturalmente de Dios porque *no lo necesitamos* tanto en esos tiempos. Bien, no crea el engaño que pueden traer los buenos tiempos, no se confíe. Necesitamos a Dios más en los buenos tiempos que en tiempos *difíciles*, porque en los buenos tiempos tendemos a dejarlo y bajar la guardia; tendemos a no orar tanto, ni a leer, ni a ocuparnos tampoco de sus asuntos Nuestro enfoque está sesgado y somos mucho más vulnerables a tomar malas decisiones, simplemente porque nuestras manos y mentes están inactivas en esos momentos de tranquilidad al contrario que si estuviéramos en la guerra.

En tercer lugar, debemos dar a conocer sus obras entre la gente. Nosotros a menudo nos encerramos cuando se nos desafía a compartir con otros, ya que inmediatamente empezar a rebanarnos los sesos en cuanto a qué decir y cómo decirlo; muy pronto es todo sobre lo que pensamos que debemos decir y no sobre lo que Dios quiere que digamos. El salmista nos recuerda que debemos mantener las cosas simples y compartir con otros lo que Dios ha hecho y está haciendo en nuestras vidas hoy. Sea honesto con la gente sobre cómo ha experimentado a Dios, incluso si no creen en Él. Esto Es ser testigo en su máxima expresión, porque todo lo que está haciendo es dar un testimonio de lo que Dios ha hecho en su vida.

Así que, creyente, da gracias al Señor, invoca Su nombre y comparte lo que Él está haciendo en tu vida, para que seas bendecido y Él sea glorificado.

MAYO 3

Proverbios 10:18: "El que oculta el odio tiene labios mentirosos, y todo el que difunde calumnias es un tonto."

La similitud de ocultar el odio y difundir la calumnia que ves aquí es que ambos se hacen bajo la apariencia de secreto. Ocultamos nuestro odio por alguien al ponerse una máscara y engañarlos con halagos y palabras amables, todo el tiempo destruyéndolos en nuestro corazón; y, por supuesto, cuando chismeamos sobre la gente, lo hacemos siempre a sus espaldas, nunca a la cara. El tema subyacente aquí es que, aunque tal vez podamos ocultarle cosas al hombre, no podemos ocultarle nada a Dios.

Es muy fácil perder de vista esta verdad cuando nos creemos santos y justos porque podemos vivir rectamente a los ojos del hombre. Nosotros lentamente, comenzamos a perder nuestro enfoque de la realidad cuando otros nos aclaman lo maravilloso que somos y pensamos: "Hombre, lo estoy haciendo muy bien" Mira lo que piensan todos de mí. *soy* santo y justo. Sin embargo, al mismo tiempo, estamos engañando al estado evadiendo nuestros impuestos, visitando sitios web a los que no deberíamos ir, salir del trabajo veinte minutos antes sin registrarlo en nuestras hojas de asistencia, etc.

La realidad de todo esto es que, en última instancia, no vivimos a la vista del hombre; nosotros vivimos ante los ojos de Dios. Nada de lo que pensemos, hagamos o digamos escapa a Su vista o Su presencia. Es por eso que Salomón escribió en Proverbios 10: 9, "El que camina en integridad camina seguro." En el pasado, en el mercado, cuando los comerciantes vendían vasijas de arcilla, los clientes se acercaban a ellas y les preguntarían si una vasija determinada tenía integridad, es decir, ¿Hay algo oculto que deba saber? Debido a que estos artículos estaban hechos de arcilla, se agrietaban y rompían fácilmente, por lo que los comerciantes usaban una forma tosca de cera para volver a unir las piezas, haciendo que pareciera que el artículo estaba en buen estado. Pero una vez que el artículo se utilizaba para su propósito, se desintegraba rápidamente, porque, aunque se veía realmente bien, no tenía integridad.

Como creyentes, debemos ser hombres y mujeres que vivan correctamente a la vista de Dios, porque, aunque podemos parecer tener integridad ante el hombre, en última instancia Dios es nuestro juez.

MAYO 4

Salmo 18:35: "Tu benignidad me ha engrandecido."

Cuando Luke Skywalker conoció a Yoda en la película The Empire Strikes Back, le dijo a Yoda: "Estoy buscando un gran guerrero." A lo que Yoda respondió: "Las guerras [no] hacen a uno genial."[58] Entonces, ¿Qué te hace? La sociedad a menudo determina si alguien es genial o no mediante el uso de normas mundanas como la fama, el poder, la riqueza, la influencia, etc. ¿La iglesia a menudo determina si alguien es genial por su talento. . . sin embargo, cualquiera de estas cosas realmente hace grande a una persona? ¿Estas cosas realmente hacen grande a una persona?

"Tú benignidad me ha hecho grande." David declaró que era la gentileza y bondad de Dios que lo hizo grande, no las victorias que tuvo sobre sus enemigos, ni la riqueza que había acumulado, ni el trono en el que se sentaba, y ni los dones y talentos que tenía. Fue la bondad que Dios le mostró día tras día lo que hizo grande a David, porque una vez que David aprendió esta gentileza, pudo mostrar la misma amabilidad y benignidad a los demás.

W. Glyn Evans dijo que Jesús enseñó este mismo principio en Su Sermón del Monte, cuando Jesús declaró que aquellos que quisieran seguirlo debían ser amables en palabra y en conducta. Pero Jesús no solo enseñó este principio; Lo vivió para que todos lo veamos cuando enfrentó a sus acusadores en la cruz. Él no desafió a sus acusadores o arremetió contra ellos; Simplemente entregó toda la situación a Dios y permitió que se desarrollara de acuerdo con la perfecta voluntad de Su Padre. Necesitamos recordar que cuando elegimos el camino de bondad como Jesús nos instruyó, no tendremos ventaja seremos aprovechados, engañados y pisoteados por aquellos que eligen el camino mundano.[59] El apóstol Pablo habló de esto en Romanos 8: 36-37, cuando dijo: "Por causa de ti somos todos muertos todo el día somos contados como ovejas para el matadero." Sin embargo, en todas estas cosas, somos más que vencedores por medio de Aquél que nos amó."

Cuando elegimos el camino amable y de bondad como lo hizo Cristo, cuando nos conducimos de una manera que es digna de Cristo y no contraatacamos a otros a través de nuestra propia justificación: esencialmente estamos poniendo nuestra situación ante Dios, por fe, y ponemos la responsabilidad del resultado completamente en las manos del Señor. Es este tipo de fe radical que Dios desea que todos tengamos porque, en última instancia, esto es lo que nos hace grandes a los ojos de Dios y del hombre.

MAYO 5

Proverbios 10: 20a: "Plata escogida es la lengua del justo."

Cuando medité en este versículo el otro día, inmediatamente pensé en vajillas de porcelana y plata caras que la gente solo saca para ocasiones muy especiales. Afirmando mis pensamientos sobre esto, John MacArthur señaló que Salomón nos recuerda que "las buenas palabras son escasas," y por eso son "preciosas y valiosas."[60] Es importante entender que nuestras palabras deben salvarse, planearse, proponerse y pensarse para ese momento perfecto en el tiempo según lo ordenado por el Espíritu Santo, porque como dice Proverbios 25:11 y nos recuerda, "Una palabra hablada con propiedad es como manzanas de oro en engastes de plata."

Isaías 50:4 es una sección fascinante de la profecía que fue escrita por el Espíritu Santo a través del profeta Isaías. Es Jesús hablando, miles de años antes inclusive antes de su nacimiento: "El Señor Dios me ha dado [Jesús] la lengua de los eruditos, para que sepa hablar una palabra a tiempo al que está cansado." El Pastor MacArthur señaló que esta sección de versículos trata sobre Jesús "siendo perfeccionado por obediencia y sufrimientos."[61] Cuidando Su lengua, sabiendo qué decir en aquellos momentos preciosos, todo esto fue parte del proceso de perfección de nuestro Señor.

Pero antes de que Jesús quisiera decir algo Él primero decidió escuchar la voz del Padre. "Me despierta mañana tras mañana, despierta mi oído para oír como los eruditos" (Isaías 50: 4). Como bien dijo W. Glyn Evans, "también debo desarrollar un oído sensible. . . para estar en sintonía con la voz de Dios."[62] También debemos aprender a escuchar atentamente a lo que el Señor nos está diciendo para que sepamos exactamente qué decir cuando las situaciones se presenten. Piénselo de esta manera: si Jesús, el mismo Hijo de Dios, optó a que Dios el Padre le diera el poder de escuchar y que supiera cómo hablar en determinados momentos, ¿Cuánto más lo necesitamos nosotros? ¿Cuánto más debemos dedicar tiempo a aprender a escuchar la voz del Padre antes de que abramos la boca para decir algo?

Ahora quizás estés pensando: "Eso ni siquiera es práctico." ¿Por qué no es práctico? ¿Por qué sentimos la necesidad de abrir la boca y disparar en lugar de escuchar primero, orar, esperar, pensar en ello y luego hablar? Básicamente nos hemos convertido en personas que hablan como conducimos nuestro carro; siempre con prisa, metiéndonos entre los demás carros, esquivando a los peatones etc. para que podamos ser los primeros en hablar.

Aquí es donde entra la cita de Gálatas 5:16, "Andad en el Espíritu y no satisfagas los deseos de la carne." El apóstol Pablo nos recuerda que debemos tener un estilo de vida habitual de sentarse ante Dios, escucharle y estar quieto; entonces debemos aplicar lo que aprendimos, permitiendo que el Espíritu Santo viva a través de nosotros dirigiendo nuestras palabras y nuestras acciones al ser obedientes a sus instrucciones. Porque recuerda "En la multitud de palabras no falta pecado, pero el que refrena sus labios es sabio" (Proverbios 10:19).

MAYO 6

Proverbios 10: 20b: "El corazón de los impíos vale poco."

Salomón no está diciendo que los incrédulos no valen nada, porque eso simplemente no es cierto. Dios creó a cada hombre, mujer y niño, con la intención de tener una relación íntima con cada uno de nosotros. Todos somos muy valiosos a la vista del Señor, sin importar si somos creyentes o incrédulos. Desafortunadamente, hay algunos cristianos que andan diciendo que Dios odia a los incrédulos. No se crean esa mentira; la Biblia no enseña esto, y este definitivamente no es el corazón de Dios. Esto es solo la actitud del hombre tratando de jugar a ser Dios.

El punto que Salomón está enfatizando aquí, es que la gente no tiene nada beneficioso para ofrecer a los demás. Solamente Dios puede beneficiarnos. Le explico; en Proverbios 1: 7 se nos dice que "El temor del Señor es el principio del conocimiento y la sabiduría." También se nos dice en Proverbios 9:10 que "El temor del Señor es el principio de la sabiduría." Entonces si alguien no teme (respeta, venera) a Dios, entonces no tienen conocimiento ni sabiduría, porque ahí es donde comienza todo.

El comienzo del conocimiento y la sabiduría es cuando reconocemos que somos pecadores y que necesitamos un Salvador; es cuando aceptamos el regalo gratuito de la salvación de Dios, entreguemos nuestras vidas a Él y seamos llenos del Espíritu Santo. Si alguien rechaza el regalo gratuito de la salvación que Dios no da, si rechazan Su verdad y rechazan tener una relación con Él, entonces no tienen conocimiento ni sabiduría. Y si ese es el caso, ¿Cómo pueden ayudar a alguien, ya que ellos mismos están muriendo de hambre espiritualmente y carecen de lo esencial para ayudar a los demás? Como escribió el apóstol en Juan 3:31, "El que es de la tierra es terrenal y habla de la tierra."

Uno de mis deseos desde que era niño era ayudar a la gente, pero yo siempre pensé que para hacer esto tenía que ser policía, bombero o médico. Luego fui salvo y Dios me enseñó acerca de Su Palabra y acerca del poder de la oración. Entonces me di cuenta de que como creyente, puedo ayudar a las personas de formas que ni siquiera imaginé, formas que van mucho más allá de lo físico.

Nuestro pastor a menudo cuenta la historia de cuando salvó la vida de un hombre como médico en un hospital local. Luego, mientras caminaba por el pasillo, Dios le habló y le dijo algo en el sentido de: "No le salvaste la vida; simplemente la extendiste. Es mucho mejor para ti salvar su alma." Esto es lo que nos dice Salomón aquí; ayudar a las personas físicamente es bueno, pero ayudarlas espiritualmente es eterno. Al final, Salomón dice: "Los labios del justo apacientan a muchos, pero los necios mueren por falta de sabiduría [en su corazón]" (Proverbios 10:21). Su punto es que, si tu corazón es de este mundo, vale poco porque no tienes nada que ofrecer a nadie que sea de valor para la eternidad. Pero si tu corazón es de Dios, entonces es extremadamente valioso porque estás "lleno de la palabra de Dios, que es el pan de vida, y de la sana doctrina con la que las almas se nutren. "[63]

MAYO 7

Salmo 109: 4: "A cambio de mi amor, ellos son mis acusadores, pero yo mismo me encomiendo a la oración."

¿Qué debemos hacer cuando la gente nos ataca? cuando se nos acusa injustamente. . cuando los que consideramos amigos difunden mentiras sobre nosotros? David nos da una sabiduría muy práctica en el Salmo 109 sobre cómo manejar estas situaciones correctamente.

Aparentemente hubo algunas personas muy cercanas a David que lanzaron un vicioso asalto de acusaciones falsas en su contra. David respondió a su ataque diciendo: "A cambio de mi amor, ellos son mis acusadores, pero yo me entrego a la oración. Así me han recompensado mal por bien, y odio por mi amor" (Salmo 109: 4-5). Observe la asombrosa respuesta de David a esta situación: "Pero yo me entrego a la oración." Él podría haberse entregado al odio, la ira, la venganza, la ansiedad o el miedo. Pero no lo hizo. David sabía que no tenía absolutamente ningún control en esta situación, y no importa lo que dijera o hiciera, nada cambiaría eso. Así que eligió entregarse a lo único que realmente lo beneficiaría a él y a la situación en su conjunto: la oración.

¿Cuántas veces al día tenemos esta opción ante nosotros? Podríamos darnos a nosotros mismos ante cualquier cantidad de cosas diferentes a medida que las situaciones se desarrollan a lo largo de nuestro día, pero solo una cosa nos beneficiará a nosotros, y a los demás como un todo, y eso es la oración. La oración nos da el corazón y la mente de Dios para esa situación y para los implicados. En esencia, asumimos la perspectiva divina de Dios a medida que nos elevamos por encima de la mezquindad y la adolescencia de querer simplemente devolver el golpe. A través de la oración, nuestra comprensión de la situación cambia la manera en que vemos a las personas involucradas cambia; nuestros motivos, por lo tanto, cambian las palabras que debemos decir y las cosas que debemos hacer ante esa situación. A través de la oración se revela lo correcto para nosotros, ya que la sabiduría y el discernimiento se convierten en nuestra brújula, guiándonos adecuadamente a través de esa dificultad, en lugar de regresar el golpe porque alguien nos ha hecho daño.

Sin embargo, lo más importante es que al entregarnos a la oración, el control de la situación queda fuera de nuestras manos y se coloca directamente en las manos de nuestro Poderoso Defensor y Libertador. Es solo aquí, en este humilde acto de entrega en oración, que encontramos la libertad en medio de esa prueba.

MAYO 8

Éxodo 33:18: "Y él dijo: 'Por favor, muéstrame tu gloria.'"

Moisés acababa de dirigir a la nación de Israel en un tiempo de adoración y oración cuando él hizo esta petición a Dios: "Por favor, muéstrame tu gloria." El pensamiento aquí es que Moisés quería acercarse más a Dios y experimentarlo más. "Entonces [Dios] dijo: "Haré pasar todo mi bien delante de ti, y proclamaré el nombre del Señor ante tí" (Éxodo 33:19).

Lo que pasa con este increíble encuentro con Dios es esto: Moisés solo tenía que pedir ver la gloria de Dios. No necesitaba hacer nada súper espiritual o realizar algún tipo de sacrificio o penitencia; simplemente necesitaba preguntarle a Dios: "¿Puedo experimentar más de ti? ¿Puedo acercarme a ti, padre? ¿Puedo verte de alguna manera que nunca he conocido?" La respuesta de Dios a esta audaz petición de Moisés fue un rotundo sí. ¿Pero puede ser realmente así de simple? ¿Puede ser realmente tan fácil como ¿Por favor, enséñame Tú Gloria? Sí, se puede. Note cuán dispuesto y listo estaba Dios a decir que sí a esta petición. La verdad sea dicha, Dios había estado esperando ansiosamente a que Moisés le preguntara esto, porque entonces Dios podría acercar a Moisés más a Él.

Asombroso, lo sé, pero piénselo de esta manera: ¿Dios realmente alguna vez diría que no a esta oración? "Lo siento, Moisés, no quiero que te acerques más a Mí. No quiero que me experimentes más. No quiero que me conozcas más íntimamente." Por supuesto que no, porque es el mayor deseo de Dios que todos nos acerquemos a Él y lo experimentemos conozcamos más. Entonces, creyente, permítame preguntarle: ¿Qué le impide conocer más a Dios? ¿Qué te impide decir: "¿Señor, muéstrame tu gloria"?

MAYO 9

Proverbios 26:20: "Donde no hay leña, el fuego se apaga; y donde no hay chismoso, cesa la contienda."

Cualquiera que haya estado alrededor de una fogata entiende que cuando la madera se agota, también el fuego, porque el fuego necesita una fuente de combustible para arder; sin ese combustible, no puede haber fuego. Salomón toma esta misma secuencia de pensamiento y lo aplica al chisme y la calumnia. Deja muy claro que estas cosas crean conflictos (contención); entonces, si desea detener los conflictos dentro y alrededor de su vida, lugar de trabajo, ministerio, etc., luego deja de chismear y criticar.

Michelle y yo hemos estado tratando con personas muy difíciles durante un tiempo. ahora, y en el pasado, lo admito, ha causado cierta dureza en nuestros corazones hacia ellos. Recientemente, las cosas han ido muy bien porque, bueno honestamente, no hemos tenido que lidiar con ellos en un tiempo. Pero por supuesto, las cosas se recuperaron con ellos y es como si nada hubiera cambiado.

Pero las cosas no estaban tan mal hasta que Michelle y yo empezamos a hablar de ellos con alguien más; fue entonces cuando comenzamos a compartir entre nosotros sobre por qué estábamos tan frustrados con ellos, entonces la lucha en nuestros corazones regresó. Es decir, cuando recordé este versículo y todos los versos similares que nos recuerdan el poder de la lengua y cómo nos afecta directamente: "Las palabras del chismoso son como sabrosos bocadillos y descienden hasta lo más íntimo del cuerpo" (Proverbios 18: 8); "El estómago de un hombre se saciará del fruto de su boca; del producto de sus labios estará lleno. La muerte y la vida están en poder de la lengua, y los que la aman comen de su fruto" (Proverbios 18: 20-21).

Entiendo la necesidad y el beneficio de compartir con los demás lo que sentimos y cómo estamos luchando, pero debemos ser honestos y preguntarnos: si el compartir lleva a la oración, o lleva a tener más contención dentro de nuestros corazones. Recuerde, el conflicto en sí mismo no es algo malo, ya que es una oportunidad para mejorar las cosas. Para el creyente, es una oportunidad de mostrar a Cristo a los demás y crecer y madurar como embajadores de Cristo. De nuevo, el conflicto en sí mismo no es cosa mala; es lo que hacemos en ese conflicto lo que puede ser malo.

Un buen barómetro para saber si estamos difamando o compartiendo es mirar el estado de nuestros corazones después de comenzar a "hablar." Si la amargura, la ira o la contienda aumentan dentro nuestros corazones, entonces una bandera roja debería aparecer en nuestras mentes, diciéndonos que lo que estamos haciendo o diciendo no es algo bueno. Es en este punto que debemos dejar de hablar y empezar a orar porque solo la oración va a cambiar esa situación y lo que es más importante, nuestros corazones. Entonces creyente, si hay conflictos dentro y alrededor de su vida, deje de escuchar y participar en los chismes, la calumnia y los rumores de la vida, porque así es como el fuego de la discordia finalmente se apaga.

MAYO 10

Proverbios 11: 3: "La integridad de los rectos los guiará."

Desde que fui salvo, he aprendido la inmensa bendición de la voluntad de Dios viniendo a mi vida. Es lo que Michelle y yo anhelamos en cada parte de nuestras vidas. Entonces, ¿Cómo encontramos la voluntad de Dios en una situación particular? Hay una variedad de formas para encontrarla, por ejemplo, escudriñar las Escrituras, buscar sabiduría de personas cristianas espiritualmente maduras, la oración diligente, etc. La mayoría de las veces, Michelle y yo nos vemos obligados a comprometer cada situación a la oración reconociendo al Señor en esa situación, y luego seguir adelante, permitiendo que Dios cierre la puerta si no es su voluntad para nosotros (Proverbios 3: 6). Él nunca nos ha fallado, ni nos ha descarriado.

Pero, ¿Cómo se ve una puerta cerrada y cómo sucede? Una de las formas en que Dios cierra las puertas es a través de nuestro conocimiento de lo que es correcto y lo que es incorrecto. Por ejemplo, algunos amigos nuestros buscaban la voluntad del Señor para saber en dónde Dios los haría vivir. En este punto estaban en San Diego y estaban en proceso de comprar una casa ahí. Fue entonces, en las etapas finales de la compra de una casa, que el prestamista les pidió que mintieran sobre algunos de los documentos del préstamo. No era una gran mentira, y probablemente nunca hubieran tenido problemas por eso, sin embargo, era una mentira. "Todos lo hacen," les dijo el prestamista; pero nuestros amigos se negaron a ceder y terminaron perdiendo la casa.

A través de esa puerta cerrada, el Señor los condujo de regreso a su ciudad natal, les dio una casa mucho más grande por un precio significativamente más bajo; les dio a ambos trabajos maravillosos, y colocó a sus hijos en excelentes escuelas. Esto es exactamente lo que Salomón estaba tratando de que nos diéramos cuenta: "La integridad de los rectos los guiará, la justicia del irreprensible enderezará su camino y la justicia de los rectos los librará." (Proverbios 11: 3, 5-6). Note que es integridad y justicia lo que nos guía, dirige y nos libera. Simplemente hacer lo correcto es una de las formas más comunes en que el Señor nos dirige en Su voluntad y cierra puertas en nuestras vidas.

La clave de todo esto es vivir correctamente ante los ojos del Señor, no a los ojos del hombre. Podemos engañar y mentir y hacer que la gente piense que estamos mejorando y que somos honorables, pero en última instancia, todos somos responsables ante Dios, no ante el hombre. Viviendo bajo sus ojos, no desobedeciendo de palabra o hecho, caminando en verdad e integridad de acuerdo con Su justicia, es realmente la esencia de encontrar la voluntad del Señor para nuestras vidas.

MAYO 11

Salmo 51: 6: "He aquí, deseas la verdad en lo íntimo y en lo secreto me haces conocer la sabiduría."

Últimamente he estado escribiendo mucho sobre la necesidad de que nosotros, como creyentes, vivamos correctamente a la vista de Dios, principalmente porque esta es la temporada en la que Michelle y yo estamos ahora. Desde que nos enteramos de que estaba embarazada, hemos estado orando con diligencia que Dios nos haría los padres que nuestro hijo va a necesitar que seamos. En respuesta a estas oraciones, el Señor nos ha estado refinando al traer la escoria en nuestra vida a la superficie para que Él pueda rasparlo. Ha grabado en nuestros corazones la necesidad desesperada de que vivamos correctamente a sus ojos porque, en última instancia, nuestro ejemplo de cómo vivimos a puerta cerrada es lo que más ministrará a nuestros hijos.

Una de esas lecciones ocurrió cuando Michelle y yo planeamos ir de vacaciones a Sedona durante la semana de Nochebuena. El día antes de que se suponía que íbamos a irnos, el propietario nos envió un correo electrónico con algunos detalles de último minuto sobre la casa en la que estábamos alquilando. En el correo electrónico, el propietario mencionó rápidamente que la comunidad donde se ubica la casa que rentamos no permite alquileres a corto plazo, por lo que, si nos preguntaran los vecinos, debíamos mentir.

Mientras reflexionaba sobre esto en mi mente, pude ver a Dios respondiendo nuestras oraciones sobre enseñarnos cómo vivir correctamente ante sus ojos. Recuerdo haber pensado para mí mismo "Incluso si nadie más lo sabe, Dios lo sabe, y eso es todo lo que importa." Luego yo pensé para mí mismo: "¿Y si tu hijo estuviera aquí ahora mismo, Patrick? ¿Es esto lo que tu querrías enseñarles? ¿Que está bien mentir y engañar?" "Por supuesto, esto fue todo confirmado cuando le dije a Michelle lo que había dicho el dueño y ella inmediatamente respondió diciendo: "No tengo paz con esto." Así que le explicamos cortésmente al propietario por qué tuvimos que cancelar nuestro viaje y solicitamos un reembolso completo. "He aquí, deseas la verdad en lo íntimo." Básicamente de lo que estamos hablando aquí es tener carácter. El personaje a menudo se ha descrito como quién eres cuando no hay nadie más alrededor. Sin embargo, incluso cuando no hay nadie más, Dios está cerca, y Él sabe y ve todo. Dios desea que todos seamos honestos y sinceros como personas que honrarían la profesión de fe que le hicimos.

"Y en lo escondido me harás conocer la sabiduría." El escritor Matthew Henry señaló que Dios ha obrado dentro de todos nosotros la "verdad y sabiduría" que necesitamos para distinguir el bien del mal; y adherirse a estas cosas ayuda mucho a hacer de "Un hombre, un buen hombre" y de "Una mujer, una buena mujer" a medida que la sabiduría nos guíe, y dirija en todas las situaciones.[64] En otras palabras estas son las cosas que nos mantienen en el verdadero camino de la vida.

MAYO 12

> Proverbios 11:24: "Hay quien esparce, pero aumenta más; y hay quien retiene más de lo justo, pero conduce a la pobreza."

El Pastor John MacArthur dijo que "el principio aquí" es obvio, y es uno que encontramos mucho en la Biblia: "la generosidad, por la bendición de Dios, conduce a aumentar, mientras que la tacañería conduce a la pobreza."[65] Creo que la principal razón por la que no solemos dar, o por qué no damos más, es porque no creemos que este principio sea cierto. Las matemáticas simplemente no cuadran para nosotros. Para nosotros, cuanto más damos, menos tendremos. Sin embargo, las matemáticas del Señor reemplazan a las nuestras. Rompe las leyes de la física y la lógica y hace cosas sobrenaturales de manera natural cuando le obedecemos. Sus matemáticas dicen que cuanto más damos, más recibiremos; y como el viejo adagio nos recuerda: "No puedes dar más que Dios," porque Dios no será deudor de ningún hombre.

Aprendemos aquí que dar como el Señor nos indica que demos es una cuestión de fe y perspectiva. Es la fe en que creemos que Dios hará lo que promete y proveerá para todas nuestras necesidades; y es la perspectiva en que todo lo que tenemos, Él nos lo ha dado, así que no es nuestro lo que estamos regalando, es de Él. Vemos estos principios claramente establecidos para nosotros en 2 Corintios 9: 6–15 (NTV):

> Recuerde esto: un agricultor que siembre solo unas pocas semillas obtendrá una pequeña cosecha. Pero el que siembre generosamente obtendrá una cosecha generosa. Cada uno debe decidir en su corazón cuánto dar, no ceda de mala gana o en respuesta a la presión. "Porque Dios ama a la persona que da con alegría, al dador alegre". Dios proveerá generosamente todo lo que necesites. Entonces siempre tendrás todo lo que necesitas y mucho más para compartir con los demás. Como

dicen las Escrituras: "Compartan libremente y den generosamente a los pobres. Sus buenas obras serán recordadas para siempre." Porque Dios es quien da semilla al agricultor y luego pan para comer. De la misma forma Dios proporcionará e incrementará tus recursos y luego producirá una gran cosecha de generosidad en ti. Sí, te enriquecerás en todos los sentidos para que siempre puedas ser generoso y cuando lleves tus ofrendas a quienes los necesiten, ellos agradecerán a Dios. Así que dos cosas buenas resultarán de este ministerio de dar: las necesidades de los creyentes en Jerusalén serán satisfechas, y con gozo expresarán su agradecimiento a Dios.

Como resultado de su ministerio, le darán gloria a Dios. Porque tu generosidad con ellos y con todos los creyentes demostrará que eres obediente a las Buenas Nuevas de Cristo, y orarán por ti con profundo cariño por la gracia desbordante que Dios te ha dado. Da gracias a Dios por este regalo también de compartir que no se puede explicar solo con palabras.

Imagínese si Dios no hubiera dado a su Hijo para que muriera por nosotros; imagina si Jesús hubiera decidido no dar su vida por nosotros. . . ¿Dónde estaríamos entonces? Pensamiento aterrador, ¿no? Pero debido a que Jesús dio Su vida por nosotros, sucedieron dos cosas (como se describe en 2 Corintios 9:1:1) nuestra necesidad fue satisfecha; y 2) Dios fue glorificado y esto es exactamente lo que sucederá cuando demos también a los demás.

MAYO 13

Romanos 6:22: "Pero ahora, habiendo sido liberados del pecado y habiéndoos convertíos en esclavos de Dios, tenéis vuestro fruto para la santidad, y al final; la Vida Eterna."

En un momento, todos fuimos esclavos del pecado; era nuestro amo y señor y gobernaba nuestras vidas completamente. Debido a eso, estábamos totalmente fuera de la Justicia de Dios, lo que significa que básicamente hicimos lo que queríamos, lo que nos dio la gana sin adherirnos a la convicción del Espíritu Santo (Romanos 6: 20-21). Pero luego que fuimos salvos y se nos dio un corazón nuevo que estaba lleno del Espíritu Santo. Entonces de repente, esas cosas carnales que una vez hicimos tan despreocupadamente ya no eran tan buenas conforme comenzamos a experimentar el don de la convicción.

A esto se refería el apóstol Pablo cuando escribió: "Pero ahora que, habiendo sido liberado del pecado, y habiendo llegado a ser esclavos de Dios, tienes tu fruto para santidad, y al final la vida eterna." La frase "tienes tu fruto para la santidad "se refiere al proceso cooperativo de santificación que tiene lugar en nuestra vida hasta el día en que nos llame a casa para estar con Él Señor. Eso es lo que el apóstol Pablo dice que finalmente sucede al creyente, "y al final, vida eterna."

Estoy seguro de que todos recordamos las películas que vimos antes de ser salvos; parecían películas realmente buenas, pero cuando las vemos ahora estamos asombrados de que alguna vez nos hubieran gustado! Bueno, las cosas han cambiado desde entonces, hemos cambiado; hemos sido santificados por el Espíritu Santo, y nuestros gustos y disgustos se han alineado más con los deseos de Dios que con las perversiones del mundo. Por favor, comprenda, cuanto más somos santificados, más nos volvemos como Jesús con el corazón y en la mente. Entonces, la lista de cosas que deben eliminarse de nuestras vidas a medida que crecemos en el Señor, no se acortará, sino que se alargará. Ahora bien, esto no es algo malo, porque cuanto más somos santificados; más la lista crece, más nos daremos cuenta de cuánto necesitamos un Salvador; más dependeremos de Él, más apreciaremos Su amor y Gracia por nosotros, y más creceremos en humildad.

Pero recuerde, este proceso no termina hasta que somos llevados a casa para estar con El Señor. Por ejemplo, el otro día Michelle y yo vimos una película que cada uno de nosotros ya había visto como creyentes hace unos siete años. Originalmente nos encantó la película y, sin embargo, cuando lo volvimos a ver, ambos fuimos recriminados. Recuerdo haber pensado: "Pero como es que me gustó siendo ya un creyente; ¿Qué pasó?" Santificación. Nos engañamos a nosotros mismos cuando creemos que ya lo hemos logrado, que ya estamos allí y no necesitamos crecer o cambiar más. Cuando hacemos esto, nos engañamos y terminamos luchando contra la convicción del Espíritu Santo en nuestras vidas al decir: "Siempre he hecho esto como creyente; todos los cristianos están haciendo esto, viendo esto, vistiendo así, entonces, ¿Por qué yo no puedo?"

Lo que debemos recordar es que cada uno de nosotros tiene una relación personal e íntima con Jesucristo; y Él nos hace crecer a todos a diferentes velocidades, en diferentes momentos y a diferentes niveles. No debemos preocuparnos por lo que son o no son los demás o cuáles son sus convicciones. Solo debemos preocuparnos por la convicción de que Él trae a nuestras vidas, porque solo Él es nuestro Señor y Maestro.

MAYO 14

Salmo 3: 3: "Pero tú, oh Señor, eres un escudo para mí, mi gloria y Quien levanta mi cabeza."

Siempre que me encuentro con la palabra "escudo" en el libro de los Salmos, automáticamente pienso en la armadura de Dios que se nos exhorta a ponernos en Efesios 6. Se nos dice, "sobre todo, tomando el escudo de la fe con el que podrás apagar todos los dardos de fuego del maligno" (Efesios 6:16).

Es importante recordar que es la armadura de Dios la que debemos ponernos, no la armadura del hombre. "Pero tú, Oh Señor, eres un escudo para mí." *Dios* es nuestro escudo. Muchas veces cuando leemos Efesios 6, pensamos que es nuestra fe en Dios lo que es nuestro escudo, pero en realidad es Dios mismo en quien debemos confiar para nuestra protección. Su fidelidad hacia nosotros es nuestro escudo. Si mi escudo de protección de los dardos de fuego del maligno se basara en mi fe, bueno, estaría en un mundo de problemas porque mi fe se cansa y flaquea. Perdería cada batalla que enfrentara y me derrumbaría en cada situación difícil.

David sabía que esto era cierto debido a sus propias experiencias. Cuando David estaba saliendo a enfrentar a Goliat, primero se puso la armadura de hombre, la armadura de Saúl, y le estorbó porque era pesado y engorroso. Así que se quitó la armadura de hombre, y se puso la armadura de Dios y salió para enfrentarse a Goliat, sabiendo que su armadura estaba en el hecho de que Dios era fiel. David sabía que Dios sería su escudo y que Dios lo protegería del gigante Goliat.

También es importante notar que el escudo que tenemos en Dios no es como el pequeño escudo que vemos en películas como *El señor de los anillos*, donde solo protege una pequeña parte de nuestro cuerpo. El escudo de Dios es más como una burbuja protectora gigante que nos rodea por completo. Eso es lo que David escribió en este versículo, "Pero tú, Oh Señor, eres un escudo para mí." La frase literalmente significa "estas a mi alrededor." El escudo de protección del Señor nos rodea por completo física, espiritual, mental y emocionalmente, lo cual es reconfortante saber, porque muchos ataques surgen de la nada y ni siquiera los vemos venir. Debido a que Dios es nuestro escudo y debido a que Dios es fiel, debemos levantar la cabeza en cada situación porque sabemos que Él está completamente en control. Esto es básicamente lo que Pablo resumió en Romanos 8:31: "¿Qué, pues, diremos a estas cosas? Si Dios está por nosotros, ¿Quién contra nosotros?"

MAYO 15

Salmo 6: 8: "Apartaos de mí, todos los hacedores de iniquidad; porque el Señor ha escuchado la voz de mi llanto."

David estaba pasando por un momento muy difícil de persecución cuando escribió este salmo. "Oh Señor, no me reprendas en tu ira, ni me castigues en tu furor. Señor, ten piedad de mí, porque soy débil; Señor, sáname porque mis huesos están turbados" (Salmo 6: 1–2). David estaba rogando a Dios por misericordia porque creía que debía haber hecho algo para enojar a Dios. ¿Por qué si no estaría en esta situación? A menudo, cuando nos encontramos en una temporada de dificultad, creemos que Dios está enojado con nosotros por algo que hemos hecho y clamamos: "Señor, ¿Qué hice? Porque me estas castigando así?

También comenzamos a creer que debemos haberlo "logrado finalmente;" hemos cruzado esa línea donde la gracia se detiene y comienza el castigo, y la situación que ahora nos encontramos es porque hemos agotado la gracia de Dios y finalmente nos ha abandonado, nos dejó! "¡Vuélvete, Señor, ¡líbrame! ¡Sálvame por Tu misericordia! Yo estoy cansado de mi gemir; toda la noche inundo de lágrimas mi cama; Empapo mi lecho con mi llanto. Mis ojos se desgastan a causa del dolor y envejezco por todos mis enemigos" (Salmo 6: 4, 6-7).

Pero ninguna de estas cosas es verdad porque no es de Dios, ni es cómo obra Dios. David se dio cuenta de esto en medio de su desesperación y sufrimiento cuando finalmente obtuvo una perspectiva precisa de quién era Dios en realidad. "Alejaos de mis todos los hacedores de iniquidad; porque el Señor ha oído la voz de mi llanto. El Señor ha escuchado mi súplica; el Señor recibirá mi oración" (vv.8–9). Note que la situación de David no había cambiado, sin embargo, de repente él declara valientemente que Dios lo librará. ¿Por qué? ¿Cómo? Porque David recordó quién es Dios; recordó la abundante Gracia de Dios y Su inquebrantable Fidelidad. David se dio cuenta de que Dios no lo había dejado, y Dios no estaba enojado con él. Increíblemente, David sabía que sería liberado simplemente porque Dios escuchó sus oraciones.

Creyente, nuestra mayor batalla nunca será la situación misma; nuestra mayor batalla es recordar y confiar en quién es Dios en medio de esa dificultad. Aquí es donde la batalla será ganada o perdida para nosotros porque la victoria no es la liberación *de* una situación, sino más bien liberación *en* una situación.

MAYO 16

Proverbios 2: 9: "Entonces entenderás la justicia y el derecho, la equidad y todo buen camino."

Mientras Michelle y yo leíamos la Biblia el otro día, nos encontramos con la parábola del sembrador en Mateo 13. La palabra que seguía saltando hacia mí mientras leía la explicación de Jesús de esta parábola fue la palabra "recibir." Me di cuenta de que cada persona en esta parábola recibió el evangelio, solo que de diferentes maneras: algunos a lo largo del camino, otros en suelo poco profundo, algunos entre las espinas y algunos en buena tierra. Pensé que era realmente interesante, cuando Michelle y yo leímos esto fue que el enfoque estaba en el suelo. La semilla (el evangelio) no cambia; el sembrador es solo alguien que esparce la semilla, pero lo que cambia en esta parábola es cómo la persona recibe la verdad de Dios.[66]

Al día siguiente estaba leyendo Proverbios 2, y nuevamente estaba esa palabra: "recibir." mientras seguía leyendo, me di cuenta de que esta es una imagen del que recibe la Palabra de Dios en buena tierra:

> Hijo mío, si recibes mis palabras y atesoras mis mandamientos dentro de ti de modo que inclines tu oído a la sabiduría y apliques tu corazón a la comprensión; sí clamas por discernimiento y levantas tu voz al entendimiento, si la buscas como a plata, y la buscas como tesoros escondidos, entonces comprenderás el temor de Jehová y encontrarás el conocimiento de Dios. Entonces comprenderás la rectitud y la justicia, la equidad y todo buen camino. (Proverbios 2: 1–5, 9)

Encontrar el conocimiento de Dios y comprender el temor del Señor, la rectitud, la justicia, la equidad y todo buen camino es muy atractivo para mí, estoy seguro, también lo es para ti. Pero todo se reduce a cómo recibimos la Palabra de Dios. ¿La atesoramos como verdad sobre todas las verdades? ¿Meditamos en ello para que podamos entenderlo? ¿Le pedimos al Señor perspicacia y discernimiento sobre cómo aplicarlo a nuestras vidas? ¿Lo buscamos como lo hacemos cuando extraviamos veinte dólares?

En la parábola del sembrador, todos podemos ver una parte de nosotros mismos cuando leemos o escuchamos la Palabra de Dios. A veces la leemos, pero no tenemos tiempo para realmente entenderla, y simplemente se cae en el camino. A veces la escuchamos y nos sentimos realmente emocionados por eso, pero luego no hay aplicación de ella en nuestras vidas y se quema como en suelo poco profundo. A veces recibimos Su Palabra y sabemos lo que se supone que debemos hacer en una determinada situación, pero luego dejamos que las cosas del mundo tomen prioridad y ahogamos esa verdad. Y luego están los momentos en que recibimos Su Palabra y la atesoramos; buscamos entenderla y la aplicamos a nuestras vidas.[67] Esta es la buena tierra que da mucho fruto. Este es el buen suelo donde encontramos el conocimiento de Dios, y entendemos el temor del Señor, la justicia, equidad y todo buen camino.

MAYO 17

> Romanos 7:15: "Porque no entiendo lo que estoy haciendo pues no hago lo que quiero, sino lo que odio, eso hago."

Todos podemos relacionarnos con esta sección de la Biblia muy fácilmente. ¿Por qué hacemos lo que no queremos hacer? Esa es la pregunta que aparentemente nos estamos haciendo solo cada vez que pecamos. Recuerdo una historia que una vez me contó una amiga sobre su hijo cuando fue sorprendido en desobediencia. En respuesta al castigo venidero gritó: "¡Realmente quiero ser bueno, mami!" Creo que podemos relacionarnos plenamente con la exasperación de este niño.

Pablo definitivamente sabia de esto, ya que escribió algo muy similar a lo que este niño dijo: "Por lo que estoy haciendo, no lo entiendo. Pero lo que quiero hacer, eso no practico; pero lo que odio, eso hago." La palabra "entender" que Pablo usa aquí significa "aprobar". El apóstol Pablo lo deja claro: no apruebo lo que hago. Aquellas cosas que quiero hacer, no las hago; y las que no quiero hacer, esas las hago. "Porque yo sé que en mí (es decir, en mi carne) nada bueno habita; porque [hacer el bien] está presente conmigo, pero no encuentro cómo hacer lo bueno" (Romanos 7:18). Pablo dice: "Yo tengo un problema. Realmente quiero hacerlo bien, pero no sé cómo."

David Guzik explicó: "El problema de Pablo no es el deseo, él quiere hacer lo que es correcto, su problema no es el conocimiento, él sabe qué es lo correcto. Su problema es la falta de poder. La ley dice: "Aquí están las reglas y es mejor que las guardes." Pero no nos da poder para guardar la ley."[68] El caso es que no podemos vencer el pecado siguiendo la ley; y no podemos vencer el pecado en nuestra fuerza, en nuestro deseo o en nuestro conocimiento de lo que está bien y lo que está mal. Para vencer el pecado, debemos tener algo más grande y más poderoso que el pecado mismo.

Esto lleva a la conclusión de Pablo: "¡Miserable de mí! ¿Quién me librará de este cuerpo de muerte? ¡Doy gracias a Dios, por Jesucristo nuestro Señor!"

(Romanos 7: 24-25, énfasis agregado). Pablo reconoció que todos necesitamos un Salvador que nos libere del pecado; un Salvador que es más poderoso que el pecado mismo. Entra Señor Jesucristo, tú eres el perfecto Cordero de Dios, que no tiene pecado y venció todo pecado en la cruz. Entienda, Romanos 7 no se trata de cómo podemos vencer el pecado; se trata de quien nos librará del pecado. Solo Jesucristo viviendo en nosotros por el poder del Espíritu Santo puede darnos poder para vencer el pecado. Nosotros, como creyentes, ahora tenemos el poder de elegir no pecar. ¿Como hacemos eso? "Entonces digo: Andad en el Espíritu, y no satisfagas los deseos de la carne" (Gálatas 5:16). El profeta Zacarías escribió algo muy similar en Zacarías 4:6 cuando dijo que no es por fuerza (nuestra fuerza), ni por poder (la fuerza de muchos), pero solo por el Espíritu de Dios que podemos vencer al pecado.

MAYO 18

> Salmo 11: 4 (NTV): "Pero el Señor está en su Santo Templo; el Señor todavía gobierna desde el cielo."

En algún momento durante una situación muy difícil, alguien se acercó a David y le pintó una imagen desesperada de sus circunstancias: "¡Vuela como un pájaro a las montañas en busca de seguridad! Los malvados encienden sus arcos y encajan sus flechas en las cuerdas de sus arcos. Disparan desde las sombras a aquellos cuyos corazones tienen razón. Los cimientos de la ley y el orden se han derrumbado. ¿Qué pueden hacer los justos?" (Salmo 11: 1b-3, NLT). A esto David responde: "Pero el Señor está en su santo templo; El Señor todavía gobierna desde el cielo." David le dice literalmente a esta persona: "No importa lo que puedan hacer los demás. . . Me refugio en el Señor. Él es mi Protector y Defensor. Él reina desde los cielos y está en total control de todas las cosas.

Es tan fácil para nosotros sentirnos desamparados y tener esta perspectiva desesperada cuando experimentamos dificultades que están completamente fuera de nuestro control. A menudo se siente como si el enemigo estuviera ganando la batalla, ya que nuestro Dios está extrañamente callado. Tal vez la situación desesperada para ti es el gobierno, la economía o el sistema judicial; tal vez sea tu trabajo, o la falta del mismo; tal vez sea tu hijo pródigo o la salud de un ser querido; tal vez sea una prueba determinada que se avecina; tal vez sea que no estás casado, o que no puedes tener hijos; tal vez es que tienes cáncer o algún otro problema físico o algún otro tipo de aflicción; tal vez incluso estás diciendo y creyendo estas mismas cosas en este momento "¡Corre y escóndete! ¡Es inútil! ¡No hay nada que podemos hacer!"

La respuesta a todas estas cosas es exactamente lo que dijo David: "Pero el Señor todavía gobierna desde el cielo." La forma más fácil de encontrar una situación desesperada e indefensa es sacar a Dios completamente de la fotografía y enfocarse únicamente en lo que ves, sientes y escuchas. Esto es exactamente lo que sucede cuando nos enfrentamos a situaciones difíciles y creemos que todo depende de nosotros para solucionarlos. Lo que deberíamos decir en estas situaciones es: "Pero Dios, . . Dios es mi refugio; Dios es mi esperanza; Dios es mi libertador, mi proveedor, mi sanador, mi defensor, mi estandarte, mi abogado, mi esperanza. . . y yo confío en Él porque Él es bueno y Él es fiel.

Entonces, creyente, no pierda la esperanza sacando a Dios de su situación; más bien hay que entronarlo en esa situación. Hazlo el centro de ello, Señor de ello, sabiendo que solo Él es el Cristo; que solo Él está sentado en el trono, y que solo Él gobierna desde el cielo. Ríndele esa situación en oración y acción de gracias, porque Él es para ti y Él tiene el control de todas las cosas.

MAYO 19

Salmo 13: 6: "Cantaré al Señor, porque ha obrado generosamente conmigo."

¿Cuántas veces te has encontrado en una situación en la que parecía que Dios se estaba escondiendo de ti? Donde no importaba cuán fervientemente oraras o cuán desesperadamente clamaras, Dios aparentemente no estaba en ninguna parte. Fue como si todas tus palabras cayeran directamente al suelo y nunca llegaron a la altura del oído de Dios. Aquí es donde estaba David cuando escribió el Salmo 13.

"¿Hasta cuándo, Señor? ¿Me olvidaras para siempre? ¿Cuánto tiempo esconderás tu cara de mí? ¿Hasta cuándo tomaré consejo en mi alma, teniendo dolor en mi corazón todos los días? (Salmo 13: 1–2). David buscaba al Señor; estaba clamando a Dios para que lo ayudara, sin embargo, la única voz que escuchaba era la de su propio alma debilitada y desesperada. Pero entonces algo cambió; David recordó cómo Dios siempre había tratado con él. "Pero en Tu Misericordia he confiado; mi corazón se gozará en Tu Salvación. Cantaré al Señor, porque me ha bendecido" (Salmo13: 5-6).

Note que David reflexionó sobre cuán fiel Dios siempre había sido con él, "Pero he confiado [tiempo pasado] en Tu Misericordia, Él ha obrado [tiempo pasado] generosamente conmigo." Dios nunca ha fallado ni abandonado a David; y por ese motivo David restauró la esperanza. La perspectiva de David había cambiado ahora del dolor al gozo. "Mi corazón se regocija [tiempo presente] en tu salvación. Cantaré [tiempo presente] al Señor." Nada saca a relucir nuestro pesimista interior como tener que esperar en Dios en un momento difícil cuando nuestro mundo comienza a desmoronarse y nuestra esperanza comienza a desvanecerse, y la desesperación se convierte en nuestro mejor amigo. Sin embargo, si tuviéramos que reflexionar sobre la fidelidad de Dios hacia nosotros en cada situación que hemos enfrentado alguna vez, veríamos que Dios nunca nos ha fallado, ni nos ha abandonado. De hecho, vemos que siempre ha tratado con nosotros con abundante generosidad. Es en estos momentos en los que debemos regocijarnos y cantar al Señor porque sabemos que Él es Fiel, y sabemos que la liberación viene para nosotros. Entonces, creyente, no confíes en lo que ves o en lo que sientes, sino que confía en El que siempre ha sido y siempre será Fiel.

MAYO 20

> Lucas 6:11: "Pero se llenaron de ira y discutieron entre sí, lo que podrían hacer contra Jesús."

¿Qué pudo haber enfurecido tanto a los escribas y fariseos que comenzaron a conspirar para matar a Jesús? ¿Qué pudo haber hecho Jesús para que estos hombres estuvieran tan "llenos de rabia," que estaban dispuestos a violar la misma Ley que para ellos era tan valiosa al grado de cometer abiertamente un asesinato? La respuesta por extraña que parezca era que el Señor Jesús había sanado a un hombre en el día de reposo.

He estado pensando mucho en esta historia desde que Michelle y yo la leímos la otra noche. No dejaba de preguntarme: "¿Cómo pudieron ser tan ciegos y duros de corazón estos fariseos con lo que hacía Jesús?" Respuesta: estaban tan atrapados en sus tradiciones, leyes y rituales que no podían ver qué, o Quién, estaba justo delante de ellos y lo bueno que venía de Él. Simplemente, estos hombres se sintieron muy cómodos en su religión.

Este pensamiento me convenció mucho cuando comencé a reflexionar sobre todas las veces que yo he respondido de manera similar. En general, cuando nos desafían para hacer cosas fuera de la forma en que normalmente las hacemos, nos sentimos muy incómodos, incluso comenzamos a criticar, a etiquetar y a llenarnos tanto de malestar que no nos damos cuenta todo lo bueno que se deriva de ello.

Así que déjeme preguntarle, ¿Solo una forma de llevar a cabo un servicio religioso? ¿Hay solo una forma de adorar a Dios? ¿Existe una sola forma de predicar, enseñar o compartir el evangelio de Jesucristo? No, no lo hay. A Dios no le gusta que lo etiqueten, no le gusta estar limitado a un método en particular, ¡Porque Él es un Dios maravilloso! Vemos esto en la forma en que Jesús sanó a las personas. A veces el pronunció palabras de curación, a veces los tocaba y otras veces usaba saliva. Sin embargo, en cada una de estas situaciones, Dios fue glorificado.

Realmente, esa debería ser nuestra única preocupación. . . ¿Dios está siendo glorificado? Si una persona o método está obteniendo la gloria, entonces algo anda muy mal. ¿Pero si Dios está recibiendo toda la gloria y el Espíritu Santo se está moviendo y el fruto está brotando, entonces cuál es el problema? Tal como Jesús les dijo a sus discípulos en el evangelio de Lucas 9:50 cuando estaban criticando a los demás, si no están en contra nuestra, entonces están de nuestro lado. Entonces, creyente, ¿Se está sintiendo demasiado cómodo en su iglesia para permitir que el Espíritu Santo trabaje en su vida?

MAYO 21

> Proverbios 13: 2-3: "El hombre comerá bien por el fruto de su boca,
> pero el alma de los infieles se alimenta de violencia. El que guarda su
> boca preserva su vida, pero el que abre bien sus labios será destruido."

Al examinar cuidadosamente estos versículos, encontramos que el versículo 3 realmente nos explica el versículo 2. "El hombre comerá bien por el fruto de su boca" porque "El que guarda su boca preserva su vida." y "el alma de los infieles se alimenta de violencia" porque "El que abre bien sus labios, será destruido." Así que el contraste aquí es entre la persona que habla sabiamente o solamente cosas buenas, y la persona que habla tonterías, o casi siempre cosas malas. La diferencia es que uno trae vida y el otro trae destrucción.

Note que Salomón usa comer y alimentarse como metáforas en estos versículos. Pensé que esto era muy revelador porque cuando como algo, solo me afecta a mí, nadie más; sólo yo recibo lo bueno o lo malo de esa comida. El enfoque del Rey Salomón se centra en lo que al hablar se aporta al receptor individual. Note también cómo escribió estos versículos: "Aquel que guarda *su* boca conserva *su* vida, pero el que abre bien *sus* labios será destruido." Así que la atención se centra en los efectos que tiene nuestro discurso. Reflexionamos tanto sobre cómo nuestras palabras impactan a los demás que a menudo nos olvidamos considerar que también nos impactan a nosotros mismos.

Por ejemplo, ¿Alguna vez ha estado deprimido y ha dicho palabras deprimentes sobre su situación y realmente se sintió mejor? ¿Alguna vez has estado enojado y ha hablado acaloradas palabras y se sintió menos enojado? ¿Alguna vez te has sentido desesperado y hablaste palabras de desesperanza e inquietud y luego sintió que la alegría simplemente burbujeaba dentro en su interior? No claro que no, porque esas palabras de depresión, ira y desesperanza se suman a lo que ya estamos sintiendo. De hecho, alimentan nuestra negatividad y magnifican nuestro estado mental destructivo. Cuando hacemos esto, destruimos nuestra capacidad de pensar con claridad y nuestra actitud y perspectiva se corrompen en el estado en que ya estamos. Es por eso que la regla número uno en la toma de decisiones es nunca tomar decisiones mientras estamos en un estado emocional o ansioso, porque cuando lo hacemos, generalmente tomamos decisiones realmente malas.

Como señaló Matthew Henry, en última instancia, la advertencia que nos da el Rey Salomón está para que no seamos "arruinados por una lengua sin gobierno;" más bien estamos para proteger nuestra boca y preservar nuestra vida, porque cuando guardamos nuestra boca, estamos guardando nuestra propia alma.[69]

MAYO 22

Proverbios 13: 4: "El alma del hombre perezoso desea y no tiene nada; pero el alma de los diligentes los enriquecerá."

Salomón está señalando la insensatez del perezoso en este versículo y lo ridículo que es realmente este tipo de estilo de vida y pensamiento. Dice que el holgazán desea todo el aumento que obtienen los diligentes y trabajadores, pero no quiere hacer ningún esfuerzo para recibirlo. El flojo codicia lo que otros tienen, pero no hará absolutamente nada que se necesite para obtenerlo. Por tanto, no tiene nada.

La ironía aquí es que el mayor dolor para el perezoso no es el dolor de trabajar duro y esforzarse; más bien, es el dolor de no obtener lo que desea, eso realmente le hace sufrir. Si se esforzara y trabajara, no sólo sería menos doloroso para él, sino que también recibiría lo que anhela.[70]

Hoy vemos mucho este tipo de pensamiento en el matrimonio. Todos se casan con el deseo de tener un buen matrimonio, pero muchos no hacen nada para que eso suceda. Solo esperan que su matrimonio sea bueno sin trabajar en ello. La verdad es que se necesita que tanto el esposo como la esposa trabajen juntos en su matrimonio para hacerlo piadoso, fuerte, bueno, saludable y exitoso. No sucede así nada más, y no sucederá simplemente por el esfuerzo de tan solo uno de ellos.

Esta misma verdad se aplica a nuestra vida como un todo, pero más importante aún, con nuestro caminar con Dios. Solo aquellos que se esfuerzan en obtener una relación para caminar, y conocer a Dios más íntimamente, encontrarán el placer, el propósito y el beneficio en la vida.[71]

MAYO 23

Mateo 13: 21c: "Porque cuando surgen tribulaciones o persecuciones a causa de la palabra, inmediatamente el tropieza."

El miércoles pasado por la noche, mientras muchos de nosotros estábamos en la sala de oración de la iglesia orando por las necesidades de los que están en el servicio, el Espíritu Santo me dio una idea de la parábola del sembrador (los suelos) que no había visto antes.

Ahora, sabemos que aquellos que reciben la Palabra de Dios en suelo poco profundo son aquellos que se incendian rápidamente, pero se queman cuando enfrentan tribulación o persecución. Entonces, mientras oraba, estaba contemplando esto y comencé a preguntarme: "¿Por qué tropezarían al enfrentar tribulación o persecución?" La respuesta fue simple; aunque conocen la verdad de Dios, tropiezan porque no creen en la verdad de Dios.

Fue entonces cuando el Espíritu Santo me mostró que aquellos que reciben la Palabra en los suelos poco profundos son aquellos que reciben la Palabra en sus mentes, pero no en sus corazones. Mire, nuestros corazones son la buena tierra que produce fruto; aquí es donde creemos, porque de aquí es de donde proviene nuestra fe, no de nuestra mente. Claro, usamos nuestras mentes para sopesar decisiones y tomar decisiones, pero es lo que creemos en nuestro corazón lo que, en última instancia, alimenta esas decisiones. Quiero decir, podrías saber todo lo que hay que saber sobre empacar un paracaídas y saltar de un avión, pero a menos que realmente creas que el paracaídas va a funcionar o que si va a abrirse cuando jales el cordón.

Entonces, no es suficiente escuchar la Palabra de Dios; no es suficiente ni siquiera conocer la Palabra; debemos creerlo en nuestros corazones, o de lo contrario es solo adquirir conocimiento intelectual que eventualmente dominará sobre lo que realmente queremos creer que es la verdad de Dios. Como se dice a menudo, mucha gente se perderá el cielo por unas cuarenta y ocho pulgadas, ya que esta es aproximadamente la distancia entre el corazón de una persona y su cerebro. No te dejes engañar, el conocimiento no es suficiente; debemos creer.

Entonces, creyente, ¿Cuándo fue la última vez que tomó la medida verdadera de su fe y honestamente se preguntó: "¿Qué es lo que realmente creo que es verdad?" Aquí tienes una pista: tú sabrás lo que realmente crees por las decisiones que estás tomando en esas situaciones. Que todos seamos como el hombre que clamó a Jesús: "Señor, yo creo; ¡ayuda mi incredulidad!" (Marcos 9:24).

MAYO 24

> Hechos 1: 8: "Pero recibirás poder cuando venga el Espíritu Santo sobre ti; y me seréis testigos en Jerusalén, y en todo Judea y Samaria, y hasta los confines de la tierra."

Cuando el Señor nos impulsa a hacer algo, como por ejemplo, compartir el Evangelio, orar o hablar una palabra de conocimiento, ¿Por qué no lo hacemos? ¿Por qué le decimos al Señor "no" en esas situaciones? Yo diría que las razones más comunes son porque: 1) Creemos que no somos capaces; 2) Creemos que no sabemos cómo; o 3) Tenemos miedo de cómo la gente reaccionará.

Creo que aquí es donde entra en juego Hechos 1: 8. "Pero recibirás poder cuando El Espíritu Santo haya venido sobre ti; y me seréis testigos en Jerusalén, y en toda Judea y Samaria, y hasta los confines de la tierra". La palabra "poder" que en estos versículos se usa, viene de la raíz griega *dunamis*; de aquí es donde obtenemos nuestra palabra "dinamita". Pero, ¿Sabías que esta palabra "poder" también se traduce como "habilidad?"[72]

Lea Hechos 1: 8 de nuevo, solo que esta vez con la palabra "habilidad," "Pero recibirán habilidad cuando el Espíritu Santo haya venido sobre ustedes; y me seréis testigos en Jerusalén, y en toda Judea y Samaria, y hasta el fin de la tierra." Interesante, ¿No? Recibirán la capacidad de ser mis testigos, Jesús dice. Creo que nos metemos en problemas cuando dejamos de enfocarnos en la total capacidad del Espíritu Santo para hacer algo y centrarnos únicamente en *nuestra* propia capacidad para resolver alguna cosa. Es entonces cuando todas esas excusas se convierten en verdades muy reales para todos nosotros. Rich Cathers lo explicó de esta manera

> Si tuviera que tomar un guante y ordenarle que toque mi teclado, francamente voy a contener la respiración. No tiene la "habilidad"

(dunamis) para lograrlo. Pero si mi mano "llena" el guante, entonces el movimiento que sea que haga mi mano lo hará el guante también. De repente mi guante tiene la habilidad de tocar el piano, como mi mano. Cuando el Espíritu Santo llena nuestras vidas, estamos "capacitados" para hacer lo que el Espíritu Santo quiera que hagamos.[73]

Este es el cuadro que tenemos aquí en Hechos 1: 8. Ahora tenemos la capacidad de hacer todo lo que Dios nos instruye que hagamos a través de Su Espíritu Santo. Sin embargo, tener la habilidad es solo la mitad; la otra mitad es saber que Dios ha ido antes que nosotros y ha preparado el corazón de esa persona para que le compartamos las buenas nuevas del evangelio; es lo que Él nos está instruyendo que hagamos. Por ejemplo, una mañana estaba parado afuera de la sala de oración, en el descanso entre servicios en la iglesia. Mientras miraba alrededor del santuario, noté un joven sentado solo en la primera fila. Fue entonces cuando sentí a Dios decirme: "Ve a decirle Hola." "¿Qué?" Respondí. "Ve a decirle 'hola." El Señor repitió "¿Y luego qué, Señor?" "Sólo ve," dijo. Mis pensamientos comenzaron a acelerarse. "Esto es algo tonto." Decir "Hola" no cambiará nada. . . es trivial."

Pero fue como si el Señor siguiera presionando mi corazón para ir, así que de mala gana me acerqué a este joven y le dije: "Oye hermano, el Señor realmente grabó en mi corazón que tenía que venir a decirte "Hola," entonces. . . "Hola." Inmediatamente sus ojos se llenaron de lágrimas y me dijo que había estado en nuestra iglesia siete veces y que ninguna persona le había dicho tan siquiera "Hola." Él dijo: "Estaba orando para que Dios enviara a alguien para que me dijera Hola." Después de compartir con él lo que Él Señor me dijo que hiciera, ambos nos regocijamos y alabamos a nuestro maravilloso Dios.

Entonces, creyente, recuerde la habilidad de hacer todo lo que Dios quiere que usted haga está ahí, pero solo se realiza cuando somos disponibles y hacemos lo que Él nos dice que hagamos.

MAYO 25

Efesios 5: 1: "Sed, pues, imitadores de Dios como hijos amados."

Las selfies están de moda en este momento. Han consumido el panorama de las redes sociales, y aparentemente incluso han llegado a los Premios Oscar. Lo curioso es que la gente lo ha estado haciendo durante años; la única diferencia es que ahora tiene un nombre súper de moda, así que, por supuesto, se ha vuelto viral.

Mientras pensaba en selfies, comencé a pensar para mí mismo: "Si Dios se tomara una selfie hoy, ¿Cómo se vería?" La primera respuesta que la gente esperaría sería la imagen de una puesta de sol o un amanecer o algún otro escenario asombroso donde se plasmaran los poderes artísticos de Dios que se revelan a través del poderoso esplendor de la naturaleza. Pero si nos pusiéramos a considerar cuidadosamente esta pregunta, creo que todos llegarían a la misma conclusión de que la selfie de Dios no sería una imagen de la naturaleza, sino más bien una imagen de uno de sus hijos amando a otro.

Tan gloriosa como la puede ser la naturaleza visualmente, la mayor Gloria de Dios se revela a través de sus hijos. Es por eso que Pablo animó a la iglesia de Éfeso a "ser imitadores de Dios como hijos queridos." No hay mayor llamado para nosotros que imitar a nuestro Señor Jesucristo y el amor que mostró a los demás. Aquí es donde encontraremos nuestro propósito en la vida al ser santificados y refinados más a la imagen de Cristo. Es cuando tomamos en cuenta Su corazón y su Mente hacia los demás que la selfie de Dios está realmente representada. Esto es lo que también escribió el apóstol Pedro en 1 Pedro 1:15: "Igual como el que os llamó es Santo, tú también sé santo en toda tu conducta."

La parte realmente convincente de todo esto es que cada momento de cada día, las selfies se toman por las decisiones que tomamos y las palabras que decimos. La pregunta que tenemos que hacernos es, ¿A quién reflejan esas selfies? ¿Son selfies del mundo, de nosotros mismos, Satanás o Dios? Me pregunto si Dios tendría un Instagram con todas las selfies de Él tomadas a lo largo del tiempo, ¿Estaríamos en alguna de ellas? ¡Oh Señor, que así sea hoy!

MARZO 26

Hechos 9: 6: "Señor, ¿Qué quieres que haga?"

Es tan fácil quedar atrapado en lo que queremos hacer, o en lo que el hombre piensa que deberíamos hacer: tanto en el mundo como en la iglesia, que a menudo nos olvidamos de pedirle a Dios: "Señor, que quieres que haga?" Este es el desafío que Michelle y yo hemos sentido mucho últimamente, simplemente caminar con Dios momento a momento, y ser obediente a lo que Él nos pida. ¿Sin preguntar por qué? No debatiendo con el Señor, simplemente confíe en Su palabra y haga lo que Él dice.

Al hacer esto, el Señor nos ha liberado de todas esas distracciones del mundo para que no seamos herramientas ineficaces para su reino como, por ejemplo;

agradar al hombre, centrarnos en lo que otros piensan, que deberíamos hacer o tratar de impresionar a otros con nuestra espiritualidad, inmiscuirnos en lo que otros hacen o como lo hacen etc. El enfoque es simplemente vivir para Dios y no para el hombre. Esto ha sido completamente liberador y refrescante para ambos.

Me acordé de esta lección la semana pasada cuando, por una noche, fui a un retiro con un hermano de la iglesia que fue el orador invitado. Bueno el Señor me había estado preparando dos semanas antes de esa noche, el Señor realmente se había estado moviendo en mi vida dándome palabras de conocimiento y sabiduría para hablar con los demás en diferentes escenarios; así que asumí que cuando estábamos en el retiro, el Señor continuaría ejerciendo esos dones en mí y podría compartir y animar a los hermanos.

El error que cometí al prepararme para esa noche fue no preguntarle al Señor: "¿Qué quieres que haga?" En cambio, porque esperaba que el Señor me usara de un modo específico, me consumí tanto tratando de recibir una palabra de conocimiento o sabiduría del Espíritu Santo que no me daba cuenta de lo que estaba pasando a mi alrededor, y me perdí de hacer lo que el Señor realmente quería que hiciera esa noche, que fue solo orar por los demás.

Creo que el tema subyacente de lo que el Señor me mostró es que debemos servirle, momento a momento, sin expectativa. Cuando esperamos que el Señor nos use de una manera específica que Él no nos ha revelado, nos volvemos ineficaces en cuanto a lo que El Señor realmente quiera hacer en esos momentos y terminamos sintiéndonos desanimados y frustrados. Por favor, no me malinterpreten; deberíamos estar absolutamente expectantes que el Señor nos usará. La pregunta que debemos recordar es, Señor, ¿Cómo quieres usarnos en esa situación?

De hecho, aprendí esta lección por primera vez durante los viajes misioneros que el Señor previamente me envío. A veces enseñaba, a veces aconsejaba, a veces simplemente limpiaba la casa de los misioneros o les hacía jardinería; a veces el Señor me daba una palabra de conocimiento para un chico en un desayuno informal, a veces me envió allí solo para orar por el matrimonio de los misioneros. Independientemente, cada viaje fue diferente. El recordatorio para nosotros es servir al Señor, momento a momento sin expectativa, para que todo lo que el Señor diga que hagamos, se haga y se cumplirán sus propósitos perfectos, no los nuestros.

MAYO 27

Proverbios 13:12a: "La esperanza diferida enferma el corazón."

Cuando tenemos la expectativa de que suceda algo, por ejemplo; casarse o ser sanados de una aflicción, o pagar una deuda y oramos diligentemente y esperamos en el Señor, y pasan días, semanas, meses y tal vez incluso años, y eso aún no ha sucedido como lo esperabas, entonces comenzamos a perder la esperanza en esa situación, lo que tenemos que recordar antes de tambalearnos es esto: ¿Dónde está nuestra esperanza? ¿Está colocada en lo que está sucediendo, o está colocada en Aquél que siempre hace lo qué es lo mejor para nosotros?, Es Dios siempre fiel en toda esperanza?

Esta es una pregunta muy importante de responder porque si nuestra esperanza está puesta en otra expectativa ¿Qué pasa si no sucede? ¿Dónde está entonces nuestra esperanza? quedamos destrozados y quedamos devastados por nuestras propias expectativas incumplidas. Pero cuando ponemos nuestra esperanza en el Señor, incluso cuando una expectativa no se cumple de acuerdo con nuestros deseos, nuestra esperanza sigue intacta porque confiamos en quién es Él y cuál es Su perfecta voluntad para nosotros.

Debemos recordar que cuando acudimos a Dios y oramos, Él va a respóndenos de una de estas tres formas: 1) si 2) no 3) espera. Aunque estas tres respuestas son completamente diferentes a nosotros, si nuestra esperanza está en Dios y no en aquello por lo que estamos orando, entonces todos producirán exactamente lo mismo en nosotros: fe. Pero de nuevo, ¿Dónde se debe poner esa fe en la oración? ¿Está colocada en esa cosa que está sucediendo, o está colocada en la voluntad de Dios para nuestras vidas? Esta es la fe que Jesús busca en nosotros: la fe para confiar en Él sin importar cuánto tengamos que esperar, y sin importar lo que la respuesta pueda ser, simplemente porque queremos Su voluntad para nuestras vidas y no la nuestra.

Piense en este versículo como una advertencia y un barómetro de nuestro corazón.

Primero, es una advertencia que Salomón nos está diciendo, lo que nos va a pasar cuando la esperanza sea diferida. Por ejemplo, vamos al médico, obtenemos una receta y en la etiqueta de la receta dice: "Puede causar somnolencia." Esa advertencia se coloca allí para que si nos sentimos somnolientos después de tomar el medicamento, no nos asustaremos ni nos preguntemos qué nos está pasando. De manera muy similar, este versículo es una etiqueta de advertencia para todos nosotros en cuanto a esperar en el Señor. Salomón básicamente nos está diciendo aquí: "Oye, cuando esperas que suceda algo y se retrasa, tu corazón va a crecer cansado de esperar, así que no se asuste cuando lo haga. No pierda la fe, no pierda la esperanza y no tome el asunto en sus propias manos; más bien espere en el Señor."

Es en este punto que comienza la parte del barómetro de este versículo. Cuando sentimos ese cansancio, y cuando nos tienta la desesperanza, una bandera roja debería estallar diciéndonos que algo anda muy mal. Es entonces cuando debemos preguntarnos: "¿Dónde está mi esperanza?" ¿Está colocado en esa cosa que va a pasar, o está colocada en el Dios siempre fiel de toda esperanza?

MAYO 28

Proverbios 13: 12b: "pero cuando viene el deseo, es árbol de vida."

Ayer, hablamos sobre la primera mitad de este versículo, "La esperanza diferida hace que el corazón se enferme." Entonces hice la pregunta, ¿Dónde está nuestra esperanza cuando oramos por alguna cosa? ¿Está colocado en aquello por lo que estamos orando, o está colocado en el Dios de toda esperanza? Les recuerdo esto, porque la respuesta a esa pregunta determinará si la segunda mitad de este versículo llega a buen término o no: "pero cuando llega el deseo, es un árbol de la vida."

Note que Salomón dice que cuando se cumple esa expectativa, es "un" árbol de vida, no "el" árbol de la vida. Es simplemente un símbolo del árbol de la vida sobre el que leemos en Génesis y Apocalipsis. El Pastor John MacArthur dijo que la frase "árbol de la vida," como es usada aquí, se refiere a un tiempo de "renovación y refrigerio espiritual."[74] Ahora, con ese pensamiento dando vueltas en su cabeza, déjeme preguntarle algo: ¿Cuándo ese deseo se cumple, de quien realmente es el deseo que se está cumpliendo?

Sabemos por las Escrituras que el propósito de la oración es generar conciencia de cuál es la voluntad de Dios para nuestras vidas; como bien dijo Jesús, hágase la voluntad de Dios, y no la nuestra y sabemos que, si algo está de acuerdo con la voluntad de Dios, entonces será la respuesta un sí; pero si no es conforme a la voluntad de Dios, se le responderá que no. Entonces cuando esa expectativa no se cumple, no es nuestro deseo el que finalmente se ha cumplido, sino el de Dios.

Aquí está el tema subyacente en este versículo que no podemos perder: Cuando colocamos nuestra esperanza en Dios *en* una situación, y oramos y buscamos Su voluntad *para* esa situación, entonces tomamos en cuenta el corazón y la mente de Dios acerca de esa situación. Entonces cuando esto sucede nuestros deseos se alinearán con Sus deseos, asegurando así que esas expectativas siempre se cumplirán sin importar si la respuesta es sí, no o esperar. Así era como el Rey David pudo ir y adorar en la casa del Señor después de la muerte de su hijo, porque su esperanza estaba en Dios, no en su hijo siendo sanado. Esto es lo que provoca una renovación espiritual y un refrigerio en nuestras vidas.

Entienda, la oración contestada no es el fruto aquí; el fruto proviene del tiempo de prueba que soportamos; viene del tiempo de espera en el crisol, porque aquí es donde somos más refinados a la imagen de Cristo. Es aquí donde algo se crea dentro de nosotros que dará frutos en una fecha posterior. "[Nosotros] también nos gloriamos en las tribulaciones, sabiendo que la tribulación produce perseverancia; y perseverancia, carácter, y el carácter esperanza. Ahora la esperanza no defrauda, porque el amor de Dios ha sido derramado en nuestros corazones por el Espíritu Santo que nos fue dado" (Romanos 5: 3-5).

¿Cómo crees que Abram llegó a ser conocido como Abraham el Padre de la Fe y asentado en la lista del "salón de la fe" en Hebreos 11? Aprendió y aguantó tiempos de prueba como estos que le permitieron ser el hombre de fe que tomó su hijo Isaac y subió al altar para sacrificarlo cuando el Señor se lo ordenó. Nunca hubiera podido hacer esto si no hubiera tenido esos momentos de prueba en su vida.

Es el proceso que da frutos en nuestras vidas y se convierte en un árbol de la vida, no la oración contestada. Por ejemplo, cuando fui salvo, el Señor me enseñó a esperar. Me tomó años aprender y no fue divertido, pero cuando finalmente conocí a Michelle, fui capaz de guiarla en el tiempo de espera que Dios tenía para los dos, todo porque había ya pasado por ese proceso de refinamiento. Entonces, creyente, no pongas tu esperanza en que sucedan las cosas, más bien ponga su esperanza en Aquél que siempre hará lo que es lo mejor para nosotros, incluso si a veces duele.

MAYO 29

Salmo 39: 7: "Y ahora, Señor, ¿Qué espero? Mi esperanza está en ti."

A veces podemos superarnos a nosotros mismos en determinadas situaciones. Por ejemplo, David se encontró en una situación donde estaba enojado con Dios por lo que estaba pasando a su alrededor. Los malvados prosperaban y, sin embargo, él era el que sufría con una aflicción. La vida no era justa y estaba enojado. Entonces, en lugar de ser honesto con Dios y hablarle al respecto, David decidió ser un buen soldadito cristiano y no decir nada en absoluto. "Estaba mudo, no abrí la boca, porque Tú lo hiciste" (Salmo 39: 9).

El pensamiento aquí es que, "Aunque estoy muy enojado con Dios en mi corazón, mientras no le diga nada al respecto, todo irá bien y yo estaré bien ante Sus ojos" Hay algunos problemas que ocurren cuando adoptamos este enfoque de restringirnos físicamente de hablar: 1) Incluso si no hablamos todo todavía está a los ojos de Dios, ya que Él conoce nuestros corazones; 2) No solo nos bloqueamos al decir lo malo, también nos bloqueamos para no decir lo bueno; y 3) Así no funciona. Simplemente nos enfurece más hasta que finalmente explotamos.

Esto es lo que vemos en David en ese momento. "Me quedé mudo y en silencio, retraje mi paz incluso del bien; y se agitó mi dolor. Mi corazón ardía dentro de mí; mientras reflexionaba [meditaba], el fuego ardía. Entonces hablé con mi lengua" (Salmo 39: 2-3). David estaba tan enojado con Dios que ni siquiera dijo las cosas buenas que necesitaban ser dichas. Bueno, la presión siguió aumentando hasta que David finalmente tuvo que hablar con Dios sobre todo esto. Fue entonces, y solo entonces, que David encontró la paz. "Y ahora, Señor, ¿Qué espero? Mi esperanza está en ti." Se dio cuenta después de hablar con Dios que su esperanza estaba en Dios, no en su persona inicua y castigada, ni tampoco en él siendo sanado.

Por favor, comprenda que nunca hay un mal momento para hablar con Dios, independientemente de lo que esté pasando o sintiendo. Él nos dice a lo largo de la Biblia, "Venid a mí; en cualquier estado que estén, adelante, solo vengan." Dios ya sabe lo que estamos pensando y sintiendo; Él sabe nuestros pensamientos e intenciones del corazón, entonces; ¿Por qué tratamos de esconderlos de Él como si eso hiciera una diferencia? Dios es lo suficientemente grande como para manejar nuestras rabietas, frustraciones e impaciencia con respecto a esta vida. Su deseo es tener una relación íntegra con nosotros no una de falsedad y actuación simulada, sino una que sea real y honesta y verdadera que venga de nuestro corazón.

Así que, creyente, no intente ocultarle cosas a Dios; más bien, muéstrele todo lo que es, sabiendo que Su amor por usted nunca cambiará. Sea audaz en el hecho de que puede ser usted mismo con Dios y aun así ser amado perfectamente por Él. ¿Entonces que está esperando?

MAYO 30

Salmo 40: 3: "Ha puesto un cántico nuevo en mi boca: alabanza a nuestro Dios; muchos lo verán, temerán y confiarán en el Señor."

Recuerdo estar sentado en mi escritorio un día en el trabajo y preguntarle a Dios: "Padre, ¿Por qué no me sanaste de esta aflicción física? ¿Cuál es el propósito detrás de esto?" Fue en ese momento exacto que llegó un correo electrónico de uno de nuestros lectores de los devocionales que dijo: "No tienen idea de cuánto necesitaba escuchar esto hoy." Verán, esa mañana había escrito un devocional sobre mi aflicción física, y mientras leía ese comentario fue entonces cuando Dios me dijo: "Por eso."

David nos recuerda esto mismo en el Salmo 40 cuando escribió en los versículos 1 y 2: "Esperé pacientemente al Señor; y se inclinó hacia mí y escuchó mi clamor. Él también me sacó de un pozo horrible, de la arcilla fangosa, y puso mis pies sobre una roca, y estableció mis pasos. "David estaba pasando por un momento muy difícil en su vida, por lo que oró y esperó "pacientemente" en el Señor. El pensamiento aquí es que pasó un tiempo antes de que David fuera liberado de esta situación. ¿Por qué pues? ¿Cuál era el punto de todo esto? David nos respondió esa pregunta en el versículo 3: "Ha puesto cántico nuevo en mi boca, alabanza a nuestro Dios; muchos lo verán y temerán, y lo harán porque confían en el Señor."

El Gran Orquestador permite muchas cosas en nuestras vidas que, no solo basta enseñarnos una lección importante, sino también enseñarles a los demás. A veces, esas dificultades no tienen nada que ver con nosotros; son simplemente permitidas en nuestras vidas por el bien de los demás. Esto es lo que David quiso decir cuando dijo: "Ha puesto un cántico nuevo en mi corazón: alabanza a nuestro Dios." En otras palabras, estoy experimentado la fidelidad de Dios de una manera que no había experimentado antes. ¿Por qué? Porque "muchos lo verán, temerán y confiarán en el Señor."

Cuando entregamos nuestra vida a Jesucristo como nuestro Señor y Salvador, esencialmente le decimos: "Señor, úsame como *Tú quieras*." Entonces, cuando se permiten ciertas cosas en nuestras vidas, Dios simplemente acepta nuestra oferta. Quiere usarnos para Su gran propósito para que, no solo seamos bendecidos, completos y con propósito, sino que también otros lo conozcan y confíen en Él cuando pasen por tiempos difíciles. ¿Entonces creyente, que cántico nuevo te ha dado el Señor el día de hoy? Busque estas oportunidades para compartir con los demás sabiendo que cuando lo hagamos muchos lo verán y creerán y confiarán en el Señor.

MAYO 31

Salmo 44: 6: "Porque no confiaré en mi arco, ni mi espada me salvará."

Hace un par de semanas, la electricidad en todo nuestro complejo de apartamentos se suspendió. Normalmente, cuando esto sucede, la electricidad se restablece en solo un par de horas cuando mucho; esta vez, sin embargo, estuvo suspendida la energía por más de un día. Michelle y yo aprendimos mucho en ese período de veinticuatro horas, nos dimos cuenta que no estábamos adecuadamente preparados para un desastre natural que nos dejaría sin electricidad, agua, alimentos, etc. y lo admito, la idea de no poder suplir las necesidades de la vida de mi esposa, y nuestra bebé que pronto llegaría, fue algo muy aterrador para mí.

Así que aceleré mi preparación y comencé a investigar todas las diferentes formas en que necesitábamos estar preparados. Pero sucedió algo interesante en toda mi planificación y preparación: noté que poco a poco había comenzado a depositar mi confianza en la preparación y los suministros para salvarnos, no en Dios. Ahora, por favor, no me malinterpreten, creo que es muy prudente asegurarse de que estemos preparados en caso de que un desastre llegue, pero hay una delgada línea entre estar preparado y ser un preparador. Escuche lo que dijo David cuando sus enemigos lo rodearon y estaba en una batalla por su vida: "A través de ti derribaremos a nuestros enemigos; mediante tu nombre pisotearemos a los que se levanten. Porque no confiaré en mi arco, ni mi espada me salvará. Pero nos has salvado de nuestros enemigos" (Salmo 44: 5-7). David entendió que, aunque tenía que usar físicamente una espada y un arco a veces para defenderse, era Dios quien finalmente fue su defensa, y fue Dios quien finalmente lo llevó a través de la batalla y le dio la victoria, no su arco y no su espada en contra de sus enemigos.

Necesitamos recordar, cuando ocurren desastres, ya sean naturales, físicos, económicos, emocionales o espirituales, y nos sacuden de cada zona de confort que tenemos que: Dios sigue siendo Dios. Él todavía tiene el control, y es tan fiel como nuestro Protector, Proveedor, Sanador, Defensor y Salvador, que Él está cuando estamos o no frente a una montaña de adversidad. Entonces, creyente, ¿Dónde está realmente tu confianza hoy? ¿Está en su cuenta para el retiro, medicinas, consejería, trabajos, apariencia, títulos, etc., o está todo esto colocado en el Dios amoroso y siempre fiel? Recuerda, que no hay nada en este mundo que sea lo suficientemente confiable, o lo suficientemente digno, para tener nuestra esperanza y confianza en Él. Solo Uno es Siempre Fiel, y solo Uno es nuestra salvación para cada desastre que enfrentamos en la vida, y ese es Dios.

JUNIO 1

Lucas 22:13: "Fueron, pues, y lo encontraron tal como les había dicho: y prepararon la Pascua."

A medida que se acercaba la Pascua, Jesús les dijo a Pedro y a Juan que fueran a la ciudad a preparar la cena pascual para Él y los demás discípulos. Cuando ellos preguntaron a Jesús dónde quería comer la Pascua, Jesús les dijo:

> "He aquí, al entrar en la ciudad os saldrá al encuentro un hombre que lleva un cántaro de agua; seguidle hasta la casa donde entrare, y decid al padre de familia de esa casa: El Maestro te dice: ¿Dónde está el aposento donde he de comer la pascua con mis discípulos? Entonces él os mostrará un gran aposento alto ya dispuesto; preparad allí. Fueron, pues, y hallaron como les había dicho; y prepararon la pascua". (Lucas 22: 10-13)

Puede que estas instrucciones no nos parezcan extrañas, pero para Pedro y Juan parecía imposible. Mira, en aquellos días, los hombres no llevaban cántaros de agua porque se consideraba en general un trabajo de mujeres; por lo que las probabilidades de encontrar un hombre que llevara un cántaro de agua eran casi imposibles.[75] Ahora agregue a esa ecuación un hombre llevando un cántaro de agua que los conducirá a una casa que tiene una habitación de invitados, y llega a ese punto donde la incredulidad se hace cargo. Sin embargo, por fe, cuando Pedro y Juan siguieron las instrucciones de Jesús, encontraron que todo era como Jesús había dicho que sería.

Me acordé de esta lección muy importante el domingo pasado por la mañana cuando algunos de nosotros estábamos orando durante el primer servicio en la sala de oración. El Señor puso el nombre de "James" (Santiago) en mi corazón, junto con una imagen de una pared de bloques de piedra y cadenas, luego oré para que el Señor liberara a James de la vida de esclavitud en la que él quedó atrapado. Después de que terminó el servicio, un anciano entró y pidió oración. Cuando yo comencé a escucharlo describir la situación con su hijo, el Espíritu Santo me dijo enfáticamente que el nombre de su hijo era James. No dije nada al principio por qué; es decir, ¿Cuáles eran las probabilidades de que el hijo de este hombre se llamara James? Finalmente, me atreví y le pregunté al hombre, cuál era el nombre de su hijo, y dijo "James." Casi salté de mi silla. Luego compartí con este hombre lo que el Señor había puesto en mi corazón durante la oración, y cómo habíamos orado por su hijo. Resulta que su hijo acababa de salir de la cárcel y estaba básicamente en su última oportunidad. Fue tal como el Señor había dicho que sería.

Entonces, creyente, ¿Qué promesa estás luchando por creer hoy? ¿Qué situación imposible te hace dudar de la providencia, liberación o capacidad sanadora del Dios Todopoderoso? Recuerde, como suele decir mi buen amigo Darrell, "Dios nunca permite que podamos escapar de nuestra necesidad de fe." Así que mira Su Palabra y encuentra la fuerza, la esperanza, el descanso y la paz que se les concede hoy. Simplemente sigue sus instrucciones, y todo sucederá tal como Él ha dicho que sucedería.

JUNIO 2

Salmo 51:10: "Crea en mí, oh Dios, un corazón limpio, y renueva un espíritu recto dentro de mí."

¿Qué hacemos cuando nos enfrentamos a la maldad de nuestro pecado? Algunos creen que la penitencia es necesaria para que puedan alcanzar la posición correcta ante Dios, otros creen que es cuestión de hacer buenas obras para que puedan ganarse el camino de regreso a la Gracia de Dios. Sin embargo, ¿Qué hizo David cuando Dios lo llamó por su adulterio y asesinato? Él confesó: "He pecado contra el Señor" (2 Samuel 12: 13a). y luego oró: "Crea en mí un corazón limpio, oh Dios, y renueva un espíritu recto dentro de mí."

¿Por qué? Porque "[Dios] desea la verdad en lo íntimo" (Salmo 51: 6). Esto siempre tiene que ver con el corazón de Dios porque ahí es donde nuestra relación con Dios está, en nuestro corazón. No está en las obras, ni en los rituales, ni siquiera en la ley. Nuestra relación es una de las partes internas. "Porque tú Señor no deseas sacrificios, de lo contrario te los daría; no te agrada el holocausto o la ofrenda quemada. Los sacrificios que honran a Dios son un espíritu quebrantado, un corazón contrito y humillado, estos, Oh Dios, tú no los despreciarás" (Salmo 51: 16-17). Dios no desea solamente nuestras obras o penitencias; el desea un corazón contrito y arrepentido.

Entonces, ¿Cuál fue la respuesta de Dios a David cuando confesó su pecado? "El Señor ha quitado tu pecado; no morirás" (2 Samuel 12: 13b). El apóstol Juan nos recuerda esto en 1 Juan 1: 9, "Si confesamos nuestros pecados, Él es fiel y justo para perdonar nuestros pecados y limpiarnos de toda maldad."

Debemos recordar que Dios siempre está listo y dispuesto a perdonar nuestros pecados. Nuestra parte es confesar nuestro pecado a Dios, estar de acuerdo con Él en que lo que nos dice que es pecado, y luego simplemente recibir Su abundante Gracia de perdón. Si sumamos algo a esto, o si no lo creemos, entonces estamos diciendo que lo que Jesús hizo en la cruz no fue suficiente para nosotros y debe haber más que hacer para que seamos perdonados. Amo lo que Jesús le dijo la mujer sorprendida en el mismo acto de adulterio, "Ni yo te condeno, vete y no peques más" (Juan 8:11). Esto es exactamente lo que Dios nos dice a cada uno de nosotros hoy cuando venimos a Él con nuestro pecado.

JUNIO 3

Santiago 5: 16b: "La oración eficaz y ferviente del justo vale mucho."

Este versículo está escrito para recordarnos cuán poderosas son realmente nuestras oraciones. Para estar seguros de que entendemos completamente esto, el apóstol Santiago nos da un ejemplo: "Elías era un hombre con una naturaleza como la nuestra, y oró fervientemente para que no lloviera; y lo hizo, no llovió sobre la tierra durante tres años y seis meses. Y oró de nuevo, y el cielo dio lluvia, y la tierra produjo su fruto" (Santiago 5: 17-18). El apóstol Santiago dice que Elías era una persona normal como tú y yo, pero mira cuán poderosas eran sus oraciones. Entonces, ¿Cuál era su secreto? Primero, conocía la Palabra de Dios; y oró según las promesas de Dios; en segundo lugar, y probablemente más importante, Elías se esforzó en sus oraciones porque creía en el poder de la oración.

Esto es en última instancia lo que Santiago nos dice en este versículo, "La oración eficaz y ferviente del justo vale mucho."

Creo que aquí es donde la mayoría de la gente se tropieza con respecto a este versículo. Las palabras, "Eficaz" y "ferviente" aparentemente colocan condiciones específicas en las oraciones que abarcan mucho; así que si no oramos "efectivamente" o tenemos "fervor" cuando oramos, nuestras oraciones son impotentes. Luché por entender este versículo durante mucho tiempo porque es raro que sea ferviente cuando oro, a veces incluso intentaba sentir emoción o pasión, solo para que mis oraciones fueran efectivas. Bueno, esto no es lo que El Señor quiere, y esto no es lo que significa este versículo.

Las palabras "eficaz y ferviente" de hecho se combinan para formar una sola en griego que es *energeo*. De aquí es de donde obtenemos nuestra palabra "energía." La palabra *energeo* literalmente significa "estar operativo" o "estar en el trabajo." El pensamiento aquí en contexto es poder o energía en nuestras oraciones. Para descomponerlo aún más, significa esforzarse orando; esto, dice el apóstol Santiago, que así es cómo la oración será de mucho provecho.

Volvamos al ejemplo de Santiago con respecto a Elías, cuando oró para que lloviera, se nos dice que se arrodilló en el suelo, puso la cabeza entre las rodillas y oró. Elías hizo esto siete veces mientras su sirviente corría a la cima de la montaña cada vez para ver si se avecinaban nubes de lluvia. Finalmente, en la séptima vez, su criado vio una nube del tamaño del puño de un hombre y Elías supo que iba a llover. Observe cómo Elías tuvo que esforzarse en sus oraciones. La Biblia no lo describe a él como ferviente; lo describe como humilde, diligente y fiel para continuar orando hasta que recibiera una respuesta de Dios. Esta es la oración que aprovecha mucho, se trata de creer, porque Elías lo hizo, si no hubiera creído verdaderamente en el poder de la oración, nunca se habría esforzado al orar. ¿Entonces, cristiano tu qué crees?

JUNIO 4

Salmo 57: 1: "¡Ten piedad de mí, Oh Dios, ¡ten piedad de mí! Porque mi alma confía en ti; y a la sombra de tus alas haré mi refugio, hasta que estas calamidades hayan pasado."

Es reconfortante saber que tenemos un lugar al cual acudir cuando llegan las calamidades. Ya sea enfermedad, muerte, persecución, dolor o decepción, siempre tendremos un lugar donde acudir en nuestro tiempo de necesidad, ya que Dios es nuestro refugio de las tormentas de la vida. ¿Pero cómo vemos esto en un sentido práctico? ¿Qué significa hacer nuestro refugio en Él?

Hace unas siete semanas, nuestro médico nos dijo que parecía haber un quiste en el cerebro de nuestra hija. Mientras Michelle y yo enfrentamos la realidad de "lo que podría ser," invitamos a nuestros hermanos a orar con nosotros durante este momento tan difícil. Después de un breve llanto de unos quince segundos, Michelle se sintió invadida por la paz que Kate estaría bien. Yo lo cargué un poco más, pero al día siguiente la paz del Señor me abrumaba, ya que también sentía que mi hija Kate estaría bien. Nosotros, hicimos nuestro refugio en el Señor con nuestros hermanos de la fe mediante la oración. Cuando recibimos el informe el pasado jueves que Kate estaba bien y no había ningún quiste en su cerebro, nos regocijamos y alabamos a nuestro Dios asombroso.

Refugiarse a la sombra de las alas de Dios significa no caminar solo a través de las dificultades, sino más bien teniendo hermanos y hermanas en la fe que caminarán por ese camino contigo en oración, apoyo, aliento, etc. Es tener gente que te encause y enfoque constantemente hacia el Dios de toda esperanza durante las tentaciones de desesperanza.

Últimamente, Michelle y yo hemos tenido que detenernos y reconocer en numerosas ocasiones y agradecer al Señor por todas las personas maravillosas que ha puesto en nuestras vidas. Reconocemos la abundancia de las riquezas que tenemos en estas personas, y estamos muy agradecidos de no estar solos en este camino.

¿Entonces que pasa con las personas que no tienen un dios verdadero a quien recurrir, y donde se refugian? Recuerdo cuando fui candidato para una cirugía de hombro hace unos dos años y ya internado mientras me preparaban escuche a una de las enfermeras que comentaba que el hombre en la cama de al lado estaba programado para una cirugía mayor del corazón. Mientras veía ir y venir a la multitud de la familia de este hombre, lo último que cada persona le dijo antes de irse fue: "Buena suerte." Mi corazón se rompió por este hombre porque todo en lo que tenía que confiar era, "Buena suerte." Ese deseo de "buena suerte" era donde estaba su refugio, y no hay absolutamente ninguna esperanza en eso. Así que deja que te pregunte ¿Dónde has hecho tu refugio?

JUNIO 5

> 1 Juan 3:24: "Ahora bien, el que guarda sus mandamientos permanece en Dios y Dios en él. Y por esto sabemos que Él permanece en nosotros, por el Espíritu que nos ha dado."

Durante la última semana más o menos, he estado realmente luchando espiritualmente. normalmente cuando lucho de esta manera, se siente como si yo estuviera realmente lejos de Dios, pero esta vez es diferente. Esta vez siento que Dios todavía está cerca de mí; solo que sin nada que venga de Él, como si tuvieras tu televisor encendido, pero todo lo que ves es una pantalla negra porque no había ninguna alimentación entrando desde su decodificador de cable o antena parabólica. Se siente así.

Entonces ayer decidí aumentar mi tiempo en la Palabra, pensando que iba a través de un brote de crecimiento espiritual y necesitaba más tiempo para estudiar; pero mientras me dirigía a mi coche para leer durante mi descanso del trabajo, el Señor me dijo: "Patrick, necesitas venir a Mí, no a Mi Palabra." Luego me hizo una pregunta: "¿Cuándo te sientes más cerca de mí?" Fue entonces cuando me di cuenta de que estoy más cerca de Dios cuando tomo decisiones para negarme a mí mismo por el bien de los demás, y no lo había estado haciendo.

Las cosas habían ido tan bien dentro y alrededor de mi vida, y estaba siendo tan bendecido por Dios, que me había vuelto muy complaciente en mi caminar con Él. Claro, todavía estaba estudiando y meditando en la Palabra y sirviendo en el ministerio y orando por otros, cosas así, pero mi corazón se estaba alejando de Dios debido a la falta de compasión y amor por aquellos a mi alrededor. En apariencia todo se veía genial, pero la verdad es que mi corazón comenzó a volverse frío, duro y rebelde; Había dejado de guardar los mandamientos de Dios y amarlo con todo mi corazón, alma y mente, y amar a mi prójimo como me amo yo mismo. Jesús dijo en Mateo 22 que estos son dos grandes mandamientos, y esto es esencialmente de lo que Juan está hablando en 1 Juan 3:24.

En Lucas 9:23 Jesús dijo: "Si alguno quiere venir en pos de mí, niéguese a sí mismo, tome su cruz cada día y sígame." Note que antes de que podamos tomar nuestra cruz y seguir a Jesús, primero debemos negarnos a nosotros mismos. Sin esto, no estamos siguiendo a Jesús, no hay permanencia en Él y Él en nosotros. Si nosotros estamos eligiendo no seguir Sus mandamientos, y nos servimos a nosotros mismos en lugar de a los demás, entonces no podemos permanecer en Él o Él en nosotros. Esto no significa que ya no seamos salvos; solo significa que hemos apagado el decodificador de cable o la antena parabólica. Juan dice que sabremos que Él permanece en nosotros y nosotros en Él por el poder del Espíritu Santo. Yo entonces no tenía poder. No había alimentación de parte de Dios porque yo había apagado al Espíritu Santo en mi vida en esos momentos, no por elección propia, sino que constantemente elegí ponerme antes y primero que los demás.

Es muy fácil creer que negarnos a nosotros mismos y poner a los demás en primer lugar es una gran carga para que la llevemos. Sin embargo, el apóstol Juan escribió en 1 Juan 5:3 que "los mandamientos [de Dios]no son gravosos." Negarnos a nosotros mismos nos libera de la carga de nuestra carne y llena nuestra vida de propósito y bendición. Entiende que nunca somos más como Jesús que cuando nos negamos a nosotros mismos por el bien de los demás, porque en esto, Dios se manifiesta. "Nadie ha visto a Dios en ningún momento. Si nos amamos unos a otros Dios permanece en nosotros, y su amor se ha perfeccionado en nosotros" (1 Juan 4:12). Que así sea este día para todos nosotros.

JUNIO 6

Proverbios 14: 4: "Donde no hay bueyes, el abrevadero está limpio;
pero mucho aumento viene por la fuerza del buey."

En el antiguo Israel, el buey era probablemente la posesión más valiosa que un hombre podía tener, los bueyes se usaban para arar la tierra para cultivos y para mover los molinos de granos; básicamente, hacían todo el trabajo pesado que se necesitaba hacer en ese entonces. El pensamiento aquí es simple: si no tengo bueyes, entonces no tengo que limpiar sus establos, ni cuidar de ellos, etc., pero tampoco tengo ningún beneficio para mí.

El Señor grabó este versículo en mi corazón esta mañana mientras me preparaba para asistir al trabajo, y me recordó las decisiones que este patrón de pensamiento puede producir. Más específicamente, el Señor me dijo que hay personas que están leyendo este versículo ahora mismo, pero, aun así, tienen miedo de casarse por el esfuerzo que se necesita para que un matrimonio funcione. Entiendo totalmente este pensamiento. Cuando estaba soltero, tenía mi propio apartamento, mi coche deportivo, mi gran televisor, mis videojuegos. . . Podría hacer cualquier cosa que yo quería hacer, cuando quería hacerlo. La vida me *era fácil*.

Pero también estuve solo todo el tiempo. No tenía ayuda, ni mejor amigo, nadie con quien compartir mi corazón, alguien con quien experimentar la vida, alguien con quien yo pudiera crecer juntos. La vida pudo haber sido más fácil para mí en el sentido de ser egoísta y desobligado, pero también estaba mucho más vacío porque no hubo verdadero sacrificio en mi vida; y sin sacrificio, ¿Cómo podría realmente conocer al Señor? El Señor me dijo cuando estaba soltero que nunca sería el hombre que Él quería que fuera si no me casaba con Michelle, y estoy muy agradecido de haberlo hecho porque la vida nunca ha sido mejor.

Todos enfrentamos este tipo de decisiones en la vida. Quizás para usted es que no quiere tener hijos, no quiere involucrarse sirviendo en un ministerio, o no desea acercarse y hacerse amigo de otras personas. Nos sentimos tan cómodos con nuestras vidas y nuestros horarios que no queremos hacer nada que trastorne ese equilibrio perfecto que hemos establecido. Solo queremos una vida fácil libre de estrés. Sin embargo, nuestras vidas no mejoran cuando vivimos así, no hay crecimiento, ni propósito, sin realización, sin desafío. El problema con este pensamiento es que nuestro círculo de "control imaginario" se sigue reduciendo hasta el punto en que muy pronto ya ni siquiera viviremos; solo existimos en una prisión del miedo de hacer algo diferente porque podría implicar esfuerzo y sacarnos de nuestras zonas de confort.

En última instancia, este tipo de pensamiento nos lleva a desobedecer la dirección del Espíritu Santo en nuestras vidas. Caminar con el Señor no es una cosa fácil de hacer, especialmente en el mundo en el que vivimos hoy. Dios nos llamará a hacer muchas cosas que nos llevarán fuera de nuestras zonas de confort, cosas que nos harán vulnerables y que exigen que hagamos esfuerzo y sacrificio. Dios desea que nosotros hagamos una inversión de nuestro corazón en la vida de otros, debido a que solo en esas circunstancias encontraremos un verdadero incremento en nuestras vidas.

JUNIO 7

Juan 3:16: "Porque tanto amó Dios al mundo que dio a su unigénito Hijo, para que todo aquel que en Él cree no se pierda, más tenga vida eterna."

Estaba estudiando para enseñar la semana pasada, y me encontré tan concentrado en todos los textos hebreos originales, su puntuación, su gramática, etc., que no tenía nada que escribir sobre el cuaderno. Era como si mi mente se hubiera paralizado por completo y no pudiera ver ni pensar en cualquier otra cosa que no sea ese versículo. Esto es lo que me pasa cuando profundizo demasiado lejos en un verso y me olvido del panorama general. Es en estos momentos que tengo que dar un paso atrás y preguntarme: "¿Por qué Dios escribió esto? ¿Por qué Dios quería este versículo en la Biblia? ¿Cuál es la intención de Su corazón para este versículo?" Es ahí donde obtengo la perspectiva de la Palabra de Dios, de Su Palabra, y las cosas comienzan a aclararse para mí.

A menudo le digo a la gente que tenemos que leer y enseñar la Palabra de Dios en contexto, y con un propósito, porque mantiene las cosas en su perspectiva adecuada. Bueno, el contexto fundamental para leer y enseñar toda la Palabra de Dios, incluso libros como Levítico y Números, es este: Dios desea que todos los hombres sean salvos (1 Timoteo 2: 4). Esto es realmente el contexto *de toda* la Biblia.

Aquí es donde los que dicen que Dios ha creado a ciertas personas para la destrucción se equivocan; aquí es donde los que dicen que Dios odia a los incrédulos se equivocan, porque están sacando la Palabra de Dios fuera de contexto. Están mirando la Palabra sin considerar el propósito primordial de Dios detrás de todo lo que ha hecho desde el principio. Juan 3: 16-17 básicamente resume *la declaración de misión* de Dios para nosotros: "Porque tanto amó Dios al mundo que dio a su Hijo unigénito Jesucristo para que todo aquel que crea en Él no se pierda, más tenga vida eterna. Porque Dios no envió a su Hijo al mundo para condenar al mundo, sino que el mundo a través de Él pudiera ser salvo."

Creyente, Dios es amor. Todo lo que Él hace es por amor. Su más fundamental deseo es que toda la humanidad sea salva. Este es el contexto en el que toda la Biblia fue escrita, y este es el contexto en el que debemos leer y enseñar la Biblia a los demás.

JUNIO 8

Mateo 5:44: "Pero yo les digo, amen a sus enemigos, bendigan a los que les maldicen, haz el bien a los que te odian y ora por los que te maltraten y persigan."

Ha habido muchas veces que me he encontrado con un versículo en el libro de los Salmos que aparentemente contradice este versículo, y pienso para mí mismo: "Este no es el corazón de Dios. El corazón de Dios desea que todos los hombres sean salvos, entonces, ¿Por qué están estos versículos en la biblia?" El Señor me mostró recientemente que los versículos que he leído en el libro de los salmos solo necesitan ser examinados con más cuidado; con una revisión adicional, en realidad se alinean con el corazón de Dios y nos revelan cómo debemos orar por aquellos que van contra nosotros.

El Salmo 58: 6 declara: "¡Quiébrales los dientes de la boca, oh Dios! Rompe los colmillos de los leones jóvenes, oh Señor!" Cuando miramos por primera vez este versículo, parece ser una oración muy violenta y destructiva alimentada por el odio; sin embargo, tras una revisión adicional, vemos que en realidad se alinea perfectamente con el corazón de Dios. La oración de David no es para que Dios dañe físicamente a sus enemigos; más bien, pide David a Dios que los desarme. David ora que Dios quitara a sus enemigos los medios para hacer el mal para que ya no pudieran hacer esas cosas. Piense en ello como el de un oficial de policía que arresta un sospechoso. Lo primero que hace el oficial es desarmar a esa persona para que no pueda dañar ya a nadie. Esto es lo que David pide aquí.

David continúa: "Cuando doble su arco, sean sus flechas como cortadas en pedazos." (Salmo 58: 7). A continuación, David ora para que las intenciones de los malvados no se cumplan al contrario que sean ineficaces dejándolos una vez más, desarmados. Esta vez, David no se dirige a las armas que tienen; más bien, le pide a Dios que cambie las intenciones del corazón de sus enemigos. También vemos este mismo tipo de oración en el Salmo 70: 2-3: "Sean avergonzados y confundidos los que buscan mi vida; que se vuelvan atrás y se confundan los que desean mi dolor. Que se vuelvan atrás a causa de su vergüenza." Nuevamente, David está orando para que Dios convenza, no condene, los corazones de estas personas para que puedan reconocer lo que están haciendo, darse cuenta de que están mal y arrepentirse de esos caminos perversos.

Entonces, ¿Por qué deberíamos orar por nuestros enemigos y no contra ellos? Usted se pregunta. Primero porque la oración nos cambia, y segundo porque la oración los puede cambiar a ellos. "Ora (por tus enemigos) para que puedan ser hijos de vuestro Padre Celestial; porque hace salir el sol sobre los malos y sobre los buenos, y hace llover sobre justos e injustos" (Mateo 5:45). Recuerda, Dios no odia a nadie. El ama a toda la humanidad, aun a sus enemigos, esto es lo que significa este versículo "El hace que su sol brille sobre los malos y los buenos y envía la lluvia tanto al justo como al injusto.

Entonces, creyente, no ore contra los que lo golpean. Más bien, ore por ellos, ore para que Dios los desarme y cambie sus corazones para que ellos también sean hijos e hijas de Dios, y anden en la novedad de vida, es decir como nuevas criaturas.

JUNIO 9

Romanos 12: 2a: "Y no se amolden a este mundo, sino sean transformados por la renovación de su mente."

He estado pensando mucho últimamente en las batallas que enfrentamos todos los días con el pecado: miedo, duda, incredulidad, etc., y me recuerda continuamente que todo comienza con la mente. Por eso, inmediatamente después de que Pablo escribió en Filipenses 4: 6, "Estén ansiosos por nada," escribió. "Finalmente, hermanos, todo lo que es verdadero, todo lo que es noble, todo lo justo, todo lo puro, todo lo bello, todo lo que sea de buen nombre, si hay alguna virtud y si hay algo digno de alabanza, medita en estas cosas" (Filipenses 4: 8). Esto es esencialmente lo que el apóstol Pablo está diciendo en Romanos 12: 2. Tiene que haber un cambio en nuestra conciencia, nuestro propósito, nuestra vida y pensamiento. Tenemos que dejar de pensar como lo hace el mundo; dejar de pensar en lo que el mundo dice, y orientar nuestras mentes a un nuevo patrón de razonamiento y deducción.

El apóstol Pablo nos exhorta aquí a no modelar quiénes somos y qué hacemos para el mundo, sino más bien a cambiar el propósito de vida en una forma tal que sea más como Cristo al permitirle a Él renovar nuestro entendimiento, nuestra razón y nuestro reconocimiento de lo que es bueno y lo que es malo, porque solo cuando hagamos esto seremos realmente capaces de "saber cuál es la voluntad de Dios para [nosotros], que es buena y agradable y perfecta" (Romanos 12: 2b, NTV).

Para hacer esto, debemos dejar de preguntarnos cómo nos sentimos y qué pensamos que debemos hacer, y empezar a preguntarnos qué dice la Palabra de Dios sobre esto o aquello y qué es verdad.[76] Es aquí, al aplicar la Palabra de Dios a nuestras vidas, que seremos transformados por la renovación de nuestra mente, porque nuestra facultad de tomar decisiones, creer, confiar, percibir, etc., nos cambiará de lo que dice el mundo a lo que proclama la Palabra de Dios. Es esencialmente lo que el apóstol Pablo habló en Filipenses 2 cuando nos dijo que tomáramos la mente de Cristo y que alejáramos las tonterías del mundo. Entonces, creyente, no se alínie con el mundo; más bien, alíniese con la Palabra y sea transformado por la renovación de su mente.

JUNIO 10

Isaías 40:31: "Pero los que esperan en el Señor renovarán sus fuerzas."

El comienzo de este versículo implica que hay quienes no esperan en El Señor, sino se mueven con sus propias fuerzas, con su propia sabiduría, creando su propio camino con lo que perciben como el mejor momento y la mejor manera para una situación en particular. Salomón aborda los resultados de este tipo de pensamiento en Proverbios 19: 2b – 3a: "Peca el que se apresura con los pies. La locura del hombre tuerce su camino." Pero, "Los que esperan en el Señor renovarán sus fuerzas; levantarán alas como las águilas, correrán y no se cansarán, caminaran y no desmayaran."

La verdad de por qué no esperamos en el Señor no es difícil de descifrar: simplemente no confiamos en que Dios va a obrar en esa situación porque nos falta fe en Sus caminos y en Su tiempo. A esto Isaías dice: "¿No lo sabías? ¿No has escuchado? El Dios eterno, el Señor, el Creador de los fines de la tierra, ni se fatiga ni se cansa. . . Él da poder a los débiles y a los que no tienen poder, Él aumenta las fuerzas" (Isaías 40: 28-29).

Comprenda que esperar en Dios no significa estar inactivo en una situación; más bien, espere que Dios se mueva de una manera poderosa y perfecta. El error que cometemos a menudo es pensar que esperar es un momento de inactividad en lugar de un tiempo para hacer crecer nuestra fe en Dios. El profeta Isaías nos exhorta aquí a esperar en el Señor porque mientras lo hacemos, Él nos transmite Su fuerza para que podamos correr y no nos cansemos, andemos y no desmayemos. Cuando hacemos esto, esencialmente intercambiamos nuestra debilidad por Su fuerza, y nuestra fe débil por la fe perseverante que únicamente podemos encontrar en Dios.[77] Solo cuando ese intercambio tenga lugar, dice Isaías, podremos correr y no cansarnos, podremos caminar y no desmayarnos; Entonces creyente, espera en el Señor y confía en Él, porque Él se moverá de la manera perfecta y en el momento perfecto.

JUNIO 11

> Eclesiastés 4:12: "Aunque uno sea dominado por otro, dos pueden resistirlo. Una cuerda triple no se rompe rápidamente."

Nuestra desesperada necesidad de compañerismo y responsabilidad se subestima radicalmente en la iglesia hoy. Con demasiada frecuencia hemos visto a gigantes espirituales caer en pecado simplemente porque no querían tener un círculo transparente de responsabilidad en sus vidas. Yo creo que si tuvieran a alguien con quien pudieran ser abiertos y honestos acerca de lo que está pasando en sus vidas, y los pensamientos que están teniendo hacia esa otra mujer, no hubieran elegido seguir los caminos equivocados.

Esto es lo que Salomón nos recuerda aquí en este versículo, la necesidad de rendir cuentas. "Aunque uno pueda ser dominado por otro, dos pueden resistirlo y un cordón triple no se rompe rápidamente." La mayoría de las veces cuando escucho citar este versículo, la gente se centra en el triple cordón del matrimonio. . . un hombre, una mujer y Dios. Aunque es cierto que se necesita a Dios en todo matrimonio, eso no es lo que estos versículos dicen. Si leyeras los versículos 9-12, verías que Salomón se refiere directamente al valor de un amigo, no a la necesidad de Dios en matrimonio.

Me acordé de esto cuando estaba leyendo el libro de Josué el otro día, y me encontré con la historia de Acán. Aquí tienes un ejemplo perfecto de lo que sucede cuando no tenemos responsabilidad en nuestras vidas. Después de la caída de Jericó, Dios habló con los hijos de Israel y les dijo específicamente que no participaran en ninguna manera del oro, la plata, el bronce o el hierro que encontraron, porque esas cosas eran consagradas al Señor. Sin embargo, Acán se sintió tentado. Deseaba estas cosas en su propia estimación, no vio el daño al tomar parte del tesoro para sí mismo, porque pensó, quiero decir, ¿A quién le haría daño? Finalmente, cuando su pecado salió a la luz, Acán y toda su familia fueron muertos.

Si Acán hubiera tenido un hermano o un amigo en su vida con el que fuera honesto y compartiera lo que estaba pensando hacer o como estaba siendo tentado, etc., le garantizo que este hermano habría hablado con sabiduría en la vida de Acán sobre esta idea tan horriblemente mala pero no tenía, ni buscó ninguna asesoría y cayó en la tentación.

Tener este tipo de responsabilidad no es una sugerencia para nosotros; es obligatorio para cada creyente. Proverbios 18: 1 nos recuerda el peligro que enfrentamos sin responsabilidad: "Un hombre que se aísla busca su propio deseo."

La calificación para un socio en responsabilidad no debe ser solo un amigo nuestro con el que nos gusta hablar, no, deberían ser un hombre (para hombres) o una mujer (para mujeres) que sea maduro en el Señor y que nos llamará y alertará cuando vayamos por una pendiente resbaladiza. tener un amigo allí, que no es maduro en el Señor solo agrava el problema. Entonces, creyente, recuerde, "Dos son mejor que uno, porque tienen buena recompensa por su trabajo. Porque si caen, uno levantará a su compañero. Pero ¡Ay del que está solo cuando cae, porque no tiene a quien lo ayude o lo levante!" (Eclesiastés 4: 9-10).

JUNIO 12

Filipenses 4: 8: "Medita en estas cosas."

Me encanta leer el libro de los Salmos porque obtengo mucha comprensión de la condición humana. En el Salmo 77, el salmista se encontró en un momento de profunda desesperación. "En el día de mi angustia busqué al Señor; mi mano estaba extendida sin cesar durante la noche; mi alma se negó a ser consolada. Me acuerdo de Dios y me lamento, medito en Él y desfallezco; Me quejé y mi espíritu se sintió abrumado. . . Tu Señor sostienes mis párpados abiertos; Estoy tan turbado que no puedo hablar" (Salmo 77: 2-4).

Entonces, ¿Qué situación estaba pasando el salmista y qué estaba causando su sufrimiento? Como muchos salmos, la situación en sí no se nos revela porque la situación no es el problema real. A menudo pensamos que la aflicción o la persecución, o la relación es la razón por la que estamos en confusión, y problemas, pero; ¿Realmente es esa la razón por la que luchamos en tiempos como este? ¿O es algo completamente diferente? Observe que el salmista escribió: "Me acordé de Dios y me lamenté." El salmista comenzó a reflexionar sobre quién es Dios y le preocupaba grandemente porque conocía la fidelidad de Dios; sin embargo, aquí estaba sufriendo, sin la ayuda de su Poderoso Salvador. Es aquí donde encontramos la verdadera razón por su sufrimiento.

"¿Desechará el Señor para siempre? ¿Ya no será favorable? ¿Su misericordia cesó para siempre? ¿Ha fallado su pacto para siempre? ¿Dios se ha olvidado de ser bondadoso? ¿Ha cerrado con ira sus tiernas misericordias? . . . Y dije: "Esta es mi angustia" (Salmo 77: 7-10a). El problema no era la situación en la que se encontraba el salmista; el problema fue que empezó a dudar de Dios. Comenzó a cuestionar si Dios quería salvarlo, sanarlo y proveer para él, librarlo, etc.

"'Pero recordaré los años de la diestra del Altísimo'. . . las obras del Señor. . . Tus maravillas de antaño" (Salmo 77: 10b – 11). El salmista tomó una decisión en su momento de sufrimiento para reflexionar sobre la promesa de la fidelidad de Dios, aunque aparentemente no estaba presente en él. El salmista comenzó a recordar todo lo que Dios había hecho por él y su pueblo, y fue allí donde encontró la paz.

Esto es lo que el apóstol Pablo nos instruyó que hiciéramos en nuestros tiempos de dificultad: "Finalmente, hermanos, todo lo que es verdadero, todo lo noble, todo lo que es justo, todas las cosas que son puras, todas las cosas hermosas, todas las cosas que son de buen nombre, si hay alguna virtud y si hay algo digno de alabanza: medita en estas cosas" (Filipenses 4: 8). Este no es un pensamiento positivo; esto es elegir meditar en lo que sabemos que es verdad. Es elegir que continuamente se llene nuestra mente con verdades acerca de Dios que son mucho más grandes que nuestras circunstancias, y si miras la lista que el apóstol Pablo compila para nosotros aquí, veras que Pablo aborda todo tipo de lucha que enfrentaremos en esta vida.

Creyente, la situación que estás enfrentando ahora mismo no es el problema; el problema es que hay una batalla en tu mente entre el miedo, la duda y la ansiedad contra tener fe en Dios. Así que deje de pensar en las cosas que ve y siente, y elija llenar su mente con las cosas que sabe que son verdad de Dios." ¿Quién es un Dios tan grande como nuestro Dios?" (Salmo 77:13).

JUNIO 13

Josué 9:14: "Pero no pidieron consejo al Señor."

A medida que crecemos y maduramos en el Señor, ciertas cosas deberían volverse más naturales para nosotros que para otros. No hablo de hacer cosas por legalismo o por obligación, sino simplemente haciéndolo porque reconocemos la Sabiduría y la Bendición que proviene al aplicarlo a nuestras vidas. Una de esas cosas es buscar al Señor en todas las decisiones que tomamos.

En el caso de Josué y los gabaonitas, Josué no buscó al Señor para averiguar si estas personas decían la verdad o no. En cambio, él y los otros líderes de Israel tomaron muestras de las provisiones que los gabaonitas trajeron consigo y determinaron que eran un pueblo de una tierra lejana sólo porque el pan estaba mohoso y los odres estaban viejos y agrietados, y sus ropas estaban hechas jirones y desgastadas. Como señaló David Guzik, Josué y los líderes de Israel estaban caminando por vista, no por fe. Confiaban en lo que les parecía correcto al confiar en sus sentidos (vista, tacto, gusto, olfato), en lugar de buscar al Señor y pedirle sabiduría y discernimiento en el asunto.[78] Este proceso de toma de decisiones puede terminar solamente de una manera: mal. Proverbios 14:12 nos recuerda esto: "Hay caminos que le parecen bien a un hombre, pero su fin es camino de muerte"

Con demasiada frecuencia he visto a creyentes (incluyéndome a mí mismo) meterse en malas situaciones, tomar malas decisiones simplemente porque "no pedimos consejo al Señor." Tomamos estas decisiones basadas en lo que nos parece correcto, y luego nos quejamos con Dios y le preguntamos por qué permitió que sucedieran las consecuencias de esa decisión. Más aún, si consideramos la promesa que tenemos en Proverbios 3: 6, veríamos que Dios quiere dirigir todos nuestros caminos por nosotros: "Reconócelo en todos tus caminos, y Él enderezará tus sendas."

La intención del corazón de Dios es que todos tomemos decisiones sabias y estemos en el centro de Su voluntad perfecta. ¿Si nos extraviamos o si tomamos decisiones tontas, de quién es la culpa? ¿De Verdad? Isaías 30:1 habla de esto: "Ay de los hijos rebeldes," dice el Señor, "Que toman consejo, pero no de mí, y que trazan planes, pero no de mi Espíritu, que pueden añadir pecado al pecado." Así que, creyente, busca al Señor en cada decisión; espera y permite que Dios dirija tus caminos. usted será feliz de haberlo hecho.

JUNIO 14

> Salmo 80: 3: "Restáuranos, ¡Oh Dios; haz que tu rostro brille, ¡y nosotros seamos salvos!"

El Salmo 80 fue escrito en una época de desesperación, cuando Israel estaba siendo invadido por sus enemigos. Entonces el salmista clamó al Señor: "Restáuranos, oh Dios; haz que tu rostro brille, ¡y seremos salvos!" La frase "haz que tu rostro brille" fue una referencia directa a cuando un rey tendría el favor de su pueblo, lo que significa que cualquier solicitud hecha por el rey se iba a cumplir.[79] Entonces el dilema con el que el salmista estaba luchando no era "si Dios *pudiera* salvarlos," sino más bien, "si Dios *quisiera* salvarlos a ellos." Vemos esto resumido en el versículo 14: "Vuélvete, te suplicamos, Oh Dios de los ejércitos." En su pensamiento, Dios los había abandonado. Pero, a decir verdad, ellos habían dejado a Dios.

Últimamente me he encontrado con muchas personas en la sala de oración que me han dicho que están tratando de estar bien con Dios. Mi respuesta a ellos es: "¿Cuánto tiempo se necesita para estar bien con Dios?" El punto es que Dios nunca nos deja. Si hay algún tipo de barrera entre nosotros y Dios, es porque la hemos colocado allí a través de la desobediencia, el pecado, la rebelión, la incredulidad, etc. Sin embargo, todo lo que se necesita para eliminar esa barrera es que lo pidamos, porque Dios siempre está dispuesto a perdonar (Salmo 86: 5). Desde el mismísimo principio, Dios ha extendido Sus manos a toda la humanidad implorando que vengamos a Él para que nos salve. Nada ha cambiado. Dios todavía está estirando y extendiendo sus manos hoy, invitándonos a todos a acercarnos a Él y encontrar refugio en la sombra de sus alas. Entonces, el pensamiento de "¿Me salvará Dios?" no es de Dios; es del mundo. Dios respondió al salmista:

> Tú llamaste en la calamidad y yo te libré. . . "Escucha, pueblo mío
> y te amonestaré. ¡Oh Israel, si me escucharas! . . . Pero mi gente no
> escuchó mi voz, e Israel no me quiso atender. Entonces los entregué a
> su propio corazón obstinado, para que caminaran en sus consejos. Oh,
> que mi pueblo me escuchara, ¡que Israel caminara en mi camino! En un
> momento habría yo derribado a sus enemigos y vuelto mi mano contra
> sus adversarios." (Salmo 81: 7-8, 11-14)

En momentos como estos, debemos reconocer el viejo adagio que se ha dicho y utilizado en tantas ocasiones, "No eres tú, soy yo." Entonces, creyente, ¿Cuánto tiempo toma para estar bien con Dios? No lo sé . . . ¿Cuánto tiempo se tarda en pedirle perdón a Dios?

JUNIO 15

> Proverbios 14:31 (NVI): "El que oprime al pobre, muestra desprecio por
> su Hacedor, pero el que es bondadoso con el necesitado, honra a Dios."

Una de las trampas en las que nosotros, como cristianos, podemos caer fácilmente es cuando comenzamos a pensar demasiado arrogantes en nosotros mismos. Es la actitud, "Hombre, la iglesia tiene suerte de tenerme a mí" Esto suele suceder porque sabemos que somos salvos, sabemos que Dios nos ha prometido cosas maravillosas y sabemos cuánto nos ama. Aunque todas estas cosas son verdaderas y debemos descansar en ellas, debemos recordar que no es por quiénes somos que tenemos estas seguridades; más bien, es por quién Dios es, que los tenemos.

Me acordé de esta verdad cuando estábamos repasando Proverbios 14:31 en el estudio de parejas casadas la semana pasada. Note las palabras que usa Salomón en estos versos. No solo está hablando de creyentes o incrédulos aquí; él está refiriéndose a toda la humanidad. "El que [incluso los creyentes] oprime a los pobres muestra desprecio por su Hacedor, pero quien [incluso los incrédulos] es bondadoso con los necesitados honra a Dios." ¿Es posible que los incrédulos honren a Dios a través de sus acciones?

Absolutamente. A menudo pensamos que, porque vamos a la iglesia, asistimos al estudio de la Biblia, leemos la Biblia, oramos y diezmamos, honramos a Dios. Sin embargo, no se nos instruye a hacer estas cosas para honrar a Dios; hacemos estas cosas para que nos quedemos fundamentados y enfocados en cómo debemos vivir nuestras vidas. En otras palabras, todas estas cosas son para nuestro beneficio, no para Dios. Honrar a Dios, por otro lado, viene cuando asumimos la mente y el corazón de Cristo hacia otras personas. Honramos a Dios cuando servimos a los demás como lo hizo Jesús. Eso es lo que dice Salomón aquí: "Quien quiera que es bondadoso con el necesitado honra a Dios".

Jesús una vez contó una parábola sobre un hombre que estaba tendido a un lado del camino, medio muerto. Cierto sacerdote pasó y no hizo nada, al igual que un levita (ambos eran compañeros judíos del hombre que estaba medio muerto). Pero vino un samaritano (un pueblo despreciado por los judíos), que tuvo compasión del hombre y lo cuidó. Jesús luego preguntó al hombre con el que estaba hablando: "¿Cuál de estos tres crees que fue piadoso o prójimo del que [estaba medio muerto]? "El hombre respondió:" El que mostró misericordia con él. Entonces Jesús dijo: Ve y haz lo mismo" (Lucas 10: 36-37). Entonces, creyente, no te sientas demasiado cómodo en tus creencias, porque sin amor, todo es solo címbalos resonantes (1 Corintios 13: 1-3).

JUNIO 16

Proverbios 24:10: "Si en el día de la aflicción te desanimas, muy limitada es tu fortaleza."

No hay que andar por las ramas con este versículo, ya que Salomón nos da ambos aspectos con respecto a huir cuando enfrentamos la adversidad. Esencialmente lo que está diciendo aquí es: "Si eres débil en día de angustia, Tu fuerza es limitada." (Proverbios 24:10, NBLA). Por favor, comprenda: este versículo, como todos los demás versículos de la Biblia, está escrita a la vista de todas las promesas de Dios, y así es como debe mirarlo.

La reprimenda que nos da Salomón aquí, al llamarnos personas débiles cuando nos desmayamos en tiempos de adversidad, no es agradable, pero es preciso. No hay ninguna razón para que cedamos al miedo durante la adversidad o la vida en general. El Señor no solo nos ha instruido que no temamos, sino que también nos ha dado poder a través de su Espíritu Santo. Cuando desmayamos en tiempos de adversidad, es porque hemos optado por confiar en nuestra fuerza en lugar de confiar en el gran poder que Dios nos ha dado. Zacarías 4: 6 nos recuerda esto: "No con fuerza [nuestra fuerza] ni con poder [la fuerza de muchos], sino con mi Espíritu, dice el Señor."

La semana pasada me enfrenté a muchas adversidades ya que me sacaron de casi todas las zonas de confort que tengo; la tentación, cuando nos enfrentamos a estas situaciones, es simplemente huir de ellas porque nos resulta muy incómodo caminar en la fe. Sin embargo, la Biblia dice: "Sin fe es imposible agradar a [Dios]" (Hebreos 11: 6). Y como mi buen amigo Darrell a menudo me recuerda: "Dios nunca permitirá que escapemos de nuestra necesidad de fe." Así que caminar en fe es una parte vital de nuestras vidas si queremos crecer y madurar en el Señor.

Fue entonces cuando el Señor me dijo algo muy profundo; me dijo: "Patrick, antes de que huyas o quieras tomar la situación en tus manos y con tus propias fuerzas, ¿Me darías la oportunidad de mostrarte que Yo soy Fiel contigo, puedo tener la oportunidad de mostrarte que Soy el Dios Fiel del cual tu lees en la Biblia?" Me quedé impresionado por esta asombrosa información, ya que rápidamente recordé cuán a menudo no le doy a Dios la oportunidad de serme fiel. Yo elijo desmayar en los días de adversidad, en lugar de simplemente caminar a través de ellos con Dios como mi fuerza y escudo.

Tal vez estás leyendo esto ahora mismo y estás luchando por creer que Dios es fiel en tu tiempo de adversidad. A eso te pido que recapacites en esto; ¿Alguna vez le diste a Dios la oportunidad de serte fiel? Alguna vez has caminado en una situación desesperada que el Señor ha permitido en su vida, y básicamente le dijiste Señor: "Hágase en mí como Tú deseas, Señor" ¿Te ha fallado el Señor alguna vez?

Creyente, no elija desmayarse en el día de la adversidad confiando en su percepción de la situación, o en la fuerza limitada que tiene para soportarla. Más bien, confíe en el poder de Dios a través de Su Espíritu Santo y camine en fe, sabiendo y teniendo la certeza que en Él siempre hay victoria.

JUNIO 17

Salmo 138: 8: "El Señor perfeccionará lo que me atañe."

El Señor completará y pondrá fin a aquello en lo que estás en medio de. Eso es lo que esencialmente nos promete este versículo. Sé que esto no parece cierto cuando estamos en medio de una situación difícil, pero hemos visto esta promesa pasar por toda la Biblia, ya que el Señor se ha mantenido fiel a Su Palabra continuamente liberando a todos los que invocaban su nombre.

Lo importante que debemos recordar es que esta promesa no es solo para aquellos mencionados en la Biblia; sino también lo es para nosotros hoy día. Y no es solo para ciertas situaciones tampoco; no, esta promesa es para cada situación que enfrentemos, grande o pequeña. Entonces, sea lo que sea que te preocupe, donde sea que te encuentres, Dios promete que pondrá fin a Su tiempo y a Su manera.

Encuentro asombroso que Dios, el Creador del universo, nos ame tanto que Él se preocupa por todas las situaciones y preocupaciones que tenemos, independientemente de cuál sea. Incluso si todos los demás en el mundo piensan que es ridículo; si nos concierne, también le concierne a Dios. Pero no se trata solo de que Dios pondrá fin a nuestra situación; Más importante aún, Él lo completará perfectamente en nuestras vidas, lo que significa que seremos transformados a través de todo. Seremos más fuertes a medida que nuestra fe y confianza en Él y Su Palabra crezca y obtendremos la resistencia, el carácter y la esperanza que necesitamos para continuar a través de esta vida.

Pero aquí está la condición de esta promesa que no podemos perder: Solo el Señor puede poner fin a esta situación y completarla perfectamente en nuestras vidas. No lo hará llegar a su fin por nuestra mano, nuestra sabiduría, nuestras obras, nuestro pastor, nuestro cónyuge, nuestros amigos, drogas, alcohol, sexo, ira, mentiras, etc. . . solo "El SEÑOR perfeccionará eso que le concierne [a usted]."

Entonces, creyente, ¿Qué es lo que le preocupa hoy? ¿Qué estás en medio de ahora mismo que te tiene ansioso y temeroso? Donde sea que estés, lo que sea que estemos pasando, Dios lo sabe, y lo que es más importante, a Dios le importa. Así que mira a Dios para la liberación, y descanse en el hecho de que Él pondrá fin cuando la obra esté perfectamente completa, porque Él es "Misericordioso, y Clemente, Paciente y abundante en Misericordia y Verdad" (Salmo 86:15).

JUNIO 18

1 Corintios 13: 8: "El amor nunca deja de ser."

Esta semana, el grupo de estudio de nuestras parejas casadas comenzó a leer el libro *Los cinco lenguajes del amor* por el autor Gary Chapman para nuestro estudio de verano. A medida que avanzábamos en la introducción al libro, el Señor grabó una pregunta en mi corazón que quería que compartiera con los hombres cuando nos separamos en grupos de hombres y mujeres: "¿Nos importa siquiera cuál *es* el lenguaje del amor de nuestras esposas? El punto fue muy claro para los hombres de mi grupo porque si realmente no nos importa crecer y aplicar las cosas que escuchamos entonces luego leer el libro sería una pérdida de tiempo ya que sería simplemente seguir el texto. Porque sin amor, nada nos aprovecha (1Corintios 13: 3).

Recuerdo cuando salió la película *Fireproof* (A Prueba de Fuego) y todos empezaron a comprar los libros *Love Dare* (El Desafío del amor) pensando que el libro salvaría sus matrimonios. Sin embargo, si tu recuerdas la película, el desafío en sí no funcionó hasta que el esposo se salvó y recibió el amor de Cristo. Fue entonces, y solo entonces, que el desafío empezó a funcionar para restaurar su matrimonio, porque el marido comenzó a amar a su esposa a *través de* estos actos, y no solo amarla *por* los actos. . . gran diferencia.

Esto es esencialmente de lo que Pablo estaba hablando en 1 Corintios 13. Muchos en la iglesia de Corinto se enfocaban únicamente en los dones del Espíritu Santo mientras ignoraban la importancia del amor (1 Corintios 13: 1-3). Entonces Pablo les dice: "El amor nunca falla. Pero si hay profecías, fallarán; Si hay don de lenguas cesarán; si hay conocimiento, desaparecerá" (v. 8). Solo quedará el amor, solamente el amor permanecerá. Al considerar esto, el pastor David Guzik dijo que los dones del Espíritu Santo son las herramientas para la obra de Dios, pero el amor es en realidad "la obra misma." Sin amor, estos dones son simplemente vasijas vacías.[80]

El amor nunca falla. Creo que este es un gran recordatorio para todos nosotros porque habrá momentos en los que no sepamos qué hacer o qué decirle a alguien en problemas y, sin embargo, si los amamos, eso es lo que más les ministrará. Al final del día, solo el amor es lo que quedará. Es lo que cambiará y sanará y restaurará porque cuando realmente amamos a alguien como Dios nos ama, Dios es claramente manifestado a esa persona y eso es lo que recordarán, que fueron amados por Dios.

JUNIO 19

1 Samuel 3: 1: "Y la palabra del Señor escaseaba en aquellos días; ahí no había revelación con frecuencia."

Hay un dicho que mi buen amigo Darrell suele decir: "Algunas cosas son enseñadas, y otras cosas se capturan." Bueno, esta mañana, mientras leía 1 Samuel, capté este versículo: "Y la palabra del Señor era rara en esos días; no había una revelación con frecuencia." Este versículo dice literalmente que no hubo ningún avance de la revelación divina durante ese tiempo. La pregunta obvia es, ¿Por qué?

Si viéramos dónde estaba Israel en este punto, descubriríamos exactamente por qué. Esta palabra fue escrita durante la época en que se escribió el libro de los jueces, una época en la que Israel continuaba en una rebelión intensa contra el Señor. La pregunta que me vino mientras estudiaba esto fue: "¿Era rara la revelación divina de Dios en aquellos días porque Dios la retuvo, o era escasa porque la gente no buscaba al Señor?"

Esto me desafió mucho, ya que me hizo considerar mi propio caminar con el Señor. Últimamente, aparentemente no ha habido "revelación divina" en mi vida, y he estado muy frustrado por eso. Pero, ¿De quién es la culpa que no haya escuchado del Señor, mía o del Señor? Es mi culpa, porque la Biblia dice claramente que, si buscas al Señor, lo encontraremos.

Debemos recordar que Dios quiere revelarnos sus revelaciones divinas. Él quiere que aprendamos, crezcamos, maduremos y seamos utilizados para sus poderosos propósitos. La verdad es que Él está hablando hoy, ahora mismo, y podría agregar poderosamente. ¿La pregunta es, estamos escuchando? ¿Deseamos siquiera escuchar lo que el Señor tiene que decirnos a través de Su Santo Espíritu? Nuestro papel en la relación con nuestro Padre es romper con la estática y ruido de este mundo, apartarnos y estar quietos para que podamos escuchar Su voz. Él nos ha dado instrucciones para esto, como el ayuno y la oración, por ejemplo. ¿Cuándo fue la última vez que ayunamos y oramos solo porque queríamos escucharlo? La verdad es que queremos las revelaciones divinas de Dios, pero a menudo no queremos trabajar por ello. Solo queremos que Dios sea nuestro Dios de autoservicio y haga nuestro pedido bien para que podamos seguir con el resto de nuestro día. Pero no hay relación en eso. Es decir, puede haber una gran revelación en nuestra vida; hoy si lo queremos.

JUNIO 20

> 1 Samuel 14: 6: "Venid, pasemos a la guarnición de estos incircuncisos; puede ser que el Señor trabaje por nosotros. Porque nada frena al Señor de salvar por muchos o pocos."

Los filisteos habían acampado contra Israel y la Biblia nos dice que su fuerza era tan grande que hizo que el pueblo de Israel tuviera miedo y temblara (1 Samuel 13: 6). Cuando el rey Saúl vio esto, tomó el asunto en sus propias manos y desobedeció lo que el Señor le había ordenado que hiciera; porque Saúl era un hombre que basaba sus decisiones en lo que *veía*, en lugar de quién *era* el Señor y lo que Él Señor había dicho.

Por otro lado, el hijo de Saúl, Jonatán, era un hombre que caminaba por fe y no por vista. Cuando vio a esta multitud reunirse contra Israel, decidió ir a enfrentarse a ellos solo con su escudero, diciendo: "Ven, vayamos a la guarnición de estos incircuncisos; puede ser que el Señor trabaje por nosotros, porque nada impide que el Señor salve por muchos o pocos." En lugar de dejar que la situación determinara sus acciones por él, como lo hizo su padre, Jonatán dio un paso adelante con fe, sabiendo que el Señor podía hacer lo imposible. Pero, ¿Cómo llegó Jonatán a esta decisión? El Señor no lo había instruido para hacer esto, y el Espíritu Santo no había movido su corazón a hacerlo. . . entonces cual fue la base de la fe de Jonathan? Primero, sabía quién era Dios, lo que significa que había una relación con Él. Segundo, conocía las promesas de Dios para esa situación como se detalla en Josué 1: 9: "Sé fuerte y valiente; no tengas miedo, ni desmayes, porque el Señor tu Dios estará contigo dondequiera que vayas." Así es como Jonathan podía mirar la situación y hacer lo que la ocasión exigiera, porque sabía que Dios estaba con él (1 Samuel 10: 7). Jonathan era un hombre que sabía cómo caminar en fe, porque Jonathan era un hombre que conocía la mente y el corazón de Dios hacia Su pueblo.

A menudo, observaremos una situación y determinaremos el resultado de esa situación en función de lo que vemos y pensamos; luego terminamos tomando nuestras propias decisiones basadas sobre esos factores solamente. Pero, ¿Dónde está Dios en este proceso de toma de decisiones? le damos la oportunidad de sernos fiel, como lo hizo Jonathan aquí? Como creyentes, nosotros deberíamos permitir que Dios nos abra y cierre puertas mientras consideramos quién es Él y qué dice Él acerca de esa situación, porque "puede ser que el SEÑOR trabaje a favor nuestro. Nada impide que el Señor salve por muchos o pocos". Entonces, creyente, como bien dijo el pastor Ron Daniel, "No importa cuán pequeño, cuán poco, cuán débil, cuán poco impresionante seas, si Dios está por nosotros, ¿Quién puede estar contra nosotros (Romanos 8:31)?[81]

JUNIO 21

Filipenses 2: 8: "Y habiendo sido hallado en apariencia de hombre, se humilló a sí mismo y se hizo obediente hasta el punto de la muerte, incluso la muerte la Cruz."

Jesús simplemente me sorprende. Cuanto más aprendo sobre Él, más estoy asombrado de todo lo que ha hecho y está haciendo por nosotros hoy. Mira este versículo, por ejemplo. Jesús - Dios: voluntariamente descendió del cielo y fue "hallado en apariencia de hombre" por nuestro bien. Otros versículos afirman esto también: "Y el Verbo [Jesús] se hizo carne y habitó entre nosotros" (Juan 1:14); "Porque Dios no envió a su Hijo al mundo para condenar el mundo, sino para que el mundo sea salvo por él" (Juan 3:17).

No puedo decir con palabras cómo debe haber sido esto para Jesús. Solo puedo compararlo con convertirnos en cucarachas para salvar a las cucarachas. Imagina cómo sería eso: sabiendo todo lo que sabes ahora mismo sobre la vida, alimentación y limpieza, y luego convirtiéndose en una cucaracha y viviendo en el lodo y la suciedad de su mundo, sabiendo de antemano que morirías una muerte atroz por causa de ellos. ¿Podrías hacer eso? No, yo tampoco.

También vemos que Jesús "se humilló a sí mismo y se hizo obediente hasta el punto de la muerte, incluso la muerte de cruz." Esto es lo que realmente me golpeó, la obediencia que Jesús mostró a la voluntad del Padre. En Isaías 53: 1–12, el profeta Isaías predice los sufrimientos de Jesús por nosotros. Gran parte de lo que Isaías escribió reveló cuán asombroso es realmente Jesús, pero algo específico me llamó la atención: "Estaba oprimido y estaba afligido, pero no abrió la boca. Fue llevado como un cordero al matadero, y como oveja delante de sus trasquiladores, calló, no abrió Él su boca" (Isaías 53: 7).

Esta es la obediencia pura y sin adulterar porque Jesús era un hombre inocente. Él no hizo nada malo, ni una sola vez pecó, y sin embargo aquí estaba siendo crucificado por la mismísima gente que estaba salvando, y, sin embargo, se nos dice que no dijo una palabra. Él estaba silencioso. No los fastidió, no los reprendió, y no trató de defenderse.

Él mismo Jesús fue obediente hasta la muerte, incluso la muerte de cruz. La muerte más dolorosa, insoportable y humillante que puedas imaginar, Jesús aguantó, y ni siquiera dijo una palabra. Eso es simplemente increíble para mí. Todos somos muy conscientes de lo difícil que es no defendernos cuando nos acusan injustamente de algo que nos pueda llevar hasta la muerte, ¿Incluso la muerte en la cruz? después de que todo terminó, y Jesús soportó la cruz por nuestro bien a través de obediencia voluntaria, Isaías escribió, "Él [Dios] verá el trabajo de Su [Jesús] alma, y quedará satisfecho" (Isaías 53:11). Aquí está la promesa que hace que todo valga la pena. La obediencia voluntaria a la voluntad del Padre siempre conduce a la satisfacción que va más allá de este mundo y más allá de nuestro entendimiento. Esto es lo que me animó a intentar ser obediente en todo lo que Jesús me ha llamado a ser obediente, porque después quiero mirar atrás y ver el trabajo de mi alma y saber que Dios estuvo satisfecho.

JUNIO 22

2 Samuel 22:20: "Me libró porque se agradó de mí."

Es muy fácil para nosotros tener una relación con Dios basada en que intentemos ganar su favor. ¿Por qué no cedemos naturalmente para agradarle en este tipo de relación, cuando eso es básicamente lo que hemos experimentado desde el momento en que nacimos en este mundo? Cuando hacemos algo bueno, le agradamos más a la gente; cuando hacemos algo mal, les gustamos menos, Cuando la adversidad entra en nuestras vidas, sentimos que debimos haber hecho algo malo para que esto suceda; empezamos a creer que, si hacemos suficientes cosas buenas para Dios, Él nos rescatará de esa situación. Y sigue y sigue.

En 2 Samuel 22, David relata un momento "Cuando las olas de la muerte me rodearon y me atemorizaron las inundaciones de la impiedad. Los dolores del Seol me rodearon; los lazos de la muerte me enfrentaron" (2 Samuel 22: 5-6). Entonces, ¿Qué hizo David cuando se encontró cara a cara con la muerte? "En mi angustia llamé al Señor, y clamé a mi Dios; El Oyó mi voz desde su templo, y mi clamor entró en sus oídos." (2 Samuel 22: 7). Fue entonces cuando el Señor "me libró de mi enemigo fuerte, de los que me odiaban; porque eran demasiado fuertes para mí. Ellos me confrontaron en el día de mi calamidad, pero el Señor fue mi apoyo" (2 Samuel 22: 18-19).

Observe que todo lo que hizo David fue pedir ayuda al Señor en su momento de necesidad, y el Señor lo libró. ¿Por qué entonces David actuaba así? ¿Fue porque David era tan buen hombre? ¿Fue porque siguió la Ley o porque hizo tantas buenas obras? No, "me libró porque se agradó de mí". ¿No es asombroso saber que Dios se deleita en ti, no por lo que haces o no haces, sino simplemente porque se trata de quien es Dios? Nos encanta poner condiciones sobre por qué Dios se deleita en nosotros, pero la simple verdad es que Dios se deleita en nosotros porque Él es Dios, y eso es justo Su naturaleza.

Así que seamos como David hoy y cantemos este cántico de alabanza al Señor: "El Señor es mi roca y mi fortaleza y mi libertador; el Dios de mi fuerza, en quien confiaré; mi escudo y el cuerno de mi salvación, mi baluarte y mi refugio Salvador, tú me salvas de la violencia. Invocaré al Señor, que es digno de ser alabado; así seré librado de mis enemigos" (2 Samuel 22: 1-4)

JUNIO 23

2 Samuel 22:25: "Por tanto, el Señor me ha recompensado conforme a mi justicia, conforme a mi pureza en sus ojos."

A menudo cometemos el error de definirnos por cómo nos vemos y por lo que pensamos de nosotros mismos. Dado que nos conocemos mejor a nosotros mismos, podemos justificar la conclusión a la que llegamos sobre quiénes somos basándonos en lo que hemos hecho. Aquí vemos a David, cantando una canción de alabanza a Dios mientras declara su inocencia y justicia. Sin embargo, ¿Cómo puede ser esto? Este es el hombre que voluntariamente cometió adulterio y asesinato, que tomó numerosas malas decisiones al no buscar primero al Señor, y que era un pecador como tú y yo. Sin embargo, él dice aquí: "El Señor me ha recompensado conforme a mi justicia." ¿De qué justicia habla David? Por sí mismo, ninguna; Sino por Dios, tuvo abundante justicia a través de la asombrosa gracia de Dios.

En 2 Samuel 12:13, el profeta Natán le dijo a David que "el Señor también ha quitado tu pecado." David creía plenamente en lo que el Señor le había dicho a través del profeta Nathan; por eso, David podía decir con confianza que sus manos estaban limpias "Conforme a mi pureza en sus ojos." Fíjense desde el punto de vista de quién miraba David cuando se definió a sí mismo. No fue de acuerdo con lo que vio David, o lo que otros vieron; más bien, fue de acuerdo con lo que Dios vio. Estaba limpio a los ojos de Dios. En esto radica la victoria del peso de la condenación que el pecado trae a nuestras vidas: Estamos completamente limpios del pecado a los ojos de Dios, de acuerdo a cómo Él nos ve; realmente eso es *todo* lo que importa. Entonces,

¿Cómo ve Dios a los creyentes? "Porque al que no conoció pecado, lo hizo pecado por nosotros, para que seamos justicia de Dios en Él" (2 Corintios 5:21). Cuando Dios nos mira, no ve nuestro pecado; Solo ve a su Hijo Jesús Cristo. Esto no quiere decir que debamos tomar nuestro pecado a la ligera, o dar por sentado la Gracia asombrosa que nos ha concedido a través de lo que Jesús hizo en la cruz;

por eso se puede decir que podemos vivir libres de la condenación del pecado. Podemos ser libres de lo que pensamos de nosotros mismos y descansamos en la verdad de cómo Dios nos ve. Entonces, creyente, detente al definirte a ti mismo por cómo tú mismo te ves o como te ven los demás, y comience a definirse por cómo Dios te ve.

JUNIO 24

Lucas 10:33: "Y cuando le vio, tuvo compasión."

Mientras estaba en el trabajo ayer, Michelle me llamó desde casa y me dijo que la policía había bloqueado la única calle de nuestro complejo de apartamentos. Ella dijo que allí había muchos coches de policía, un par de camiones de bomberos y una ambulancia en el estacionamiento del gimnasio al otro lado de la calle. Se enteró un poco más tarde de que había un pistolero armado sentado en su coche, amenazando con suicidarse. ¿Entonces, cuál fue mi primera oración al escuchar esto? "Señor, por favor, despeja el camino para que pueda llegar a casa." ¿De verdad, Patrick? ¡Fue entonces cuando Michelle me llamó de nuevo y me despertó a la realidad de la situación, y oramos por este hombre y por su salvación!

Todo esto me recordó la historia que Jesús contó sobre el buen samaritano. Un judío bajó una vez a Jerusalén y cayó en manos de unos ladrones. Ellos robaron sus pertenencias, lo golpearon hasta el punto en que estaba casi muerto, y luego se fueron, y lo dejaron tendido a un lado del camino para morir. Un sacerdote se acercó, lo vio tirado allí, y luego se fue al otro lado del camino y siguió caminando. También lo hizo un levita lo vio y no se compadeció del hombre. "Pero cierto samaritano, mientras viajaba, llegó a donde estaba. Y cuando lo vio él tuvo compasión." Así que vendó al hombre, lo llevó a la ciudad y pagó para que lo cuidaran hasta su regreso. La parte más importante de esta historia que debes conocer es que los samaritanos eran despreciados por los judíos; sin embargo, este samaritano tuvo compasión del hombre que, por la cultura de ese día, lo despreciaba.

Entonces, ¿Por qué el sacerdote y el levita pasaron de largo y no ayudaron a uno de sus semejantes? Creo que fue porque compraron exactamente la misma mentira que nosotros compramos hoy, cuando elegimos no tener compasión de alguien: estaban en un estrecho horario que no dejaba espacio para involucrarse en ayudar a este hombre. Lo admito; cuando me enteré de que nuestra calle estaba cerrada por culpa de este hombre en el estacionamiento del gimnasio, mi primera reacción fue que mi horario diario había sido interrumpido; se convirtió en un inconveniente para mí en lugar de un ser humano que estaba luchando con la vida. Él se convirtió en una carga en lugar de un alma perdida por la que se necesitaba orar.

Nos hemos vuelto tan cómodos con nuestras rutinas diarias que, si hay una desviación de nuestra rutina normal, caemos en picada. Nos enojamos mucho porque nos sacan de nuestra zona de confort. La verdad es que nuestras rutinas diarias se han convertido en una forma de esclavitud para nosotros, ya que nos impiden seguir la dirección del Espíritu Santo. Tener desviaciones de nuestra rutina diaria en realidad nos libera de vivir la vida de un zombi, donde simplemente nos dedicamos a nuestro día sin pensar.

Estas divinas interrupciones son las que nos mantienen vivos, por así decirlo; evitan que nuestros corazones se vuelven fríos e insensibles. Nuestras rutinas diarias y la comodidad que encontramos en ellos, se centran todo en mí mismo; y cuando nos enfocamos solo en nosotros mismos, es muy difícil elegir la compasión cuando otros la necesitan. Entonces, creyente, libérate de tu rutina diaria hoy orando intencionalmente por oportunidades que lo ayudarían desviarse de esta vida rutinaria. Te alegrarás de haberlo hecho, ya que; "El que es bondadoso con los necesitados, honra Dios" (Proverbios 14:31, NVI).

JUNIO 25

1 Reyes 12: 8: "Pero él dejó el consejo que los ancianos le habían dado, y pidió consejo de los jóvenes que se habían criado con él, y estaban delante de él."

Un día, mi sobrino Sean, de ocho años, entró en mi habitación y me preguntó cómo hacer para superar un cierto nivel en un videojuego que estaba jugando. Ahora, si no eres un jugador de video juegos asiduo, debes comprender que hay varias formas de intentar obtener la victoria a través de cada nivel en un videojuego, pero solo una forma te permite superarlo correctamente. Sean sabía que yo ya había pasado por ese nivel, así que vino y me pidió que le mostrara cómo superarlo de la manera correcta.

Me acordé de esto mientras leía 1 Reyes 12. El rey Roboam, hijo de Salomón, se enfrentó a una situación en la que necesitaba sabiduría y orientación. Entonces se fue y consultó con los ancianos que habían asesorado a Salomón durante su reinado y ellos le dieron a Roboam un consejo muy sabio. "Pero rechazó el consejo que le habían dado los ancianos, y consultó a los jóvenes que habían crecido con él, que estaban ante él en ese momento."

Hay un par de problemas aquí, como yo lo veo. Primero, Roboam confió en sus amigos en lugar de aquellos que eran más maduros espiritualmente que él. Cuando yo fui salvo, el primer lugar al que Dios me guió fue un estudio bíblico para hombres donde estaba rodeado de hombres mayores y maduros. Aquí es donde aprendí y crecí más como creyente, porque escuché y extraje sabiduría de estos hombres. Ellos eran a los que acudiría cuando necesitaba consejo, no a mis amigos.

Muy a menudo hoy, veo que los creyentes evitan ciertos estudios bíblicos simplemente porque las personas en esos estudios son mayores que ellos; preferirían estar rodeados de gente de su propia edad, o en su mismo nivel. Pero si hacemos esto, ¿Cómo creceremos? ¿Cómo alguna vez sabremos cómo superar todos los diferentes niveles de la vida, si todos buscamos sabiduría y consejo en el mismo nivel que nosotros? Por favor entienda que estoy escribiendo esto bajo la suposición de que todos vamos en primer lugar al Señor ante todo en todas las cosas; pero también tenga en cuenta que la Biblia dice en Proverbios 11:14 que en la multitud de consejeros hay victoria. El Señor quiere que busquemos creyentes maduros para obtener sabiduría y consejo; y cuando recibamos esa sabiduría, debemos compararla con lo que dice la Biblia y pedirle al Señor que la confirme, permitiéndole dirigir nuestros caminos.

En segundo lugar, Roboam estaba buscando a quienes le dieran el consejo que él quería escuchar. Demasiadas veces, buscamos la sabiduría en los demás hasta que finalmente encontremos a alguien que nos diga exactamente lo que queremos escuchar. Es por eso que a menudo acudimos a nuestros amigos en lugar de los ancianos de la iglesia, porque queremos escuchar lo que queremos hacer y no ser corregidos. Esto no es sabiduría, tengo a propósito hombres en mi vida que sé que sin duda me corregirán cuando me equivoque y me darán una sólida sabiduría incluso si no es lo que quiero escuchar. Esta es la sabiduría que el Señor quiere que ejerzamos cuando buscamos consejo de otros.

Entonces, creyente, ¿A quién acudes cuando necesitas consejo y por qué vas a ellos? ¿Es porque son tus amigos o porque son más maduros en el Señor que tú? ¿Los estás buscando para poder escuchar lo que quieres escuchar, o los estás buscando porque sabes que te dirán lo que se debe hacer?

JUNIO 26

1 Reyes 13: 9: Porque así me fue mandado por la palabra del Señor, diciendo:" No comerás pan, ni beberás agua, ni volverás por el camino que viniste."

Habrá muchas ocasiones en nuestro caminar con el Señor en las que se nos instruirá hacer o decir algo que será muy difícil para nosotros seguir adelante. Por difícil que sea hacer eso, el verdadero desafío vendrá después de haber sido obediente al Señor, porque es allí donde seremos confrontados con la tentación de caer donde siempre nos mantuvimos firmes.

Por ejemplo, un día "un hombre de Dios" fue al rey Jeroboam y le dio una palabra del Señor que básicamente predijo la destrucción de Jeroboam. Cuando Jeroboam ordenó arrestar a este hombre, la mano de Jeroboam se secó y no la pudo enderezar, lo que llevó a Jeroboam a rogar al hombre de Dios que orara por él para que Dios curara su mano. El hombre de Dios oró con bondad por Jeroboam y su mano fue restaurada.

Como recompensa por su servicio, Jeroboam invitó al hombre de Dios a regresar con él y "refrescarse" con comida y bebida, a lo que el hombre de Dios dijo: "Porque así me fue mandado por la palabra del Señor, diciendo: 'No comerás pan, ni beberás agua, ni volverás por el camino por el que viniste." Así que el hombre de Dios se fue de Bethel, siguiendo lo que el Señor le había ordenado que hiciera.

Pero entonces, mientras el hombre de Dios descansaba bajo un roble, cansado, hambriento y sediento de su viaje: "un viejo profeta" vino de Bethel e invitó al hombre de Dios para volver a la ciudad por comida y bebida. El hombre de Dios se mantuvo firme una vez más y de nuevo repitió al viejo profeta lo que el Señor le había dicho. El viejo profeta respondió al hombre de Dios, diciendo que él también era un profeta y que un ángel le había hablado por la palabra del Señor, diciendo: "Tráelo contigo a tu casa, para que coma pan y beba agua" (1 Reyes 13:18). Y entonces el hombre de Dios fue con el viejo profeta, regresó por donde vino, y comió y bebió agua en Bethel, haciendo exactamente lo que el Señor le había dicho específicamente que no hiciera. Al final, ese acto de desobediencia le costaría la vida al hombre de Dios.

La tentación de ceder después de habernos mantenido firmes en obediencia siempre parece menos importante que aquello en lo que se nos ordenó mantenernos firmes. Por eso, la tentación de ceder generalmente gana porque parece tan inofensivo. Recuerdo cuando Michelle y yo cancelamos nuestras vacaciones el día anterior a nuestro viaje porque el dueño de la propiedad nos pidió que le mintiéramos a su futuro vecino sobre alquilar el lugar. Fuimos muy firmes en el hecho de que el engaño está mal, y no nos sentimos cómodos participando en eso. Más tarde esa noche, mientras íbamos al cine, trajimos agua y bocadillos a pesar de que la normatividad del cine dice específicamente que esas cosas no están permitidas. Cuando lo hablamos después de la película, ambos fuimos auto recriminados por nuestro acto de engaño, aunque pareció tan insignificante para nosotros en ese momento.

Entonces, creyente, esté en guardia contra la tentación de transigir después de haber tenido una victoria en la obediencia; y nunca, nunca, tome la palabra del hombre sobre la de Dios, incluso si viene de otro creyente.

JUNIO 27

1 Corintios 2:10: "Pero Dios nos lo ha revelado a través de Su Espíritu."

Cuando Michelle y yo llevamos a casa a nuestra hija Kate del hospital, fueron muchas las decisiones que tuvimos que tomar con respecto a la alimentación, el sueño, los horarios de vigilia, etc. Habíamos leído libros y buscamos el consejo de otros padres sobre estas cosas, pero nada parecía funcionar para Kate. Al final, nos dimos cuenta de que nadie conoce a Kate de la manera en que lo hace Dios, por lo que comenzamos a buscar diligentemente al Señor para saber como sería su horario y desde entonces esta ha sido nuestra oración. "Señor, danos Tu corazón y mente para saber criar a nuestros hijos."

El apóstol Pablo estaba tratando de transmitir un punto similar a la iglesia en Corinto cuando escribió 1 Corintios 2. Quería que los creyentes allí entendieran lo que la verdadera sabiduría era y de donde vino la verdadera sabiduría. "El ojo no vio, ni el oído oyó, ni han entrado en el corazón del hombre las cosas que Dios ha preparado para aquellos que le aman" (1 Corintios 2: 9). Lo primero que les dice Pablo es que la sabiduría no puede obtenerse mediante esfuerzos humanos, lo que significa que no es usando nuestras fortalezas o nuestros sentidos. Pablo esencialmente estaba citando a Zacarías 4: 6, que dice: "No con ejército ni con fuerza, sino con mi Espíritu, declara el Señor." Por eso Pablo lo dejó claro: "Pero Dios nos las reveló a través de su Espíritu. Porque el Espíritu todo lo escudriña, aun lo profundo de Dios" (1 Corintios 2:10)

A lo largo de la Biblia aprendemos que Dios es la única fuente de sabiduría. Todo lo demás aparte de Dios no es sabiduría, sino más bien un débil intento de sabiduría utilizando medios humanos. La única forma de alcanzar verdaderamente la sabiduría es a través del Santo Espíritu, "Así, nadie conoce las cosas de Dios sino el Espíritu de Dios" (1 Corintios 2:11). Esta sabiduría solo está disponible para los creyentes, "Pero el hombre natural [incrédulo] no recibe las cosas del Espíritu de Dios [sabiduría, verdad, etc.], porque son locura para él; ni puede conocerlos, porque solo se pueden discernir espiritualmente" (1 Corintios 2:14).

Lo que Pablo nos está transmitiendo aquí es, que si Dios es sabiduría, lo cual Él es y si la sabiduría se revela a través de Su Espíritu Santo, lo cual Él es, entonces, ¿Cómo puede alguien que no tenga el Espíritu Santo morando dentro de ellos a través de una relación con Jesucristo tener sabiduría? No pueden, lo cual es muy incómodo para reflexionar cuando se considera cuántas personas están en situaciones de poder y dinero en todo el mundo hoy y no se salvan. En última instancia, esta es la razón por la que Pablo recuerda oremos por todos los hombres, especialmente los que tienen autoridad, para que podamos vivir tranquilos y vidas pacíficas (1 Timoteo 2: 1).

JUNIO 28

1 Corintios 2:12: "Ahora hemos recibido, no el espíritu del mundo, sino el Espíritu que es de Dios, para que sepamos las cosas que Dios nos ha dado gratuitamente."

Entonces, ¿Cómo recibimos la sabiduría del Señor que Él nos ha dado "gratuitamente"? Bien, la lógica dice que, si se nos ha dado algo gratuitamente, entonces no tenemos que intentar trabajar por ello; más bien, solo tenemos que pedirlo. "Si alguno de ustedes le falta sabiduría, pídasela a Dios, y Él se la dará, pues Dios da a todos generosamente sin menospreciar a nadie." (Santiago 1: 5).

El problema en el que nos metemos cuando pedimos sabiduría es que a menudo esperamos una gran efusión divina de sabiduría en el mismo momento en que lo pedimos por ello cuando eso no sucede, comenzamos a creer que nuestra oración no fue "escuchada" Dios no nos oyó, o simplemente decidió no respondernos. Aquí es cuando comenzamos a sentirnos ansiosos y a asumir precipitadamente la creencia de que Santiago 1: 5 no es verdad, Dios no es fiel, o que debemos hacer más para obtener su respuesta y sabiduría.

Lea y analice el versículo de Santiago 1: 6: "Pero pida con fe, sin dudar, por el que duda es como las olas del mar impulsadas y llevadas de un lado a otro y sacudidas por el viento." ¿Alguna vez has visto un globo que es arrojado por el viento? Eso es lo que pasamos mentalmente cuando le pedimos a Dios sabiduría y no creemos que nos la ha dado. El apóstol Santiago aclara que cuando pedimos sabiduría, debemos saber, por fe en Dios, que Él nos la ha dado, incluso si no "sentimos" que la hemos recibido.

Como Michelle y yo le hemos estado pidiendo a Dios sabiduría sobre el horario de alimentación y sueño de nuestra hija Kate, nunca sentimos una oleada de sabiduría o claridad en cualquier momento después de la oración, y a veces nos frustrábamos mucho, porque hacíamos exactamente lo que el Señor nos decía que hiciéramos y le pedimos sabiduría. Sabemos que Él es bueno, sabemos que Él nos escucha, entonces, ¿Cuál es el problema? El desafío para nosotros en estos tiempos es saber que Dios es fiel y que Él nos da la sabiduría cuando es necesaria porque Él sabe exactamente lo que necesitamos y exactamente cuándo lo necesitamos. Cuando llegue el momento de tomar esa decisión, tendremos Su perfecta sabiduría.

Una cosa que Michelle y yo tuvimos que recordar sobre Kate es que los bebés son un objetivo en movimiento, ya que siempre están cambiando. En última instancia, Dios conoce las etapas que Kate pasará día a día, y mientras le pedimos Su sabiduría, Él continuamente nos daba una visión divina sobre cómo criarla ese día. Él también ha hecho esto principalmente a través de conversaciones con otros padres en el momento justo. De entre nuestros hermanos en Cristo un día Mandy nos dará una palabra de conocimiento; al día siguiente será Coral, o Julie, o Holly, o Korine, o una multitud de otras personas a las que Dios ha usado para ayudarnos. Independientemente, Dios satisface nuestra necesidad de sabiduría cada día.

Entonces, creyente, cuando le pidas sabiduría a Dios, aunque no sientas que Él te la ha dado, debes saber que la tendrás exactamente cuando la necesites. Piénsalo de esta manera: Si le pedimos a Dios Su sabiduría para que podamos tomar decisiones sabias, ¿Realmente cree que Dios diría que no a esa oración? Por supuesto que no lo haría, porque desea que caminemos en su sabiduría.

JUNIO 29

> Isaías 41:10: "No temas, porque yo estoy contigo; no desmayes, porque yo soy tu Dios. Te fortaleceré, sí, te ayudaré, te sostendré con mi diestra justa."

Mientras leía la Biblia esta mañana, me di cuenta de algo: no importa con cuanto énfasis trate de hacer algo por ti yo no puedo darte la esperanza, y la fe en el Señor que necesitas para hoy. Todo lo que puedo hacer es señalarle dónde están estas cosas escritas en la Biblia y orar que la tomes en serio como verdad sobre todas las otras verdades y sobre todas las otras cosas.

Lo extraño de la incredulidad es que cuando no creemos lo que alguien dice, no es un reflejo de nosotros, sino más bien un reflejo de lo que no creemos. Por ejemplo, si su hijo se le acerca y le dice algo y usted no les cree, el reflejo de la incredulidad no está en ti, sino en ellos. Cuando hacemos esto, esencialmente les estamos diciendo: "No les creo porque ustedes no son confiables en esta situación." Entonces, cuando surgen situaciones difíciles en nuestras vidas, y permitimos que nos lleven al miedo y la desesperación en lugar de permanecer firmes en lo que la Palabra de Dios nos promete, básicamente le estamos diciendo a Dios que no creemos en Él porque no es digno de confianza en esa situación.

Bueno, a decir verdad, Dios es digno de confianza en cada situación, y eso es lo que hace que este versículo sea tan increíblemente poderoso para mí. "No temas porque Yo estoy con vosotros; no desmayes, porque Yo soy tu Dios. Te fortaleceré, sí, te ayudaré te sostendré con la diestra de mi justicia, no desmayes, porque Yo soy tu Dios. Te fortaleceré, sí, te ayudaré, lo haré y te sostendré con la diestra de mi justicia." Lo primero que vemos es que Dios nos manda "No temas." Esta orden es para cada situación en la vida que alguna vez enfrentemos y nos dice por qué no debemos temer nunca: "Porque Yo estoy contigo." Nunca estamos solos, fuera de lugar u olvidados. Dios siempre está con nosotros, no importa dónde estemos o por lo que estamos pasando.

Entonces Dios nos da otro mandato: "no desmayes." Esto significa que nunca debemos buscar ayuda en ninguna otra persona o ir a ningún otro lugar, "porque Yo soy tu Dios." Dios dice, ven a Mí en busca de ayuda porque Yo soy tu Dios y lo haré, te ayudaré. La frase "Yo Soy" no puede pasarse por alto. No es que Él pueda ser lo que necesitamos, no, el Señor Todopoderoso dice, "Yo Soy", tiempo presente, todo lo que alguna vez querrás o necesites. No necesitarás nada más porque "Te fortaleceré, sí, lo haré te ayudaré, te sostendré con la diestra de mi justicia." Observe que todas las promesas que Dios hace aquí declaran: "Lo haré." No dice que tendrá a alguien más para que lo haga, o de lo contrario, te lo dejará para que lo hagas tú, o que Él tal vez pueda hacerlo. No; Dios expresa y enfáticamente dice, lo haré todo Yo mismo, porque Soy tu Dios y te amo.

¿Notaste también cómo Dios personalizó este versículo para todas y cada una de las personas? quien lo lee Dice "tú" o "tuyo" cinco veces en este versículo. Al hacer esto, deja en claro que todas estas promesas son para ti. Sí, incluso tú. Creo que Dios está tratando de decirnos a ti y a mí algo. Él sabe exactamente dónde estamos y Él sabe exactamente lo que está pasando en nuestras vidas. Nada de nosotros nunca está oculto o perdido en Él, no importa cuán pequeño o insignificante pueda parecer el problema, Él sabe y le importa. Entonces, creyente, encuentre su esperanza, y fe en Su Palabra, porque Él es Fiel, Veraz y Digno de confianza en cada situación.

JUNIO 30

Lucas 4:10: "Porque escrito está. . ."

Un buen amigo mío estaba pasando por un momento muy difícil a principios de esta semana, y mientras lo escuchaba compartir sobre lo que estaba pasando, cómo se sentía y lo que él creía que era verdad, comencé a preguntarme de dónde provenían las verdades que estaba compartiendo conmigo. No escuché nada más que desesperanza, desánimo y un impotente, dios diluido. Me impacté al darme cuenta de que lo que mi amigo creía que era cierto en medio de esta dificultad fue un evangelio de engaño, y no el evangelio de la verdad que encontramos en la Biblia.

Este falso evangelio proviene de una exposición de por vida a verdades erróneas, recelos, conceptos erróneos, Escritura sacada de contexto, verdades parciales, etc. —todo recibido de alguien que en algún momento nos dijo: "Porque está escrito. . ." Y muchas veces cuando estamos en una prueba, creyente o no, a menudo nos revertimos y nos aferramos a las cosas que hemos escuchado a otras personas decirnos como verdad. Ni siquiera creo que nos demos cuenta de lo que creemos no tiene un buen fundamento bíblico hasta que otro hermano o hermana venga y nos indique lo que la verdad realmente es para nosotros y para nuestra situación, según la Biblia.

He oído decir que el diablo no tiene trucos nuevos, solo víctimas nuevas. Después de hablar con mi amigo y meditando en las Escrituras, no podría estar más de acuerdo. Comprenda que el arma más poderosa de Satanás contra nosotros es el engaño. "El (diablo) fue un asesino desde el principio, y no practica, ni está en la verdad, porque no hay verdad en él. Cuando dice una mentira, habla de sus propios recursos, porque es mentiroso y padre de mentira" (Juan 8:44). Cuando Satanás nos ataca, el engaño siempre es parte de su ataque. Entonces, ¿Cómo combatimos este engaño? Con la verdad. Santifícalos en tu verdad. Tu palabra es verdad" (Juan 17:17).

Una de las formas en que el diablo a menudo intentará engañarnos es con la Palabra de Dios. Por ejemplo, en Lucas 4, cuando el diablo estaba tentando a Jesús en el desierto, le dijo a Jesús: "Porque está escrito. . ." y luego citó la mayor parte del Salmo 91: 11-12. El engaño aquí fue sacar esos versículos de contexto y, por supuesto, dejar algunas palabras clave de esos versículos también. Jesús, conociendo todo el consejo de Dios, en contexto, reprendió a Satanás y superó su engaño. Y te garantizo, si Satanás trató de imponerle esto a Jesús, el mismo Hijo de Dios que es el Verbo que se convirtió en carne, él intentará absolutamente usar esta táctica contra nosotros también.

Entonces, creyente, *estudie, memorice* y *conozca* la Palabra de Dios, El que atiende a la palabra, prospera, ¡Dichoso el que confía en el SEÑOR! (Proverbios 16:20, ESV).

JULIO 1

2 Reyes 19: 6: "No temas por las palabras que has oído."

Un día, el rey Ezequías recibió una preocupante carta del rey de Asiria, que decía que Asiria iba a atacar y destruir a Jerusalén tal como lo había hecho con todos los otros reinos de la tierra. "No dejes que tu Dios en quien confías te engañe diciendo: Jerusalén no será entregada en manos de Asiria. ¡Mira! Tienes que escuchar lo que los reyes de Asiria han hecho a todas las tierras al destruirlas por completo" (2 Reyes 19: 10-11). Eso era cierto; ningún otro reino había podido resistir el ataque de Asiria. Pero note que el verdadero ataque no fue ni contra Ezequías ni contra Jerusalén; más bien, estaba en contra de Dios.

El rey de Asiria esencialmente le dijo a Ezequías: "No puedes confiar en que tu Dios te librará, porque ningún otro dios ha podido detenernos. Tu Dios te fallará, así como todos esos otros dioses les fallaron." Este fue un ataque espiritual contra Ezequías, en la fe que Ezequías tenía en el Señor. De modo que Ezequías fue a la casa del Señor y "transmitió [la carta de Asiria] delante del Señor" (2 Reyes 19:14). El Señor respondió a Ezequías diciendo: "No temas por las palabras que has oído. . . Lo haré caer a espada en su propia tierra" (2 Reyes 19: 6-7). Y el Señor libró a Ezequías y al pueblo de Judá tal como Él dijo que lo haría.

Habrá muchas ocasiones en nuestras vidas en las que vamos a recibir un mal informe o noticia sobre algo que está sucediendo con nosotros, nuestros seres queridos o el mundo y cuando el impacto de esta noticia resuena en nuestros corazones y mentes, la tentación para nosotros será tener miedo y entrar en pánico y perder toda esperanza en esa situación. Así es también cuando escucharemos lo mismo que el rey de Asiria dijo a Ezequías, "No dejes que tu Dios en quien confías te engañe diciendo" que todo estará bien, te libraré, te defenderé, te proveeré, etc. Es en estos momentos cuando nuestra fe en Dios se pone verdaderamente a prueba.

En lugar de ceder a la tentación del miedo y el pánico y perder la esperanza, y permitir que esa situación nos dicte cuál será el resultado anticipado, necesitamos seguir el ejemplo de Ezequías y llevárselo al Señor; tenemos que extenderlo ante sus ojos y Dios verá lo que tiene que decir al respecto. Te garantizo que lo primero que El Señor nos dirá será exactamente lo mismo que le dijo a Ezequías: "No tengas miedo de las palabras que has oído, "porque Yo Soy Dios, Soy Fiel, Soy Bueno, y Yo tengo el control. Confía en Mí, reconóceme y Yo enderezaré tus sendas. Así que, creyente, mantente firme y no permitas que las palabras que has oído disminuyan tu fe en Aquél que es Siempre Fiel en todas las cosas.

JULIO 2

Filipenses 3: 8: "Sin embargo, yo también considero todas las cosas como pérdida por la excelencia del conocimiento de Cristo."

La mayor aspiración del apóstol Pablo en la vida era tener un conocimiento más profundo de quién es Dios. De hecho, su deseo era tan exigente que Pablo no estaba satisfecho con ser salvo o con tener un amplio conocimiento de quién es Dios; es por eso que básicamente renunció a todo lo que tenía, y todo lo que él era, solo para que pudiera ser libre de seguir a Dios sin enredos ni obstáculos.

Vemos un ejemplo similar de este ferviente deseo en el Antiguo Testamento cuando el Rey Josías pasó y limpió a Jerusalén de todo ídolo, en todo lugar alto y todo acto de perversión que había tenido lugar dentro y alrededor del templo; todo esto se hizo así para poder acercarse más a Dios a través de una devoción inmaculada en esta búsqueda de Dios.

Este fervor parece faltar en la iglesia de hoy. Los cristianos a menudo caen en una relación restringida y medida con Dios en nuestra iglesia, oramos y leemos nuestras Biblias solo para que podamos marcar las casillas en nuestra lista de lo que es ser cristiano; luego, una vez que hemos cumplido con nuestro buen deber cristiano del día, nuestra conciencia está clara para perseguir todas las otras cosas con las que realmente deseamos llenar nuestras vidas. Cuando Moisés le suplicó a Dios que le mostrara Su gloria, Moisés ya sabía quién era Dios; ya era un amigo de Dios, pero el celo implacable que tenía por ir más profundo con Dios es lo que finalmente lo llevó a clamar: "¡Muéstrame tu gloria yo quiero conocerte más, Señor!" Si no tenemos este mismo tipo de deseo por conocer más a Dios, nunca nos veremos obligados a gritar: "¡Muéstrame tu gloria Señor!" (Éxodo 33:18, NASB).

Creyente, una verdadera relación con Dios no puede sostenerse con una lista de verificación y nunca será una lista de buenas obras que esté estancada, al contrario, el hambre de conocerlo más, nunca debe estar satisfecha. Una verdadera relación con Dios es una búsqueda eterna que requiere menos de nosotros y más de Él, porque "esta es la vida eterna: que sepan que Tú eres el único Dios verdadero, y Jesucristo, a quien has enviado" (Juan 17: 3).

JULIO 3

Lucas 18:23: "Pero al oír esto, se entristeció mucho, porque era muy rico."

¿Ha pensado alguna vez en lo que Dios podría hacer a través de usted si se dedicara por completo a Él y caminar en el poder del Espíritu Santo por fe y obediencia cada día? Fíjese que no dije "sé perfecto." A menudo he escuchado que, si alguien fuera a entregarse plenamente al Señor, el Señor pude usar a esa persona para cambiar el mundo. Imagínese ser un Elías moderno en el mundo en el que vivimos hoy. Es un pensamiento muy intrigante, pero eso es todo lo que es: un pensamiento. Al parecer nunca podremos pasar ese punto porque hay cosas en nuestras vidas que simplemente no queremos rendir por el Señor.

Esa es la verdadera locura de este pensamiento, porque si tuviéramos que entregar todas las cosas al Señor y lo entronizamos en nuestro corazón por encima de todo, todas esas "cosas" se desvanecerían. El deseo por ellas pronto se desvanecería y nos sentiríamos satisfechos de formas que ni siquiera podemos imaginar. Pero incluso sabiendo esta verdad, que despojarnos completamente nos haría más ricos y más satisfechos, todavía no lo hacemos porque tenemos miedo de ceder ciertas cosas Simplemente no podemos imaginar nuestras vidas sin todo lo que tenemos incluso aunque en el fondo sabemos que Dios nos satisfaría más que tener esas cosas que en realidad nunca pudieron darnos una total satisfacción o felicidad.

El joven rico de Lucas 18 es un ejemplo clásico de esto. Este joven buscaba la vida eterna, la añoraba, pero cuando Jesús le dijo que vendiera todo lo que tenía y se lo diera a los pobres, "se puso muy triste, porque era muy rico." Su dolor no se debió a que la vida eterna estuviera fuera de su alcance; no, fue porque no quiso entregar sus riquezas por Dios. Ahora, aunque somos salvos en Jesucristo, y nuestra eternidad está segura en Él, a menudo nos quedamos muy cortos de quienes podrían estar en el Señor porque simplemente no queremos dejar nuestras cosas por Él. Nosotros queremos las cosas de este mundo más de lo que queremos a Dios, y es por eso que no hay más profeta Elías hoy en día, pero podría haberlos si así lo decidimos.

Creyente, fuimos hechos para algo mucho más que los niveles de insatisfacción que nos brinda esta vida. Fuimos hechos para cambiar el mundo, oro para que permita Dios cambiar al mundo a través de nosotros, un alma a la vez.

JULIO 4

Mateo 27:51: "Entonces he aquí, el velo del templo se rasgó en dos de arriba a abajo."

Una vez escuché a alguien decir que, si enseñas un mensaje de tu cabeza, solo llega a la mente de una persona; pero si enseñas un mensaje de tu corazón, entonces llega al alma de esa persona. Esta es la lucha que me encontré enfrentando esta mañana, encontrando una devoción para escribir desde mis propias experiencias con Dios para que tu alma, y mi alma, pueda ser levantada e iluminada este día.

Bueno, mientras me sentaba y pensaba en el enorme, grueso y pesado velo que aparentemente cubría mi corazón esta mañana, comencé a preguntarme: "¿Por qué crees que no hay nada conmovedor en tu corazón, Patrick?" La respuesta fue tan fácil como convencedora. . . porque a veces puedo familiarizarme tanto con las cosas de Dios que a menudo me olvido de *pasar* tiempo experimentando a Dios.

A menudo decimos que la oración es simplemente hablar con Dios, pero ¿Cuántas veces hablamos realmente con Dios como si fuera una persona sentada a nuestro lado? ¿Cuántas veces de verdad nos tomamos el tiempo para sentarnos y escuchar lo que Dios tiene que decirnos? Podemos quedar tan atrapados en argumentos teológicos y doctrinas al hacer cosas para Dios, que comencemos a hacer de esas cosas nuestra relación con Dios. A su vez, eso es lo que predicamos a los demás. . . una teología embriagadora, fría y distante que anima a las personas a estar contentas y satisfechas con las cosas de Dios, en lugar de buscar experimentar a Dios de la manera en que Moisés lo hizo cuando clamó: "Señor, ¡muéstrame Tu gloria!" (Éxodo 33:18, NASB).

El mayor conocimiento de Dios no es un conocimiento intelectual de Dios, sino más bien un conocimiento de corazón de Dios a través de la experiencia. Un amigo me dijo una vez que fueron los profetas los mayores instrumentos de cambio, no los escribas, los escribas compartieron lo que leyeron, pero los profetas compartieron lo que experimentaron.

Creyente, recuerde, cuando Jesús tomó nuestro pecado y vergüenza en la cruz, el velo fue rasgado para que pudiéramos ir a la presencia de Dios y experimentarlo personalmente. No debemos seguirlo a distancia como lo hizo Pedro una vez, encontrando compañerismo fuera del templo en el patio. No, estamos destinados a entrar audazmente en la misma presencia de Dios y experimentarlo para que nuestros corazones puedan ser cambiados; podemos compartir esas experiencias con otros para que ellos puedan cambiar también. Dios anhela tener una comunión íntima con nosotros. Sus brazos están abiertos de par en par; todo lo que tenemos que hacer es "Ir" (Mateo 11:28).

JULIO 5

Esdras 8: 21a: "Entonces proclamé un ayuno allí junto al río Ahava."

Mientras leía el libro de Esdras, encontré este interesante pasaje de las Escrituras. Esdras estaba a cargo de dirigir a un gran grupo de judíos en Babilonia de regreso a Jerusalén. Antes de salir de Babilonia, Esdras hizo que todos pasaran tres días descansando, organizándose y haciendo votos en preparación para ir a Jerusalén; fue entonces que Ezra se dio cuenta de que se necesitaba algo aún más importante antes de que pudieran dejar la tierra de Babilonia. "Luego proclamé un ayuno allí en el río de Ahava, para que nos humilláramos ante nuestro Dios, para buscar de Él el camino correcto para nosotros y nuestros pequeños y todas nuestras posesiones" (Esdras 8:21). Esdras sabía eso, aunque estaban preparados física, mental y materialmente para este viaje, no estaban preparados espiritualmente; y entonces hizo que todos ayunaran y oraran para que el Señor dirigiera sus caminos y los protegiera en su viaje.

Como nuevo padre, la parte de este versículo que realmente me llamó la atención fue cuando Esdras dijo, "buscar de Él el camino correcto para nosotros y nuestros pequeños." Note que Esdras hizo que la gente buscara al Señor para que supieran cómo dirigir y proteger a sus hijos. Me sentí muy culpable cuando leí esto, porque incluso aunque Michelle y yo hemos estado orando diligentemente por sabiduría y guía para nuestra niña, Kate, todavía tenemos que ayunar y orar por ella; aún tenemos que humillarnos nosotros mismos ante nuestro Dios, y realmente buscar el camino correcto para ella. Con todas las decisiones que tenemos que tomar por nuestros hijos, simplemente lanzando una oración de vez en cuando no lo va a hacer. Necesitamos negarnos a nosotros mismos por el bien de nuestros hijos: ayunen, oren y busquen al Señor para que nos guíe por el camino correcto para ellos.

Esto también me recordó que ser padre es mucho más que proporcionar las necesidades de la vida como: comida, agua, refugio, ropa, abrazos, besos, juguetes, etc. para nuestros hijos. Tenemos que luchar por ellos en oración porque nuestro enemigo es su enemigo, y "anda como león rugiente, buscando a quien devorar" (1 Pedro 5: 8). No es coincidencia que al día siguiente de que dedicamos a Kate al Señor, ella comenzó a despertar en medio de la noche llorando. Fue entonces cuando me di cuenta de que tenía que estar orando tanto para que el Señor la proteja físicamente de las enfermedades y que había descuidado orar para que el Señor también la protegiera espiritualmente, nunca volveré a cometer ese error. Como escribió Nancie Carmichael con respecto a la necesidad desesperada de que los padres oren por sus hijos, "El curso de la vida de nuestros hijos son cambiados y su historia se altera debido a la oración."[82] ¡Que así sea hoy!!

JULIO 6

1 Pedro 4: 8: "Y sobre todas las cosas, tened amor ferviente unos a otros, porque, el amor cubrirá multitud de pecados."

Un hermano de la iglesia me envió este versículo el jueves por la mañana. Mientras lo leía, el Señor me mostró algo que nunca había visto antes. Siempre he creído que este versículo nos instruía a amar a los demás de tal manera que cuando pecan contra nosotros, podríamos mostrarles la misma gracia que nos ha sido mostrada a través de nuestro Señor y Salvador Jesucristo. Y con razón, debemos amar a los demás de esta manera para que lleguen a conocer a Cristo. Pero esta mañana me di cuenta de que debemos amar a los demás no tanto por ellos, sino por nosotros, para que cuando pequen contra nosotros, el amor evitará que alberguemos ira y amargura hacia ellos. En otras palabras, tener este amor cubrirá la multitud de *nuestros* pecados, no los de ellos.

En esta sección de versículos, Pedro comienza escribiendo: "Pero el fin de todas las cosas está a la mano; Por tanto, sed serios y velad en vuestras oraciones" (1 Pedro 4: 7). El pastor John MacArthur explicó que la realización del regreso de Cristo se está cumpliendo como se ha dicho; por eso, debemos mantener la "perspectiva eterna adecuada" sobre quiénes somos en Cristo y dónde está realmente nuestro hogar.[83] Primera de Juan 3: 3 nos recuerda que cuando mantenemos esta perspectiva, seremos purificados, así como Él es puro, lo que significa que podremos vivir por encima de este mundo y no dejar que nos cambie o influya en nuestras decisiones.

"Y sobre todas las cosas, tened amor ferviente los unos por los otros, porque el amor cubrirá multitud de pecados." Amar a los demás de la forma en que Dios nos instruye debe ser siempre una elección que tomemos en primer lugar. No debemos pensar en eso, ni considerarlo; debemos hacerlo de inmediato, sin dudarlo, antes que el pecado de la ira puede atraparnos tan fácilmente. Amar a los demás también nos estirará hasta nuestros propios límites, especialmente cuando la gente hace todo lo posible para molestarnos, por último, necesitamos recordarnos a nosotros mismos en estas situaciones que la elección de amar a los demás, incluso cuando no nos apetece, no solo ocultará lo que nos han hecho, sino lo que es más importante, evitará que cometamos una multitud de pecados contra nuestro Señor. Porque cuando los odiamos, lo odiamos a Él.

JULIO 7

Nehemías 4:20: "Dondequiera que oigas el sonido de la trompeta, únete a nosotros allí. Nuestro Dios luchará por nosotros."

El miércoles pasado por la noche, Michelle y yo recibimos un mensaje de texto de unos amigos muy cercanos a nosotros. El texto pedía que nos reuniéramos en su casa esa noche para orar contra una reclamación falsa por parte de Servicios de Protección Infantil que iba a ser presentada por un miembro conflictivo de esta misma familia. Ahora, aunque el reclamo contra ellos era descaradamente falso, la amenaza seguía siendo muy real; y la oración definitivamente era necesaria. Así que Michelle y yo, y algunos de nuestros amados hermanos, fuimos a su casa y tuvimos una gran noche de comunión y oración.

Una de las cosas que compartí con el grupo esa noche fue este verso de Nehemías: "Dondequiera que oigas el sonido de la trompeta, únete a nosotros allí. Nuestro Dios luchará por nosotros." Nehemías había sido llamado por Dios para regresar a Jerusalén y reconstruir el muro alrededor de la ciudad. Cuando llegó allí y comenzó esta gran encomienda junto con el pueblo, inmediatamente se enfrentaron a la oposición de muchos lugareños. Primero, los lugareños comenzaron una campaña de susurros para tratar de frustrar a los que estaban trabajando en el muro, diciendo que era un esfuerzo tonto porque era una tarea imposible y que nunca se completaría.

Cuando eso no funcionó, los lugareños comenzaron a hacer amenazas físicas contra los judíos, diciendo que iban a atacar Jerusalén y matar a todos los que estaban trabajando en el muro. Es comprensible que los que trabajaban en el muro comenzaran a temer por sus vidas y las vidas de sus familias. "La fuerza de los trabajadores está fallando" (Nehemías 4:10).

"Entonces les dije a los nobles, a los gobernantes y al resto de la gente: El trabajo es grande y extenso, y estamos separados unos de otros en el muro. Dondequiera que escuches el sonido de la trompeta, únete a nosotros allí. Nuestro Dios luchará por nosotros" (Nehemías 4: 19-20). Nehemías entendió la necesidad de todos los trabajadores para unirse al unísono contra un enemigo común. Al enviar ese texto el miércoles por la noche y cuando la gente vino a orar por ellos, nuestros amigos ejercieron una gran sabiduría e hicieron exactamente lo que Nehemías dijo que hiciéramos: aquí sonaban la trompeta, los hermanos se unieron y Dios luchó por ellos.

Creyente, tocar la trompeta y unirnos debe ser la regla para nosotros, no la excepción. Entonces, sea lo que sea a lo que te enfrentas hoy, mañana o el próximo día, no lo enfrentes solo. Más bien, toca la trompeta, júntese y observe cómo nuestro Dios lucha por nosotros.

JULIO 8

Salmo 139: 7: "¿Adónde me iré de tu Espíritu? ¿O a donde puedo huir de tu presencia?

Dios está aquí. Dondequiera que estemos, ahí está Dios. No hay lugar al que podamos ir en esta tierra donde Dios no esté. Hay aproximadamente 7.600 millones de personas esparcidas por la tierra ahora mismo, y cada uno de nosotros puede decir correctamente: "Dios está aquí conmigo." Dios no está más cerca de unos y más lejos de otros. Él está a la misma distancia exacta de cada persona en esta tierra, ya sea que esa persona sea un gigante espiritual o el más carnal de hombres. Dios está aquí. Él está contigo y conmigo. ¿Sabías tu eso? Lo que es más importante, ¿Crees eso? ¿Has comprendido el hecho de que Dios está contigo… que Él está a tu alrededor? No hay absolutamente ningún lugar al que puedas ir donde Dios no esté.

David sabía esto a ciencia cierta. Fue lo que le inspiró a escribir el Salmo 139 y detallarnos íntimamente cuán personalmente Dios ha estado, y está ahora, involucrado en nuestras vidas. El día en que fui salvo, Dios me dijo muy claramente que siempre había estado a mi lado; Me aseguró que nunca me dejó, ni siquiera cuando estaba yo como su enemigo y continuamente le reclamaba una y otra vez. Si Él estaba conmigo entonces… ¿Cuánto más puedo encontrar la paz ahora que soy su hijo y soy Suyo?

Jacob huyó de su casa y creyó que también se había escapado de la presencia de Dios, sin embargo, después de que durmió esa noche en el desierto y tuvo ese encuentro divino con Dios, se despertó y dijo: "Ciertamente el Señor está en este lugar; y no lo sabía" (Génesis 28:16). A menudo nos engañamos pensando que podemos ir a esos "ciertos lugares" y escapar de la presencia de Dios, pero no podemos. Él está en todos esos lugares, ya sean ubicaciones físicas como Las Vegas o lugares mentales donde nos tomamos unas vacaciones y dejamos nuestro cristianismo atrás. Él también está en esos lugares privados en nuestros hogares cuando creemos que estamos solos. Si, Dios está ahí también.

Comparto todo esto porque la realidad de que Dios está con nosotros debería ayudarnos a experimentarlo más y a regocijarnos en nuestro Señor todos los días. Piense en todos esos personajes de la Biblia que tuvieron encuentros poderosos, asombrosos y divinos con Dios, y también recuerde que Dios no tiene favoritos. Todo lo que hizo por ellos, lo hará por nosotros si nosotros lo anhelamos. Comprenda que Dios quiere que lo conozcamos. El anhela manifestarse a nosotros de maneras nuevas y sorprendentes todos los días. ¿Eso te sorprende? ¿Pensaste que tenías que suplicar y suplicar por la presencia de Dios, o tal vez que tenías que hacer suficientes cosas buenas para merecer Su atención? La única distancia entre Dios y nosotros no se mide por pies o millas, sino por experiencia.

Aquellos que verdaderamente desean conocer más a Dios estarán "más cerca" que aquellos que no lo hacen, porque estar "cerca" de Dios es una cuestión de corazón, no de distancia.

Entonces, creyente, sepa esto: Dios espera fervientemente que le pidamos que se manifieste para que podamos conocerlo y experimentarlo más. Todos tenemos la capacidad de hacer esto; ¡Sólo tenemos que pedírselo!

JULIO 9

> Proverbios 3: 1–2: "Hijo mío, no te olvides de mi ley, sino que tu corazón guarde mis mandamientos; porque largura de días y larga vida y paz agregarán para ti."

Hace un par de años, mientras Michelle y yo hablábamos de todas las tentaciones que enfrentamos en esta vida, una pregunta surgió de repente en mi mente: "¿Alguna vez nos sentimos tentados a hacer el bien?" Y rápidamente me di cuenta, sí, lo estamos. Como nosotros somos tentados a hacer cosas malas por nuestra carne, también somos tentados a hacer cosas buenas por el Espíritu Santo.

Encuentro muy convincente que cuando la tentación viene de nuestra carne, el mundo, o Satanás, tenemos que luchar con todo lo que somos sólo para evitar ceder a esos malos deseos. Sin embargo, cuando somos tentados a hacer algo bueno por el Santo Espíritu, podemos decir que no a esa tentación sin mucha lucha. Me acordé este último sábado conforme salía de la tienda Costco, una mujer se me acercó y me preguntó si tenía unas monedas que regalarle. Pero aún antes de considerar la opinión del Señor, ya estaba buscando en mis bolsillos y dije "Lo siento no tengo cambio." "Mientras ella se alejaba y yo entraba en mi auto para irme, tuve una conversación conmigo mismo sobre mi vida que fue algo como esto: "Patrick, de qué sirve decir que eres cristiano, ir a la iglesia, escribir devocionales, enseñar estudios bíblicos, servir en la sala de oración, etc., si nunca lo vives fuera de tu burbuja de la iglesia? ¿De qué sirve si no es real y no tienes la mente y corazón de Cristo?"

Me di cuenta de que todas las "cosas" que hago en la iglesia y sus alrededores son inútiles si no lo vivo en la vida de los demás, porque al hacer estas cosas, no soy diferente a los fariseos de antaño, que se veían muy bien por fuera, pero tenían huesos podridos por dentro. Me hace preguntarme realmente cuán estrecha es la puerta que Jesús habló en Mateo 7.

Proverbios 3 nos enfatiza: "Guarda mis mandamientos en tu corazón." En otras palabras, no estorbes el camino del Espíritu Santo no interfieras; mejor permítele vivir a través de ti porque como creyente, ya no son ustedes los que viven, sino Cristo quien vive en ustedes (Gálatas 2:20). Ser obediente a la dirección de Cristo y permitirle que nos use para sus propósitos no es tanto para los demás como para nosotros mismos. En realidad, somos nosotros que nos beneficiamos al obedecer a Cristo porque "la duración de los días y la larga vida y la paz se te agregarán." No es solo la vida eterna lo que recibimos en Cristo; es calidad de vida aquí en la Tierra también.

Entonces, creyente, cuando la tentación de hacer el bien venga a su corazón y sienta ese miedo, o ese endurecimiento que en su vida diaria apague el amor de Cristo, salga del camino y permita que su corazón siga la dirección de Cristo. Va a estar tan contento de haberlo hecho.

JULIO 10

Nehemías 2: 2: "¿Por qué está triste tu rostro, si no estás enfermo?"

No había nada físicamente malo con Nehemías, sin embargo, el rey podía ver que Nehemías estaba luchando poderosamente en este día. Entonces el rey le preguntó a Nehemías: "¿Por qué está triste tu cara, ya que no estás enfermo?" Nehemías respondió al rey: "¿Por qué no debería mi rostro estar triste, cuando la ciudad, el lugar de los sepulcros de mis padres, está desolado y sus puertas se queman con fuego?" (Nehemías 2: 3). La ciudad de Jerusalén estaba completamente en ruinas. Los muros fueron derribados, las puertas quemadas y las malas hierbas habían invadido las estructuras dilapidadas y en ruinas. Jerusalén era ahora un caparazón de lo que fue antes; donde, en un tiempo, fue el lugar donde Dios mismo moraba y donde Su Gloria de Shekinah brilló con tanta intensidad. Sin embargo, ahora, debido al pecado y la rebelión de Israel contra el Señor, yacía en ruinas, invadida por los que despreciaban a Dios (Nehemías 2: 3).

El panorama y las imágenes aquí no podrían ser más obvias para aquellos de nosotros que alguna vez hemos sentido la ruina que viene del pecado y la rebelión contra Dios. Ya sea que ha estado viviendo una vida apartada de Dios desde su nacimiento, o caminando con el Señor por un tiempo y luego permitiendo que las espinas de este mundo ahoguen Su gloria, sabemos muy bien por qué el semblante de Nehemías era tan sombrío. Entendemos la desesperación y el dolor que estaba experimentando mientras realizaba sus deberes diarios. Entendemos la desesperanza que Nehemías sintió porque la restauración parecía tan imposible.

Sin embargo, nuestro Dios es el Dios de lo imposible. Se especializa en restaurar aquellas cosas que se han arruinado, aquellas cosas que el mundo dice que están dañadas más allá de poderse reparar. Dios nunca "aplastará la caña más débil ni apagará una vela parpadeante." (Isaías 42:3 NLT). Más bien, Él da "belleza por ceniza" (Isaías 61: 3) y hace "todas las cosas nuevas" (Apocalipsis 21: 5). Donde vemos la ruina, Dios ve la oportunidad. Nuestro Señor desea fervientemente reconstruir lo que ha sido arruinado y devastado por el pecado y la rebelión. Anhela restaurar esos lugares donde las cosas de este mundo han invadido lo que una vez fue tan precioso y puro. Nuestro Salvador vino y murió por esta misma razón, que Él restauraría todas las cosas a Sí mismo.

Lo que sea que hayas hecho, donde sea que te encuentres hoy, no importa cuán "arruinadas" puedan ser las cosas de este mundo, sepa que tiene un amoroso Padre Celestial que anhela apasionadamente restaurar esa ruina en algo hermoso, porque a Sus ojos, eres de un valor incalculable. Así que vuelve a tu Amada Fortaleza que es el Señor; ustedes prisioneros de la esperanza, porque el Señor declara que los hará libres del pozo sin agua y "te devolverá el doble" (Zacarías 9: 11-12).

JULIO 11

Job 1: 1: "Había un hombre en la tierra de Uz, cuyo nombre era Job."

Parece que cada vez que se menciona el nombre de Job en una enseñanza o una conversación informal, las pruebas y el sufrimiento son el tema principal. Sin embargo, hay mucho más que se puede aprender de este hombre, más allá de cómo soportar las pruebas.

Lo primero que se nos dice acerca de Job es que "era íntegro y recto, que temía a Dios y se apartaba del mal" (Job 1: 1). La palabra "irreprensible" usada aquí en realidad se refiere a que Job era un hombre completo. La idea es que no siguió los caminos del mundo; más bien, siguió los caminos de Dios. En otras palabras, lo que Dios le ordenó que hiciera; eso es lo que hizo, y lo que Dios le ordenó que no hiciera, no lo hizo. Como explicó el pastor Ray Stedman, Job era inocente porque temía al Señor, y era recto porque "evitó el mal."[84]

Esto no quiere decir que Job fuera perfecto, porque no lo era. Normalmente cuando vemos a alguien descrito como "irreprensible" en la Biblia, automáticamente pensamos que están siendo descritos como sin pecado o perfectos. Sin embargo, sabemos que este no es el caso, porque todos los hombres pecan (Romanos 3:23). Lo que Job nos muestra aquí es que, aunque pecamos y no alcanzamos el glorioso estándar de Dios, todavía podemos ser considerados inocentes ante los ojos del Señor si sabemos cómo lidiar con nuestro pecado correctamente. Job se ocupó de su pecar de la manera que Dios le había instruido, y por eso, fue considerado irreprensible ante los ojos del Señor.[85]

Encuentro muy reconfortante saber que, aunque peco y no alcanzo el estándar glorioso de Dios todos los días, todavía soy considerado irreprensible a los ojos del Señor, porque la sangre de Jesucristo ha quitado mi pecado hasta donde está el oriente del poniente (Salmo 103: 12). La Biblia dice que cuando confesamos nuestro pecado a Jesús, Él es Fiel y Justo para perdonar nuestro pecado y limpiarnos de toda maldad (1 Juan 1: 9). Como le digo a mi hija de tres meses todos los días, solo hay un nombre debajo del cielo por el cual somos salvos, y ese es Jesucristo (Hechos 4:12). No hay otra manera de lidiar con el pecado y aún ser considerado irreprochable ante los ojos del Señor.

JULIO 12

Salmo 118: 8: "Es mejor confiar en el Señor que confiar en el hombre."

La confianza es algo muy complicado. No solo se puede ganar o perder en cuestión de segundos; más importante, sólo nos ayuda si se coloca en lo que nunca puede fallarnos. A esto se refería el salmista cuando escribió: "Es mejor confiar en el Señor que confiar en el hombre."

Cuando nació nuestra hija Kate hace tres meses, rápidamente gané la confianza de que podría cuidarla cuando Michelle no estuviera en casa. Para los últimos dos meses y tres semanas, me atrevo a decir, que fue fácil. Bueno, esta última semana no fue tan fácil, y mi confianza se fue por la ventana. Después de que compartí esto con Michelle, ella me hizo una pregunta: "¿Esta tu confianza en ti mismo, o está en Dios?" Luego me confesó que no tiene idea de lo que hace día a día con Kate. "Por eso oro tanto," dijo. Simplemente, Michelle coloca su confianza en el Señor, no en ella misma.

Esto me recordó algo que dijo uno de nuestros pastores después de haber pasado muchos años plantando iglesias con éxito en Europa como misionero: "Todos los días, no tenía idea de lo que estaba haciendo. Nunca había plantado iglesias ni negociado acuerdos en grandes edificios antes. Por eso oramos tanto, porque no teníamos ni idea de lo que estábamos haciendo." ¿Ves el patrón aquí?

Creyente, si ponemos nuestra confianza en cualquier cosa que no sea el Señor, seguramente fallaremos. Esto es lo que dijo Isaías en Isaías 31: 1 (NVI), "¡Ay de los que descienden a Egipto en busca de ayuda, que dependen de los caballos, que confían en la multitud de sus carros y en la gran fuerza de sus jinetes, pero no miran al Santo de Israel, ni buscan ayuda del Señor!" Y no se trata solo de confiar en Dios en esas áreas determinadas de la vida en la que "nos sentimos" inadecuados, sino más bien en cada área de la vida, especialmente en aquellas áreas en las que nos sentimos seguros porque, en última instancia, esas son las áreas en las que necesitamos más ayuda. Así que, creyente, ponga su confianza en el Señor, porque la ayuda del hombre es inútil (Salmo 108: 12).

JULIO 13

Juan 15:15: "Los he llamado amigos."

Cuando invocamos por primera vez el nombre de Jesús para que sea nuestro Señor y Salvador, entramos en una vida que nunca supimos que existía; una vida donde podemos encontrar paz, alegría, verdad y esperanza; una vida donde finalmente podamos encontrar descanso para nuestras almas. Y como un bebé recién nacido pasamos todo nuestro tiempo experimentando la novedad de la vida que viene con ser adoptado en el reino celestial. Para muchos creyentes, aquí es donde su crecimiento termina; están contentos con ser aceptados en el reino de Dios y están satisfechos con estar en el patio del templo.[86]

Para otros, sin embargo, simplemente sentarse en el patio empapándose de su nueva vida ya no les basta; Desean un propósito y quieren ser usados por Jesús, y así lo siguen y hacen lo que Él les dice que hagan. Sin embargo, incluso aquí, sirviendo en el templo a solo unos pasos del Lugar Santísimo, es donde el crecimiento termina para muchos más creyentes a medida que se contentan con seguir a Jesús y servirle en el ministerio.[87]

Pero hay unos pocos que tienen más hambre de Dios. Sentarse en el patio y calentarse junto al fuego y seguir a Jesús en una relación amo-siervo ya no es suficiente para ellos; Quieren entrar en el Lugar Santísimo, a la misma presencia de Dios, para que puedan caminar con Él en la frescura del jardín. Estos son de los que habló Jesús cuando dijo: "Ya no los llamo siervos, porque un siervo no sabe lo que hace su señor; pero los he llamado amigos, porque todas las cosas que oí de mi Padre, os las he dado a saber." (Juan 15:15)

Aquellos que son llamados "amigos" de Dios son aquellos que toman la mente y corazón de Cristo como propio; son los que abandonan sus propios deseos y prefieren complacer a Cristo en su lugar. Amós 3: 3 dice: "¿Podrán andar dos juntos, si no se han puesto de acuerdo?" Para ser amigos de Dios, debemos tener el mismo propósito para nuestra vida que Cristo tiene para nosotros.

El profeta Isaías, escribió en Isaías 41: 8: "Pero tú Israel eres Mi siervo, Jacob, a quien Yo he elegido, la descendencia de Abraham, Mi amigo." Las diferencias en las tres relaciones que se describen arriba no tienen que ver con la salvación, sino más bien con intimidad. Uno es sirviente, uno es elegido, pero solo uno es llamado amigo y se invita en los secretos consejos de Dios.[88] Creyente, no te satisfagas con nada menos que esto.

JULIO 14

Salmo 118: 5 (NVI1984): "En mi angustia clamé al Señor, y él me respondió liberándome."

El salmista se encontró en una situación muy desesperada: "Todas las naciones me rodearon. . . Me rodearon por todos lados. . . Ellos pululaban a mi alrededor como abejas" (Salmo 118: 10-12, NVI 1984). A los ojos del salmista, la muerte era segura; no había ningún lugar al que pudiera ir. Entonces hizo lo que todos haríamos en una situación como esta: "En mi angustia clamé al Señor, y él me respondió haciéndome libre." Dios escuchó la oración de este hombre y lo liberó, aunque la libertad que este hombre recibió no es lo que piensas.

Terminemos los versículos 10-12 (NVI 1984): "Todas las naciones me rodearon, pero en el nombre del Señor los vencí. Me rodearon por todos lados, pero en el nombre del Señor los acabé. Ellos pululaban a mi alrededor como abejas, pero murieron tan rápido como si fueran espinas ardiendo en llamas; en el nombre del Señor los vencí y los acabé." Verdaderamente Dios le dio a este hombre la victoria sobre todos sus enemigos, pero note que todavía tuvo que enfrentar las batallas. Dios no lo sacó de su situación; más bien, lo fortaleció "En el nombre del Señor los acabé."

Entonces, ¿A qué se refería el salmista cuando dijo que Dios le había hecho libre? Bueno, mira lo que el salmista escribió directamente después de orar a Dios por la liberación: "El Señor está conmigo; No tendré miedo. ¿Qué puede hacerme el hombre? El Señor está conmigo; ¡Él es mi ayudador! Miraré triunfante en mis enemigos (Salmo 118: 6-7, NVI 1984). Quiero que notes que la situación de este hombre no ha cambiado; todavía estaba rodeado de enemigos por todos lados. Sin embargo, su perspectiva era completamente diferente ahora. ¿Por qué? Porque recordó que Dios estaba con él y ese Dios estaba por él; sabía que nada podía venir contra él con El Señor a su lado, y así su perspectiva pasó de la derrota al "triunfo"

Aunque Dios no liberó a este hombre de *sus* circunstancias, Dios puso libertad en sus temores y angustias y no miró a Dios a través de su situación; ahora miraba su situación a través de Dios: gran diferencia. Creyente, Dios lo hará, Él siempre nos libera cuando invocamos su favor, solamente recuerda, puede que no seas libre *de tus* problemas y circunstancias, sino más bien libre en *tus* circunstancias.

JULIO 15

Salmo 1: 3 (NTV): "Son como árboles plantados a la orilla del río, dando frutos cada temporada sin falta."

Hay ciertos árboles frutales que dan frutos casi todas las temporadas del año, y, sin embargo, a veces estos mismos árboles no dan frutos todos los años. Hay algunos árboles frutales que dan fruto todos los años, pero que no dan fruto todas las temporadas del calendario. En pocas palabras, ninguno de estos árboles da frutos en todas las estaciones de sus vidas. Sin embargo, el salmista aparentemente afirma en el Salmo 1: 3 que hay un tipo específico de árbol frutal que puede dar frutos en todas las estaciones "sin falta." Este sería un árbol que está "Plantado a lo largo de la orilla del río."

Por supuesto, el salmista no está hablando aquí de un árbol real; más bien, él está hablando de un tipo específico de persona: "Que alegría para los que no siguen el consejo de los malos, andan con los pecadores, ni se juntan con los burlones; sino que se deleitan en la ley del Señor meditando en ella día y noche." Son como árboles plantados a la orilla del río, que siempre dan fruto en su tiempo. Sus hojas nunca se marchitan, y prosperan en todo lo que hacen" (Salmo1: 1-3, NLT1996).

Eclesiastés 3: 1 (NVI1984) nos dice: "Hay un tiempo para todo, un tiempo para cada actividad bajo el cielo." El Rey Salomón luego enumera todas las diferentes estaciones de vida, incluida la muerte, el duelo, el llanto, la pérdida, la guerra, etc. Si tuviéramos que pensar en cada etapa de la vida que atravesamos, quien honestamente podría ponerse de pie y decir: "Sí, proporcioné buen fruto en todas las épocas de la vida sin falta, no importa en qué época fuera" Yo no podría. Tal vez somos como el árbol frutal que puede dar frutos espirituales todos los meses, pero no todos los años. Pero, ¿Quién puede dar frutos en cada etapa de la vida sin falta? El salmista deja claro que solo un tipo de persona puede hacer esto: es la persona que no sale al mundo en busca de sabiduría, compañerismo o realización, sino que se deleita en caminar con el Señor, confiando en sus mandamientos, llenándose constantemente de Él.

Como creyentes, nunca debemos contentarnos con aguantar y sobrevivir las estaciones de nuestra vida cuando el Señor ya nos ha dicho que somos más que vencedores en Él. Debemos tener el propósito de dar fruto en cada etapa de la vida, independientemente de lo que pueda ser, porque sabemos que Él es bueno, sabemos que Él tiene el control y sabemos que Él es Fiel. No se nos dice que seamos perfectos bajo estas situaciones; se nos dice que mantengamos nuestros ojos, corazón y mente en Él, porque cuando lo hagamos, daremos fruto en cada estación. Oro, que sea así hoy, para todos nosotros.

JULIO 16

Juan 1:42: "Tú eres Simón, hijo de Jonás. Serás llamado Cefas."

Cuando Andrés llevó a su hermano Simón a Jesús, Andrés le dijo a Simón: he encontrado al Mesías (que es traducido, el Cristo)" (Juan 1:41). Fue cuando Jesús miró a Simón, y le dijo: "Tú eres Simón el hijo de Jonás y serás llamado Cefas." Es muy fácil pasar por alto lo que dijo Jesús aquí porque parece insignificante. Sin embargo, tras una revisión adicional, nos enteramos de que es muy significativo. En el pasado, la mayoría de los padres daban nombres a sus hijos que describieran algo muy específico sobre ellos. Esaú, que significa "peludo," fue nombrado porque tenía mucho pelo; Jacob, que significa "atrapa talones," fue nombrado porque él sostenía el talón de Esaú cuando Esaú salió del vientre de su madre. La diferencia es que cuando Dios nombra a alguien, o cambia el nombre de alguien, siempre se basa en quiénes se convertirán espiritualmente, no quiénes son físicamente. Por eso Jesús dijo que aquí es tan significativo.

El nombre Simón significa "pequeñas rocas" o "arena movediza." Ese es quien Simón era en ese momento, como bien dijo Jesús, "Tú eres Simón, hijo de Jonás." En otras palabras, "Estás moviendo arena. No tienes fundamento." Al decir esto, Jesús estaba describiendo quién era Simón espiritualmente, no quién era físicamente. Eso es lo que hace que la siguiente parte de este versículo tan significativo: "Serás llamado Cefas," que significa "la roca." "Tú eres Simón, pero serás Pedro." Estás moviendo arena, pero serás una roca," dice Jesús. Jesús estaba profetizando acerca de en quién se convertiría Simón después que entregó su vida a Jesucristo y creció en él espiritualmente. Y observe que esto no fue algo que iba a suceder de la noche a la mañana;.no, esto iba a ser un proceso largo que llevaría algún tiempo.

Pedro también tendría una nueva herencia ancestral que lo definiría. Ya no sería identificado por la sangre o las relaciones terrenales o lo que hizo o no hizo en esta tierra; ahora sería identificado por quién era en Cristo. Lo mismo ocurre con nosotros. Cuando conocimos a Jesús por primera vez y le entregamos nuestras vidas, Él nos dio un nuevo nombre que identifica quiénes somos en Él, no quiénes éramos este mundo. Así que, creyente, abandone el pasado; libérese de quien alguna vez fue en este mundo; elimine las cosas que restringen su crecimiento y camine en la nueva vida.

JULIO 17

> 1 Corintios 2: 5: "nuestra fe no debe estar en la sabiduría de los hombres sino en el poder de Dios."

Una vez escuché que, si puedes convencer a alguien para que ingrese al reino de Dios, entonces ellos pueden ser convencidos de abandonarlo también. En otras palabras, todos tenemos que llegar a la salvación solamente por el poder de Dios, no por el poder de las palabras del hombre. Para arrepentirnos verdaderamente de nuestro pecado, necesitamos entender que somos pecadores y necesitamos un Salvador. Así, el apóstol Pablo solo predicó a "Cristo crucificado" (1 Corintios 2: 2), no el evangelio de la doctrina de la prosperidad, y no la ley, sino la simple pero profunda verdad de Cristo crucificado.

Para los judíos y los griegos, esto no tenía ningún sentido. ¿Un Mesías que fue crucificado? Por sus meras definiciones, estas dos palabras se contradicen completamente. Es por eso que Pablo dijo que era una piedra de tropiezo para los judíos y una locura para los griegos (1 Corintios 1:23). Pero en esto, Pablo nos enseña una lección muy valiosa sobre cómo compartir el evangelio con otros. Dice que no debemos venir con "Excelencia en el habla [como un orador dotado o talentoso] o de sabiduría [como un pensador lógico]" ni con "palabras persuasivas [piense en un vendedor de autos usados]," sino más bien "en demostración del Espíritu y de poder para que vuestra fe no esté en la sabiduría de los hombres, pero en el poder de Dios" (1 Corintios 2: 1, 4). Porque es solo el evangelio de Jesucristo que "Es poder de Dios para salvación" (Romanos 1:16).

En pocas palabras, Pablo dice que debemos hablar la verdad del evangelio y nada más lejos. No debemos esforzarnos o estresarnos para intentar pensar en formas creativas y sabios argumentos para ganar gente para el reino, sino que deberíamos hablar solamente la verdad del evangelio según nos guía el Espíritu Santo. Cuando lo hagamos, habrá una demostración del poder de Dios mediante la obra del Espíritu Santo en la vida de la persona. Es aquí donde nuestra fe crecerá en el poder de Dios, no en las sabias palabras que usamos o la forma en que una persona llegó a la salvación. Entonces, creyente, manténgalo simple. Predique el evangelio y permita que el poder del Espíritu Santo haga el resto.

JULIO 18

Levítico 13: 3: "más profundo que la piel. . ."

Una vez escuché una historia sobre un carterista. Aparentemente, este hombre era el mejor; sin embargo, aún no era perfecto y finalmente fue capturado por la policía. La primera vez que fue atrapado, se le dio una advertencia. La segunda vez que lo atraparon, lo arrojaron en la cárcel. La tercera vez que lo atraparon, le cortaron la mano derecha; y la cuarta vez que fue capturado, su mano izquierda fue cortada. Sin embargo, incluso después de perder ambas manos, este hombre todavía trataba de robarle los bolsillos a la gente usando sus dientes.

A menudo, cuando escuchamos una historia como esta, nos decimos a nosotros mismos: "¿Cuándo es suficiente?" Sin embargo, en el fondo, hay una parte de nosotros que de alguna manera puede relacionarse con la "difícil situación" de este hombre, ya que todos somos "reincidentes" con nuestro pecado. Quizás las consecuencias no fueron tan severas como con este hombre, pero, sin embargo, entendemos todo demasiado bien; la tentación de seguir cometiendo ese mismo pecado una y otra vez, incluso aunque conocemos las graves consecuencias que se derivan de ello.

La Biblia nos enseña que la respuesta al pecado nunca será rehabilitación, sino nacer de nuevo[89] y contrariamente a lo que algunas personas puedan decir hoy no tienen un problema de control de armas o un problema de raza; tenemos un problema de pecado. En otras palabras, tiene que haber un cambio en nuestro corazón, espiritualmente, no un cambio de nuestra carne, porque nuestra carne nunca cambiará. Obtenemos una gran comprensión del problema de nuestro pecado en Levítico 13: 3 cuando el Señor les dio a Moisés y Aarón instrucciones sobre las características de la lepra, que en la Biblia representa el pecado: "El sacerdote examinará la llaga en la piel del cuerpo; y si el pelo de la llaga se ha vuelto blanco, y la llaga parece ser más profunda que la piel de su cuerpo, es una llaga leprosa."

Note que se nos dice que la lepra es "más profunda que la piel." No importa si le cortas las manos a una persona, le sacas los ojos, confiscas todas sus armas o fomentas más una sensibilidad racial. A menos que haya habido un cambio de corazón, va a ser un problema de pecado porque el pecado es más profundo que la piel; recorre todo el camino al corazón.

Afortunadamente, hay una respuesta a nuestro problema del pecado; se encuentra en la promesa que tenemos en Jesucristo. La Biblia nos dice que Jesús nos dará un corazón nuevo y un Espíritu nuevo para vivir dentro de nosotros cuando le entregamos nuestras vidas (Ezequiel 36:26). En este punto, ya no somos esclavos del pecado. Ahora tenemos el poder de elegir no pecar, aunque seamos tentados a hacerlo. Hacemos esto caminando en el Espíritu porque cuando perseguimos continuamente a Dios, cerramos el mundo, incluyendo nuestra carne (Gálatas 5:16). Entonces, creyente, no luches carne con carne, sino vence la carne mediante el poder del Espíritu Santo.

JULIO 19

> Jueces 5:23: "Maldice a Meroz, dijo el ángel del Señor, Maldice a sus habitantes amargamente, porque no acudieron en ayuda del Señor en ayuda del Señor contra los valientes."

Un grupo de chicos del estudio de parejas se reunieron para un estudio bíblico para hombres el mes pasado, y una de las preguntas que nos hicieron como parte de nuestra tarea fue: "Si pudieras usar una palabra para describir tu caminar con Dios hasta este punto de tu vida, ¿Qué podría ser?" Mientras consideraba cuidadosamente esta pregunta, la respuesta que pensé como la mejor descripción de mi caminar con el Señor hasta este punto era "potencial." Déjeme explicar

El Señor me ha regalado increíbles dones espirituales; Tengo el Espíritu de Cristo resucitado viviendo dentro de mí, guiándome y fortaleciéndome en todas las cosas, Tengo acceso al Creador del universo, Dios Altísimo, para todo lo que alguna vez necesitaré. Entonces, mi potencial para ser el instrumento que Dios usa para cambiar este mundo está ahí, pero si descarto mis dones, niego Su poder y no accedo a Su trono, entonces desperdicio los dones que Dios me da, Y eso es lo que pasa con el potencial; puedes tener todo el potencial del mundo, pero si nunca lo alcanzas entonces no significa absolutamente nada.

Esto es lo que se dice del pueblo de Meroz en el libro de Jueces. Aparentemente tuvieron la oportunidad de ayudar al Señor contra Sus enemigos, pero como W. Glyn Evans señaló, en lugar de usar sus talentos para Su servicio, los descartaron y optaron por no involucrarse. "El talento descartado es responsabilidad rechazada, poder no expresado, autoridad no utilizada."[90] Así que, en lugar de ser considerados dignos a los ojos del Señor, fueron maldecidos. Pero no fue solo la ciudad de Meroz la que hizo esto; muchos otros en la Biblia también han hecho esto. ¿Recuerda cuando los hijos de Israel eligieron no expulsar a los habitantes de la Tierra Prometida, o cuando Juan Marcos se negó a ir con Pablo y Bernabé en su misión a Asia Menor?[91] Una y otra vez las historias van de un potencial insatisfecho, de creyentes que descartan aquellas cosas que traerían cambio, victoria y luz a quienes los necesitan.

Creyente, Dios nos ha regalado diversos dones a cada uno de nosotros de maneras asombrosas e increíbles. Nosotros tenemos el Espíritu de Cristo resucitado viviendo dentro de nosotros, dándonos poder para grandes y poderosas obras. Tenemos acceso al Dios Altísimo para todo lo que alguna vez necesitemos. Entonces, el potencial para que seamos los instrumentos que Dios usará para cambiar este mundo está ahí. . . pero, ¿Se cumplirá ese potencial o se desperdiciará? La elección es nuestra.

JULIO 20

Romanos 8:24: "Porque en esta esperanza fuimos salvos."

Se dice que, si solo consideras las circunstancias externas de un creyente y un incrédulo, no habría diferencia entre los dos.[92] Esto se debe a que los creyentes y los incrédulos por igual pasarán por momentos difíciles física, emocional, mental, económicamente, etc. Entonces, ¿Qué separa al creyente del incrédulo? La Esperanza.

En la sociedad actual, usamos la palabra "esperanza" como algo que puede o no suceder, como "Espero que mi equipo gane el domingo." Pero en la Biblia, la palabra "Esperanza" significa saber algo con certeza, esperar que suceda. Esta es la diferencia entre un creyente y un incrédulo. Como creyentes, deberíamos ser diferentes de los incrédulos en que nunca deberíamos ser dados a la desesperanza o desanimo en nuestras situaciones, porque sabemos que todas las cosas funcionan juntas para el bien de aquellos que aman a Dios (Romanos 8:28). Sí, todos tendremos problemas en esta vida, pero sabemos que Dios usará ese problema para Su gloria y para nuestro mejoramiento. Para el incrédulo no hay tal esperanza.

Vemos un gran ejemplo de esto en Oseas 2: 14-15 cuando el Señor dice que a menudo lleva a su pueblo al desierto, al Valle de Acor (que significa Valle de Problemas) y hablará de consuelo a sus corazones y proveerá para todas sus necesidades para que el Valle de Acor no sea un valle de desesperación, sino más bien "una puerta de esperanza." Esto refleja lo que dice Romanos 5: 3-5a: "Y no solo eso, sino que también nos gloriamos en las tribulaciones, sabiendo que la tribulación produce perseverancia; y perseverancia, carácter; y el carácter, esperanza. Ahora la esperanza no defrauda." Nosotros nunca tendremos la esperanza que necesitamos para soportar las pruebas de esta vida si nunca vamos al Valle de Acor, porque es allí donde el pecado y las impurezas como la incredulidad, la desesperación y el mundo — son purgados de nuestras vidas para que podamos ser libres de ellos.[93]

Es interesante notar que el Valle de Acor lleva el nombre de la lapidación de Acán y su familia. Si recuerdas, Acán se llevó algunos tesoros que se suponía que no debía tomarlos y los escondió debajo de su tienda, llevando así el pecado al campamento de Israel. Ese pecado tenía que ser purgado de Israel si iban a continuar conquistando la tierra prometida. Así es con nosotros. Todos tenemos cosas escondidas en el fondo de nosotros que necesitan ser purgadas. Se sabe que algunas cosas están ahí y otras no pero independientemente, deben eliminarse para que nuestra esperanza se fortalezca y se purifique. Entonces creyente, aunque estemos en el Valle de Acor ahora mismo, con Jesús, siempre hay una puerta de esperanza.

JULIO 21

Isaías 59: 2: "Pero tus iniquidades te han apartado de tu Dios."

El día después del nacimiento de Kate fue realmente la primera vez que pude pasar tiempo de calidad con ella; y debo decir que me cambió la vida. Todo lo que hice fue sostener sus manos y nos miramos el uno al otro durante más de una hora. Fue entonces cuando comencé a experimentar un amor que nunca antes había conocido. Era como si algo dentro de mi despertara que antes estaba inactivo y sin usar. Fue el amor de un padre por su hija. Cuando volví a trabajar dos semanas después, comencé a experimentar algo más que nunca antes había experimentado. . . la separación entre un padre y su niño. Mi corazón dolió ese día como nunca antes. No fue porque mi hija estaba en peligro o porque tenía dolor; fue simplemente porque estaba separado de ella. Todo en lo que podía pensar era en volver a casa para poder estar con ella de nuevo.

En una escala mucho mayor y más profunda, así es como Dios se siente por cada uno de nosotros. A lo largo de la Biblia aprendemos que el amor que un padre siente por su hijo es un símbolo e imagen del amor que Dios tiene por nosotros. Digo simbólico porque el amor de Dios por nosotros no es solo perfecto, pero también es mucho más grande que cualquier amor que podamos tener por nuestros hijos, y eso es decir mucho. "Pero tus iniquidades te han separado de tu Dios."

Así que imagina cómo debe sentirse Dios cuando se separa de nosotros debido a nuestro pecado y rebelión. Una cosa es estar separado de tu hijo debido a tu trabajo; otra muy distinta es separarse de su hijo a causa del pecado. Debe entristecer a Dios ver a sus hijos elegir voluntariamente la muerte sobre la vida. Sinceramente, no sé lo qué haría si Kate me tratara de la forma en que a menudo trato a Dios. No sé cómo podría soportar verla destruirse a sí misma, sufrir por el dolor y la angustia y todo el tiempo rechazando mis súplicas desesperadas de amarla y ayudarla. Esto es lo que Dios experimenta a diario y en una escala mucho mayor por nosotros. Creo que cuando comenzamos a comprender completamente la historia de amor entre padre e hijo que Dios tiene con nosotros, comenzaremos a hacer diferentes elecciones para nuestras vidas, ya que a menudo pecamos creyendo que no lastimamos a nadie, sin embargo, esto no es cierto. El pecado nos separa de nuestro Padre y le duele mucho cuando hacemos esto. Entonces, creyente, la próxima vez que mires a tu hijo con esos ojos amorosos, siempre queriendo lo mejor para ellos, siempre queriendo protegerlos y mantenerlos fuera del peligro, recuerda, así es exactamente como Dios te mira.

JULIO 22

Zacarías 7: 14c: "Así hicieron desolada la tierra agradable."

Hubo un tiempo en que Jerusalén estaba llena de niños riendo y jugando en sus calles; cuando los ancianos podían sentarse y sentirse seguros detrás de sus grandes paredes (Zacarías 8: 4-5). Hubo un tiempo en que Jerusalén prosperó enormemente, había el templo más magnífico jamás visto, y derrotó completamente a todos sus enemigos que se levantó contra ellos. Sin embargo, aquí en Zacarías, leemos acerca de cómo en Jerusalém las calles estaban ahora vacías, sus muros fueron derribados, el templo destruido y sus enemigos victoriosos sobre ellos. ¿Qué cambió?

Se negaron a prestar atención [a Dios]; obstinadamente dieron vuelta a sus espaldas y taparon sus los oídos. Hicieron sus corazones tan duros como el pedernal y no quisieron escuchar la ley ni las palabras que el Señor Todopoderoso había enviado por Su Espíritu a través de los profetas anteriores. Entonces el Señor estaba muy enojado. "Cuando llamé, no escucharon; así que cuando llamaron, No quise escuchar," dice el Señor Todopoderoso. "Los esparcí con un torbellino entre todas las naciones, donde eran extranjeros. La tierra quedó tan desolada detrás de ellos que nadie podía entrar ni salir. Así es como dejaron desolada esta tierra" (Zacarías 7: 11-14, NVI 1984)

Es muy fácil para las personas culpar a Dios y decir que Él trajo todo esto a la nación de Israel, pero Zacarías deja muy claro quién tiene la culpa aquí. "Así es cómo dejaron desolada la tierra agradable." Dios no trajo esto sobre su pueblo; se lo trajeron ellos mismos. Entiende que esto no solo fue cosa de una sola vez, ni que de repente pasó un día. No, esto tomó años de desobediencia, lentamente alejándose de Dios hasta que se fueron tan lejos que se negaron a escuchar más a Dios. "Entonces despreciaron la tierra agradable; ellos no creyeron en su palabra" (Salmo 106: 24). Despreciaron a Dios y todo lo que había hecho por ellos. Ellos básicamente llegaron al punto en que dijeron: "Dios, no te necesitamos, ni te queremos. No necesitamos seguir Tus instrucciones ni escuchar tus mandamientos, nosotros sabemos lo que es mejor. Gracias, pero estamos bien." Entonces Dios les permitió tener lo que deseaban: una vida sin Él.

Veo que sucede lo mismo en Estados Unidos hoy. Dios ha bendecido a este país tremendamente porque fue construido sobre Él y Su Palabra; al principio, nuestros Padres Fundadores escucharon Sus instrucciones y siguieron Sus mandamientos. Pero lentamente, con el tiempo, nos hemos alejado de Él y ahora decimos lo mismo; exactamente lo que el pueblo de Israel dijo: "No te necesitamos, Dios." Si continuamos por este camino, también se dirá de nosotros: "Así es como hicieron que su tierra fuera desolada."

Pero el término "tierra agradable" no solo se refiere a nuestro país; también se refiere a nuestras vidas personales. La tierra agradable es también asunto tuyo, tu familia, tu matrimonio y tu vida. ¿Se han vuelto estas cosas desoladas y deterioradas, una comparación con lo que alguna vez fueron? Dios quiere bendecir, enriquecer y cultivar estas cosas para que prosperen y den mucho fruto. Pero eso solo puede suceder si hacemos de Él nuestro Señor y Salvador todos los días, escuchando Sus instrucciones y siguiendo Sus mandamientos. Entonces, ¿Qué se dirá sobre tu tierra agradable: "Así es como hicieron la tierra agradable desolada?" o "¿Así hicieron fructificar la tierra agradable?"

JULIO 23

Filipenses 2:12: "Obra tu propia salvación."

En séptimo grado, mi profesora de matemáticas nos dio total libertad para hacer nuestros problemas tan rápido o tan lento como sea necesario. El único requisito que tenía era que mostráramos todo el trabajo que se desarrolló para obtener las respuestas. Mi maestra sabía que si no hubiéramos tenido que mostrar el trabajo iríamos al final del libro y copiar todas las respuestas. A la larga, si no supiéramos cómo hacer los ejercicios de matemáticas, no sabríamos cómo resolverlos más adelante en la vida.

Cuando el apóstol Pablo escribió a los creyentes en Filipos, les dijo algo muy similar: "Por tanto, amados míos, como siempre habéis obedecido, no sólo mi presencia, pero ahora mucho más en mi ausencia, trabaja tu propia salvación con temor y temblor; porque es Dios quien obra en ti tanto para querer, como para hacer, para su buena voluntad" (Filipenses 2: 12-13). Pablo no está diciendo que la salvación viene a través de obras porque eso sería incorrecto; la salvación viene por Gracia, mediante la Fe en Jesucristo (Efesios 2: 8–9). Más bien, Pablo está diciendo que tenemos la responsabilidad de participar activamente en el proceso de ser apartado para la gran gloria de Dios para sus propósitos.[94]

Parte del proceso de santificación que atravesamos ocurre cuando enfrentamos situaciones difíciles. Aquí es donde somos refinados y nuestra fe se fortalece. La Biblia nos dice una y otra vez que enfrentaremos tiempos difíciles en esta vida, y si no sabemos cómo trabajar mentalmente nuestra fe durante esas pruebas, no lograremos permitir que ese trabajo perfecto se complete dentro de nosotros. Pero no son solo tiempos difíciles los que se utilizan para nuestra santificación; también son esos momentos en los que Dios nos llama a hacer algo. Si no sabemos cómo desarrollar mentalmente nuestra fe en esos llamamientos, básicamente vamos a ser como los hijos de Israel en el sentido de que simplemente caminaremos el desierto durante cuarenta años.

Ahora, cuando digo "ejercite nuestra fe," me refiero a un proceso matemático real que tiene lugar en nuestra mente. Aquí está la fórmula: A + B = C. A = la palabra de Dios, B = su carácter, y C = la respuesta en nuestra situación. La respuesta más común, no es *para* nuestra situación. sino más bien está *en* nuestra situación, más específicamente para fortalécenos en ella y a través de ella. Pero para obtener esta respuesta, necesitamos saber cómo mostrar nuestro trabajo, lo que significa que necesitamos saber lo que dice la Palabra de Dios, y necesitamos saber quién es Dios. Recuerde, la única expectativa que deberíamos tener acerca de Dios es que Él hará lo que ha dicho que hará, y que Él es quien dice que es. Solo teniendo estas dos cosas en mente podremos desarrollar nuestra fe adecuada y eficazmente en cada situación. Entonces, creyente, ¿A qué te está *llamando* Dios que hagas el día de hoy? ¿Cómo quiere Él que trabajes *en tu* salvación hoy?

JULIO 24

> Juan 6:68: "¿Señor, a quién iremos?"

Ha habido más ocasiones de las que me gustaría admitir en las que tomé la decisión de dejar de caminar con el Señor. Frustración, incredulidad e incomprensión de lo que el Señor estaba o no estaba haciendo en y alrededor de mi vida alimentó mi justicia propia e indignación contra Él. Fue en ese punto, en ese milisegundo cuando en realidad decidí dejar al Señor, cuando me golpeó la misma realidad que Pedro que se sorprendió cuando el Señor le preguntó: "¿También quieres irte?" (Juan 6:67). La realidad a la que nos enfrentamos fue la siguiente: ¿Dónde más podemos ir? ¿Qué más hay además del Señor? Él solo es vida, verdad, gracia y amor. Viví sin Él durante veintinueve años y no encontré nada en este mundo solo muerte. La verdad que Pedro y yo entendimos tan claramente en estos momentos es que no hay otro lugar adonde ir, porque no hay absolutamente nada en este mundo mejor que Jesús.

Habrá muchas ocasiones en nuestras vidas en las que se nos dará una "palabra dura" del Señor que no entenderemos (Juan 6:60). Podría ser una situación en que nos parezca increíblemente injusto; podría ser una ausencia de la presencia del Señor, cuando creemos que debería estar haciendo algo. . . ¡Cualquier cosa! O podría ser una respuesta a la oración que simplemente no queremos escuchar. Independientemente, estos son los momentos en que estamos más tentados a renunciar y alejarnos del Señor porque simplemente no entendíamos por qué tenía que ser así. Así, en nuestra lógica carnal y adolescente, creemos que dejarlo lo obligará a hacer lo que queremos que haga.

La verdad del asunto es que "muchos de sus discípulos regresaron y no caminaron más con Él," debido a este tipo de situaciones, por lo que no estamos solos en nuestro pensar (Juan 6:66). De hecho, fue después de uno de estos duros dichos que Jesús miró a los doce y les dijo: "¿También ustedes quieren irse?" Sin embargo, cuando se enfrentan ante la realidad de dejar a Jesús, Pedro dijo correctamente: "¿Señor, a quién iremos? Solo Tú tienes palabras de vida eterna.

También hemos llegado a creer y saber que Tú eres el Cristo, el Hijo del Dios viviente" (Juan 6: 68–69).

Pedro y los otros once no entendieron lo que Jesús estaba diciendo; Ellos estaban confundidos y preocupados por la verdad de lo que Jesús había proclamado. Sin embargo, no caminaron lejos de Jesús. Aunque no lo entendieron, aunque no tenía sentido para ellos, sabían que Jesús era el Cristo, el Hijo de Dios, el único Nombre bajo el cielo por el cual todos los hombres son salvos. . . ¿Adónde más podrían ir?[95]

Esta es la misma verdad con la que debemos ceñir nuestras mentes, porque habrá muchas veces en nuestro caminar cuando no entenderemos o ni siquiera comprenderemos por qué Dios está haciendo eso. Es ahí, en esos momentos de tentación de simplemente dejarlo y caminar por nuestra cuenta, que debemos mantenernos firmes en nuestra fe en Jesucristo y confiar en quién es Él y en lo que dice Su Palabra. Debemos aferrarnos a la realidad de lo que sabemos que es verdad, porque, sinceramente, ¿A dónde más vamos a ir? Solo Jesús tiene palabras de vida eterna y solo Él es el Cristo, el Hijo del Dios Viviente. Entonces, creyente, cuando se enfrente a estos tiempos de dificultad, recuerde la promesa que Jesús hizo a sus discípulos: "Lo que estoy haciendo, no lo entienden ahora, pero después de esto lo sabrán" (Juan 13: 7).

JULIO 25

Marcos 8:36: "¿De qué le servirá al hombre ganar el mundo entero? ¿Si pierde su propia alma?"

Estaba hablando con un hermano de la iglesia el otro día sobre algunas de las luchas que ha estado teniendo y por qué ha fallado en ellas con tanta frecuencia. Abajo está nuestra conversación:

Yo: "¿Qué pasaría si dejaras de hacer ejercicio y dejaras tu entrenamiento en artes marciales?"

Él: "Supongo que no sería apto."

Yo: "¿Entonces estarías en mayor peligro en el trabajo (como oficial de policía)?"

Él: "Bueno, sí, definitivamente. Esa es la razón principal por la que hago esas cosas. De esa manera, cuando surge un desafío, puedo super-arlo con facilidad."

Yo: "Interesante. Si pudieras imaginarte a ti mismo espiritualmente, ¿Cómo tu cuerpo espiritual se ve ahora mismo?

Él: "Definitivamente no apto."

Yo: "Si tu cuerpo físico está en mejor forma que tu cuerpo espiritual, entonces hay un problema con tus prioridades. Tú mismo lo dijiste. . . tú entrenas físicamente para que puedas superar los desafíos a medida que surjan. Ahora aplica esa misma verdad espiritualmente. ¿De qué le sirve a un hombre ganar el cuerpo perfecto, si pierde su alma?"

El punto aquí no es si debemos hacer ejercicio o no; se trata de tener nuestras prioridades en el orden correcto. El sábado pasado, yo y un grupo de hombres de nuestra iglesia nos reunimos para el estudio bíblico mensual. El desafío que el Señor me dio al final del estudio del sábado fue esto: "¿Te esfuerzas por terminar fuerte? ¿En qué aspecto?"

En lo que a mí respecta, el Señor me instruye a cumplir con mi papel de líder espiritual de mi casa como esposo para mi esposa y padre para mis hijos, por lo tanto, necesito terminar fuerte en esas áreas. Ese es el ministerio que debo cumplir, ante todo, después mi relación con el Señor. Así que mi prioridad debería ser involucrarme en las cosas que me ayuden a cumplir ese ministerio, no que me quiten.

Mire, el estudio de parejas casadas, el estudio de hombres, los grupos de rendición de cuentas, y todas las cosas como estas no son mis ministerios; son meras herramientas para ayudarme a cumplir con mi ministerio, que es mi esposa e hijos. Para beneficiarlos a ellos yo tengo que ser el más exitoso (como esposo, padre, hijo etc.), pero si descuidé a mi esposa y a los niños no gané absolutamente nada. Lo mismo ocurre con todos nosotros en la vida como un todo. ¿Qué nos beneficiaría tener / o ser (exitosos, de renombre, destacados, populares, ricos etc.) si perdiéramos nuestra alma en el proceso? ¡Absolutamente nada!

Entonces, creyente, haga una evaluación honesta de sí mismo e imagine su cuerpo ahora mismo. ¿Estás en forma y listo para soportar la batalla que te espera? ¿Estás tan espiritualmente incapacitado que ni siquiera puedes participar en la batalla por tu alma y por las almas de tus seres queridos?

JULIO 26

1 Corintios 4: 2: "Además, se requiere en los mayordomos que uno sea encontrado fiel."

¿Cuál es la diferencia entre un pastor que dirige fielmente a su congregación de 20.000 personas, tiene cruzadas anuales donde miles llegan a la salvación, alberga un programa de radio, escribe libros para animar a otros, realiza viajes misioneros para difundir el evangelio. . . y una esposa y mamá que administre fielmente la casa, cuide a los hijos, les enseñe acerca de Cristo, sirve a su esposo y ore por su familia?

A los ojos del hombre, no hay comparación. El pastor es más especial; lo que él está haciendo es mucho más importante y significativo. Sin embargo, a los ojos de Dios, solo ve una cosa; Solo hace una pregunta: "¿Es esa persona fiel a lo que le he llamado a hacer?" Dios no mira la producción como lo hace el hombre; Busca fidelidad, porque al final el hombre no da el aumento a ninguna obra, Dios lo hace. Dios busca la fidelidad porque "se requiere de los mayordomos que uno sea hallado fiel." Mi buen amigo Darrell tiene un dicho: "La comparación es la ladrona de la alegría." Él está en lo cierto, cuando nos comparamos con los demás, tarde o temprano encontraremos alguien que sea mejor, más exitoso o más talentoso que nosotros. Y esta ahí en ese lugar de comparación, que perdemos nuestro gozo en la obra que Dios nos ha llamado. Nos deprimimos y desanimamos cuando comenzamos a creer que lo que Dios nos llama a hacer "no es tan importante" como lo que están haciendo esas otras personas; y por eso, dejamos de ser fieles al ministerio al que Dios nos ha llamado.

A los ojos de Dios, no hay ministerio grande o pequeño. Todo lo que le importa a Dios, es que seamos fieles a hacer lo que nos ha llamado a hacer, y que vayamos a donde nos ha llamado para que vayamos. . . Eso es todo. Eso es todo lo que podemos hacer. Nuestro trabajo es amar al Señor con todo nuestro corazón, mente y fuerzas, y hacer todo lo que Él diga. Sí eso es realmente así de simple. Entonces, creyente, sé fiel a lo que Dios te llama a hacer, sabiendo que esa fidelidad es todo lo que se requiere de ti.

JULIO 27

Jeremías 31:34: "Porque perdonaré su iniquidad, y su pecado no recordaré más."

Uno de los peores sentimientos de un creyente es acudir a Dios y pedirle perdón por algo de lo que te "arrepentiste" ayer; o ir a Dios y confesar otro pecado, diferente del que acaba de confesar esa mañana. Eso comienza a sentirse como una carga para incluso pedirle a Dios que nos perdone, como si estuviéramos usándolo a Él. Sin embargo, en el Salmo 86: 5, el salmista nos recuerda que el Señor "está listo para perdonar." Dios no solo quiere perdonarnos, sino que también está listo y dispuesto a perdonar nuestros pecados.

Por eso el Señor dijo en Jeremías 31:34, "Porque perdonaré su iniquidad y no me acordaré más de su pecado." Es extremadamente difícil creer este versículo cuando el peso de la condenación se coloca directamente en nuestros corazones, sin embargo, estos son las palabras que el Señor habló; no son palabras de nadie más. Esta no es una transliteración ni una opinión, y no es discutible ni está abierta a la interpretación. El Señor dijo que no recordará nuestro pecado, punto.

Para reforzar esta verdad tan importante, la Biblia está llena de este mismo sentimiento una y otra vez. Salmo 103: 12, "Tan lejos como está el oriente del occidente, tan lejos así, ¡Ha quitado de nosotros nuestras transgresiones! Note que el salmista no dijo de "Norte al sur." Si viajaras hacia el norte, eventualmente llegarías al Polo Norte. Una vez allí, comienzas a viajar hacia el sur; mientras que, si viajaras al Este y continúas viajando hacia el Oeste, nunca se encontrarán. El Señor dice que nuestro pecado está tan lejos de nosotros como el Este del Oeste. En otras palabras, se ha ido para siempre.

Piense en ello de esta manera: En el Día de la Expiación, cuando el sumo sacerdote entraba al Lugar Santísimo una vez al año y confesaba todo el pecado de Israel, la sangre de los animales "cubrirían" su pecado. Sin embargo, cuando Jesucristo derramó Su sangre por nuestros pecados y murió en la cruz, nuestro pecado no fue cubierto, fue removido para siempre. Como dijo el Pastor Jon Courson: "Nunca necesitamos ir a Dios y decir:" He vuelto a pecar, Señor" porque Dios no recuerda la primera vez que pecamos."[96] "[Inserta tu nombre aquí], no recordaré más tu pecado." -Dios

JULIO 28

Salmo 9:10: "Y los que conocen tu nombre pondrán su confianza en Ti."

Matthew Henry dijo: "Cuanto mejor se conoce a Dios, más se confía en él."[97] Es lo que este versículo nos dice literalmente aquí mismo. Suena tan simple y sin embargo es tan difícil de hacer, ¿O no? El salmista nos recuerda aquí que cuando sabemos quién es Dios, Su carácter, Sus atributos, Su Santidad, entonces confiaremos en Él en todos los asuntos de la vida. Pero observe el énfasis que se pone en este versículo, "voluntad." Confiaremos en Dios, el salmista dice: no podemos *confiar* en Dios, sino que *confiaremos en Dios*, con certeza con seguridad con confianza. Esta es una declaración audaz, ya que confiar en Dios es una decisión que debemos tomar *todos* los días en *cada* situación. Sin embargo, parece haber una ley de confianza que se identifica aquí por el salmista, y esa ley dice que, si conocemos a Dios, confiaremos en Él.

El salmista podía hacer esta proclamación sin reservas porque él conoció a Dios; y estaba seguro de que, si alguien realmente conocía a Dios, como él, no sería posible que esa persona *no* pudiera confiar en Dios. La clave está en la palabra "saber." Esto no habla de saber *de alguien*, sino que se refiere a un conocimiento que se adquiere mediante la experiencia a través de una relación personal. El libro de Job ejemplifica esto para nosotros en Job 13:15, ya que el no entendía por qué se llevaron todo de él, o por qué sus hijos fueron asesinados, o por qué estaba gravemente afectado. Sin embargo, porque conocía a Dios tan íntimamente, podía decir con razón: "Aunque me matara, aún confiaré en Él." Job sabía muy bien que Dios había permitido que todas estas cosas sucedieran en su vida y, sin embargo, incluso cuando se le presentó una verdad tan desconcertante, todavía proclamó, "Aun así, confiaré en Él." Este tipo de confianza reemplaza la comprensión y las circunstancias porque no toma en cuenta ninguna de estas cosas, al tomar la decisión de confiar en Dios o no; solo mira a Dios y toma la decisión de confiar con base a *quién* es Dios, no a lo que dice la situación por la que estés pasando.

El desafío que nos presenta el salmista aquí es muy revelador y muy convincente: "los que conocen tu Nombre *confiarán* en ti."

JULIO 29

1 Corintios 6:11: "Y esto erais algunos de vosotros"

El día después de que fui salvo fue el Domingo de Pascua, y marcó la primera vez que fui a la iglesia como una nueva creatura, pero mientras caminaba hacia la iglesia, algo extraño sucedió: comencé a temblar de miedo; tanto así que lo único que yo podía hacer para seguir avanzando y no volver atrás era mirar el suelo y evitar hacer contacto visual. Durante todo el servicio mis ojos nunca dejaron el piso, porque estaba absolutamente seguro de que todos sabían que yo no pertenecía ahí, yo estaba completamente convencido de que se podía ver toda la inmundicia, la suciedad y el pecado que yo había disfrutado durante veintinueve años. No fue hasta aproximadamente un año y medio después de mi salvación que el Señor me mostró que ya no era esa persona.

En su primera carta a la iglesia de Corinto, Pablo se dirigía a una miríada de problemas, la mayoría de los cuales tenían que ver con que la iglesia permitiera que los caminos del mundo entraran sigilosamente. Así que Pablo les recordó: "No se dejen engañar. ni fornicarios, ni idólatras, ni adúlteros, ni homosexuales, ni sodomitas, ni ladrones, ni avaros, ni borrachos, ni injuriosos, ni estafadores heredarán el reino de Dios" (1 Corintios 6: 9-10). Es una lista bastante completa, en la que ninguno de nosotros puede escapar. Pero luego Pablo lo pone todo en perspectiva para ellos: "Y tales eran algunos de ustedes." Note que Pablo escribió esto en tiempo pasado. "Tú eras esas cosas," Pablo dijo, "Pero fuiste lavado, pero fuiste santificado, pero fuiste justificado en el nombre del Señor Jesús y por el Espíritu de nuestro Dios" (1 Corintios 6:11).

Nuevamente, observe que Pablo estaba escribiendo en tiempo pasado, lo que significa que estas cosas ya habían tenido lugar. "Fuisteis fornicarios e idólatras y codiciosos y todas estas otras cosas mundanas, pero fuiste lavado de todos tus pecados, fuiste apartado para un propósito importante, y fuiste hecho justo a los ojos de Dios. Fueron liberados de la vergüenza y la muerte por la sangre de nuestro Señor Jesucristo y fueron hechos nuevos por el poder del Espíritu Santo. Ya no eres más esa persona, así que deja de pensar que lo eres. Deja de vivir la vida como si todavía fueras esa persona de antaño." David Guzik señaló que estos caminos mundanos no deben "marcar la vida" de un creyente porque hemos sido renovados; se nos ha dado un nuevo corazón, una nueva mente y un nuevo conjunto de valores y deseos.[98] Deja las cosas viejas; Pablo dice, y camina en la novedad de la vida.

Creyente, no importa quién fuiste alguna vez; no importa lo que una vez hiciste, lo que importa es quién eres ahora y qué haces ahora. Así que aparta de ti esos caminos mundanos y comienza a vivir la vida como lo que eres en Cristo Jesús, porque has sido lavado, apartado y reconciliado con Dios en el Nombre de Jesús.

JULIO 30

Génesis 29:35: "Y ella concibió de nuevo y dio a luz un hijo y dijo: Ahora Alabaré al Señor."

La acción de gracias y la alabanza siguen naturalmente al reconocimiento de los beneficios recibidos. Por ejemplo, cuando el Señor vio que Lea no era amada, le permitió concebir y le dio muchos hijos. Después de tener a su último hijo al cual nombró Judá, Lea dijo: "Ahora alabaré al Señor." Note que ella solo alabó al Señor cuando dio a luz a su último bebé.

Esto también ocurre con frecuencia entre los creyentes de hoy. Cuando Dios responde una oración, o cuando nos bendice de alguna manera asombrosa, lo alabamos y damos gracias por su favor, y con mucha razón: siempre debemos agradecer y alabar al Señor, confesando que fue solo por Él que tenemos ese favor. Sin embargo, al mismo tiempo, en la Biblia se nos dice que caminemos por fe y no por vista. ¿Entonces si estamos en el hábito de alabar al Señor solo después de recibir los beneficios, estamos caminando por fe o por vista?

El elogio es esencialmente la reacción natural a la confianza. Antes de que Jesús resucitara a Lázaro de entre los muertos, alabó a Dios. Antes de alimentar a los cinco mil, alabó a Dios. Jesús confiaba plenamente en Dios el Padre, por eso podía alabarlo antes, durante y después de cualquier situación. Si realmente creemos que Dios es quien dice ser, y si realmente creemos que Dios hará lo que dice que hará, entonces deberíamos alabar a Dios tal como lo hizo Jesús.

Cuando enfrentamos dificultades y tiempos difíciles, debemos creer que Romanos 8:28 de hecho es cierto, que "Todas las cosas les ayudan a bien a los que aman a Dios." Nosotros necesitamos creer que Dios tomará contra nosotros lo que está destinado al mal y lo usará para nuestro bien (Génesis 50:20). Tenemos que confiar en que, como siempre lo ha sido Dios, Él siempre lo será. David es un gran ejemplo de esto mismo. Cuando David se enfrentó a leones y osos como pastor, se estaba preparando para enfrentarse a Goliat. Esta es la razón por la que David dijo a Saul sobre por qué quería enfrentarse a Goliat: "El Señor, que me libró de la garra del león y de la garra del oso, Él me librará de la mano de este filisteo" (1 Samuel 17:37). La verdad es que las dificultades nos preparan para la victoria. Saber esto, creerlo, confiar en ello, nos impulsará a alabar a Dios antes, durante, y después de cada situación.

JULIO 31

Filipenses 4: 6: "Por nada estéis afanosos."

Mientras Michelle y yo celebramos el primer cumpleaños de nuestra hija, nos tomamos un tiempo para mirar hacia atrás en el último año y nos sorprendió ver cuánto nos ha enseñado Kate acerca de ser cristianos. Yo diría que el ejemplo más grande que nos ha dado es la perspectiva que tiene en la vida cotidiana.

Me parece muy convincente que, aunque nuestra hija está completamente indefensa, y totalmente dependiente de Michelle y de mí para mantenerla, nunca se preocupa de dónde vendrá su próxima comida; nunca está ansiosa por lo que le depara el mañana. Ella simplemente vive la vida sin preocupaciones porque confía plenamente en que será cuidada. Dudo seriamente que siquiera le pase por la mente la idea de que ella no será atendida. Bueno, si nosotros, siendo malvados, sabemos cuidar y proveer para nuestra hija, cuánto más Dios nos cuidará, ¿Siendo que nosotros también somos sus hijos? Si Kate puede confiar en Michelle y en mí en la medida en que ella no tiene absolutamente ninguna preocupación en su vida, ¿Cuánto más deberíamos poder confiar en Dios en ese mismo sentido?

Creo que la preocupación y la ansiedad llegan a nuestras vidas porque dejamos de depender de Dios y empezar a confiar en nosotros mismos. Es cuando creemos que el resultado final en una situación depende completamente de nosotros, o de lo que hacemos, que la preocupación y la ansiedad surgen rápidamente. La razón por la que Kate puede estar en paz es porque está completamente indefensa, y totalmente dependiente de nosotros. Si volviéramos a esa realidad, que somos totalmente dependientes de Dios y no podemos hacer nada sin Él; nosotros también estaríamos en paz porque nos obligaría a confiar en Dios y no en nosotros mismos.

Recuerdo cuando un amigo misionero regresó de África y me contó todo sobre la fe y el gozo asombroso que tienen los niños de allí. La razón por su increíble fe, dijo, se debía a que no tenían absolutamente nada. . . No hay comida, sin refugio o casa propia, sin dinero. . . nada, y porque no tenían nada entonces tenían que confiar absolutamente en Dios cada día, para que les proveyera, y Él siempre lo hizo. Estos niños tienen una fe y un gozo asombrosos porque no podían confiar en sí mismos para nada, sino que tenían que depender de Dios para todo. Así que, creyente, "No te afanes por nada, pero en todo, con oración y súplica, con acción de gracias, deje que sus peticiones sean dadas a conocer a Dios; y la paz de Dios, que sobrepasa todo entendimiento, guardará su corazón y su mente en Cristo Jesús" (Filipenses 4: 6–7).

AGOSTO 1

> Génesis 17: 1: "Cuando Abram tenía noventa y nueve años, el Señor
> se le apareció a Abram y le dijo: "Yo soy el Dios Todopoderoso; camina
> ante mí y se libre de culpa."

Hace un par de semanas, estaba hablando con un hermano de la iglesia sobre su adicción al alcohol y las drogas. Me dijo: "Si tan solo tuviera el poder de Dios, podría dejar de volver a caer en mi adicción." Rápidamente le recordé que Dios ha hecho Su Santo Espíritu disponible para todos nosotros para superar toda forma de esclavitud y adicción, pero en algún momento, tenemos que recibir ese poder y caminar en Él haciendo decisiones sabias que se basan en la Palabra de Dios, no en los sentimientos, y no en lo que *quiero* hacer.

Esto es de lo que el Señor le estaba hablando a Abram en Génesis 17: 1. Hacía un tiempo, Dios le había prometido a Abram que tendría un hijo. Cuando eso no sucedió lo suficientemente pronto para el gusto de Abram y Saraí, Abram tomó la sirvienta de Saraí como esposa y tuvo un hijo con ella. Después de trece años de confusión, amargura, infelicidad y desasosiego, Dios se le apareció a Abram nuevamente y le dijo: "Yo Soy el Dios Todopoderoso; camina delante de mí y sé irreprensible."

El nombre "Dios Todopoderoso" en hebreo es *El Shaddai*, que significa Dios quien es suficiente. Básicamente, lo que el Señor le estaba diciendo a Abram aquí es: "Mi suficiencia de poder se revelará en tu vida a medida que vivas tu vida completamente ante Mi." Dios no le estaba diciendo a Abram que tenía que vivir una vida perfecta, sino que debería vivir una vida totalmente comprometida con Dios. Como lo explicó el Pastor David Guzik, "Dios quería todo de Abram," no solo una parte de él.[99]

Abram estaba ahora en un lugar donde su mente dividida ya no podía existir. Él ya no podía vivir para Dios y vivir para sí mismo; tenía que ser uno u otro. Lo mismo ocurre con nosotros hoy. Tenemos una posición en Cristo que dice que somos perdonados de nuestro pecado sin nuestro propio esfuerzo, sin embargo, también encontramos que existe una responsabilidad para que caminemos delante de Dios y seamos irreprensibles como sus siervos.[100] "Pero los irreprensibles en sus caminos son Su deleite" (Proverbios 11:20). Esto también es de lo que estaba hablando David acerca de lo que escribió en el Salmo 24: 3-4: "[¿Quién puede estar en Su lugar santo? Él que tiene manos limpias y corazón puro, que no ha elevado su alma a un ídolo, ni jurado engañosamente." David está hablando específicamente de tener intenciones puras y tomar decisiones personales sobre cómo vivir nuestras vidas ante Dios.

Yo puedo ver a tantos creyentes hoy en día con la actitud de "¿Que tanto puedo hacer en desobediencia y todavía ser llamado creyente?" "Básicamente, viven vidas descuidadas sin responsabilidad, y luego justifican sus acciones diciendo, "No me digas nada hombre; Estoy perdonado." Dios no tolerará este tipo de vida. Eventualmente les dará exactamente lo que ellos quieren: una vida basada en uno mismo. ¿Cómo le resultó esto a Abram? Creyente, debemos descansar absolutamente en la obra consumada de Cristo mientras somos perdonados; pero también debemos recordar que seremos responsables de cómo vivimos nuestras vidas delante de Él.[101] "Yo soy el Dios Todopoderoso; camina delante de mí y sé irreprensible."

AGOSTO 2

Juan 17:17: "Santifícalos en tu verdad. Tu palabra es verdad."

Durante las últimas dos semanas, Michelle ha estado repitiendo la misma verdad una y otra vez, "No es un evento; es un proceso." Ella hace esto para recordarse a sí misma que enseñar y entrenar a un niño no es un evento único, sino más bien un largo proceso que tiene lugar dentro de un niño a lo largo del tiempo. Se puede decir exactamente lo mismo sobre el proceso de santificación que tiene lugar en la vida de un creyente; no es un evento único, pero es más bien un proceso largo que tiene lugar dentro de un creyente.

Entonces, ¿Qué es la santificación? Ser santificado es ser apartado para un propósito específico. Por ejemplo, después de que Michelle y yo nos comprometimos, ella salió y compró un hermoso vestido de novia blanco. Este vestido no era para uso diario. De hecho, sólo se le asignó un propósito: fue apartado para el día en que nos casamos. Lo mismo ocurre con nosotros como creyentes. Hemos sido apartados específicamente para el gran propósito. Entonces, ¿Qué hace la santificación? Nos separa del mal y de los perversos caminos de este mundo y nos transforma cada vez más a la imagen de Jesucristo.

Primero entramos en el proceso de santificación cuando ponemos nuestra fe en Jesucristo como nuestro Señor y Salvador (Hechos 26:18). Pero esto es solo donde comienza el proceso de santificación, a partir de ese momento debe ser perseguido con seriedad por todos y creer que lo poseeremos. No es algo que se impute o traspase para nosotros; más bien, es algo que debe aprenderse de Dios mientras nos enseña Su Palabra a través del poder de su Espíritu Santo.

Aunque le di mi vida a Jesucristo el 22 de abril del año 2000, seguí en mi perverso estilo de vida durante un año más. Pero a lo largo de ese año, como yo leía la Palabra de Dios, comencé a cambiar lentamente. Mis deseos empezaron a pasar de la oscuridad a la luz y mis amigos no sabían qué pensar de mí. Estaba siendo santificado por la Palabra de Dios a través del poder del Espíritu Santo a pesar de que no entendía lo que estaba leyendo la mitad del tiempo. Poco a poco, a través de la Palabra de Dios, fui volviéndome más como Jesús. Esto es lo que Jesús quiso decir en Juan 17:17 cuando oró a Dios el Padre, "Santifícalos en tu verdad. Tu palabra es verdad." Note que Jesús habló en el tiempo presente continuo cuando le pidió al Padre que nos "santificara". Haciendo esto, Jesús nos dejó en claro que la santificación no es un evento único, sino más bien es un proceso continuo que seguirá hasta el día en que Dios nos lleve a casa.

AGOSTO 3

> Juan 14:27: "La paz os dejo, mi paz os doy; yo no os la doy como el mundo la da. No se turbe vuestro corazón, ni tenga miedo."

Después del nacimiento de Kate, las cosas cambiaron para Michelle y para mí, no solo en nuestras vidas y en nuestro hogar, pero también en nuestro pensamiento. De repente tuvimos a alguien más que teníamos que considerar y cuidar. Así que decidimos que sería prudente tener un fideicomiso establecido en vida en caso de que algo nos sucediera y fuéramos llevados a casa para estar con el Señor. Hicimos esto porque queríamos dejar a Kate en buena posición espiritual, emocional, física y económicamente.

En Juan 14, Jesús hizo algo muy similar por sus discípulos, ya que sabía que en unos dos días sería arrestado, crucificado y enterrado en una tumba. Él también sabía que sus discípulos estarían confundidos, quebrantados y llenos de ansiedad por todo lo que le iba a pasar. Entonces Jesús, en cierto sentido, estableció una vida confiada en sus discípulos porque también quería dejarlos en buena posición.

Pero, ¿Qué les dejaría Jesús? No tenía dinero ni posesiones, entonces, ¿Qué podría dejarles para asegurarse de que serían atendidos? "La paz les dejo, mi paz te doy; yo no os la doy como el mundo la da." Jesús básicamente dijo: "No te dejo algo que se pueda perder o robar; alguna cosa de esas es temporal y puede ser alterado por este mundo. Te dejo lo que nunca les podrán quitar y siempre estará disponible para ustedes sin importar dónde estés, como eres o lo que haces, mi paz te dejo." Él, por supuesto, se refería a la venida del Espíritu Santo y la obra transformadora de vida que Él llevaría a cabo en nuestras vidas (Juan 14:26).

Pero pensé que era interesante que Jesús se propusiera decir que no da, como el mundo da. Mire, el mundo da cosas que tienen que ver con lo físico, mientras que los dones de Jesús son espirituales y eternos. Y, a diferencia de Jesús, el mundo da paz solo a través de medios temporales, como: Si estamos estresados o ansiosos, se nos dice que tomemos pastillas; si nuestras vidas son caóticas, se nos dice que debemos escapar tomando unas vacaciones. Pero, ¿Qué pasa cuando los efectos de las drogas desaparecen y volvemos de nuestras vacaciones? Nuestros problemas siguen ahí. Nada ha cambiado.[102] Pero la paz que da Jesús es una "paz. . . que sobrepasa todo entendimiento" (Filipenses 4: 7). Las circunstancias no lo afectan, ya que es una paz interna que supera el estrés, la ansiedad y la desesperanza.

Su paz nunca se encontrará a través drogas, o vacaciones, o por no tener problemas en esta vida.[103] No, la paz que Jesús deja para nosotros se encuentra en medio de las tormentas de esta vida, no aparte de ellas. Lo que debemos recordar acerca de Su paz es que es una posesión nuestra como creyentes en Cristo. A través del poder del Espíritu Santo, ya lo tenemos disponible cuando lo necesitamos. Entonces, creyente, "No se turbe vuestro corazón, ni tenga miedo." En otras palabras, estén en paz, porque Aquel que habita dentro de ustedes es más que capaz de manejar lo que sea que esté enfrentando en este momento. Él sabe y tiene el control.

AGOSTO 4

> Proverbios 19:11: "La discreción del hombre lo hace lento para la ira, y su gloria es pasar por alto una transgresión."

La Gracia ha sido un tema candente en nuestra casa últimamente. Nuestras discusiones han variado desde cómo mostrar gracia a un niño al disciplinarlo hasta cómo mostrar gracia a los creyentes cuando pecan. Y, por supuesto, tampoco faltan libros u opiniones sobre cómo se deben hacer estas cosas. Así que Michelle y yo oramos y le pedimos al Señor que nos de sabiduría para que podamos obtener una mejor comprensión de cómo mostrar gracia a los demás. Fue entonces cuando el Señor me condujo a este versículo, "La discreción del hombre lo hace lento para la ira, y su gloria es pasar por alto la transgresión." Esencialmente, Salomón está diciendo que un hombre sabio pospone la ira hasta que pueda sopesar adecuadamente toda la situación y luego responde en consecuencia. Entonces si nosotros queremos ser más como Dios en esas situaciones, tenemos que pasar por alto la pena por esos pecados.[104]

La Biblia nos define lo que es ser una persona comprensiva en Proverbios. 9:10: "El conocimiento del Santo es entendimiento." Este conocimiento de Dios no nos llega de forma natural; más bien hay que buscarlo y aprenderlo. Y cuanto más buscamos a Dios, deseando conocerlo más íntimamente; más llegaremos a ser como Él. Por lo tanto, cuando surge una situación en la que alguien ha pecado contra nosotros, aplazamos nuestro enojo hacia esa persona y ese evento hasta que tengamos consideración a fondo de todos los detalles sobre lo que pudo haber provocado tal acción.

Eso nos lleva a la segunda mitad de este versículo: "Y su gloria es pasar por alto una transgresión." Salomón dijo que, si realmente queremos ser como Dios, si realmente queremos brillar ante el hombre, entonces debemos asumir la actitud de Dios hacia el pecado y pasar por alto la pena por ese pecado.[105] Esto es esencialmente lo que hizo Jesús en la cruz; Él tomó la pena de nuestro pecado sobre sí mismo para que pudiéramos ser libres de las trampas de la muerte eterna.

Dicho esto, es importante tener en cuenta que no se nos dice que pasemos por alto el pecado mismo, porque el pecado es malo y Dios odia el mal (ver Proverbios 8:13). Estamos para odiar el pecado, así como Dios odia el pecado. En ninguna parte de la Biblia Dios le dice a alguien: "Está bien que hayas cometido ese pecado. Sigue adelante." No, Dios siempre expuso el pecado por lo que era, y sin embargo lo hizo sin condenación.

Cuando Jesús le dijo a la mujer en Juan 8:11 que fue sorprendida en adulterio, "¡ve y no peques más!," no estaba diciendo, "Está bien que hayas cometido adulterio." No, estaba muy claro que lo que hizo estuvo mal y que necesitaba apartarse de ese pecado; pero lo que Jesús le dijo fue: "Pasaré por alto el castigo por tu pecado" que es muerte por lapidación.

Dios nos dice que debemos tener la misma actitud hacia los demás. Debemos pasar por alto el castigo por su pecado porque eso es lo que hace la asombrosa Gracia de Dios. "Y sean bondadosos unos con otros, misericordiosos, perdonándose unos a otros, como Dios en Cristo os perdonó" (Efesios 4:32).

AGOSTO 5

2 Corintios 1: 3: "Bendito sea el Dios y Padre de nuestro Señor Jesús Cristo, Padre de misericordias y Dios de todo consuelo."

A menudo confundimos el término bíblico "comodidad" con el término mundano "cómodo." Cómodo tiene una connotación suave y débil, como cuando nos vamos de vacaciones y dormimos en una cama que no es tan cómoda como la que tenemos en casa; nosotros a menudo anhelamos nuestra cama para estar cómodos de nuevo.[106] Eso no es lo que el verso está hablando. De hecho, no creo que Dios quiera que estemos espiritualmente cómodos en este sentido, porque con este tipo de consuelo viene la pereza y complacencia espiritual.

La palabra consuelo que se usa en 2 Corintios 1 habla de un fortalecimiento intensivo: "Bendito sea el Dios y Padre de nuestro Señor Jesucristo, Padre de misericordias y Dios de todo consuelo, que nos consuela en toda nuestra tribulación." Pablo alaba a Dios por el fortalecimiento que Dios le dio mientras sufría a través de su tribulación — no para quitarle su sufrimiento, y no para hacerlo sentir cómodo durante su sufrimiento, sino para fortalecerlo a través de esto. Entonces, ¿Por qué Pablo alaba a Dios por esta fuerza? "Para que podamos consolar a quienes están en problemas, con el consuelo con el que nosotros mismos somos consolados por Dios" (2 Corintios 1: 4). Pablo agradece y alaba a Dios por fortalecerlo, para que pueda fortalecer a los hermanos con la misma fuerza que Dios le dio. Es importante para nosotros recordar aquí la ley de dar: antes de que podamos dar algo, primero tenemos que recibirlo por nosotros mismos. Entonces si no vamos través de las pruebas, y si Dios no nos fortalece en ellas, nunca seremos útiles para fortalecer a cualquier otra persona que esté luchando.

Es interesante que Dios a menudo nos da este fortalecimiento a través de otros creyentes. Eso significa que antes de que podamos compartir esa fuerza con otros, debemos primero hacernos vulnerables para que otros puedan compartirlo con nosotros. Por eso muchos nunca reciben el fortalecimiento que Dios quiere darles, porque ellos son demasiado orgullosos para abrirse y compartir sus necesidades con los demás.[107] A su vez, los hace herramientas menos eficaces para el trabajo del reino.

Otra razón por la que no queremos revelar nuestros problemas a los demás es porque creemos que, si no han pasado por la misma situación exacta en la que nos encontramos, o si no han tenido exactamente la misma lucha con la que nosotros luchamos, entonces no pueden ayudarnos. Incorrecto. Como señaló Gene Pensiero, "Dios nos consuela en *toda* tribulación" para que podamos consolar a otros en "*cualquier*" situación.[108] Recuerda que estamos compartiendo el fortalecimiento que Dios nos da, no la situación que podemos o no haber experimentado. El enfoque, dice Pablo, está en el fortalecimiento que Dios nos da no en la situación por la que pasamos.

AGOSTO 6

Proverbios 28:12: "Cuando el justo se regocija, hay gran gloria."

Hace un par de semanas, varios de nosotros de nuestra iglesia local nos reunimos para una noche de adoración y oración en la casa de un amigo. No se especificó una agenda para esa noche; solo queríamos unirnos y alabar a Dios por todo lo que es, todo lo que ha sido y todo lo que va a ser. Bueno, te compartiré un secreto de Dios en caso de que no lo sepas, cuando los hijos de Dios se reúnen para buscarlo Él se manifestará en formas gloriosas.

Desde el comienzo de la noche, fue ridículamente obvio para todos nosotros. que Dios estaba orquestando todos y cada uno de los aspectos de esta noche. Se volvió tan obvio de hecho, que en un momento me puse a reír durante el culto (y yo era uno de los líderes de adoración). Me encantaría describir en detalle todo lo que pasó esa noche, pero solo diré que nuestra fe se fortaleció, nuestras cadenas fueron rotas, nuestras vidas cambiaron y Dios fue completamente glorificado.

A la mañana siguiente, mientras leía Proverbios 28, me encontré con este versículo: "Cuando los justos se regocijan, hay gran gloria." Sonreí mientras miraba este versículo, porque era una descripción perfecta de lo que había sucedido la noche anterior. Yo creo que Dios compartió este versículo conmigo porque quería que yo entendiera lo que sucedió esa noche y cómo puede suceder todas las noches. . . para que los justos se alegren y haya gran gloria. El estímulo que recibí de este versículo fue que las noches de oración y adoración no deben ser la excepción para el creyente, sino más bien debe ser la regla porque la Gloria de Dios está disponible para todos nosotros si queremos experimentarlo.

Cuanto más pensaba en este versículo, más me di cuenta de que no es solo cuando nos reunimos y nos regocijamos es que su gloria se revela, pero es en cualquier momento que nos alegramos. Entonces, ya sea que estemos en la iglesia, en el trabajo o en casa. . . si el sol está brillando sobre nosotros ese día, o si nos encontramos en una prueba de fuego, cuando nos regocijamos, hay gran gloria; porque Dios está siendo glorificado, no el hombre. Nosotros no nos regocijamos por nuestras circunstancias y no nos regocijamos por las cosas de este mundo . . . no, nosotros nos regocijamos por las promesas y garantías que Dios nos ha dado a través de Su Palabra que están selladas en nuestros corazones por Su Espíritu Santo. Recuerdo haber compartido mi testimonio con un buen amigo mío poco después de recibir a Cristo en mi corazón y mientras me regocijaba en la nueva vida que se me había dado a través de Jesús Cristo, mi amigo me dijo: "¡Estás absolutamente radiante!"

Nuestro pastor dijo hace un par de semanas que hay alrededor de 3573 promesas en la Biblia para nosotros, desde la vida aquí en la Tierra hasta la vida eterna en el cielo. Nos regocijamos porque Jesús es nuestro Señor y Salvador, y Él es el Sí y el Amén de todas las promesas (2 Corintios 1:20). Entonces, creyente, haga un enfoque hoy para regocijarse en Él, y experimente su gran Gloria.

AGOSTO 7

> Romanos 12: 1: "Por tanto, hermanos, os ruego por las misericordias de Dios, que presenten sus cuerpos en sacrificio vivo, santo, aceptable para Dios, que es tu culto razonable."

Mientras me preparaba para irme al trabajo el martes pasado por la mañana, Michelle se lastimó la espalda de tal manera que ni siquiera podía caminar sin que yo la ayudara. Así que falté al trabajo y me quedé en casa para cuidar de ella y de nuestra hija de ocho meses Kate.

El primer día fui como una máquina, ya que todo mi enfoque estaba en servir a mi esposa y mi hija. El segundo día fui un poco más lento, pero todavía me movía bastante bien, mantuve las necesidades de Michelle y Kate como mi principal prioridad. El tercer día yo empecé a cansarme un poco porque me quedé despierto hasta tarde la noche anterior para poder tener un poco de tiempo para "mí." El cuarto día estaba exhausto porque me quedé despierto incluso más tarde que la tercera noche para poder dedicarme un poco de tiempo para mí. Para el quinto día, aunque yo seguí sirviendo a mi esposa e hija tanto como pude, había más "yo" que Michelle y Kate en mi corazón.

Mientras reflexionaba sobre todo esto, recordé algo que un amigo mío una vez me dijo: "El problema con un sacrificio vivo es que sigue arrastrándose fuera del altar." Cuán cierto es eso. Arrastrarse hasta el altar nunca es el problema: El problema es quedarse ahí y aguantar.

Cuando pensamos en el sacrificio, a menudo lo pensamos en términos de un evento. Por ejemplo, una noche en un estudio de hombres nos preguntaron a todos si tomaríamos una bala en lugar de uno de nuestros seres queridos. Todos los hombres del estudio dieron un rotundo "¡Sí!" sin dudarlo. Sin embargo, cuando se nos preguntó si nos negaríamos a nosotros mismos todos los días y servir a nuestras familias anteponiendo sus necesidades a las nuestras: espiritual, física, mental y emocionalmente, hubo una pausa de silencio antes de que alguien dijera algo. Pregunta a un hombre si está dispuesto a morir por su familia y lo hará sin dudarlo, pero pídale que viva para su familia y hay pausa, porque ser un sacrificio vivo requiere aguante y requiere la continua negación de uno mismo.

A menudo olvidamos que Dios no nos creó para que pudiera servirnos; no, Él nos creó para que podamos servirle sirviendo a otros. Pablo lo dijo muy claramente; ser un sacrificio vivo "es tu servicio razonable."   En otras palabras, esto es lo mínimo que podemos hacer considerando todas las "misericordias" que Dios nos ha dado. David Guzik señaló que esas misericordias incluyen: el don de su Espíritu Santo, la justificación, la adopción en su reino, "identificación con Cristo," siendo liberado de la Ley y cubierto por gracia, ayuda en tiempos de necesidad, un amor que no falla, y por supuesto la garantía "de la Gloria venidera." "A la luz de todas estas misericordias, pasadas, presentes y futuras, el apóstol Pablo nos ruega que "presentemos [nuestros] cuerpos en sacrificio vivo," porque este tipo de sacrificio es "Santo (y) agradable a Dios."[109]

Considere este pensamiento: Cuando estamos en el altar, negándonos a nosotros mismos, eso es cuando somos más semejantes a Cristo. La simple verdad en todo esto es que no hay mejor lugar para nosotros que en el altar del sacrificio.

AGOSTO 8

Santiago 4: 8: "Acércate a Dios y él se acercará a ti."

El Domingo pasado por la mañana, uno de los hermanos en la sala de oración preguntó si el regalo del arrepentimiento estaba disponible para todos hoy. La respuesta fue un rotundo sí, ya que Dios ha hecho todo lo necesario para que el arrepentimiento esté disponible para todos los hombres. Como yo estaba meditando en este pensamiento, el Señor me recordó una gran verdad que a menudo olvidamos: Él está siempre y fácilmente disponible.

Vemos una imagen simbólica de esto en Proverbios 9: 1–4: "La sabiduría ha edificado casa, ella ha labrado sus siete columnas; ha sacrificado su carne, ha mezclado su vino, ella también ha amueblado su mesa. Ella ha enviado a sus doncellas, ella grita desde los lugares más altos de la ciudad: "¡Quien sea sencillo, que entre aquí!" En este pasaje de la Escritura, Salomón nos aclara que todo lo necesario ha sido hecho para que podamos recibir la sabiduría de Dios; todo lo que tenemos que hacer es venir y recibirlo. De hecho, en Santiago 1: 5, se nos dice que solo necesitamos pedir su sabiduría y nos será dada.

Asimismo, y en un sentido mucho más amplio, Dios ha hecho todo lo necesario para estar disponible para todas nuestras necesidades hoy. Sin embargo, muchos no reciben lo que necesitan de Dios simplemente porque no aceptan su invitación a venir y recibirlo. El apóstol Santiago nos recuerda en Santiago 4: 7–8 que hay un orden de eventos que tiene lugar en la vida de un creyente. "Sométete, pues, a Dios. Resiste al diablo y huirá de ti. Acércate a Dios y Él se acercará a ti." David Guzik dijo acerca de este versículo: "El llamado a acercarse a Dios es tanto una invitación como una promesa. De nada sirve someterse a la autoridad de Dios y resistir el ataque del diablo y luego dejar de acercarse a Dios."[110]

Entonces, ¿Por qué no nos acercamos a Dios? La principal razón es la incredulidad, creemos que o no nos ayudará, o que no puede ayudarnos. De cualquier manera, nuestra incredulidad nos impide acercarnos a Dios. Este último fin de semana hablé con una amiga que, durante los últimos treinta años más o menos, ha vivido el libro de los Jueces. Ella arruina su vida con las drogas y el alcohol, pide ayuda a Dios, Él la libera, luego ella se aleja y arruina su vida de nuevo. Así que la invité a la iglesia el domingo por la mañana solo para verla inventar una excusa de por qué no pudo venir. Ella dice que se ha sometido a la autoridad de Dios como Señor de su vida, pero se niega acercarse a Él y recibir lo que ella realmente necesita: un cambio, libertad, salvación, esperanza, fuerza. . . estas cosas, y todo lo que Dios promete, no comienzan mañana; Empecemos hoy, ahora mismo, si los queremos.

Creyente, Dios ha hecho todo lo necesario para estar fácilmente disponible para nosotros. Acércate, pues, a Él, y Él *se acercará* a ti.

AGOSTO 9

Proverbios 23: 5a: "¿Pondrás tus ojos en lo que no es?"

Una vez escuché una historia sobre un hombre que estaba aprendiendo a pilotear un avión. Cada vez que aterrizaba el avión golpeaba este enorme bache que estaba en medio de la pista. Finalmente, el instructor le preguntó: "¿Qué miras cuando estás aterrizando el avión?" El hombre respondió: "El bache." Entonces el instructor dijo de nuevo al hombre, "La razón por la que sigues golpeando el bache es porque eso es en lo que tus ojos están fijos. Deja de mirar el bache y no lo golpearás más."

En Proverbios 23, el Rey Salomón nos da una advertencia sobre las cosas en las que establecemos nuestros ojos, "No trabajes demasiado para ser rico; por tu propio entendimiento, ¡cesa! ¿Pondrás tus ojos en lo que no es? (Proverbios 23: 4-5). Salomón no quiere decir que no debemos trabajar para mantener a nuestras familias; más bien, está hablando para aquellos que trabajan demasiado y se cansan por lograr cada vez más. Muchos hombres de hoy están trabajando turnos adicionales porque creen que proporcionar a sus familias con posesiones más grandes, más bonitas o más posesiones materiales es lo que más necesitan, sin embargo, lo que sus esposas e hijos realmente necesitan más que cualquier otra cosa es un líder espiritual para estar tiempo en casa, para amarlos, pasar tiempo con ellos, enseñarlos y guiarlos y lavarlos con la Palabra de Dios. Nunca he oído alguna persona que en su lecho de muerte diga: "Ojalá hubiera trabajado más." Riquezas, posesiones, títulos, todos son temporales y eternamente sin sentido. Solo lo que es en Cristo es eterno.

"¡Pero cuanto más dinero tengo, más personas puedo ayudar!" Este es probablemente la razón más popular las que las personas dan a Dios porque creen que Dios debería permitirles ganar la lotería. Sí, el dinero tiene su propósito en la vida, pero nunca es la respuesta para ayudar a las personas. Recuerdo cuando un misionero de uno de los países más pobres en África volvió en un año sabático y me dijo que los niños allí no necesitan escuelas, zapatos o más dinero. . . ellos necesitan a Jesús. Pienso en cuando Jesús ayudó a otros, siempre les dio lo que más necesitaban, lo eterno. Incluso los dones espirituales que se nos dan a través del Espíritu Santo se dan para la edificación del cuerpo (menos el don de lenguas, que se da para edificación espiritual). Estos regalos no son para beneficiar a quien recibe el regalo, sino más bien se utilizan para beneficiar a otros para que puedan ser edificados en el Señor.

Sin embargo, no se trata solo de riquezas. Hay muchas cosas en este mundo en las que fijamos nuestros ojos que no tienen valor o significado eterno, pero que pueden consumir nuestra vida. Entonces, ¿Cómo sabemos en qué están realmente puestos nuestros ojos? ¿Bueno, pregúntate en qué cosas siempre me sacrifico y hago tiempo para? ¿De qué hablo más en las conversaciones con otros? ¿Qué comparto en Facebook o Instagram? Aquello que ocupa nuestra mente saldrá más a través de estas diferentes vías. Más importante; sin embargo, es que aquello en lo que ponemos nuestros ojos, es todo lo que tendremos para ofrecer a otras personas cuando lo necesiten. Entonces, creyente, "¿Pondrás tus ojos en lo que no es?" ¿O pondrás tus ojos en todo lo que es Cristo?

AGOSTO 10

Filipenses 4:14: "Sin embargo, has hecho bien en compartir conmigo en mi angustia."

El domingo pasado por la mañana, Michelle se torció de nuevo la espalda por segunda vez este mes. La primera vez que sucedió, tomó una semana antes de que se recuperara lo suficiente para que yo pudiera regresar al trabajo. No hace falta decir que ambos estábamos muy desanimados cuando comenzamos a pensar los días venideros.

La mayor preocupación para nosotros era tener que faltar al trabajo. Porque cuando falté la vez anterior perdí tanto tiempo y se me acumuló tanto trabajo que, no estábamos seguros de cómo iba a ir todo esto de nuevo. Así que oramos para que el Señor hiciera una obra poderosa. Nosotros pedimos a los ancianos de nuestra iglesia que vinieran a ungir a Michelle con aceite y oraran por ella (Santiago 5:14), y además pedimos oración a través de Facebook y mensajes de texto. En nuestros corazones, estábamos buscando un milagro de Dios en la forma de un milagro sanador, pero lo que encontramos fue mucho más dulce. Cuando se corrió la voz sobre lo que le había pasado a Michelle, y la gente comenzó a orar por nosotros, comenzamos a recibir llamadas y mensajes de texto de nuestros hermanos, ofreciendo venir y cuidar de Michelle y nuestra hija de nueve meses, Kate, para que yo pudiera ir a trabajar. Conforme se fue desarrollando nuestra agenda de la semana quedó muy claro que difícilmente me perdería del tiempo dedicado a mi trabajo.

En Filipenses 4: 10-19, Pablo agradeció a los creyentes de Filipos por su continuo apoyo hacia él, aunque había aprendido a estar contento en cualquier estado en que se encontrara porque sabía que el Señor siempre lo fortalecería a través de lo que sea que enfrentó. "Sin embargo, has hecho bien que compartiste mi angustia." Aunque sabía que el Señor lo ayudaría a superarlo, Pablo estaba todavía muy agradecido de que hubiera quienes voluntariamente compartirían su angustia. Michelle y yo hemos hablado a menudo sobre las riquezas que tenemos en Cristo. Nosotros siempre nos hemos considerado extremadamente ricos simplemente por las personas que el Señor ha puesto en nuestras vidas. Por eso a menudo me siento muy triste por los creyentes, que no tienen el rico compañerismo que tenemos, simplemente por las opciones que hacen para no tenerlo. Si tuviera que contar los destellos del cielo que he experimentado desde que fui salvo, y los eventos que cambiaron mi vida y que han moldeado mi vida; diría que el noventa y nueve por ciento de esas veces fue porque estaba en comunión con otros creyentes. Para nosotros, las riquezas en Cristo que más atesoramos son aquellas personas con las que tenemos comunión. . . aquellos que voluntariamente comparten nuestra angustia sin importar el camino que estén caminando. A ellos les damos las gracias y los amamos.

AGOSTO 11

> Juan 16: 4: "Pero estas cosas les he dicho, que cuando llegue el momento, tal vez recuerdes que te hablé de ellos."

Una vez escuché a un pastor decir: "Realmente odio enseñar a través del libro de Job porque siempre tengo que vivir lo que estoy enseñando." He escuchado a muchos otros pastores / maestros decir algo muy similar a lo que dijo este hombre, pero ¿Y si se equivocan? ¿Y si lo tienen todo al revés? ¿Es que tenemos que vivirlo porque lo estamos enseñando, o es que podemos enseñar sobre ello porque vamos a tener que vivirlo?

Cuando comencé a enseñar estudios bíblicos en 2002, también pensaba como estos hombres, pero luego el Señor me habló y me dijo algo muy similar a lo que dijo a sus discípulos en Juan 16: 4, "Pero estas cosas les he dicho, que cuando el tiempo viene, tal vez recuerdes que te hablé de ellos." Jesús preparó a sus discípulos para la persecución venidera diciéndoles lo que iba a suceder. Él les advirtió acerca de estas cosas para que no "abandonaran su fe" (Juan 16: 1,NTV) cuando esas cosas sucedieran. Sus discipulos no iban a pasar persecución solamente porque Él les dijo, sino que sabia que tenían que sufrirla.

En 2007, después de que Jesús me había hablado de esto mismo, me llegó un versículo en mi camino tres veces en un día de tres fuentes diferentes. Siempre que me pasa, sé que el Señor está tratando de decirme algo, así que medité en este versículo y oré para que el Señor me revelara qué era lo que quería enseñarme. Al día siguiente, me di cuenta de que el Señor no estaba tratando de enseñarme algo; más bien, estaba tratando de advertirme de algo que iba a suceder. Así que esa situación no llegó debido al versículo que leí, más bien fui guiado a ese versículo en particular por la situación que se avecinaba.

Tampoco son solo las cosas grandes para las que el Señor nos prepara; también son las cosas aparentemente insignificantes para las que Él nos prepara simplemente porque Él se preocupa por nosotros. Por ejemplo, hace un par de años, mi esposa y yo decidimos cancelar nuestra televisión por cable, yo soy un gran fan de la NFL, y cancelar el cable significaba que la única forma en que podría ver los partidos sería solo si fuera a la casa de otra persona para verlo. Bueno, a principios de este mes, obtuve una suscripción mensual gratuita a un servicio de transmisión, lo que me dio acceso ilimitado a los mismos canales en los que se televisa la transmisión. Esa mañana me di cuenta que debido a que mi esposa tenía la espalda lastimada y por lo tanto no puede cuidar de la niña

Esta mañana me di cuenta de que debido a que mi esposa se lastimó la espalda y actualmente no puede cuidar de nuestra niña sin mí, no habría podido ver el partido o la repetición de este año. Dios sabía lo que vendría y me proveyó para que pudiera quedarme en casa y cuidar de mi familia y aún poder ver la repetición de los partidos. Esto nos muestra que bueno es nuestro Dios. Así es como el Señor nos ama y quiere bendecirnos. Si, Él nos provee incluso en las cosas más insignificantes de la vida como la temporada de la NFL, ¿Cuánto más nos preparará para las cosas importantes de la vida cuando se presenten? ¡Mucho más!

AGOSTO 12

1 Juan 3: 1: "Mirad cuanto amor nos ha dado el Padre, que seamos llamados hijos de Dios!"

Siempre que miro a mi hija Kate, solo tengo que sonreír. Independientemente de si estoy mirando una foto de ella en mi escritorio en el trabajo, un video en el iPad en casa, o simplemente sentarme y verla jugar con sus juguetes, sonrío. No tengo que elegir sonreír; es algo natural cuando la veo porque la amo tanto.

Con este amor, sin embargo, viene un instinto innato de defenderla y protegerla en todos los aspectos. El mero pensamiento de su sufrimiento, aunque sea por un minuto, de alguna manera, es más de lo que aparentemente puedo soportar. Por eso no entiendo cómo ciertos creyentes pueden decir que Dios ha creado a algunas personas para el cielo ya otras para el infierno. ¿Como puede ser? Si yo, siendo malo y teniendo un amor imperfecto por mi hija, ni siquiera puedo sondear su sufrimiento por un minuto, ¿Cómo puede Dios, que es inherentemente bueno, y tiene un amor perfecto por toda la humanidad, soporta la idea de que alguien sufra por una eternidad en el infierno?

¿Cómo puede nuestro Dios amoroso crear voluntariamente a los suyos hechos a su imagen, para condenación eterna?

Si miras la Biblia como un todo, pinta esta hermosa imagen del amor de un Padre por Sus hijos. De principio a fin, Dios nos dice a cada uno de nosotros "te amo", y demostró este amor al enviar a su Hijo unigénito, Jesucristo, a morir por toda la humanidad para que todo aquel que decida creer en Él será salvo. Decir que Jesús sólo murió por los "elegidos" abarata Su gran sacrificio y cambia toda la Biblia, ya que pone condiciones a Su amor incondicional por toda la humanidad.

Imagina a un pastor dando un sermón a miles de personas y al final del sermón hace un llamado en el altar con esta condición, ''Ahora, a pesar de lo que quieras hacer aquí el día de hoy, algunos de ustedes han sido elegidos para ir al cielo y algunos de ustedes han sido elegidos para ir al infierno. Así que buena suerte. Tal vez solo sea para la eternidad''. No hay absolutamente ninguna esperanza en este mensaje y sabemos que el Dios de la Biblia es el Dios de toda esperanza.

Todo se reduce a saber quién es Dios. Te puedes saber la biblia completa de memoria, tener muchos grados en teología, pero si no conoces al Autor personalmente, íntimamente, relacionalmente, entonces desarrollarás un punto de vista distorsionado de quien es Dios y lo que dice Su Palabra. Así que creyente ¿Qué punto de vista tienes tu de Dios?

AGOSTO 13

Salmo 37: 3: "Confía en el Señor y haz el bien; habitarás en la tierra, y alimentarás de Su Fidelidad."

Nuestro instinto natural cuando nos enfrentamos a una situación difícil es luchar o huir. Nosotros o queremos contraatacar en esa situación, o simplemente queremos huir de ella. David entendió esto muy bien, ya que hubo muchas ocasiones en las que luchó en una situación solo para experimentar la corrupción interna que proviene de tal respuesta. Y hubo muchas veces en las que huyó de alguna situación sólo para ver que no podía dejarla atrás; tarde o temprano, habría que regresar y enfrentar esa situación, quisiera o no. Por eso David pudo escribir: "Confía en el Señor y haz el bien; habita en la tierra y aliméntate de Su Fidelidad."

A menudo, cuando surgen dificultades, lo primero que hacemos es quejarnos con un amigo, un familiar o un compañero de trabajo. Lo llamamos "compartir," pero en realidad estamos contraatacando y tratando de reclutar a otras personas de nuestro lado para que nuestras quejas o calumnias estén justificadas. Aquí es donde comienza la corrupción, ya que rápidamente conduce hacia algún tipo de respuesta física arraigada en la amargura o el miedo. David nos recuerda que cuando venga la tentación de luchar, debemos "Confiar en el Señor y hacer lo bueno." Confiar en Dios y hacer el bien es fácil cuando todo va bien y el sol brilla sobre nosotros; la verdadera prueba para un creyente es hacer el bien cuando enfrentamos dificultades porque es allí donde descubrimos si realmente confiamos en Dios o no. Si decimos que confiamos en Dios, pero no hacemos el bien, ¿Realmente confiamos en Dios? Nuestras circunstancias nunca deberían determinar si debemos hacer el bien o no; hacemos el bien porque confiamos que Dios es quien dice ser, independientemente de las circunstancias.

Quizás no seas un luchador; tal vez eres más un corredor cuando se trata de dificultades. Parece que he estado corriendo toda mi vida. He aprendido, lo que el Rey David dijo e hizo, que no puede correr para siempre. Tarde o temprano vas a tener que afrontar esta situación de frente. El problema es que cuanto más corres, más difícil es retroceder y afrontar esa situación, ya que el miedo envenena tu mente y distorsiona tu perspectiva. David nos recuerda cuando llega la tentación de correr: "Habita en la tierra y alimentarse de Su Fidelidad." Quédate donde estás, dice David, y habita donde el Señor te tiene, porque Su Fidelidad te sustentará. Entonces, creyente, no cedas al miedo, más bien, "Descansa en el Señor y espera pacientemente por ÉL. He sido joven y ahora soy viejo; sin embargo, no he visto al justo abandonado" (Salmo 37: 7, 25).

AGOSTO 14

Mateo 5:45: "Él hace salir su sol sobre el malo y sobre el bueno, y hace llover sobre justos e injustos."

Como creyente en la muerte y resurrección de nuestro Señor y Salvador, Jesucristo, es muy fácil para mí pensar que Dios me favorece, digamos comparado con alguien que no cree en Él. Es muy fácil para mí justificar por qué soy más especial para Dios que alguien más que rechaza rotundamente a Dios y no quiere absolutamente nada que ver con Él. Es muy fácil para mí estimarme como el favorito de Dios sobre un terrorista, un asesino, un ladrón, un adúltero, un ateo, un denominacionalista, un cultista, etc., y, sin embargo, cuando hago esto y asumo este pensamiento, empiezo a despreciar a la gente; pienso que de alguna manera soy mejor que ellos y que las cosas deben caer a mi manera y no de ellos porque Dios me ama más. Este es el pensamiento que obligó a David a preguntarle a Dios porqué los malvados lo tenían todo y aparentemente siempre se salían con la suya, el Rey David creía que Dios debería favorecer más a los justos que a los injustos.

Sin embargo, en ninguna parte de la Biblia leemos que Dios favorece a los creyentes sobre los incrédulos. De hecho, en Mateo 5:45, Jesús dijo, "Porque Él [Dios] hace que salir el sol sobre los malos y los buenos, y hace llover sobre los justos y los injustos." Romanos 2:11, se hace eco de este mismo sentimiento, "Porque no hay acepción de personas con Dios." Dios no tiene favoritos. No tiene absolutamente ninguna parcialidad hacia nadie, independientemente de su posición en Él o su posición en este mundo. Creyente, incrédulo, hombre, mujer, negro, blanco, judío, gentil, rico, pobre, republicano, demócrata. . . Dios nos ama a todos *exactamente* igual. ¿Eso te ofende? Entender que Dios bendice y derrama favor porque así es Él; no tiene nada que ver con ser creyente o no. Él hace salir su sol sobre todos los hombres, y hace llover sobre todos los hombres. Si; Dios nos ama inconmensurablemente, pero también ama a los que odiamos con la misma medida.

El punto que Jesús estaba resaltando en el evangelio de Mateo 5:45 es que todos vamos a recibir bendiciones en esta vida y todos vamos a pasar por pruebas y tribulaciones, sin importar si somos creyentes o no. La diferencia radica en cómo atravesamos estas etapas. Un creyente reconocerá que sus bendiciones son de Dios y le da gracias y lo alaba; un incrédulo dará gloria a la suerte, a sí mismo o los demás. Un creyente tendrá la seguridad absoluta de Dios estará con ellos durante las tormentas de la vida; la certeza de la Gloria venidera; y el conocimiento íntimo de un Padre personal, Fiel y Amoroso que consuela, libera y sostiene. Un incrédulo piensa que solo tiene suerte, que fue gracias a él mismo y a los demás y pone ahí su esperanza. Así que, en este sentido, somos mucho más bendecidos que los incrédulos, pero es solo porque tenemos a Dios, no porque Él nos tenga a nosotros.

AGOSTO 15

2 Timoteo 3:16: "Toda la Escritura es inspirada por Dios, y es útil para enseñar, para redargüir, para corregir, para instruir justicia."

Hay muchos versículos que son sacados de contexto por la iglesia hoy, pero probablemente ninguno más que Mateo 18:20: "Porque donde dos o tres están reunidos en mi Nombre, yo estoy allí en medio de ellos." Escucho a la gente citar este versículo a la hora de reunirse, y aunque es cierto que Jesús está en medio de dos o tres creyentes que se reúnen en su nombre, esta no es la aplicación correcta de este verso. Si es así, ¿Qué dice eso sobre la persona que está sola? Jesús no está en medio de ellos?

Se ha dicho que hay tres reglas para comprender y aplicar las reglas de Dios. Su Palabra propiamente dicho: 1) contexto; 2) contexto; y 3) contexto.[111] Cuando citamos un versículo fuera de contexto, aunque nuestra aplicación pueda ser cierta en un sentido general, estamos perdiendo la aplicación adecuada de la Palabra de Dios en nuestras vidas. Para obtener el contexto adecuado de Mateo 18:20, debe volver al versículo 15, donde Jesús comenzó a instruirnos sobre cómo mantener la unidad dentro de la iglesia cuando surgen disputas. El versículo 20 no es un verso independiente; más bien, nos resume y nos afirma que cuando seguimos el proceso de disciplina que Jesús nos presentó en los versículos 15-19, el poder y la autoridad de Su presencia estará allí para dirigirnos y guiarnos en ese resultado.

¿Por qué es esto tan importante, preguntas? Porque "Toda la Escritura es inspirada por Dios, y útil para enseñar, para redargüir, para corregir, para instruir en justicia." Primero, la Biblia es dada por Dios, o literalmente es "inspirada por Dios." Entender que Dios presentó la Biblia con un propósito específico en Su mente, de modo que; "el hombre de Dios pueda estar completo, perfectamente equipado para toda buena obra" (2 Timoteo 3:17). En segundo lugar, es porque Su Palabra que se nos enseña, nos convence, nos dirige rectamente y nos entrena. Cuando sacamos Su Palabra de contexto, nos perdemos estos conceptos esenciales que nos hacen capaces y completamente preparados para Su buena obra.

En el ejemplo de Mateo 18, las instrucciones que vemos en los versículos 15-19 pueden ser muy abrumadoras para cualquier creyente que las desee seguir. Sin embargo, cuando entendemos el contexto en el que está escrito el versículo 20, y recibimos la promesa de que Jesús bendecirá esta situación y la establecerá por Su Presencia, Poder y Autoridad, de repente esas instrucciones se vuelven mucho más fáciles de querer seguir y obedecer. Creyente, sabe esto: entender la Palabra de Dios correctamente conducirá a una vida correcta; esto no es solo cierto para nosotros, pero también para aquellos a quienes dirigimos, enseñamos y compartimos.[112]

AGOSTO 16

Salmo 50:14: "Ofrece a Dios acción de gracias."

Los hijos de Israel estaban siguiendo las instrucciones de Dios al pie de la letra. Ellos ofrecieron sacrificios tal como Dios les dijo que lo hicieran, en la forma en que Él les dijo que lo hicieran, y en el momento exacto en que Él dijo que deberían ocurrir. Sin embargo, en el Salmo 50 el Señor les dijo "Escucha, pueblo mío, y hablaré, Oh Israel, y testificaré contra ti" (Salmo 50: 7). El Señor tenía algo en contra de su pueblo.

"No te reprenderé por tus sacrificios ni por tus holocaustos, que están siempre delante de mí" (Salmo 50: 8). El Señor no tuvo ningún problema con sus sacrificios ya que, nuevamente, hicieron exactamente lo que Él les había dicho que hicieran. El problema que Dios tuvo con sus hijos fue su actitud al sacrificar. Para ellos, los sacrificios que ofrecían a Dios se habían convertido en un ritual, una obra, una lista de elementos que tenían que ser "justificados" con Dios. Sus sacrificios se volvieron más un hábito que una ofrenda sincera, ya que olvidaron por qué se estaba sacrificando en primer lugar.

Entonces el Señor les habló y les dijo: "No necesito sus toros y cabras porque todo ya es Mío. Si tuviera hambre, ¿Realmente tendría que decírselo? ¿Crees que necesito carne para comer y sangre para beber?" (ver Salmo 50: 9-13). El Señor les recordó que los sacrificios no eran para Él, sino para los hijos de Israel. Servían como un recordatorio de la naturaleza grave del pecado, y fueron una imagen simbólica del Mesías venidero que eventualmente los salvaría de su pecado. Ofrecer sacrificios a Dios no significaba absolutamente nada para Él si sus corazones no estaban bien durante la ofrenda.

En lugar de sacrificios, "Ofrece a Dios acción de gracias" (Salmo 50:14), el salmista escribió. Dios no quiere rituales, quiere relaciones; Quiere un corazón agradecido. David escribió el Salmo 51 después de haber cometido adulterio con Betsabé y haber asesinado a su esposo Urías, y en este salmo escribió: "Porque tú [Dios] no deseas sacrificio, de lo contrario lo daría; No te agrada el holocausto. Los sacrificios de Dios son un espíritu quebrantado, un corazón contrito y humillado; estos, oh Dios, no despreciarás" (Salmo 51: 16-17). David lo entendió; entendió que el sacrificio sin verdadero arrepentimiento (sin el corazón) no tenía sentido para Dios. Dios desea la verdad en nuestro interior, en nuestro corazón (Salmo 51: 6), no signos externos de religión.

También podemos caer fácilmente en esta relación basada en obras cuando leemos la Biblia, al adorar, orar, dar, servir, etc., y sin embargo ni una sola vez hablar *con* Dios. Lo hacemos muy bien hablando de Dios, o hablando con Dios, pero ¿Cuándo fue la última vez que realmente nos sentamos y hablamos con Dios? Es una locura pensar en ello, pero realmente puede desarrollar una relación con los actos de las cosas que hacemos, en lugar de con Dios en las cosas que hacemos.

Entonces, creyente, recuerde, todo lo que Dios nos instruye que hagamos es por nosotros y por nuestro beneficio, no el suyo. Nuestra obediencia a Él debe ser el resultado natural de tener un corazón agradecido por todo lo que ha hecho, todo lo que está haciendo y todo lo que va a hacer en nuestras vidas.

AGOSTO 17

2 Corintios 6:17: "Salid de en medio de ellos y separaos, dice el Señor."

Mientras mi esposa y yo hacemos todo lo posible por educar a nuestra hija en el Señor, uno de los temas más difíciles que hemos discutido es cómo proteger a nuestra hija del mundo, y sin embargo no protegerla tanto que no pueda ser una luz para el mundo. ¿Dónde está la línea que se traza entre estar en el mundo y ser del mundo? Pregunte a diez diferentes creyentes y probablemente obtendrá diez respuestas diferentes. David Guzik lo explicó de esta manera: "¡Un barco debería estar en el agua, pero el agua no debería estar en el barco!"[113] Es un tema difícil por decir lo mínimo, pero no es el único ya que hay muchos temas como este que no están claramente definidos en la Biblia para nosotros. Entonces, ¿Qué hacemos ante estas situaciones?

El apóstol Pablo, cuando instruía a los creyentes acerca de estar igualmente unidos en yugo en relaciones vinculantes, hizo referencia a Isaías 52:11 cuando dijo: "Salid de en medio de ellos y apartaos, dice el Señor" (2 Corintios 6:17). Pablo fue específicamente a decirle a los creyentes que se distancien de los caminos y la influencia del mundo, porque "¿Qué comunión tiene la luz con las tinieblas?" (2 Corintios 6:14, KJV). Muchos han tomado este versículo y sacado todo tipo de conclusiones imprudentes de él, específicamente centrándose en cómo debemos aislarnos radicalmente del mundo por completo. Aunque estoy de acuerdo en que Pablo estaba diciendo que debe haber una separación del mundo para el cristiano, también creo que Pablo estaba diciendo más enfáticamente que tenemos que apartarnos *para el Señor*.

La forma en que navegamos con éxito las situaciones indefinidas a las que nos enfrenta la vida no es a través del aislamiento, sino a través de la transformación. Vamos a salir de entre el mundo y apartarnos para el Señor, abriéndonos plenamente a Él, permitiendo que Su Espíritu Santo entre y nos transforme mediante la renovación de nuestras mentes a través de Su Palabra perfecta. Es solo cuando asumimos la mente de Cristo que sabremos dónde se trazan las líneas entre estar en el mundo y ser del mundo. Sabremos lo que significa vestirse con modestia; lo sabremos y cómo responder con amor y sinceridad a los que vienen en contra nuestra. Cuando nosotros adoptemos la mente de Cristo, lo sabremos y tendremos convicción, en todas las áreas grises que tiene la vida. En última instancia, cuanto más nos abrimos al Señor, más ya no seremos del mundo. Entonces, creyente, ¿Dónde está su enfoque? ¿Está en aislamiento o en la transformación?

AGOSTO 18

> Deuteronomio 31: 8: "Y el Señor, Él es quien que va delante de ti. El estará contigo. No te dejará ni te desamparará; no temas ni desmayes."

Me pareció interesante que Moisés estuviera animando a Josué al entrar a la tierra prometida. Este era Josué, después de todo, el general probado en batalla que, al espiar la Tierra Prometida unos cuarenta años antes, animó a los hijos de Israel para ir y tomar posesión de la tierra a pesar de la gente fuerte y las ciudades fortificadas que existían allí (Números 13). Sin embargo, aquí estaba Moisés, animando a Josué para "no temer ni desmayar."

Con este estímulo, aprendemos mucho sobre lo que nos causa miedo. Primero, nos asustamos cuando nos presentamos ante Dios. A menudo el miedo viene porque nosotros, en nuestra mente, vamos ante Dios y creamos la magnitud de la situación que está por llegar próximamente, cómo se desarrollará y cuál será el resultado. Uno de los muchos problemas con esto es que Dios no se encuentra en ninguna parte en nuestra estimación de estos eventos, ya que todos se basan en la auto-salvación. Es por eso que lo primero que Moisés dijo a Josué fue: "Y el Señor, Él es el que va delante de ti." Moisés le recordó a Josué que el Señor va delante de él para preparar el camino y los lugares torcidos hacerlos rectos, no al revés (Isaías 45). Siempre invitaremos el temor en nuestras vidas cuando nos presentamos ante el Señor.

En segundo lugar, nos sentimos temerosos cuando creemos que estamos solos. Muchas veces el miedo viene porque creemos que tenemos que superar una situación en nuestras fuerzas, con nuestro conocimiento y nuestras habilidades. No hay esperanza para nosotros en este pensamiento. Entonces Moisés le dijo a Josué: "Él estará contigo. Él no te dejará ni te desamparará." Dios está siempre con nosotros. Él nunca nos dejará, ni abandonará jamás. Sin embargo, a menudo creemos que Dios nos ha abandonado debido a errores que hemos cometido, o incluso porque no hemos leído nuestra Biblia esta mañana. No crea la mentira; Dios no se ha movido. Él no nos ha dejado, y nada puede separarnos de Su amor (Romanos 8).

Por último, observe que es Dios mismo quien va delante de nosotros y nunca nos deja. "Él es el que va delante de ti. El estará contigo. No te dejará ni te desamparará." Dios no solo pone las cosas en movimiento y luego nos deja a algunos bajo algún destino mecánico, ni envía ningún representante designado para acompañarnos. No, es el Señor Todopoderoso, el Creador del cielo y de la Tierra, el Todopoderoso, Dios mismo Omnisciente y Omnipresente, que va delante de nosotros y camina con nosotros. Así que, creyente, no temas ni te desanimes, porque el Señor, Él es el quien va delante de ti. Él siempre estará contigo, y nunca, ¡Nunca jamás te dejará ni te abandonará!

AGOSTO 19

> Juan 1: 4–5: "En él estaba la vida, y la vida era la luz de los hombres. Y la luz brilla en las tinieblas, y las tinieblas no prevalecieron contra ella."

Independientemente de lo que muchos digan o decidan creer, la verdad de la Biblia no es subjetiva sino absoluta. Las personas pueden alterarlo, agregarle, restarle o ignorarlo todo junto, pero de ninguna manera eso cambia lo que es realmente cierto. Hay algunos hoy que quieren cambiar la Biblia porque no están de acuerdo con lo que dice; algunos llaman porciones del discurso de odio de la Biblia; otros quieren empezar a llamar a Dios "Ella;" y entonces hay ciertos grupos religiosos que dicen que Jesús fue un ser creado, no fue el Hijo de Dios, y que está muerto y enterrado en alguna tumba desconocida. El hecho que la gente pueda gritar, odiar, discutir, protestar, perseguir y negar hasta que se pongan morados de la cara, incluso pueden lograr que toda una nación esté de acuerdo con su punto de vista y hacer leyes que instruyan a otros sobre lo que deben creer, pero de ninguna manera algo de esto alguna vez cambiará lo que es realmente cierto.

"En el principio era el Verbo [Jesucristo], y el Verbo estaba con Dios, el Verbo era Dios. Él estaba al principio con Dios. Todas las cosas fueron hechas por Él, y sin Él nada de lo que ha sido hecho, fue hecho. En Él estaba la vida y la vida era la luz de los hombres. Y la luz brilla en las tinieblas, y las tinieblas no prevalecieron contra ella" (Juan 1: 1-5). Jesús fue, es y siempre será Dios. Él estaba en el principio antes de que comenzara el tiempo, Él es el Creador de todas las cosas, y en Él está la vida, y esta vida es la "luz de los hombres."

La frase "luz de los hombres" es muy interesante, ya que nos da el concepto de revelación. Jesús trajo revelación a las tinieblas de este mundo, pero "Los hombres amaron más las tinieblas que la luz, porque sus obras eran malas" (Juan 3:19). Es muy importante entender que los hombres aman la oscuridad porque pueden hacer lo que quieran hacer sin convicción, no porque no crean que la luz existe. Odian la luz porque con ella viene la revelación de la verdad. Entonces, aunque los hombres pueden elegir la oscuridad sobre la luz, todavía no pueden negar la verdad de esa luz, que es: 1) Jesús es Dios; y 2) el hombre es pecador. Esta es la luz que trajo Jesús; esta es la luz que continuamente "brilla" en la oscuridad que los hombres no pueden vencer; esta es la vida que Jesús trajo a nuestro mundo eso no se puede extinguir, no importa cuántos se opongan. Esto mi amigo es la verdad absoluta. "Entonces Jesús les habló de nuevo diciendo: Yo soy la luz del mundo. El que me siga no andará en tinieblas, más tendrá la luz de la vida" (Juan 8:12).

AGOSTO 20

> Juan 2: 9: "Cuando el maestresala de la fiesta hubo probado el agua que se había convertido en vino, y no sabía de dónde venía (pero los sirvientes que había sacado el agua si sabían), el maestre de la fiesta llamó al novio."

"¿Por qué no hay milagros en nuestros días?" He hecho esta pregunta varias veces en mi caminar con el Señor, como estoy seguro de que muchos otros también lo han hecho. La verdad es esta, se están realizando milagros a nuestro alrededor todos los días. simplemente no los vemos porque no estamos involucrados en el proceso de esos milagros que suceden.

Tomemos, por ejemplo, el milagro que Jesús realizó en las bodas de Caná. En algún momento durante la boda se les acabó el vino, así que Jesús les ordenó a los sirvientes que tomaran seis ollas grandes de piedra (de veinte a treinta galones cada una) y las llenaran con agua, y que luego sacaran un poco de agua y se la llevaran al maestre de la fiesta. "Cuando el maestresala de la fiesta había probado el agua que se convirtió en vino, y no sabía de dónde vino (pero los sirvientes que habían sacado el agua lo sabían), el maestre de la fiesta pidió que llamaran al novio."

Note que el maestro de la fiesta no sabía de dónde venía el vino, lo único que sabía es que estaba bebiendo muy buen vino, por lo que llamó al novio para agradecerle que lo proporcionara. Este fue el alcance de su bendición: muy buen vino. Los sirvientes, en cambio, recibieron una bendición mucho más rica porque sabían de dónde venía el vino; más específicamente, sabían que Jesús había convertido milagrosamente el agua en vino. Los sirvientes fueron capaces de compartir el gozo de este milagro, porque estuvieron directamente involucrados en este milagro al ser obedientes a lo que Jesús les pidió que hicieran. Fue aquí que su fe en Jesús creció, "y sus discípulos creían en Él"

Creyente, nunca verás milagros sentado al margen y tu fe nunca va a crecer si sólo sigue los movimientos. Mejor prefiere estar disponible para Dios y participar en su obra. Pon los pies en tu fe, se obediente para hacer lo que Él te dice que hagas, y te garantizo que verás milagros (Juan 2:11).

AGOSTO 21

Juan 4:10: "Si conocieras el don de Dios, y quién es El que te dice: Dame de beber, le habrías pedido, y Él te habría dado agua viva."

En el libro de Santiago, se nos dice que no tenemos porque no pedimos (Santiago 4: 2). Esta verdad se apoya en el evangelio de Lucas 11: 9–10: "Por eso les digo, pidan, y les será dado; Busca y encontrarás; llama, y se te abrirá. Porque todo el que pide, recibe, y el que busca, encuentra, y al que llama se le abrirá." La pregunta obvia es entonces, ¿Por qué no preguntamos? Realmente es simple: porque no creemos. Bueno, entonces, ¿Por qué no creemos? Porque realmente no conocemos a Aquel a quien estamos orando. Cuando Jesús se encontró con la mujer junto al pozo, le dijo: "Si supieras el don de Dios, y quién es el que te dice: 'Dame de beber', le habrías preguntado, y él te habría dado agua viva." Jesús estaba esencialmente diciendo a la mujer en el pozo, "Si me conocieras, que Soy el Hijo de Dios y que tomo y quito los pecados del mundo, entonces me habrías pedido perdón y Yo con mucho gusto te hubiera dado vida eterna." Esta mujer no había recibido la vida eterna porque no la había pedido. Ella no lo había pedido porque no sabía quién era Jesús.

"Si me conocieras [a mí]. . . hubieras preguntado. . . y [yo] te hubiera dado. . ." Aquí hay una verdad subyacente que va mucho más allá de la salvación. Dice que el alcance de nuestra pregunta siempre estará determinado por qué tan bien conocemos a Aquel a quien le piden esas cosas. Por ejemplo, si no conocemos a Jesús como el Gran Proveedor, no le pediremos provisión cuando lo necesitemos; si no conocemos como la Fuente de Toda Sabiduría, no le pediremos sabiduría al tomar decisiones; si no lo conocemos como el Gran Sanador, no le pediremos salud cuando estemos enfermos. Sin embargo, lo más importante es que si no creemos que Jesús está dispuesto y es capaz de ayudarnos, nunca le pediremos nada. En última instancia, lo bien que conocemos y confiamos en Jesús siempre se reflejará en nuestra vida de oración. Entonces, creyente, ¿Cómo está tu vida de oración hoy? "Si me conocieras [a mí]. . .me hubieras preguntado. . . y [yo] te hubiera dado. . ."

AGOSTO 22

2 Corintios 10: 3: "Porque aunque andamos en la carne, no peleamos según la carne."

Algunas de las decisiones recientes de la Suprema Corte han causado conmoción en toda la comunidad cristiana. Vi una gran cantidad de reacciones en las redes sociales, la mayoría consistía en frustración, enojo e incluso odio por quienes estaban celebrando estas decisiones. En momentos como estos, debemos recordar que "aunque andemos en la carne, no combatimos según la carne."

El apóstol Pablo dejó en claro que "las armas de nuestra guerra no son carnales, pero poderosas en Dios para derribar fortalezas" (2 Corintios 10: 4). Como David Guzik explicó, Pablo no se estaba refiriendo a "espadas y lanzas" y cosas de esa naturaleza. No, se refería a la forma en que sus oponentes luchaban, usando tácticas como odio, engaño, manipulación, intimidación, etc. Pablo dejó en claro que, como creyentes, no vayamos a la guerra de esa manera.[114]

En Efesios 6:12, se nos dice por qué estas armas carnales no funcionarán en las batallas que enfrentamos: "Porque no luchamos contra sangre y carne, sino contra principados, contra potestades, contra los gobernantes de las tinieblas de este siglo, contra huestes espirituales de maldad en los lugares celestiales." Nuestra batalla no es con la Suprema Corte o con quienes apoyan sus decisiones recientes, porque no luchamos contra carne y sangre. Gritarles, maldecirlos, criticarlos, quejarse de ellos etc. ninguna de estas cosas va a traer algo bueno a estas situaciones, ni provocarán los cambios necesarios que tanto deseamos. La nuestra es una batalla espiritual contra los gobernantes de las tinieblas de este siglo, no contra el hombre.

Solo las armas que Dios nos ha dado son poderosas "para derribar fortalezas, derribando argumentos y toda altivez que se ensalza contra el conocimiento de Dios" (2 Corintios 10: 4-5). Los argumentos que contradicen la misma naturaleza de Dios son las fortalezas a las que Pablo se refiere aquí, y aunque nuestras armas pueden parecer tontas e impotentes para el hombre carnal, y tal vez incluso para algunos creyentes, la verdad es que ningún principado o poder puede oponerse a nosotros cuando nos manejamos como Cristo nos ha instruido. Entonces, creyente, deja a un lado la carne. Deja a un lado la ira, el odio, el desaliento y asume la mente y el corazón de Cristo y libra la guerra de la manera en que se nos ha dotado para la guerra, con oración diligente, la verdad de la Palabra de Dios, la justicia, la fe y el mensaje de salvación. Aquí es donde se ganarán todas nuestras batallas.

AGOSTO 23

1 Corintios 13: 6: "[El amor] no se regocija en la iniquidad, sino que se regocija en la verdad."

Ha habido una respuesta común que he notado de algunos creyentes cada vez que se plantea el tema de testificar a los incrédulos, y dice algo así como esto: "Solo tenemos que amarlos." Aunque estoy totalmente de acuerdo en que deberíamos amar a toda la humanidad tal como somos amados por nuestro Padre celestial, sabiendo que el Señor Jesús murió por toda la humanidad (Juan 3:16). También creo que simplemente amar a los demás no es la respuesta, Porque, ¿Qué es el amor sin verdad?

Primera de Corintios 13, también conocida como el capítulo del amor, dice en el versículo 6: El "[Amor] no se regocija en la iniquidad, sino en la verdad." En otras palabras, el amor no se regocija en la injusticia, ni la sostiene jamás; más bien, el amor se regocija cuando se dice la verdad. Asimismo, "Ahora bien, el propósito del mandamiento es el amor de un corazón puro, de buena conciencia y de fe sincera" (1 Timoteo 1: 5). Note que todo el propósito de la verdad (el mandamiento) es amar a los demás.

Por ejemplo, una noche de diciembre, Michelle y yo estábamos testificando en el hotel Mission Inn con otra pareja de nuestra iglesia. Mientras compartíamos el evangelio con este hombre, Ahman, nos dijo: "Creo que Dios me perdonará porque me ama." Sí, Dios ama a Ahman, así como nos ama a todos, pero no somos salvos por el Amor de Dios; solo somos salvos por la sangre de Jesucristo. "Porque sin el derramamiento de sangre, no hay perdón" (Hebreos 9:22, NTV). Entonces, si solo amara a este hombre y nunca le dijera la verdad, que debe arrepentirse de su pecado y pedir perdón, ¿Realmente lo amo? Si tan solo lo amara y apoyara las decisiones que él quería hacer, pero nunca le dije la verdad de adónde lo llevarían esas decisiones, ¿De verdad lo estoy amando? No, porque el amor sin verdad no es realmente amor.

"Pero, hablando la verdad en amor, [nosotros] podemos crecer en todas las cosas en Él, quien es la Cabeza, Cristo" (Efesios 4:15). Note que cuando decimos la verdad de manera amorosa, con paciencia y dulzura, pero siendo firme y audaz en lo que es verdad, crecemos para ser más como Cristo. Asimismo, "Porque este es el amor de Dios, que guardemos sus mandamientos. Y sus mandamientos no son gravosos" (1 Juan 5: 3). Sabremos que amamos a los demás si mantenemos o no los mandamientos de Dios para con ellos. En todo esto, vemos que el amor no puede estar separado de la verdad de Dios porque el amor se regocija en la verdad.

En última instancia, la meta de toda verdad es el amor y la meta de todo amor es la verdad. Entonces "Retengamos sin vacilar la confesión de nuestra esperanza" (Hebreos 10:23); "no para que [ellos] se entristezcan, pero que [ellos] conozcan el amor que (nosotros) tenemos en abundancia para [ellos]" (2 Corintios 2: 4).

AGOSTO 24

> Juan 5:44: "¿Cómo podéis creerle a los que reciben honra unos de otros y no buscan la honra que viene del único Dios?"

En el evangelio de Juan, capítulo 5, Jesús estaba teniendo una conversación con los fariseos sobre su deidad. Todo esto comenzó cuando los fariseos se enojaron porque Jesús sanó a un hombre en el Sabath; "Por eso los judíos persiguieron a Jesús y procuraron matarlo, porque había hecho estas cosas en Sábado" (Juan 5:16). Entonces Jesús les dio innegable prueba de que era el Hijo de Dios. En Juan 5: 31–35, Jesús les recordó a los fariseos que Juan el Bautista dio testimonio de Su deidad. En Juan 5:36, Jesús les mostró que las obras que estaba realizando eran las mismas obras que el Padre le había enviado a hacer, y estas obras dijo Jesús: "Dan testimonio de mí, que el Padre me envió." En Juan 5: 37–39, Jesús señaló que el Padre había dado testimonio de Él a través de las Escrituras, porque "Estas [Escrituras] son las que dan testimonio de mí." Estos hombres conocían las Escrituras por dentro y por fuera, sin embargo, "no estaban dispuestos a venir" (v. 40) a Jesús (versículo 40) porque "no buscaban el honor que viene del único Dios," sino que sólo buscaban "recibir honra los unos de los otros" (v. 44).

El evangelio de Jesucristo esencialmente nos dice a cada uno de nosotros que Jesús debe aumentar y nosotros debemos disminuir. Es un mensaje de humildad. También es un mensaje que ofende. Los fariseos odiaban este mensaje porque amaban el honor y respeto que les trajo su puesto. No querían recibir a Jesús como Mesías porque Su mensaje no se ajustaba a su mayor deseo, que era recibir gloria del hombre, no la gloria venidera que el Padre les daría a través del Hijo. A esto Jesús les pregunta: "¿Cómo pues, pueden creerme, o lo que digo, ya que buscan la gloria del hombre y no de Dios?"

Es una gran pregunta que todos debemos hacernos también. ¿Qué honor estamos buscando, el del hombre o el de Dios? Hoy, muchos conservadores del Partido Republicano están cambiando sus plataformas para adaptarse a lo políticamente correcto y popular; muchos pastores están alterando su postura sobre ciertos temas culturales, y algunos incluso se niegan a enseñar sobre estos temas debido a la persecución y la impopularidad que podría traerles. Creyente, en los días que vivimos, la pregunta de quién es el honor que buscamos va a ser cada vez más frecuente en nuestras vidas, ya que se nos desafía a dar respuestas a ciertos temas que la mayoría no quiere escuchar. Y en esos momentos, tendremos que decidir de quién es el honor que buscamos realmente: ¿Del hombre el honor, que es temporal, o el honor de Dios, que es eterno?

AGOSTO 25

Juan 6: 6: "Pero esto dijo para probarlo, porque Él mismo sabía lo que haría."

Mientras Jesús y sus discípulos estaban sentados en la ladera de una colina, Jesús miró hacia arriba y notó que una multitud se le acercaba. Entonces se inclinó hacia Felipe y le preguntó: "¿Dónde compraremos pan para que coman estos?" (Juan 6: 5). Felipe miró la cantidad de personas que asistieron, consideraron cuánto dinero tenían y luego dio su respuesta, "Doscientos denarios de pan no es suficiente para que cada uno de ellos pueda tener un poco" (Juan 6:7)

Esencialmente, Felipe le dijo a Jesús: No podemos alimentarlos porque no tenemos los recursos para hacerlo. "Pero esto [Jesús] dijo para probarlo." Jesús estaba probando a Felipe, pues ya sabía que no había ningún pueblo cercano y que tenían poco efectivo. Como lo explicó el pastor Ray Stedman, la pregunta se hizo para que Felipe viera que no había "solución humana" al problema, "porque [Jesús] mismo sabía lo que Él haría."[115]

A menudo nos encontramos en situaciones similares, donde aparentemente no hay solución a nuestros problemas. Observamos todos los ángulos, consideramos todas las posibilidades y cuando hayamos determinado que no hay respuesta a la situación a la que nos enfrentamos, gritamos con total desesperación: "¡Es inútil!" Bueno, supongamos que Jesús le pregunta a un incrédulo la misma pregunta exacta que le hizo a Felipe; supongamos que un incrédulo se enfrenta a la misma situación que enfrentamos ahora mismo donde no hay una solución humana. ¿Cómo podrían ellos responden? Exactamente de la misma manera que a menudo respondemos; ellos gritarían en total desesperación, "¡Es inútil!"[116]

Debería entristecernos mucho el corazón cuando tenemos la misma respuesta que un incrédulo tiene en estas situaciones, porque significa que ambos estamos consumidos por lo mismo: incredulidad. Su incredulidad se basa en el hecho de que no conocen a Dios; la nuestra es, simplemente porque dudamos de Dios. ¿Cuál es peor? Nuestra respuesta como creyentes debe ser muy diferente porque nosotros si conocemos a Dios. Conocemos de su Palabra, su Carácter, su Fidelidad, su Bondad, sus Promesas etc. Deberíamos manejar estas situaciones de manera diferente, simplemente porque Su Espíritu Santo vive dentro de nosotros y tenemos acceso completo al Padre a través de Su Hijo, Jesucristo. Entonces, creyente, aunque no sepamos cómo resolverá Dios la situación, debemos responder en fe porque sabemos que Él resolverá la situación.

AGOSTO 26

Hebreos 11: 6: "Pero sin fe es imposible agradar a Dios."

Nunca habrá un momento en nuestro caminar con Dios en el que no necesitemos fe. De hecho, como mi buen amigo Darrell nos recuerda a menudo, Dios nunca nos permitirá escapar de nuestra necesidad de fe, porque sin fe es imposible agradar a Dios (Hebreos 11: 6).

Entonces, ¿Cuánta fe necesitamos para "agradar a Dios"? La Biblia dice que, si tenemos la fe de una semilla de mostaza, podemos mover montañas (Mateo 17:20). Cuando usted considere el tamaño de una semilla de mostaza (uno o dos milímetros de diámetro), ¡eso no es mucho!

Durante las últimas semanas, nuestra hija Kate, de once meses, ha estado dando sus primeros pasos. Por supuesto, ella solo puede caminar un par de pasos antes de tropezar y se lanza a nuestros brazos; pero a pesar de todo, ella sigue caminando, Michelle y yo estamos completamente felices sin importar lo lejos que camine. Pienso que es interesante que a menudo no consideramos que un niño esté *caminando oficialmente* hasta que alcance una cierta distancia que, en nuestra mente, es suficiente para ser considerado exitoso. Sin embargo, incluso si Kate solo da dos pasos y luego se cae, ¿No está caminando de todos modos?

Recuerdo la época en que Pedro caminó sobre el agua. Tanta gente se concentra sobre el fracaso de Pedro cuando vio el viento y las olas y comenzó a hundirse; sin embargo, pasan por alto el hecho de que había doce hombres en el barco esa noche y sólo uno tuvo la fe para salir del barco y caminar sobre el agua. ¿Entendiste eso? *¡El caminó sobre el agua*! ¿Crees que Dios estaba molesto porque Pedro solo dio dos pasos? ¿Tú crees que Jesús reprendió a Pedro por tener miedo y perder el enfoque en Él? No; creo que Jesús se llenó de alegría cuando Pedro tropezó y se lanzó a los brazos de Jesús gritando: "¡Señor, sálvame!" (Mateo 14:30)

Entonces, ¿Cuánta fe se necesita para agradar a Dios? ¿Es un paso suficiente, o tienes que caminar una milla antes de que Dios se complazca? Creyente, mientras sigamos caminando en la fe, siempre que sigamos saliendo del barco y caminando hasta donde nuestra fe nos lleve en esa situación, ¡Dios estará complacido!

AGOSTO 27

Juan 8:11: "Yo tampoco te condeno; vete y no peques más."

Hace unos años, una compañera de trabajo me dijo algo muy interesante sobre su experiencia mientras formaba parte de un jurado. Ella dijo que, durante todo el juicio, el abogado defensor apenas dijo algo en defensa de su cliente. Tuvo una breve declaración de apertura, no llamó a un solo testigo para la defensa, no interrogó a nadie y casi no tuvo un argumento final. Después que el veredicto fue dictado, el jurado tuvo la oportunidad de hacer preguntas al juez y a los abogados en una habitación privada. Una de las preguntas planteadas a la defensa fue, "¿Por qué no defendió a su cliente?" Él les dijo: "No tenía defensa para él."

Me acordé de esto cuando estaba leyendo el evangelio de Juan 8 y encontré la historia de cuando los fariseos y los escribas llevaron a Jesús a una mujer que fue sorprendida en el mismo acto de adulterio (Juan 8: 4). Esa mañana, Jesús estaba enseñando en el templo en Jerusalén, y estaba muy lleno de gente cuando "todo el pueblo vino a él" (Juan 8: 2). Fue entonces cuando estos hombres trajeron a esta mujer y la pusieron en medio de todos los que estuvieron allí esa mañana. Estaba desnuda, humillada y no tenía defensa.

Cuando estos hombres le preguntaron a Jesús qué pensaba que debería hacerse con ella, ya que la ley instruyó a tales a ser apedreados hasta la muerte — Jesús les dijo: "El que está libre de pecado entre vosotros, que le arroje la primera piedra" (Juan 8: 7). Note lo que Jesús hizo; no perdonó el pecado de esta mujer, ni dijo que ella no era culpable de adulterio. De hecho, si examina cuidadosamente la respuesta de Jesús a ellos, verá que Jesús estuvo de acuerdo con estos hombres en que, de acuerdo con la ley, esta mujer debía ser lapidada hasta la muerte por su pecado. Sin embargo, cuando Jesús devolvió la responsabilidad a estos hombres al decir: "Deja que la persona quien esté sin pecado entre vosotros, vaya adelante y apedréala hasta la muerte por su pecado," los hombres fueron condenados por su conciencia y se alejaron uno por uno (Juan 8: 9

La ley establece que tenía que haber varios acusadores para que la ley procediera, en tal caso, así que sin nadie que la acusara, Jesús miró a la mujer y le preguntó: "Mujer, ¿Dónde están esos acusadores tuyos? ¿Nadie te ha condenado?" (Juan 8:10). A lo que la mujer respondió: "Nadie, Señor" (Juan 8:11). Observe que ella no dijo: "Nadie, Rabí" o "Nadie, Jesús." pero dijo claramente: "Nadie, Señor." En algún momento durante toda esta terrible experiencia, esta mujer llegó a reconocer a Jesús como Señor y creyó en Él como Mesías. Jesús entonces le respondió: "Yo tampoco te condeno; vete y no peques más."

Se dice que cuando Satanás nos habla de Dios, miente; sin embargo, cuando le habla a Dios acerca de nosotros, él dice la verdad. La historia de esta mujer es muy simbólica de cómo a menudo nos sentimos después de haber pecado. Ahí estamos, de pie ante Dios, desnudos, humillados y completamente indefensos, mientras

Satanás recita todos los pecados que hemos cometido. Y, sin embargo, al igual que con esta mujer, si Jesús es nuestro Señor y Salvador, no "moriremos en [nuestro] pecado" (Juan 8:21), porque no tenemos acusadores que puedan condenarnos; no; incluso el mismo Satanás no puede hacer eso. Solo Uno tiene derecho a juzgar, porque solo Uno no tiene pecado y puede exigir un juicio justo y perfecto, y ese es Cristo Jesús. Él dice a todos los que lo invocan como Señor y Salvador: "Ni yo os condeno, id y no peques más."

AGOSTO 28

Juan 8:37: "Mi palabra no tiene cabida en ti."

Hace unos siete años recibí una llamada telefónica de una vieja amiga mía de la preparatoria. Me dijo que había visto algunas de mis publicaciones sobre Dios y quería hacerme algunas preguntas sobre mi fe. Después de horas de conversación esparcidas por un par de diferentes noches, comencé a darme cuenta de que mi amiga no buscaba a Jesús; más bien ella estaba buscando una religión que se adaptara a sus intereses y a su estilo de vida. El problema para amiga mía, y para tantas otras personas hoy, es que ella no haría un lugar en su corazón para la Palabra de Dios (Juan 8:37). En lugar de buscar la verdad, ella buscaba lo que le convenía escuchar que fuera placentero.

Este es el problema que Jesús encontró con los líderes religiosos en Su día. Su mensaje de salvación y libertad no progresó en la vida de estos hombres porque no le dejarían espacio en su corazón. Ellos rechazaron recibir la enseñanza de Jesús como verdad porque no se adaptaba a sus estilos de vida y no era lo que querían escuchar. Entonces, en lugar de recibir lo que es verdad y encontrar completa y total libertad en Jesús, lo rechazaron a Él y a Su mensaje de Gracia y se llenaron con odio, ira y asesinato.

Creo que dice mucho que la prueba de fuego para todas las religiones solía ser; si era verdad o no. Hoy en día, a la mayoría de la gente no le importa lo que sea verdad; solo quieren algo que les rasque los oídos, algo que se sienta bueno y no ofenda a nadie más. Lo que una vez fue una búsqueda de la verdad absoluta ahora se ha transformado en un anhelo carnal de falso placer y tranquilidad.

Por extraño que parezca, la gente rechaza el evangelio de Jesucristo simplemente porque es verdad. "Pero porque yo [Jesús] les digo la verdad, no me creen" (Juan 8:45). La verdad del evangelio ofende al hombre hasta lo más profundo de su ser porque derrama Iluminación a nuestra naturaleza pecaminosa y llama mal lo que es malo, y pecado lo que es pecado. El evangelio exige el reconocimiento y el arrepentimiento del pecado, no la aceptación ciega de cada cosa perversa que el hombre siente la necesidad de hacer. La Biblia dice que una relación fuera del matrimonio no es una "aventura" es adulterio; que no es aborto, es asesinato; no es amor, es inmoralidad sexual. Estas no son cosas fáciles de escuchar o hablar en estos tiempos, pero, de nuevo, ¿son ciertas?

El peligro para nosotros, como creyentes, surge cuando dejamos de hacer lugar para la Palabra en nuestras vidas porque no se ajusta a lo que queremos creer como verdad. Lo que nos agrada más es llenarnos de algo que sea más placentero, algo que no sea tan desafiante o difícil de seguir, algo que no sea tan ofensivo para los demás. Cerramos nuestros corazones a Sus verdades para que Su enseñanza ya no pueda progresar en nuestras vidas. Es ahí donde comenzamos a reemplazar la verdad de Dios con la mentira. . . con verdades falsas que son agradables para el mundo y nuestros oídos con comezón que creemos que son más adecuados para el tiempo y la cultura de hoy.

Jesús lo dejó muy claro: "Si permanecen en Mi palabra, en verdad son Mis discípulos. Y conoceréis la verdad, y la verdad os hará libres" (Juan 8: 31–32).

AGOSTO 29

Juan 15:11: "Estas cosas les he dicho para que mi gozo permanezca en ti, y para que tu gozo sea completo."

En Juan 15, Jesús habló acerca de la relación que debemos tener con Él al usar la analogía de una vid y sus ramas. "Yo soy la vid, ustedes son las ramas. Él que permanece en mí, y yo en él, da mucho fruto" (Juan 15: 5). Lo interesante, lo importante de ser una rama es que, aunque producimos fruto, nunca participamos en eso. Nuestro cumplimiento, como pámpanos, proviene simplemente de permanecer en la vid. El fruto que producimos no es para nosotros, más bien es para otros, por lo tanto "Cada rama que da fruto Él la poda (la limpia) para que produzca más frutos" (Juan 15;2).

Juan continuamente enfatizó lo que Jesús habló a menudo: la necesidad de que los creyentes permanezcan (se apeguen, continúen) en la Palabra de Dios, porque es por Su palabra que Dios nos limpia del mundo y de nosotros mismos. Pero como mi buen amigo Darrell a menudo nos recuerda: "Puedes estar en la Palabra, pero ¿Está la Palabra en ti?"

La limpieza que recibimos de la Palabra de Dios solo viene a través de la obediencia y la aplicación de Su Palabra. Es una característica esencial del caminar cristiano, esto es lo que nos impulsa a dar fruto para los demás.[117]

"Si permaneces en Mí, y Mis palabras permanecen en ti, pedirás lo que deseas y os será hecho" (Juan 15: 7). Note que Jesús no se refiere a los deseos para nuestro propio beneficio, sino más bien para nuestros deseos de dar fruto por el bien de los demás. Estos deseos, dice Jesús, solo provienen de que permanezcamos en Él y Su Palabra permanezca en nosotros. En última instancia, dice, así es como Dios es glorificado. "Por esto mi Padre es glorificado, que lleves mucho fruto; y seréis mis discípulos" (Juan 15: 8). Jesús expuso sobre lo que es ser Su discípulo en Juan 13:35, "En esto todos sabrán que ustedes son Mis discípulos, si se aman los unos a los otros."

El fruto al que Jesús se refiere aquí es el amor. "Como el Padre me amó, yo también te he amado; permaneced en mi amor" (Juan 15: 9). El apóstol Pablo escribió sobre este fruto también en Gálatas 5:22, "Pero el fruto del Espíritu es amor." El más grande deseo de Dios para nosotros, como creyentes, es amar, porque aquí es donde nuestro gozo finalmente se sostiene y se cumple: "Estas cosas [en Juan 15: 1-10] les he dicho, que Mi gozo permanecerá en ti, y tu gozo será completo."

Jesús sabía mucho sobre este gozo perdurable y cómo solo llega al dar fruto para otros, "quien, por el gozo que le fue puesto, soportó la cruz" (Hebreos 12: 2). El gozo que perdura solo llega cuando producimos fruto para otros, no fruto para nosotros. Y si realmente lo piensas, una rama no necesita fruto si ya tiene la vid que es la fuente de ese fruto. En otras palabras, Jesús es todo lo que necesitamos.

AGOSTO 30

Juan 11: 6: "Entonces, cuando oyó que estaba enfermo, se quedó dos días más."

Lázaro se estaba muriendo y, como haría cualquier ser querido, María y Marta suplicaron al Señor Jesús para que viniera a salvar a su hermano. "Jesús amaba a Marta a su hermana María y a Lázaro. Entonces, cuando oyó que estaba enfermo, se quedó dos días más" (Juan 11: 5-6). ¿No suena extraño? Jesús amaba a Marta, María y Lázaro, así que, porque los amaba, se quedó dos días más y permitió que Lázaro muriera. Esto es tan contrario a nuestro pensamiento y comprensión de cómo se deben hacer las cosas. En nuestra estimación, si Jesús realmente los amaba, entonces habría ido y salvado. Lázaro, pero no; esperó dos días más para permitirle morir.

La verdad es que para cuando llegó a Jesús el mensaje de María y Marta (tomó alrededor de dos días), Lázaro ya había muerto. La razón por la que Jesús esperó dos días más antes de comenzar Su viaje de dos días de regreso a Betania fue para que no hubiera duda de que Lázaro había muerto, de hecho; de esta manera, Lázaro entonces tendría ya cuatro días de muerto cuando Jesús lo devolvió a la vida.

Aprendemos aquí que había un propósito mayor en esta enfermedad, uno que reemplazó el consuelo temporal que tanto deseaban Marta, María y Lázaro. "Esta enfermedad no es para muerte, sino para la Gloria de Dios, para que el Hijo de Dios sea glorificado por medio de ella" (Juan 11: 4). Dios, el Padre, le dio a Jesús, el Hijo, cierto trabajo para realizar mientras estuvo aquí en la Tierra. Estas obras testificarían de la deidad como el Hijo de Dios para que la gente pudiera creer en Él como el Mesías. Lázaro se le permitió morir para que Jesús fuera glorificado.

Creo que a menudo olvidamos que cuando entregamos nuestras vidas a Jesucristo, cedimos todos nuestros derechos a Él. En un momento u otro, todos hemos dicho algo como "Dios, toma mi vida y úsame *como quieras.*" Dios no mira estas palabras a la ligera; Nos tomará la palabra y nos usará de la manera que en ocasiones no entenderemos, ni nos gustará. Creo que es muy importante que recordemos durante estos tiempos en los que las pruebas que atravesamos no son solo para nosotros, sino por el bien de otros también. En este caso, a Marta, María y Lázaro se les permitió pasar por este tiempo muy difícil por el bien de los discípulos. "Lázaro está muerto. Y me alegro por vosotros, que yo no estaba allí, para que creáis" (Juan 11:14).

Creyente, aunque los caminos y propósitos de Dios están muy por encima de los nuestros, y aunque es posible que nunca entendamos por qué hace lo que hace, el carácter de Dios es claramente revelado en y a través de la Biblia; Él es Bueno, es Fiel, tiene el control de todas las cosas, y lo más importante, Él es Amor. Entonces, en caso de duda, no confíe en lo que pueda ver, sino confíe en lo que sabe que es verdad.

AGOSTO 31

> 1 Juan 2: 1: "Y si alguno hubiere pecado, abogado tenemos para con el Padre, Jesucristo el Justo."

Yo creo que es interesante que, en un tribunal de justicia, un abogado defensor intente demostrar que su cliente es inocente, sin embargo, Jesucristo, nuestro "Abogado ante el Padre", no hace tal cosa. Nunca trata de ocultar el hecho de que somos culpables; de hecho, como David Guzik señaló, Jesús "admite plenamente nuestra culpa."[118] como creyentes, nunca debemos temer o preocuparnos por el juicio del Padre por nuestro pecado porque "[Jesús] mismo es la propiciación por nuestros pecados" (1 Juan 2: 2). Jesús se presentó a sí mismo como el sacrificio por todos nuestros pecados, para que, aunque seamos culpables, todavía seamos contados justos delante del Padre.

Entonces sabemos que Jesús es nuestro Abogado ante el Padre, nuestro defensor de Satanás y nuestro libertador de este mundo. . . sin embargo, a menudo pasamos por alto a nuestro peor enemigo. Claro, nos encanta señalar a Satanás, al mundo y a otros debajo del autobús y culparlos cada vez que nos atacan; pero honestamente, no hay nada en este mundo que pueda atormentarnos, hacernos dudar o crear depresión en nuestras vidas como nosotros mismos. Después de todo, conocemos nuestros pensamientos, nuestras intenciones, nuestros deseos, nuestras perversidades, etc. Constantemente nos condenamos por abrazarlos. Sin embargo, incluso aquí, en lo más profundo de nuestra alma, debemos darnos cuenta de que Jesús es nuestro Abogado, porque a diferencia de nuestros otros enemigos, no tenemos absolutamente ninguna defensa contra nuestra propia conciencia.

La razón por la que nos olvidamos de confiar en Jesús como nuestro Abogado es porque estamos demasiado ocupados tratando de probar nuestra inocencia;[119] estamos demasiado ocupados tratando de hacernos sentir mejor al justificar por qué cometimos ese pecado. La verdad es esa, como creyentes, *nunca deberíamos sentirnos bien* acerca de nuestro pecado, porque es contra nuestra nueva naturaleza. Deberíamos estar muy perturbados cuando nos enfrentamos con nuestra rebelión. Sin embargo, dedicamos tanto tiempo y esfuerzo a intentar liberarnos de la verdad de nuestra culpa de que en realidad nos abrimos a la mentira de que lo que hicimos no fue tan malo.

¿Cómo podemos regocijarnos en el gran sacrificio de Jesús si continuamente fallamos en reconocer por qué necesitamos ese gran sacrificio? Luchamos por creer en el amor, la gracia de Jesús y perdón para nosotros, porque nos negamos a aceptar la verdad de nuestra naturaleza pecaminosa. No hay crecimiento en esto, no hay madurez, no hay gran victoria. Somos pecadores. ¡Somos culpables! Estamos completamente en bancarrota y sin esperanza sin Él. Tan pronto podamos admitir esto ante nosotros mismos, y llamar a lo que hacemos lo que realmente es, más pronto podremos seguir adelante y regocijarnos en la gloriosa verdad de la asombrosa Gracia de nuestro Abogado. Porque si no fuéramos culpables, ¿Por qué necesitamos a Jesús? Si no somos culpables, cuán grande es Su gracia, ¿verdaderamente? Como bien dijo Ray Stedman "La sangre de Jesucristo no puede limpiar excusas. Solo limpia los pecados."[120] Es solo cuando nos miramos al espejo y admitimos cuán pecadores somos, que realmente comenzamos a apreciar lo que se nos ha dado. Es aquí que empezamos a creer. Es aquí donde nos negamos a dar por sentada Su Gracia, y es aquí donde somos perdonados.

Entonces, creyente, recuerde, Jesús hizo el mayor intercambio en la historia del mundo para nosotros. Murió como si hubiera vivido nuestra vida, y vivimos libremente como si viviéramos la suya. Deja de intentar demostrarle tu inocencia a Dios y a ti mismo, solo admite tu culpa, aférrate a Sus Promesas como tu Abogado, y recibe Su asombrosa Gracia.

SEPTIEMBRE 1

Hechos 1: 8: "Ustedes Me seréis testigos."

Después de que Jesús resucitó a Lázaro de entre los muertos, la gente vino de todas partes para verlo. Esto enojó mucho a los saduceos porque "debido a [Lázaro] muchos de los judíos fueron y creyeron en Jesús" (Juan 12:11). Los saduceos estaban enojados porque Lázaro era la prueba viviente de que sus creencias estaban equivocadas, ya que no creían en la resurrección, pero aún más, porque la gente se retiró y dejaron fuera la influencia de estos líderes religiosos, y en cambio creyeron en Jesucristo como el Mesías.

En Hechos 1: 8, Jesús les dijo a sus discípulos que cuando el Espíritu Santo descendiera sobre ellos, serían "testigos de [Él]." En otras palabras, serían testigos de Jesús; y esto se basa únicamente en lo que hizo Jesús en sus vidas, no por nada que ellos hubieran hecho por si mismos o tendrían que hacer más tarde. Lo mismo sucedió con Lázaro. Aquí estaba un hombre que no hizo más que morir; y sin embargo, debido a la obra de Jesús en su vida, muchos llegaron a creer en Jesús como Mesías.

Recuerdo al hombre en Marcos 5 que tenía una legión de demonios dentro de él. Después de que Jesús arrojó los demonios a un hato de cerdos, este hombre le suplicó a Jesús que le permitiera quedarse con Jesús. Sin embargo, Jesús le dijo: "Ve a casa y con tus amigos y diles a ellos, qué grandes cosas ha hecho el Señor por ti, y cómo se ha compadecido de ti" (Marcos 5:19). Cuando Jesús regresó más tarde a esta área, las masas vinieron corriendo hacia Jesús, simplemente por el testimonio de este hombre.

Ni Lázaro ni el endemoniado tenían que intentar ser testigos; ellos fueron testigos simplemente porque eran prueba viviente del poder de Dios. Todos ellos lo que tenían que hacer era compartir con otros lo que Dios había hecho en sus vidas. Debido a que sus testimonios eran reales, muchos creyeron en Jesús como el Cristo.

Creyente, lo mismo es válido para nosotros. Una vez estuvimos muertos, pero ahora estamos vivos en Cristo. Somos testigos porque somos prueba viviente del poder de Dios, y cuando compartimos lo que Dios ha hecho en nuestras vidas, muchos vendrán a invocarlo como el Mesías también. Como dice el viejo refrán, "No eres *un hecho* humano; *tú eres un ser humano.*"

SEPTIEMBRE 2

> Levítico 20:26: "Seréis santos para mí, porque yo, el Señor, Soy Santo y te he separado de la gente, para que seas Mío."

El tema del libro de Levítico se encuentra en Levítico 20:26: "Serás santo para mí, porque Yo, el Señor, Soy Santo, y te he apartado del pueblo, para que seas mío." La palabra "santo" generalmente significa ser apartado o santificado; pero curiosamente, también proviene de la misma palabra raíz que nuestra palabra en inglés "integridad" proviene.[121] Creo, que si tuvieras que pintar teológicamente un cuadro o crear un diagrama de lo que es ser santo, eventualmente terminaría con una imagen que retrata perfectamente la integridad. Ray Stedman explicó que la integridad significa tener todo lo que pretendíamos tener; funcionando como "estábamos destinados a funcionar." Así fue cuando el Señor creó a Adán por primera vez. Adán tenía todo lo que estaba destinado ser y funcionó tal como estaba destinado a funcionar. Pero luego vino la caída y todo cambió. Adán todavía estaba en la imagen de Dios, pero ya no era más en la semejanza de Dios. Ahora le faltaba algo. Afortunadamente, Dios vio nuestro quebrantamiento y tuvo gran misericordia de nosotros. Él conocía nuestros caminos de maldad y nuestra naturaleza defectuosa y, sin embargo, Él eligió amablemente inclinarse para alcanzarnos, para que pudiéramos ser completos de nuevo.[122] Encontramos este gran propósito en Isaías 61: 1-3:

> El Espíritu del Señor Dios está sobre mí [Jesús], porque el Señor me ha ungido para predicar buenas nuevas a los pobres; Me ha enviado a sanar a los quebrantados de corazón, para proclamar libertad a los cautivos, y la apertura de la cárcel a los presos; para proclamar el año aceptable del Señor, y el día de la venganza; para consolar a todos los que se lamentan, consolar a los que lloran en Sión, para darles belleza en

lugar de cenizas, aceite del gozo para el día de luto, manto de alabanza para el espíritu de pesadez; para que sean llamados árboles de justicia, plantación del Señor, para que Él sea glorificado.

Jesucristo vino y cumplió el gran propósito de Dios. Fue empoderado por el Espíritu Santo para predicar buenas nuevas a los pobres; para sanar a los quebrantados de corazón; a proclamar la libertad a todos los que están en servidumbre y liberar a todos los que están presos; para consolar a los que lloran; para dar belleza en las cenizas, el aceite de la alegría para el duelo, y para reemplazar el espíritu de tristeza con el manto de alabanza. Independientemente de cómo el pecado nos rompería en esta vida, Jesús recibió poder para restaurar ese quebrantamiento y hacernos completos de nuevo.

SEPTIEMBRE 3

Juan 13: 1: "Los amó hasta el fin."

Tu incredulidad en algo no puede quitarme la libertad de elegir, al igual que mi incredulidad en algo no puede quitarte la tuya. Esta es la ley que Dios ha puesto con respecto a la libertad de elección. Desafortunadamente, vemos personas que intentan hacer esto con demasiada frecuencia en nuestro país hoy. Y aunque nos apresuramos a criticar este tipo de pensamiento disfuncional porque reconocemos la tontería en él, a menudo hago esto mismo con Dios.

Por ejemplo, somos un pueblo que nos examinamos incesantemente y registramos meticulosamente nuestros motivos, pensamientos y elecciones a lo largo del día; luego, al final del día, según nuestra propia estimación de quiénes somos y lo que hemos hecho, determinamos juiciosamente que no hay forma de que Dios pueda amarnos. Sin embargo, Dios ha repetido a cada uno de nosotros a lo largo de la Biblia: "Te amo, incondicionalmente." Incluso si elegimos no creer que Dios nos ama, incluso si podemos probar sin una sombra de duda de que no somos dignos de un amor tan asombroso, todavía no significa que no es verdad. Dios ha tomado libremente la decisión de amarnos, y nuestra incredulidad no puede alejar Su elección.

En Juan 13, mientras el apóstol Juan reflexionaba sobre las horas antes de que Jesús renunciara a su vida para nosotros en la cruz, escribió, "Cuando Jesús supo que su hora había llegado y que partiría de este mundo al Padre, habiendo amado a los suyos los que estaban en el mundo, los amó hasta el fin" (Juan 13: 1). Como

David Guzik señaló, esto significa que Jesús amaba a sus discípulos "en la mayor medida posible."[123] Lo que es importante notar acerca de esta declaración es que Jesús conocía a estos hombres que lo traicionarían, lo negarían y lo abandonarían en su hora de necesidad, y, sin embargo Jesús todavía los amó hasta el final porque esa fue la elección que Jesús quiso.[124] Nada de lo que sus discípulos pudieran decir o hacer podría privar a Jesús de su elección de amarlos.

Esta misma verdad se puede aplicar a casi todas las áreas de nuestras vidas con respecto a nuestra relación con Dios. Incluso cuando no le somos fieles, Él sigue siendo fiel a nosotros; incluso cuando no le escuchamos, Él todavía nos escucha; incluso cuando huimos de Él, Él todavía nos persigue; y aun cuando no le amamos Él todavía nos ama. Creyente, nuestra incredulidad no puede quitarle la libertad de Dios para escoger amarnos. Nos ha hablado muy claramente a todos y cada uno de nosotros a través de Su Hijo Jesucristo, que nos ha amado, de hecho ahora nos ama y por siempre nos amará. Entonces, deje de equiparar las elecciones de Dios con la forma en que se ve a sí mismo, y simplemente acepte lo que Dios ha dicho como verdad.

SEPTIEMBRE 4

> Juan 13: 7: "Jesús respondió y le dijo: 'Lo que yo estoy haciendo, tú no lo entiendes ahora, pero lo sabrás después de esto."

Mientras Jesús lavaba los pies de sus discípulos, Pedro le preguntó por qué estaba haciendo esto. "Jesús respondió y le dijo: Lo que estoy haciendo, no lo entienden ahora, pero ustedes sabrán después de esto." Entonces Pedro reprendió a Jesús, diciendo: "¡Nunca me lavarás los pies!" A lo que Jesús respondió: "Si no te lavo, no tenéis parte conmigo" (Juan 13: 8).

Es interesante para mí, que Pedro se opusiera a que le lavaran los pies simplemente porque no entendía por qué Jesús lo estaba haciendo. No fue que Pedro no necesitara que le lavaran los pies o no le gustara que le lavaran los pies; no, Pedro protestó contra Jesús de lavarle los pies porque necesitaba una respuesta para satisfacer su compulsión innata de entender. Pero note que, aunque Pedro no entendió, Jesús todavía lo hizo y no le dio a Pedro una explicación de Sus acciones, sino que le hizo una promesa a Pedro: Aunque no entiendas lo que estoy haciendo ahora mismo, entenderás después. Jesús le estaba diciendo a Pedro que confiara en Él.

El mundo en el que vivimos, es un mundo "centrado en la razón" que exige una explicación de por qué suceden las cosas. El problema para nosotros es que llevamos este mismo pensamiento centrado en la razón en nuestro caminar con Dios. Entonces, cuando el Señor permite ciertas cosas en nuestra vida que no comprendemos, reprendemos lo que Él quiere hacer, simplemente porque no entendemos por qué lo está haciendo. Nosotros, como Pedro, clamamos y exigimos una explicación de Dios por sus acciones, o la falta de ellas, pero la respuesta del Señor a nosotros es la misma que a Pedro: Aunque no entiendas lo que estoy haciendo ahora, lo entenderás después. En otras palabras: ¡Confía en mí!

La razón por la que incesantemente exigimos una respuesta de Dios es porque pensamos que un "¿por qué?" realmente mejorará la situación. Sin embargo, en mi experiencia, la paz nunca se encuentra al buscar, o incluso encontrar, el por qué, sino más bien, en conocer el Quién. Estos son los momentos en que nuestra fe en el Señor ha crecido aún más. Entiendo que es solo parte de nuestra naturaleza querer entender, pero eso no significa que queramos estar en esas situaciones. Al hablar acerca de estar contento en cada etapa de la vida, el apóstol Pablo escribió que tenía que aprender a estar contento porque no era parte de su naturaleza estar así (Filipenses 4:11). Como creyentes, tenemos que aprender a no depender de nuestro yo natural, vivir de acuerdo con la razón y explicaciones, sino vivir por la fe en el Dios que siempre nos es fiel. Entonces, creyente, "No entiendes ahora lo que estoy haciendo, pero algún día lo harás" (Juan 13: 7, NLT).

SEPTIEMBRE 5

Juan 13:15: "(Tú) Debes hacer como yo te he hecho."

Jesús dijo en Juan 13:34: "Un mandamiento nuevo te doy: que os améis los unos a los otros." Esto me pareció un poco extraño al principio, porque recuerdo haber leído en Levítico 19:18 cuando el Señor le dijo a Moisés: "ama a tu prójimo como a ti mismo." Entonces ¿Cómo es este un mandamiento nuevo? La respuesta se encuentra en la segunda mitad de Juan 13:34: "como Yo los he amado, que también se amen unos a otros." Jesús no se estaba refiriendo al *mandamiento* de amarse los unos a los otros como algo nuevo, sino más bien la *norma* o estándar porque debemos amar a los demás.

Momentos después de que Jesús lavó los pies a sus discípulos, les dijo: "Porque les he dado un ejemplo para que hagan como yo les he hecho" (Juan 13:15). Lavar los pies de los discípulos fue un ejemplo de cómo amarse unos a otros. La parte más significativa de este versículo es cuando Jesús dijo, "debes hacer como yo te he hecho." No solo en servir, no solo en amar, no solo en perdonar— pero en todo, dice Jesús, debes hacer con los demás como yo te he hecho a ti.

Algunos de los mayores desafíos que enfrentamos como cristianos es elegir amar y perdonar a quienes consideramos que no merecen ser amados e imperdonables. Sin embargo, incluso en estas situaciones, creo que todos tomamos la decisión de amar y perdonar como Dios nos ha instruido. El problema es que nos amamos y perdonamos unos a otros de acuerdo con lo que determinamos que es el amor y el perdón. Estas determinaciones generalmente se basan en nuestras propias experiencias de ser amados y perdonados, o por lo que creemos que esa persona podría merecer según lo que haya hecho o no, en lugar de amar y perdonarlo como Jesús nos ama y nos perdona.

"De cierto, de cierto os digo, un siervo no es mayor que su señor" (Juan 13:16). El punto de Jesús es muy simple: si; Él, nuestro Señor y Salvador, elige amar y perdonarnos, entonces nosotros, siendo Sus siervos, debemos hacer lo mismo, no de acuerdo con nuestras normas de amor y perdón, pero de acuerdo con las Suyas. Debemos amar como Él nos ama, y debemos perdonar, así como Él nos perdona. "Si sabes estas cosas, Bienaventurado eres si los haces" (Juan 13:17). Lo asombroso de todo esto es que cuando obedecemos las instrucciones de Jesús, y hacemos con los demás lo mismo que Él ha hecho para nosotros, somos verdaderamente bendecidos, porque está ahí, en esa obediencia, que Jesús se nos manifiesta (Juan 14:21).

SEPTIEMBRE 6

> Juan 13:37: "Pedro le dijo: Señor, ¿Por qué no puedo seguirte ahora? Daré mi vida por ti."

Después de que Jesús les dijo a sus discípulos que los dejaría e iría a un lugar adonde no podían venir, Pedro le dijo: "Señor, ¿Por qué no puedo seguirte a ti ahora?" Después de todo lo que habían pasado juntos, después de todos los lugares que habían seguido a Jesús ¿Por qué ahora no se les permitió seguir a Jesús? Esto es lo que Pedro se estaba preguntando: ¿Por qué no puedo seguirte ahora, Señor? ¿Es porque es peligroso? "Daré mi vida por ti."

No tengo ninguna duda de que Pedro quiso decir lo que dijo. Creo que él hubiera entregado absolutamente su vida por Jesús, si surgiera la ocasión. Vimos prueba de esto en el huerto de Getsemaní, cuando Pedro desenvainó su espada y atacó a uno de los siervos del sumo sacerdote cuando vinieron a llevarse a Jesús. Sin embargo, Jesús nunca pidió que Pedro muriera por él; más bien, le pidió a Pedro que "viviera para él."[125] El coraje en el campo de batalla es una cosa, pero coraje en la vida cotidiana. . . eso es completamente diferente, y eso era una para lo que Pedro aún no estaba preparado.

Pedro estaba listo para tomar una vida, pero no estaba listo para salvar una. Estaba listo para morir como dijo, pero no estaba listo para vivir como Cristo. Horas antes Jesús se había ceñido y lavado los pies de los discípulos. Sin embargo, cuando Jesús estaba apartando Sus vestiduras y ciñéndose para lavarles los pies, ninguno de los discípulos se levantó y dijo: "¡No, Señor! Por favor, déjame hacer eso. Déjame lavarle los pies a mi hermano." Sus corazones aún no estaban bien.

Como Pedro, a menudo nos jactamos de lo que estamos dispuestos a hacer por Cristo o por los demás, pero rara vez, si es que alguna vez, nos jactamos de lo que Cristo nos pide que hagamos. Es fácil de elegir y elegir nuestras batallas y ser fuertes en situaciones en las que nos sintamos cómodos. Pero viviendo para Cristo, haciendo lo que Él quiere que hagamos, eso es una diferente forma de morir. Lo que nos pide que hagamos siempre requiere una medida de fe, no una medida de uno mismo.

Claro, le gritaremos al tipo que nos rebasa en la autopista, ¿Pero le mostraremos gracia? Nos defenderemos con fervor cuando alguien hable con dureza sobre nosotros, pero ¿Nos callaremos? Responderemos a la persona que nos lastima, pero ¿Le perdonaremos? Con mucho gusto nos pondremos en peligro y moriremos para nuestros seres queridos, pero ¿Dejaremos el control remoto y realmente los guiaremos a ellos espiritualmente?

SEPTIEMBRE 7

2 Corintios 5:17 (ESV): "Por tanto, si alguno está en Cristo, es una nueva creación. Lo viejo ha fallecido; he aquí, ha llegado lo nuevo."

Cuando entregamos nuestras vidas a Jesucristo y lo hacemos Señor y Maestro de todo lo que somos, tenemos que cambiar la forma en que pensamos sobre nosotros mismos, los demás, e incluso Jesucristo mismo. "De ahora en adelante, por lo tanto [porque hemos dado nuestras vidas a Cristo], no consideramos a nadie según la carne [ni siquiera a nosotros mismos]. Aunque una vez consideramos a Cristo según nuestro pensamiento carnal, ahora ya no lo consideramos así" (2 Corintios 5:16, ESV).

Ya no debemos pensar como antes, según nuestra carne; más bien debemos pensar de acuerdo con lo que la Biblia dice que es verdad. Nuestra sabiduría, las cosas en las que confiamos, las verdades por las que debemos vivir, ya no están de acuerdo con el mundo o nuestros sentimientos. Ahora debemos caminar en la novedad de la vida física, mental y espiritualmente. Desafortunadamente, este cambio en el pensamiento no es algo que ocurra automáticamente, ni es algo que nos sucederá naturalmente; una transformación debe tener lugar dentro de nosotros a medida que renovamos nuestras mentes al leer, creer y aplicar la Palabra de Dios para nuestras vidas y circunstancias diarias (Romanos 12: 2).

Uno de los mayores cambios que debe tener lugar en nuestro pensamiento es cómo vernos a nosotros mismos. Segunda de Corintios 5:17 (ESV) nos dice: "Por tanto, si alguien está en Cristo, es una nueva creación. Lo viejo ha fallecido; he aquí, ha llegado lo nuevo." En mi experiencia, una de las cosas más difíciles de hacer como creyente nacido de nuevo es aceptar esta verdad cuando comencemos a vivir nuestra nueva vida en Cristo y luego tropezar y caer por el pecado. Nuestra primera reacción es que realmente no hemos cambiado en todo, que seguimos siendo la misma vieja creatura, haciendo las mismas cosas de siempre, y puede ser muy desalentador.

Cuando fui salvo, proclamé con valentía a todos mis amigos cuánto había cambiado y cómo ya no era la misma persona de antes. Un año después, hice la tonta decisión de ir a Las Vegas con mis amigos y repetí la misma insensatez de comportamiento que había jurado que había dejado atrás. Fue entonces cuando uno de mis mejores amigos me dijo: "Sabía que en realidad no habías cambiado." Estaba devastado. Mi corazón estaba roto porque sabía que acababa de arruinar mi testimonio. Recuerdo haber pensado para mí mismo "Pensé que había cambiado. . ."

"Por tanto, si alguno está en Cristo, nueva criatura es. Lo viejo ha pasado; he aquí, ha llegado lo nuevo." Quiero que notes el énfasis en quiénes somos en Cristo: "eres una nueva creación." Soy una nueva creación en Cristo, como tú. date cuenta que este versículo no está escrito en tiempo pasado, ya que es un trato de una sola vez, o incluso el tiempo futuro donde aún no ha tenido lugar. No, está escrito en tiempo presente como un estado de vida continuo. Somos nuevas creaciones, cada segundo de cada día.

Aunque había tomado una decisión muy tonta al ir a Las Vegas y participar en esos viejos comportamientos, todavía no cambiaba quién era yo en Cristo. Ya no era la misma persona que solía ser, ya que "lo viejo ha quedado atrás, ha muerto; he aquí, ha llegado lo nuevo." yo tenía que renovar mi mente a través de la Palabra de Dios leyendo, creyendo y aplicando lo aprendido en esa situación, sin importar lo mal que me sintiera por lo que hice, y como 1 Juan 1: 9 nos promete, "Si confesamos nuestros pecados, Él es fiel y justo para perdonar nuestros pecados y limpiarnos de toda maldad." La verdadera diferencia entre lo viejo y lo nuevo es que en el viejo hombre yo seguiría pecando sin dudarlo; el nuevo hombre se arrepiente y busca el perdón.

SEPTIEMBRE 8

> Isaías 1:11 (ESV): "¿Qué me importa la multitud de tus sacrificios? dice el Señor."

Es realmente fácil en nuestro caminar con Dios pasar de la devoción a la religión. Puede pasar tan sutilmente que ni siquiera nos damos cuenta de que solo estamos haciendo los movimientos y que nuestros corazones se han vuelto fríos y duros. Si esto no se resuelve rápidamente, puede convertirse en una forma de vida tal que los movimientos se conviertan en nuestra religión, o nuestra "salvación," y comenzar a vivir una vida lejos de Dios.

Esto es lo que le sucedió a Israel en los días de Isaías. Dios le había dado a su pueblo ciertos ritos para participar que fueron diseñados para ayudarlos a caminar en su fe. Los sacrificios de sangre eran recordatorios vívidos de la seriedad del pecado que produce muerte. El sábado era para recordarles la necesidad de descansar y adorar; quemar el incienso era un recordatorio de lo dulce que es la oración a Dios. Sin embargo, Dios le dijo a Israel a través del profeta Isaías, "Odio todas tus fiestas y sacrificios. ¡No puedo soportar la vista de ellos!" (Isaías 1:14, NLT1996). ¿Por qué? Porque estos ritos se habían convertido en su religión, no su devoción. Aunque estaban realizando meticulosamente estos ritos como Dios les había instruido, sus corazones estaban lejos de Dios. Como una imagen del fuego en una pintura sin transmitir calor, así; no había devoción en estos actos de adoración.

Hoy también tenemos muchos ritos: comunión, bautismo, adoración, oración antes de las comidas, diezmar, ir a la iglesia, etc. Muy rápidamente, estas cosas pueden convertirse en nuestra religión en lugar de devoción. Muy fácilmente podemos ver estas cosas como nuestra "salvación" cuando las realizamos meticulosamente; pero, simplemente participando y actuando estos ritos repugnan a Dios si nuestro corazón no está en ellos: "Estoy harto de sus sacrificios" (Isaías 1:11, NLT1996). Entender que Dios quiere la devoción de nuestros corazones, no nuestros actos de religión, porque Él sabe que cuando tiene nuestros corazones, tiene todo de nosotros.

Entonces, ¿Cómo combatimos la caída de la devoción a la religión? Pasando íntimo tiempo con Dios todos los días; centrarse en Él, hablar con Él, escucharlo a través de la oración y la lectura de Su Palabra. Una vez escuché a un pastor decir que nuestra experiencia en la iglesia el domingo es un resultado directo de lo que hacemos con Dios desde el lunes hasta el sábado. Su punto era que nuestras obras y hechos serán actos de devoción y no religión, si estamos diariamente a los pies de nuestro Padre.

Realizar ritos desprovistos de la realidad de para Quién son y por qué están siendo realizados esos en primer lugar, trae mucho disgusto al Señor. Necesitamos ser sinceros con Dios y considerar verdaderamente por qué participamos en estas cosas. Necesitamos convertir esos actos de religión en actos sinceros de devoción, para que sean como un incienso dulce para nuestro Padre Celestial y que, a su vez, produzca mucho fruto en nuestras vidas.

SEPTIEMBRE 9

> Salmo 40: 1 (NVI): "Esperé pacientemente al Señor; Se volvió hacia mi y escuchó mi llanto."

En el Salmo 40, David comparte con nosotros un momento de su vida en el que oró y esperó en el Señor: "Esperé pacientemente al Señor; se volvió hacia mí y escuchó mi llanto. Me sacó del pozo viscoso, del lodo y del fango; puso mis pies en una roca firme y me dio un lugar estable para estar de pie. Me puso una nueva canción en la boca, un himno de alabanza a nuestro Dios. Muchos verán y temerán al Señor y confiarán en Él" (Salmo 40: 1-3, NVI).

Cuando leemos pasajes como este, rápidamente capturamos y nos aferramos firmemente a las promesas para nuestras propias circunstancias. Nos decimos a nosotros mismos: "Dios se volverá y responderá y nos librará de este pozo viscoso. ¡Gracias Señor!" Y absolutamente lo hará. Pero hay una pequeña sección en estos versículos que aparentemente pasamos por alto y con indiferencia: "Esperé pacientemente." Nos encanta reclamar el resultado final.

Admitámoslo: Odiamos esperar. El semáforo se pone verde y el coche de delante de nosotros no se mueve durante uno, tal vez dos segundos, y sin embargo nos vemos obligados a acostarnos sobre nuestra bocina y gritarle a la persona porque, para nosotros, sentarse en una luz verde uno o dos segundos es un momento doloroso de soportar. ¡Tengo lugares para estar, cosas que hacer y estás obstruyendo donde quiero ir! Y eso realmente no se puede soportar ¿no? Cuando oramos para que las cosas sucedan y Dios nos dice que esperemos, en nuestras mentes Dios está obstruyendo dónde queremos estar y lo qué queremos hacer. Él nos está alejando de donde quiero ir. En nuestras mentes, no tiene ningún sentido quedarse allí sentado, esperando.

Bueno, contrariamente a la creencia popular, esperar no es inactividad. G. Campbell Morgan lo dijo mejor: "Esperar a Dios no es pereza. Esperar a Dios no es dormir. esperar a Dios no es el abandono del esfuerzo. Esperar a Dios significa, primero, actividad bajo mando; en segundo lugar, la preparación para cualquier nueva orden que pueda llegar; tercero, la capacidad de no hacer nada hasta que se dé la orden."[126] esperar es ejercitar una fe activa en Dios.

El Rey David sabía mucho sobre la espera, ya que fue ungido rey muy temprano en su vida y, sin embargo, tuvo que esperar muchos años antes de que sucediera. Es por eso que pudo escribir: "Espera en el Señor; esfuérzate, anímate y espera al Señor" (Salmo27:14). y también, "Bienaventurado el hombre que confía en el Señor" (Salmo 40: 4, ESV). Es importante entender que esperar es una parte valiosa de la vida del cristiano; es un momento para hacer crecer nuestra fe y aprender a confiar en Dios. Entonces, creyente, recuerde, aunque es difícil y esforzado esperar, es a menudo el método más importante para llevar a cabo la voluntad de Dios en su vida, porque esperar la respuesta de Dios es a menudo parte de la respuesta a su oración.

SEPTIEMBRE 10

Mateo 9: 4 (NVI): "¿Por qué dan lugar a malos pensamientos en sus corazones"

Creo que la expresión "dan lugar" que usa la NVI en este versículo es muy interesante, porque no solo se refiere a darle vueltas a algo en tu mente una y otra vez, pero también se refiere a dar la bienvenida, mostrar hospitalidad y hacer algo cómodo. Si piensa que cuando recibe visitas en su casa, generalmente hablando, usted les da la bienvenida, los hacen sentir cómodos y participan de una empatía y compañerismo con ellos. Esto es lo que Jesús les pide a los fariseos con respecto a los malos pensamientos: ¿Por qué "dan lugar" a los malos pensamientos en su corazón? ¿Por qué le dan la bienvenida al mal? ¿Acaso le hace sentir cómodo empoderar este tipo de pensamientos; dándoles un punto de apoyo en su vida y los involucra con una mente abierta?

El problema para nosotros es que a menudo no reconocemos estos malos pensamientos por lo que realmente son, algo así como lobos con piel de oveja. Puede que no sean tan obvios para nosotros como los pensamientos sobre el asesinato, el robo, el adulterio y lo oculto, pero, sin embargo, son igualmente tóxicos. Quizás para ti, el mal pensamiento es que no eres bastante bonita o guapo, o que no eres lo suficientemente inteligente; o que Dios nunca te librará de esta prueba o que no responda a tu oración como tú quieres o satisfaga esa necesidad. Tal vez sean esas compras que deseas, una relación, comida o trabajo que colmarán el vacío que sientes en tu vida. Tal vez es que ahora te sientes como un artículo dañado producto de esa relación pasada y consideras que nadie quisiera estar contigo, o tal vez sea que no eres adecuado para el llamado de Dios para algún ministerio. Independientemente de cuál sea la mentira, se puede camuflar rápidamente en algo que no es, y antes de que nos demos cuenta, le estamos "dando lugar" en nuestros corazones.

Por eso es tan importante estar en la Palabra de Dios de continuo, porque Sus verdades disipan todas las mentiras y exponen esas cosas que se esconden en la oscuridad. Su Palabra transforma nuestra mente para que reconozcamos estas mentiras desde el principio y podamos desecharlas en lugar de entretenerlas. Esto es lo que quiso decir el apóstol Pablo cuando él escribió, "Derribemos argumentos y toda pretensión que se oponga al conocimiento de Dios, y tomemos cautivo cada pensamiento para hacerlo obediente a Cristo" (2 Corintios 10: 5, NVI). Así que, creyente, antes de que albergues cualquier pensamiento inútil llévelo a Cristo y manténgalo a la altura de sus verdades, vea si es digno de ser entretenido en tu corazón y en tu mente.

SEPTIEMBRE 11

Hebreos 13: 3: "Acuérdate de los prisioneros como encadenados con ellos, los que son maltratados, ya que ustedes también están en el cuerpo."

Una mañana, mientras conducía hacia el trabajo, escuché en la radio decir: "Noticias de actualización: Terror en el este." Inmediatamente sentí que mi corazón se endurecía hacia lo que iba a ser dicho a continuación porque en mi mente, la gente en el Medio Oriente estaba siempre peleando y matándose unos a otros y, para ser perfectamente honesto no podría haberme importado menos lo que estaba pasando allí porque no me afectaba. Pero eso estaba a punto de cambiar. Mientras el locutor continuaba, dijo que dos aviones comerciales se habían estrellado contra las Torres Gemelas ya no estaba hablando del Medio Oriente: estaba hablando de este país, en concreto, la ciudad de Nueva York. De repente el miedo, la tristeza y la conmoción se apoderaron de mí. ¡De pronto era de mi interés!

El autor de la carta a los Hebreos entendió muy bien esta parte de la condición humana, y así, en el capítulo 13, mientras escribe sobre el amor fraternal, nos da algunas formas prácticas de "que continúe el amor fraternal" (Hebreos 13: 1). Él dice: "Recuerda a los prisioneros como si estuvieras encadenado con ellos con los que son maltratados; ya que ustedes mismos también están en el cuerpo." Tenga en cuenta que no se limita a decir; aquellos los que son maltratados." No, dice específicamente "Recuerda a los prisioneros como si estuvieras encadenado juntamente con ellos, con los que son maltratados, ya que tú mismo eres parte del cuerpo también."

Podemos ser personas tan egoístas en el sentido de que, si algo no nos afecta directamente, generalmente no nos importa. Para ayudarnos a recordar apoyar a otros a través de oración y provisión, el autor de Hebreos dice: "Ora y provee para ellos como si estuvieras en la misma situación con ellos." Cuando asumimos esta perspectiva, de repente nos importan sus situaciones. Si estuviéramos en esa misma situación con ellos, estaríamos de rodillas orando fervientemente y sin cesar; rogaríamos a la gente que venga y nos provea. Lo asombroso que he aprendido a través de todo esto es que desde que estuve orando por los demás como si estuviera en esa situación con ellos, y pensando en cómo me gustaría que me proveyeran si estuviera en esa situación, mi perspectiva sobre la vida ha cambiado radicalmente. De repente, esos pequeños problemas sin sentido que he estado tan obsesionado últimamente han desaparecido. Ya no me preocupa lo que no tengo, sino que me he vuelto extremadamente agradecido por como el Señor me ha bendecido. Cuando nos damos cuenta por lo que otros están pasando, y oramos y proveemos para ellos como si estuviéramos en esa situación junto con ellos, todo cambia, nos enseña a apreciar verdaderamente lo que tenemos. Y es aquí, cuando el autor de Hebreos dice que el amor fraternal continúa en nosotros y a través de nosotros.

SEPTIEMBRE 12

Juan 16:27: "Porque el Padre mismo los ama."

¿Las bendiciones solo provienen de las oraciones que elevamos a Dios, o Dios nos bendice porque es bueno y porque nos ama? He estado pensando mucho en esto últimamente, cuando me encontré en este lugar donde subconscientemente creía que la bondad solo venía si oraba y cuando oraba. Entonces, si no oraba, Dios no se movería y no pasaría nada bueno. Al tener este tipo de creencia, eliminé por completo la naturaleza misma de Dios en todo el proceso. Vivía como si su acción de bendecir dependiera completamente de mis oraciones. Esencialmente, eliminé la voluntad de Dios de ser bueno.

Cuando Jesús estaba hablando a sus discípulos en Juan 16 acerca de su muerte y resurrección y ascensión al cielo, les dijo: "En aquel día pediréis en mi nombre, y no os digo que oraré al Padre por vosotros; ya que Él mismo los ama, porque me han amado y han creído que yo salí de Dios" (Juan 16: 26-27). La palabra "*para*" al comienzo del versículo 27 indica que lo que se diga a continuación explicará lo que se dijo anteriormente. El punto de Jesús fue que una vez que ascendiera al cielo, los discípulos tendrían acceso directo a Dios el Padre, "porque el Padre mismo te ama." Todo lo que Jesús estaba señalando aquí se basó en el hecho de que Dios los amaba, no en si oraban o no.

Debemos recordar que el propósito de la oración no es mover a Dios a hacer nuestra voluntad, sino más bien para revelarnos la voluntad del Padre para que podamos ser de Su mente y propósito. En última instancia, cuando nos centramos demasiado en la oración y no lo suficiente en quién es Dios, perdemos de vista el hecho de que Él es bueno, tiene buenos planes para nosotros y quiere bendecirnos; empezamos a creer que Su bondad se basa únicamente en nuestras oraciones y tenemos que convencerlo de que tenga misericordia y gracia de nosotros; tenemos que convencerlo de que haga buenas cosas en y alrededor de nuestras vidas o de lo contrario nada de buena voluntad sucederá. Cuando tenemos este tipo de mentalidad, nuestra vida de oración recibe toda la gloria y nos olvidamos rápidamente de quién es realmente nuestro Dios.

Entonces, creyente, cuando Dios se mueve poderosamente, cuando bendice, cuando sana y salva y libera; no es solo porque oramos; es porque es bueno, misericordioso, nos ama, y eso es lo que había planeado.

SEPTIEMBRE 13

Filipenses 1: 1: "Pablo y Timoteo, siervos de Jesucristo. . ."

El término "siervo bueno" que Pablo usa aquí para describir a un esclavo que voluntariamente se compromete a servir a un amo que ama y respeta. Como explicó Ron Daniel, el origen de esta palabra se estableció en Éxodo 21, donde se nos dice que si una persona judía fue obligada a la esclavitud porque "cometió un crimen o se metió en deuda," fueron obligados a la esclavitud; pero después de seis años de servicio, de acuerdo con la ley de Dios a todos los esclavos se les permitió salir libres, ya que habrían pagado su deuda por esa circunstancia particular. Sin embargo, incluso después de que terminara el tiempo de servicio requerido, muchos esclavos no querían dejar a sus amos. Rápidamente se dieron cuenta de que no había mejor lugar para que estuvieran porque amaban a sus amos y, lo que es más importante, sabían que sus amos los amaban también; y entonces elegían servir a ese amo por el resto de sus vidas.[127] Estos esclavos se conocieron como sirvientes.

A esto se refería Pablo cuando se describía a sí mismo y a Timoteo como siervos de Jesucristo. Decía: Hemos tomado la decisión de voluntariamente entregarnos a Jesucristo porque no hay mejor lugar para nosotros. No hay mejor Maestro al que servir, no hay mejor vida que vivir, no hay mejor gozo que ser Su siervo, porque para mí, dice Pablo, el vivir es Cristo.

En esto encontramos una de las claves para tener una vida de gozo. Pablo dice que debe haber un cambio en nuestro pensamiento de ser un esclavo de uno mismo a ser un esclavo de Cristo. El Rey David hizo eco de este mismo sentimiento cuando afirmó que no había ninguna situación o circunstancia que podría moverlo o sacudirlo porque había sometido plenamente su vida a Dios: "Siempre he puesto al Señor delante de mí; [y] debido a [eso] Él está a mi mano derecha [y] no seré movido. Por lo tanto [porque he sometido mi vida a Dios] se alegra mi corazón y se regocija mi gloria. . . [Porque] en [la presencia del Señor] está la plenitud de gozo" (Salmo 16: 8–9, 11). Como David, Pablo dijo que podía estar gozoso en cualquier situación, porque puso a Dios en primer lugar en su vida a través de actos de sumisión y obediencia a la voluntad del Padre.

Para muchos, la idea de ser un esclavo de alguien es ridícula. Sin embargo, la verdad es que cada persona en el mundo es esclava de alguien o de algo; algunos son esclavos de Cristo, y algunos son esclavos de sí mismos. Romanos 6:16 confirma este mismo pensamiento: "¿No sabéis que a quien os presentáis esclavos para obedecer, sois esclavos de aquel a quien obedecéis, ya sea del pecado que lleva a la muerte o de la obediencia que lleva a la justicia?" Entonces vemos que solo hay dos amos disponibles para que nosotros elijamos: el yo, que conduce a la esclavitud y la muerte; o Cristo, quien nos lleva a la libertad y la vida. ¿A quién elegirás?

SEPTIEMBRE 14

Salmo 23: 6 (NTV): "Ciertamente tu bondad y tu amor inagotable me perseguirán todos los días de mi vida."

Perseguir a nuestra hija Kate de catorce meses obviamente tiene sus desafíos físicamente, pero nunca me detuve y consideré los desafíos emocionales que vienen con estar en un estado constante de perseguir a tu hijo. El miércoles por la noche, cuando Michelle y yo estábamos orando, Michelle me recordó lo increíblemente especial que es cuando Kate deja de correr y decide venir e interactuar con nosotros. Michelle tenía razón; nos trae tanta alegría cuando Kate nos reconoce de alguna manera, o forma. No importa si nos está mostrando a su muñeca bebé, pidiendo ayuda o dándonos un abrazo; cualquier interacción con ella es muy valiosa para nosotros porque la amamos y solo queremos pasar tiempo con ella.

Imagino que es muy parecido con Dios. Desde la caída en el jardín, Dios ha estado en un constante estado de perseguirnos; deseando cualquier apariencia de íntima comunión como la que una vez tuvo con Adán y Eva. Cuando sus hijos dejen de correr alrededor y tomar la decisión de interactuar con Él, no porque estén obligados, pero como si realmente quisieran, me imagino que es increíblemente especial para Él. Eso no importa si estamos pidiendo ayuda a gritos, o simplemente queremos hablar con Él acerca de la vida…esos momentos son preciosamente poderosos para nuestro Abba Padre, El Señor desea ese tiempo especial con cada uno de nosotros. Entonces, creyente, haga un punto hoy para detenerse, correr y pasar un buen rato con su Padre Celestial. Él Padre se alegrará y usted también de haberlo hecho.

SEPTIEMBRE 15

2a Corintios 1:10: "Él nos libró y nos librará de tal peligro de muerte.
En Él tenemos puesta nuestra esperanza, y Él seguirá librándonos…"

Una de las primeras reglas de comunicación es hacer contacto visual con la persona que están hablando. Hacer esto logra dos cosas: 1) Ayuda al oyente a concentrarse en lo que se dice; y 2) confirma al hablante que lo que dijo ha sido escuchado. Sé que en casa ha habido ocasiones en las que mi esposa Michelle me ha hecho una pregunta o ha deseado compartir algo conmigo cuando estoy ocupado haciendo otra cosa. Si yo no le respondo con una respuesta o reconozco que la estaba escuchando haciendo un contacto visual con ella, seguro que llamará mi atención y repetirá lo que me dijo porque quiere estar segura de que la escuché.

Aquí es donde a menudo luchamos cuando oramos a Dios. Obviamente no podemos hacer contacto visual con Dios para asegurarnos de que Él nos ha escuchado, y no vamos a escuchar que Él nos responda audiblemente, así que cuando estamos orando por algo y no obtenemos ningún tipo de respuesta o reconocimiento de Dios, a menudo creemos la mentira de que Dios no está trabajando en esa situación. Con Dios, nunca debemos confundir el silencio con la inactividad. Solo porque no haya una manifestación o respuesta de Dios, no significa que Él no nos haya escuchado, y eso no significa que Él no esté trabajando en esa situación, sino todo lo contrario, en realidad. El salmista nos recuerda en el Salmo 46: 1 que Dios es una ayuda muy presente en tiempos de angustia. Jesús dijo en Juan 5:17 que Dios siempre está trabajando. El apóstol Pablo nos asegura en 2 Corintios 1:10 que Dios, "quien nos libró. . . y nos libra. . .y todavía nos librará." En otras palabras, Dios fue Fiel, Dios es Fiel y Dios siempre será Fiel.

Llega un momento para todos nosotros en el que tenemos que empezar a caminar con Dios y en el conocimiento de Su Palabra y no por nuestros sentimientos. Tenemos que elegir creer en Sus promesas por Fe y Confianza en quién dice que Es y lo que dice que Hará. Es aquí donde encontraremos la paz en medio del silencio.

SEPTIEMBRE 16

Juan 18: 4: "Jesús, pues, sabiendo todas las cosas que vendrían Él se adelantó y les dijo: '¿A quién buscáis?'

Cuando Judas trajo unos doscientos hombres armados para arrestar a Jesús en el huerto de Getsemaní esa noche, Jesús no trató de escapar o pelear su camino fuera de la situación a pesar de que sabía "todas las cosas que le sobrevendrían." Jesús tuvo el poder de vencer a estos hombres, tuvo la opción de huir de esta situación, pero no lo hizo. Más bien, se sometió humilde pero firmemente a la voluntad de Dios. "Jesús, pues, sabiendo todas las cosas que le sobrevendrían, se adelantó y les dijo: "¿A quién buscáis?"

Habrá muchas veces en que Dios ordenará algo para nosotros que no sea agradable, cómodo o divertido para nosotros; sin embargo, debemos considerar el hecho de que, si el Padre lo ha ordenado, se adaptará perfectamente a nosotros en tiempo y método y forma entonces; ¿De verdad intentas escapar o luchar? ¿No deberíamos, como Jesús, humilde pero firmemente someternos a la voluntad del Padre porque le confiemos nuestras vidas?

Existe una gran diferencia en el crecimiento espiritual y personal por la forma en que soportamos estos tiempos de prueba. He luchado contra estas situaciones hasta el final, negándome obstinadamente a aceptarlo; De mala gana me he sometido a ellos simplemente porque estaba agotado de luchar; y he tratado de escapar de ellos corriendo tan rápido y tan lejos como pude. Y aunque finalmente pasé por estas situaciones, realmente no había cambiado en absoluto. Mi fe en Dios no había cambiado. yo era todavía un cristiano sujeto a las circunstancias cuya fe sólo brillaba como el oro a la luz del sol.

Pero cuando acepté voluntariamente la situación y me sometí humildemente a la voluntad de mi Padre para mi vida, por fe. . . ahí es cuando más crecí, más cambié, y recibí la mayor bendición. Creyente, estas son las situaciones para las que entrenamos. Estos son los momentos en los que realmente podemos probar nuestra fe y experiencia, de primera mano, si lo que dice la Biblia es verdad. ¿Es Dios quien dice ser? ¿Dios hace lo que dice que hará? Estos son los momentos de la vida en los que podemos mirar al espejo y decirnos a nosotros mismos, confío en Dios, y sé sinceramente que lo decimos en serio porque en realidad lo estamos viviendo como lo hizo Jesús. Es un momento emocionante para nosotros como creyentes, porque estos son los momentos en que experimentamos la vida fuera de nosotros mismos.

SEPTIEMBRE 17

Hechos 2: 1: "Cuando llegó el día de Pentecostés, todos estaban unánimes en un solo lugar."

Hay numerosas ocasiones en el Nuevo Testamento en las que leemos que los discípulos "Estaban todos unánimes." De hecho, la frase "unánimes" se encuentra once veces en el libro de los Hechos,[128] por lo que hay algo muy significativo sobre unirnos como hermanos y hermanas y estar de acuerdo. Hablando de esto Matthew Henry dijo: "Porque donde los hermanos viven juntos en unidad, allí es donde El Señor manda su bendición."[129]

La Biblia de estudio NKJV (nueva versión de la biblia: New King James) dice que la frase "unánimes" se compone de dos palabras diferentes que significan "tener la misma mente." Específicamente, se refiere a personas que comparten el mismo pensamiento para un propósito específico. No significa que todos piensan y sienten "de la misma manera en todo," y eso no significa que todos estén de acuerdo en todos los temas. Más bien se refiere a un grupo de personas "que dejan de lado [sus] sentimientos personales," prejuicios y diversos puntos de vista, "y se comprometen" con un propósito específico para un bien mayor.[130] Esta es la mentalidad que los discípulos adoptaron después de que Cristo ascendió al cielo, y los resultados fueron nada menos que milagrosos ya que la iglesia primitiva creció exponencialmente todos los días.

Hoy en día, en lugar de estar unificados, a menudo magnificamos nuestras diferencias, y las utilizamos como plataformas para promocionarnos a nosotros mismos mientras derribamos a los demás. Esto no es lo que Cristo quiere que hagamos, ya que así es como funciona el mundo. Puedes imaginarte cuán efectivo sería el cuerpo de Cristo hoy si a nadie le importara para quién fuera el crédito; si dejamos de pelear entre nosotros por todas esas tontas cosas; ¿Si todos se negaran a sí mismos y abrazaran el propósito determinado de Jesús, que era ganar almas para el reino de Dios?

Es un pensamiento muy aleccionador de considerar, porque nos hace enfrentar la realidad que lo único que impide que tenga lugar otro avivamiento en nuestras vidas, en nuestra familia, en nuestra comunidad, en nuestro país, en este mundo. . . somos nosotros. Necesitamos dejar de discutir entre nosotros sobre quién es el más grande o sabe más de la Palabra y unirnos con el mismo corazón y la misma mente, uniéndose con el mismo propósito. Como bien dijo el apóstol Pablo: "Ahora el Dios de paciencia y consolación que os conceda ser semejantes a los demás, según Cristo Jesús, para que con una sola mente y una boca glorifiquemos al Dios y Padre de nuestro Señor Jesucristo" (Romanos 15: 5-6). Que así sea hoy.

SEPTIEMBRE 18

Isaías 1: 2: "Oíd, cielos, y escucha tú, tierra; porque habla Jehová: Crie hijos, y los engrandecí, y ellos se rebelaron contra mí."

Solía pensar que solo había un tipo de rebelión contra Dios: el completo rechazo de Jesucristo y todo lo que Él representa. Así que mientras no estuviera en rechazo a Su evangelio, no me rebelaba. Pero después de meditar en este verso por un tiempo, me he dado cuenta de que hay múltiples niveles de rebelión que podemos tener hacia nuestro Padre Celestial que nos ha "nutrido y educado." Como en la Biblia (RVR 1960) nos dice que la palabra "se rebeló" significa "negarse a someterse a la autoridad y gobierno."[131] De modo que la única manera *en que no podemos* estar en rebelión, es *someternos completamente a la autoridad* de Dios y que Él gobierne en cada área de nuestras vidas. El Señor Jesús, por supuesto, es nuestro ejemplo perfecto de esto.

Estaba viendo a nuestra hija Kate, de quince meses, negarse a cenar anoche. No era que estuviera llena; era que ella simplemente no quería comerse lo que le dimos; comida, que la nutriría, la satisfaría y la sostendría. Ella se negó a someterse y no confiaba en que lo que le pedíamos que hiciera le beneficiaría. Más tarde esa noche, puso su mano sobre algo que le pedí específicamente que no tocara. Cuando le quité la mano, me miró directamente a los ojos y descaradamente colocó su pie sobre él objeto donde le retiré la manita, hilarante, lo sé, pero no obstante es rebelión en su estado más puro.

No somos diferentes. ¿Con qué frecuencia interviene Dios y trata de evitar que hagamos algo que no deberíamos estar haciendo solo para vernos encontrar otra manera de hacerlo de todos modos? ¿Con qué frecuencia rechazamos las intervenciones del Espíritu Santo, las instrucciones de la Biblia, y las infinitas oportunidades para sentarse y pasar tiempo con nuestro amoroso Padre, ¿Hasta cuándo sabremos que estas cosas nos bendecirán y beneficiarán? Sabemos que esto nos nutrirá, satisfará y sostendrá a lo largo de esta vida y nos preparará para todas las adversidades que enfrentaremos; sin embargo, a menudo nos negamos a someternos, simplemente porque no queremos.

El error aquí es que tomemos este pensamiento y creamos que tenemos que ser perfectos. No, el objetivo para nosotros no es ser perfectos, sino tener la intención de someternos a Dios en nuestros corazones. La clave para someterse a la Autoridad y el Gobierno de Dios tiene menos que ver con la elección y más sobre la confianza. Cuando realmente confiamos en el Dios que nos ha "nutrido" y nos crio, nos someteremos voluntariamente a su Autoridad y Gobernará en nuestro corazón, mente y cuerpo.

SEPTIEMBRE 19

Juan 1:17: "Porque la ley fue dada por medio de Moisés, pero la Gracia y la Verdad vino por medio de Jesucristo."

Una de las cosas que he notado con los creyentes de hoy es que estamos confundiendo la gracia con la verdad. Creemos que mostrar gracia hacia alguien significa que no les digamos que lo que están haciendo está mal. Por eso, la responsabilidad entre los hermanos es casi inexistente y nos encontramos con una tibia iglesia que se compromete más y más cada día. Cuando Dios habló a través del profeta Isaías a los hijos de Israel, Dios fue muy claro que lo que Israel estaba haciendo estaba mal. No les mostró Gracia al no decirles a ellos la verdad porque eso no es la Gracia. Les dijo la verdad señalando todo su pecado y rebelión, y luego les mostró Gracia a través de la promesa de Su Hijo. "Aunque tus pecados sean como la escarlata, serán blancos como la nieve" (Isaías 1:18). La verdad es que Israel voluntariamente le dio la espalda a Dios; la Gracia es que, en lugar de golpear al pueblo de Israel, Dios golpeo a Su Siervo Jesucristo. "Todos nosotros como ovejas nos hemos ido por mal camino; nos hemos vuelto, cada uno por su camino; y el Señor ha puesto sobre Él, [Jesucristo] la iniquidad de todos nosotros" (Isaías 53:6).

Dios nos ha llamado a compartir esta misma verdad con los demás sobre el pecado y nuestra naturaleza de pecado para luego mostrarles la Gracia de Dios al señalarles a Jesucristo. La Biblia deja en claro que no puede haber Gracia ni Verdad sin Jesús, porque "La Gracia y la Verdad vinieron por medio de Jesucristo." El mensaje que trajo Jesús fue uno de esperanza, que, aunque somos pecadores, podemos ser perdonados por Su Gracia.

Pero si no creemos que somos pecadores, ¿Por qué necesitaríamos la Gracia? Si no creemos que somos pecadores, ¿Por qué necesitaríamos a Jesús? Entonces creyente, recuerde, la Gracia no suplanta a la verdad; más bien, se recibe debido a la verdad de que todos somos pecadores y todos necesitamos un Salvador.

SEPTIEMBRE 20

Isaías 2: 2: "Y sucederá en los últimos días que el Monte de la Casa del Señor se establecerá en la cumbre de los montes, y será exaltado sobre las colinas."

A menudo, cuando esperamos algo en este mundo, puede ser muy sutil convertirse en el foco de nuestra esperanza, especialmente si lo vemos como un escape de las realidades de esta vida. De hecho, podemos enfocarnos tanto en esto que realmente comenzamos creyendo que mejorará nuestras vidas y que seremos más felices gracias a eso. Pero una vez que ha aparecido y se ha ido, rápidamente nos damos cuenta de que no cumplió ni cambió nada en nosotros ni fue como pensamos que sería, y ahora debemos volver a nuestras vidas tal y como estaban antes, sólo que ahora, estamos desanimados y deprimidos porque nada ha cambiado.

Bueno, como creyentes, si tenemos muchas cosas que esperar que se cumplirán y que nos cambiaran para bien. Recuerda que esta vida, y todo lo que conlleva, tiene cosas malas que nos pueden suceder. Una vez que estemos en la presencia del Señor, ya sea por muerte o por arrebatamiento, solo se pone mejor, todo mucho mejor, de hecho, la Biblia nos dice que ni siquiera podemos pensar o imaginar cuánto mejor será. Entonces no solo nuestro gozo será completo y permanecerá para siempre, pero nuestra vida eterna superará con creces todas y cada una de las expectativas que podamos tener.

El profeta Isaías escribió sobre una de esas cosas que deberíamos esperar: "Ahora sucederá en los últimos días que el Monte de la Casa del Señor se asentará en la cumbre de los montes, y será exaltado sobre los collados." Tome en cuenta esta garantía, la certeza del reinado milenial venidero del Señor: "sucederá… ¡Se establecerá la casa del Señor. . y será exaltado!" El tiempo viene pronto cuando nuestro Señor y Salvador regrese y establezca Su gobierno y reine en esta tierra. Será un tiempo de paz y justicia, donde todos subirán a Jerusalén para adorar a Dios. El apóstol Juan nos recuerda en su evangelio 1 Juan 3: 3 que cuando nuestra esperanza está firmemente en Jesucristo y en Su inminente regreso, seremos purificados, así como Él es puro. En otras palabras, el mundo se desvanecerá y tendremos la perspectiva adecuada sobre lo que es, y lo que no es realmente importante. En esto, nuestro pensamiento cambiará, nuestros deseos, y cumpliremos el propósito para el que Dios nos ha apartado. Entonces, creyente, no hay nada de malo en esperar las cosas, solo asegúrese de que su esperanza esté firmemente puesta en el Señor Jesús y no en esas cosas del mundo.

SEPTIEMBRE   21

Isaías 3:10: "Porque del fruto de sus obras comerán."

En el libro de Isaías, vemos una imagen simbólica de nuestra nación hoy. Judá y Jerusalén habían abandonado al Señor porque era "un pueblo cargado de iniquidad, una prole de malhechores, de hijos corruptos!" (Isaías 1: 4). El Señor habló a través del profeta Isaías y le dijo a su pueblo que él volvería la mano que una vez los protegió diligentemente, contra ellos, a fin de "librarse [de sí mismo] de [sus] adversarios y purgar [su] escoria por completo" (Isaías 1: 24-25).

El Señor dejó muy claro quién había descarriado a su pueblo: "¡Pueblo mío! Los que te guían te hacen errar y destruyen el camino de tus sendas." Por tanto; "El Señor entrará en juicio con los ancianos de su pueblo y sus príncipes" (Isaías 3:12, 14). Este proceso de purga tuvo que realizarse para que: "Después, sea llamada ciudad de justicia, ciudad fiel" (Isaías 1:26)

Puede ser algo muy cansado y perturbador encontrarse bajo el liderazgo de aquellos que abandonan al Señor. Afortunadamente, el Señor también lo ha dejado muy claro que cada persona será responsable de las decisiones que tome a pesar de lo que hagan sus líderes. "Si estás dispuesto y obedeces, comerás el bien de la tierra; pero si te niegas y te rebelas, serás devorado por la espada… Di a los justos que les irá bien, porque comerán del fruto de sus obras. ¡Ay de los malvados! Les irá mal porque la recompensa de sus manos les será dada" (Isaías 1: 19-20, 3: 10-11).

Encuentro muy reconfortante que a pesar de que los líderes de nuestra nación están tomando decisiones que van en contra del corazón mismo de Dios, solo comeré el fruto de mi quehacer y voluntad, si estoy dispuesto y soy obediente a seguir al Señor y todos sus caminos, entonces comerás de lo bueno de la tierra. Una parte importante para lograr esto es cuando seguimos la instrucción del Señor de orar por nuestros líderes: "Por tanto, exhorto ante todo a que se hagan súplicas, oraciones, intercesiones y acciones de gracias por todos los hombres, por reyes y todos los que están en autoridad, para que podamos llevar una vida tranquila y pacífica en toda piedad y reverencia" (1 Timoteo 2: 1–2). Note que cuando oramos por nuestros líderes, somos bendecidos con una vida tranquila y pacífica en toda piedad y reverencia. Entonces, creyente, elige por ti mismo a quién servirás y qué harás porque comerás el fruto de tus obras; en cuanto a mí y mi casa, serviremos al Señor.

SEPTIEMBRE 22

Salmo 106: 15: "Y les dio su petición, pero envió flaqueza a su alma."

Una de las lecciones más importantes que he aprendido como creyente es que cuando nos esforzarnos por conseguir lo que queremos, y no lo que el Señor quiere para nosotros, siempre nos deja con una delgadez en el alma. Todo este proceso comienza cuando manipulamos con el propósito específico de hacer espacio para lo que queremos tener o hacer.

Cuando esto sucede, nuestras vidas adquieren una superficialidad, una falta de significado, y nos encontramos en un lugar de esterilidad espiritual porque nuestro deseo egoísta por las cosas del mundo era la fuerza impulsora, no un deseo desinteresado por las cosas de Dios.

Es aquí donde comenzamos a alejarnos rápidamente del Señor conforme nuestras prioridades cambian. Pronto abandonamos nuestro tiempo con Dios y dejamos de servir a los demás porque ellos se interponen en el camino de lo que más queremos; comenzamos a sacrificarlos por aquello que deseamos tan tontamente. Nuestro pensamiento se aparta de buscar las cosas divinas para buscar las cosas del mundo, y pronto, después de haber recibido lo que deseábamos tanto, nos preguntamos, "¿No hay más que esto, esto es todo?"

Esto es lo que le sucedió a la nación de Israel cuando sacrificaron a Dios por los ídolos que deseaban. "Porque se avergonzarán de los encinares que desearon; y te avergonzarás por los jardines que tienes y que habías elegido, porque serás como encina cuyas hojas se marchitan, y como jardín que no tiene agua" (Isaías 1: 29-30). Observe el tema subyacente aquí: "ustedes serán" lo que adoran. Para la nación de Israel, el Señor dijo que serían como un árbol cuya hoja se desvanece y como un jardín que no tiene agua, porque esa es la consecuencia natural de lo que ellos realmente deseaban. Esta misma verdad se aplica a nosotros también.

Afortunadamente, cuando nos extraviamos, tenemos un Padre amoroso en el cielo que envía la pesadez a nuestras almas para que seamos traídos de regreso a Él y de regreso a las cosas que verdaderamente aportan riqueza a nuestras vidas.

SEPTIEMBRE 23

Romanos 1:17: "El justo vivirá por la fe."

El grito de guerra para el creyente que contempla todo el peso de la cruz es simplemente esto: "¡Estoy justificado!" Es un momento glorioso cuando nos enfrentamos con la verdad que cambia la vida que, a través de la sangre derramada de Jesucristo, estamos completamente perdonados de todos nuestros pecados. Como muchos eruditos de la Biblia han dicho antes de mí, es literalmente como si nunca hubiéramos pecado. ¿Pero que pasa entonces? ¿Nuestra vida de justificación termina con el perdón de nuestros pecados, o hay más para nosotros?

"Porque en [el evangelio de Jesucristo] la Justicia de Dios se revela por fe y para fe; como está escrito: Mas el justo por la fe vivirá" (Romanos 1:17). La Justicia de Dios no solo se revela en el momento en que entregamos nuestras vidas a Jesús Cristo y somos perdonados de nuestro pecado. No, la Justicia de Dios se revela "de fe a fe," es decir, desde el momento en que entregamos nuestra vida a Cristo, hasta el momento de la llegada a la gloria cuando estamos en su misma presencia. Porque como está escrito, "El justo vivirá por fe." Observe que la palabra "vivir" está escrita en tiempo presente continuo, lo que significa que es una acción continua y recurrente, no solo un evento único.

Con demasiada frecuencia justificamos nuestra salvación por la fe, pero no justificamos nuestra forma de vivir por fe. Me parece interesante que podamos confiar en Dios con algo tan grande como perdonar nuestros pecados y el peso eterno que se le atribuye, pero no confiamos en Él en las cosas temporales y decisiones de nuestra vida cotidiana. Si vivimos nuestras vidas de esta manera, ¿Por qué un incrédulo alguna vez nos escucharía y pondría su confianza en Dios para perdonar su pecado, si no podemos simplemente confiar en Dios para pagar nuestras cuentas y solucionar nuestros problemas? Pero cuando nosotros vivimos una vida de fe aplicando la Palabra de Dios, apoyándonos en Su verdad y confiando en Sus promesas, la Justicia de Dios se revela y Él es justificado, no solo como nuestro Señor, pero también como nuestro Salvador.

SEPTIEMBRE 24

2a Crónicas 26:15: "Así que su fama se extendió por todas partes, porque fue ayudado maravillosamente hasta que se hizo fuerte."

Como joven creyente en 2003, se me dio la oportunidad de predicar en la calle por primera vez mientras servía en un viaje misionero en Albania. Asustado y temblando ante la perspectiva de compartir el evangelio con una multitud considerable, busqué la oración de cada miembro de nuestro equipo porque sabía que no podría hacer esto sin Dios. El Señor fue fiel en responder esas oraciones mientras me daba poder para compartir Su mensaje de salvación. Después, me sentí tan feliz por el fruto de esa experiencia que no podía esperar a la próxima oportunidad para hablar. Al día siguiente estaba pidiendo hablar de nuevo. Esta vez, sin embargo, me sentí mucho más fuerte; Yo estaba más confiado en mí mismo y en mis habilidades, así que no le pedí a nadie que orara porque pensé "tengo esto" pero... digamos que porque no oré no salió tan bien y déjelo así.

El rey Uzías fue un gran rey, general e inventor, y "su fama se extendió a lo largo y ancho, porque maravillosamente fue ayudado" por el Señor. Uzías fue bendecido en todo lo que hizo porque "hizo lo recto ante los ojos del Señor" (2 Crónicas 26: 4), hasta que, es decir, Uzías "se hizo fuerte." En otras palabras, hasta que el rey Uzías comenzó a leer sus propios recortes de prensa y pronto creyó que ya no necesitaba confiar en el Señor. Se hizo fuerte en su propia mente, confiando en su propia fuerza, y sabiduría, y permitió que su orgullo lo dominara. "Pero cuando era fuerte su corazón fue levantado para su perdición, porque se rebelaron contra el Señor su Dios" (2 Crónicas 26:16). Note que fue solo cuando Uzías se hizo fuerte, confiando en él mismo y alzó su corazón contra el Señor y transgredió.

Oh, cómo debemos comprender el peligro del yo, el orgullo y la arrogancia. Llegan tan sutilmente, tan engañosamente, tan inocentemente, pero cuando permitimos que estas cosas entren y tomen el control, dejamos de hacer lo que es correcto a los ojos del Señor y empezamos a hacer lo que es correcto ante nuestros ojos porque creemos que sabemos lo que es mejor, y al igual que con el rey Uzías, y tantas otras personas antes y después del rey Uzías estos sentimientos solo nos guiarán lejos del Señor.

Creo que es importante darse cuenta de que, aunque estamos hechos a imagen de Dios, no somos nada como Él. De hecho, somos Su completamente opuesto. Él es bueno, es sabio, es fuerte y puede, y nosotros no somos ninguna de estas cosas. El profeta Isaías se dio cuenta de esto muy bien cuando vio al Señor sentado en Su trono; ante tal Justicia y Gloria, todo lo que Isaías pudo decir fue, "¡Ay de mí, que soy hombre muerto!" (Isaías 6: 5). Oh, como necesitamos tener esta misma mentalidad todos los días porque nuestra fuerza, nuestro orgullo y nuestra autosuficiencia debilita la presencia de Dios en nuestras vidas; mientras que nuestra debilidad, nuestra humildad y nuestra mansedumbre nos otorga Su Fuerza.

SEPTIEMBRE 25

> Isaías 6: 6: "Entonces uno de los serafines voló hacia mí, llevando en su mano un carbón vivo que había tomado con las tenazas del altar."

Todos sabemos que todo en esta vida es temporal, porque lo hemos experimentado en cada área de nuestras vidas desde el momento en que nacimos. Entonces cuando consideramos la promesa de que somos perdonados por gracia mediante la fe en Jesucristo, tropezamos nosotros mismos al adjuntarle naturalmente una característica temporal en el sentido de que se hizo cuando le dimos nuestra vida a Jesucristo, pero no se está haciendo actualmente y ahora cuando pecamos, no somos perdonados como antes y se necesita algo más para expiar estos *nuevos* pecados.

A menudo me sorprendo sintiéndome así. Es por eso que este pasaje de Isaías realmente me impactó cuando estaba meditando en ello. "Entonces uno de los serafines voló hacia mí, teniendo en la mano un carbón encendido que había tomado con las tenazas del altar y tocó mi boca con él, y dijo: "He aquí, esto ha tocado tus labios; tu iniquidad es quitada, y vuestro pecado purificado" (Isaías 6: 6-7).

Note que los serafines trajeron a Isaías un "carbón encendido" del altar. Esto era un carbón que estaba vivo y activo, ardiendo continuamente, purgando constantemente, y por eso Isaías fue perdonado de su pecado, pasado, presente y futuro. Se nos recuerda aquí que el perdón no es algo que se dio una vez y luego se desvaneció y perdió su poder. No, el perdón del Señor es algo continuo, vivo, que respira y que perdura para siempre.

Sí, todos nuestros pecados fueron perdonados en el momento en que entregamos nuestras vidas a Jesucristo, absolutamente todo lo que habíamos hecho hasta ese momento, pero el perdón del Señor no se detiene ahí; más bien, continúa por el resto de nuestras vidas y por toda la eternidad, porque está vivo y activo como Él está vivo y activo. Recuerde, este carbón vino del altar del Señor, un altar celestial, no un altar terrenal construido por el hombre donde las cosas se desvanecen y mueren. No, este era el altar del Señor donde las cosas son perfectas y completas y continúan por toda la eternidad. Es importante darse cuenta de que el perdón de Dios es un reflejo directo de quién es Él en carácter y naturaleza. Así como el Señor siempre fue y siempre será, así es Su perdón hacia ti y hacia mí.

SEPTIEMBRE 26

Isaías 7: 9: "Si no crees, ciertamente no serás establecido."

Cuando Acaz era rey de Judá, le llegó la noticia de que Siria e Israel se estaban reuniéndose para atacar Jerusalén. Al oír esto, él y el pueblo de Judá se asustaron mucho; así que el Señor envió un mensaje al rey Acaz a través del profeta Isaías prometiendo que los planes que Siria e Israel tenían para tomar Jerusalén "no se mantendrían ni vendrían a pasar" (Isaías 7: 7). Acaz ahora tenía que tomar una decisión: podía optar por creer en las palabras del Señor y sus promesas y depositar su confianza en Él, o podría optar por rechazar las promesas del Señor y poner su confianza en otras cosas. Una elección lo establecería; la otra elección lo llevaría a la destrucción. Como señaló David Guzik, independientemente de lo que el rey Acaz eligiera, su elección "no afectaría el resultado del ataque contra Jerusalén", porque Dios ya había prometido que no sucedería; más bien, la decisión afectaría "la vida de Acaz y [su] reinado como rey."[132]

El Señor, en Su asombrosa misericordia y gracia, incluso le dio a Acaz la oportunidad de pedir cualquier señal que quisiera del cielo o de la tierra para probar que Dios iba a cumplir su palabra, pero Acaz decidió tontamente no poner su confianza en Dios. En lugar, Acaz eligió poner su confianza en el rey de Asiria, Tiglat-Pileser, al que Acaz le dio plata y oro de la casa del Señor para proteger a Jerusalén (2 Reyes16: 7-9). Fue a través de esta alianza de "buenas intenciones" que Acaz fue finalmente corrompido y destruido.

Aquí hay una gran lección para todos nosotros. Podemos optar por depositar nuestra confianza en El Señor y Sus promesas, o podemos optar por rechazar al Señor y poner nuestra confianza en otras cosas. Una elección nos establecerá; la otra opción nos llevará a la destrucción. Independientemente de lo que elijamos;

sin embargo, las promesas y verdades del Señor se mantendrán, y se cumplirán tal como Él ha dicho que sucederán. . No importa si pensamos que son justos, no importa si no estamos de acuerdo con ellos, y no importa si elije creerlos o no, se cumplirán tal como Dios lo ha prometido, y cada uno de nosotros enfrentaremos las consecuencias de las decisiones que tomemos.

Esta verdad se extiende mucho más allá de la salvación. También tiene que ver con la vida cotidiana y las decisiones que tomamos también. Como se indica en *la Biblia de estudio NKJV*, (nueva versión King James) como creyentes, necesitamos conocer la Palabra de Dios, aceptar el hecho de que es verdad y luego depositar nuestra confianza en él para guardarlo, porque es creyendo en el Señor y poniendo nuestra confianza en Él que se establecen en última instancia.[133] O, como lo explicó Ray Stedman, "si no hay creencia, no encontrarás alivio."[134]

SEPTIEMBRE 27

Salmo 3: 3: "Pero tú, oh Señor, eres un escudo para mí, mi gloria y quien levanta mi cabeza."

Habrá ciertos momentos en nuestras vidas en que las situaciones y las personas nos convencerán de que finalmente estamos obteniendo exactamente lo que merecemos: que nuestro pasado finalmente se ha puesto al día con nosotros, Dios finalmente ha tenido suficiente de nuestra rebelión y naturaleza pecaminosa, ahora nos quedamos para defendernos del frío y los lobos. Esto es lo que David estaba experimentando cuando escribió el Salmo 3.

Todo comenzó cuando David se vio obligado a abandonar su trono y todas sus posesiones porque su propio hijo, Absalón, se rebeló contra él, y todavía peor, muchos de los amigos de mayor confianza de David se unieron al asalto de Absalón por el trono; y los que se quedaron al lado de David le dijeron que Dios no iba ayudarlo. "No hay ayuda para él en Dios" (Salmo 3: 2). Note lo personal que fue este ataque contra David. No es que Dios *no pudiera* ayudar a David, dijeron que Dios *no lo ayudaría*, no había ni esperanza ni ayuda "para el" le dijeron. Muchos de ellos estaban convencidos que los pecados de David finalmente lo habían alcanzado y por eso Dios lo abandonaría.

A todo esto, David respondió con las dos palabras más importantes que jamás podamos hablar en tales situaciones, "Pero Dios. . ." David reconoció la situación: cómo se veía, cómo se sentía y a qué apuntaba, pero en lugar de permitir que esos comentarios lo desalentaran o conmovieran, David dijo: "Pero, ¿Qué dice Dios acerca de todo esto?" Yo entiendo la situación y cómo se ve y lo que todos mis amigos están diciendo, pero ¿Qué dice Dios al respecto?

Ante la bancarrota personal, la angustia emocional, el miedo físico y la desesperanza espiritual, David se propuso poner su mente en Dios por encima de todas esas cosas y confiar en lo que él sabía que era seguro acerca del Señor. "Pero tú, Oh Señor, eres un escudo para mí, mi gloria y el que levanta mi cabeza." David confesó que a pesar de que Absalón lo estaba persiguiendo y tratando de matarlo, el Señor estaba como un escudo a su alrededor; a pesar de que había abandonado su trono y no tenía nada a su nombre, el Señor era su gloria; y aunque el hombre estaba dando su opinión de todo lo que estaba sucediendo, desanimando a David, el Señor era quien levantaría su cabeza.

Debido a que David conocía a Dios tan íntimamente, no acudió al hombre en busca de ayuda, sino más bien clamó al Señor en su angustia, "y Él me oyó desde su Santo Monte" (Salmo 3: 4). Por eso, a pesar de que "diez mil personas. . . se han puesto en su contra" (Salmo 3: 6), David todavía podía acostarse y dormir por la noche porque sabía que era el Señor quien lo sostenía, no la situación, no su trono, y no sus amigos.

SEPTIEMBRE 28

> Proverbios 6:27: "¿Puede un hombre llevar fuego a su seno, y a su ropa
> y no ser quemado?"

Hay una gran mentira que nos decimos a nosotros mismos cuando queremos justificar nuestro pecado, y va algo como esto: "Nadie saldrá herido." Sin embargo, Proverbios nos dice lo contrario: "¿Puede el hombre llevar fuego a su pecho y su ropa y no se quema? La advertencia de Salomón a nosotros es muy clara: la probabilidad de pecar sin que nadie resulte herido es tan probable como prender fuego a tu ropa y no quemarte. Sin embargo, todavía creemos la mentira de que el pecado no hace daño a nadie, ¿No? ¿Por qué? Principalmente porque no podemos ver el daño que se está haciendo hasta que es demasiado tarde.

Antes de ser salvo, viví en relaciones sexuales inmorales durante trece años; Nunca vi el daño que se estaba haciendo dentro de mí hasta que fue demasiado tarde. No fue hasta después de que el daño ya estaba hecho que noté las severas consecuencias de ese pecado en mi vida. Es por eso que Salomón nos advierte a lo largo del libro de Proverbios del daño que el pecado, y especialmente la inmoralidad sexual, causas en nuestras vidas.

Es importante comprender que Dios ha puesto algo muy precioso dentro de cada uno de nosotros; es algo que está destinado a ser compartido solo entre un hombre y una mujer en matrimonio. Cuando damos por sentado lo que Él nos ha dado y perseguimos los falsos tesoros de este mundo y nos entregarnos a la inmoralidad sexual, estamos regalando ese precioso regalo, y muy pronto, no tendrás nada más para dar a nadie. Por eso Salomón nos dice en Proverbios 6.32 con respecto a los practican la inmoralidad sexual. "El que así lo hace destruye su propia alma." puedo dar fe que esto es cierto porque después de años de vivir en relaciones sexuales, inmoralidad, literalmente sentí como si mi alma hubiera sido destruida. Tontamente había tirado muy lejos todo lo precioso que Dios me había dado y no había nada que me quedara para dar.

Afortunadamente, tenemos esperanza en Jesucristo, ya que Él es el restaurador de nuestras almas (Salmo 23: 3). Él restaura fielmente lo que comieron las langostas (Joel 2:25), porque en Cristo, las cosas viejas pasaron y todas son hechas nuevas. Pero la advertencia sigue vigente para todos nosotros: así como el fuego quema, el pecado destruye.

SEPTIEMBRE 29

> Isaías 10:20: "Que el remanente de Israel. . . nunca más dependerán del que los hirió, sino que dependerán con verdad en Jehová, el Santo de Israel."

Al contrario de lo que le hayan enseñado, o de lo que otros puedan decir, Dios no está para atraparte. De hecho, la Biblia promete que Dios está contigo (Romanos 8:31). Su mayor deseo es bendecirlo, verlo vencer este mundo y recibir la corona de la vida eterna (Santiago 1:12). Sin embargo, muchos pintan un cuadro de que Dios es un anciano gruñón esperando golpearnos con su bastón cuando rompemos una de sus reglas, y en lugar de ver la disciplina como un acto de amor (Hebreos 12: 6), la vemos como un inmerecido castigo por nuestro mal comportamiento.

La disciplina del Señor no tiene nada que ver con romper las reglas o con que Dios nos ataque con ira cuando lo hacemos. De hecho, si nos sentáramos y examináramos cuidadosamente el proceso de disciplina, veríamos que, la mayoría de las veces, la disciplina del Señor es Él simplemente respetando nuestra libertad de elegir y permitiéndonos tener lo que realmente queremos. Vemos un ejemplo perfecto de esto con el pueblo de Judá.

El Señor le había prometido al rey Acaz de Judá que protegería a Jerusalén de sus enemigos, pero en lugar de confiar en lo que Dios había prometido, el rey de Judá decidió sobornar a los asirios para que entraran y defendieran su ciudad. Cuando Jerusalén fue finalmente salvado tal como el Señor lo había prometido, el pueblo de Judá se regocijó y alabó a los asirios por su liberación. Así que, en lugar de golpear a su pueblo, como algunos quieren que creas que Dios haría, el Señor simplemente se hizo a un lado y permitió que Judá tuviera a los asirios como su salvador elegido. Los asirios entonces se volvieron contra Judá y los obligaron a ser esclavos.

Eventualmente, la disciplina y el proceso de refinamiento de permitir que Israel tenga lo que querían cumplió su propósito perfecto, "Y sucederá en ese día que el remanente de Israel, y los que han escapado de la casa de Jacob, nunca de nuevo dependerá de aquel que los hirió y derrotó, pero dependerán del Señor, el Santo de Israel, en verdad" (Isaías 10:20). A través de este proceso tan largo y doloroso, el pueblo de Israel finalmente se dio cuenta de su necedad y regresó al Señor, confiando fielmente en Él como su Señor y Salvador. Entonces la disciplina no es Dios levantando Su mano contra nosotros cuando nos equivocamos; es Dios quitando Su mano de nosotros y permitiéndonos tener lo que hemos elegido.

Al final, todos aprenderemos a confiar fielmente en Dios. La única pregunta es ¿Cómo queremos aprender esta lección, mediante la disciplina o la fe? Sigo orando para que elijamos la fe en este día y confiemos en todo lo que el Señor dice.

SEPTIEMBRE 30

Isaías 11: 9: "Porque la tierra estará llena del conocimiento del Señor como las aguas cubren el mar."

Creo que es obvio para casi todas las personas en este mundo, que el cambio es necesario, si alguna vez va a haber paz. El problema es que casi todas las personas tienen su propia idea de cómo se ve ese cambio. Algunos creen que la paz debería imponerse mediante actos de violencia y agresión; otros creen que la paz es el resultado directo de la tolerancia y la aceptación. Sin embargo, ninguno de estos cambios traerá paz a este mundo porque ninguno de estos cambios arreglará el defecto fatal que está dentro del hombre. Para que haya paz en este mundo, la naturaleza del hombre debe ser cambiada.

La Biblia nos dice que muy pronto llegará el momento en que reinará la paz por toda la tierra. Será un momento en que el lobo se acostará con el cordero y el leopardo se acostará con el cabrito; un momento en que la vaca y el oso pastará juntos en un campo y el león comerá paja; será un momento en que los niños pueden jugar de forma segura con cobras y víboras y no corren peligro de sufrir daños (Isaías 11: 6–8). Será un momento en que "la tierra estará llena del conocimiento del Señor como las aguas cubren el mar." No te pierdas esto: la paz solo llega por el conocimiento del Señor.

Esto no es meramente un conocimiento intelectual de Dios, más bien, es un conocimiento personal, íntimo y relacional con Dios. Aquí es donde la naturaleza misma del hombre se cambia, porque a través de esta comunión nos transformamos más a la imagen de Dios (2 Corintios 3:18). Saulo sabía más acerca de Dios que cualquier otra persona en sus días, sin embargo, no fue hasta después de que tuvo un encuentro con Jesucristo que su naturaleza realmente cambió y dejó de asesinar cristianos. Fue solo entonces que el lobo pudo recostarse con el cordero en paz.

OCTUBRE 1

Salmo 139: 23-24: "Examíname, oh Dios, y conoce mi corazón; Pruébame, y conoce mis pensamientos; y ve si hay algún camino de maldad en mí, y guíame por el camino eterno."

Octubre es el Mes de Concientización sobre el Cáncer de Mama, y con eso vienen muchos lemas para recordar a las mujeres el peligro que conlleva este cáncer en particular. Un lema que vi en una camiseta decía "La detección salva vidas." Es un recordatorio para que las mujeres tengan revisiones para ver si se está formando algún tipo de cáncer, de modo que pueda tratarse antes de que se propague. Pero por muy bueno que sea para las mujeres, los médicos dicen que la mejor prevención contra la propagación del cáncer es que las mujeres se realicen autoexámenes en forma regular y no depender únicamente de las evaluaciones anuales.

Aquí hay mucha sabiduría que podemos aplicar directamente a nuestra vida espiritual. Nosotros debemos realizar autoexámenes espirituales de forma regular para ver si hay cualquier cáncer que se forme dentro de nosotros también. Con frecuencia confiamos en las evaluaciones anuales en una conferencia o retiro espiritual para revelar posibles cánceres que crecen dentro de nuestras almas; todo el tiempo el cáncer ha hecho metástasis en otras partes de nuestras vidas, lo que lo hace mucho más difícil de confrontarlo.

La idea detrás de este autoexamen espiritual no es crear una lista de pecados para que podamos condenarnos a nosotros mismos; más bien, es para ser conscientes de lo que está pasando en nuestras vidas espirituales para que podamos llevar ese pecado al Señor y tratarlo con Él inmediatamente. Jesús nos ha prometido que, si le confesamos nuestro pecado, Él es Fiel y Justo para perdonar nuestro pecado y limpiarnos de toda maldad (1 Juan 1: 9). Es por eso que Él vino y nos salvó, después de todo.

A través de toda la Biblia, se nos anima e instruye a realizar autoexámenes en todos los aspectos de la vida y el cristianismo por esta misma razón:

> Examinemos y probemos nuestros caminos. (Lamentaciones 3:40, NASB)

> ¡Considere sus caminos! (Hageo 1: 5)

> Pero un hombre debe examinarse a sí mismo. (1 Corintios 11:28, LBLA)

> Pónganse a prueba. (2 Corintios 13: 5)

Todas estas amonestaciones se dicen con el único propósito de que regresemos al Señor andando dignamente. El peligro, por supuesto, de descuidar esta práctica se ve en el Salmo 32: 3 (LBLA): "Cuando guardé silencio acerca de mi pecado, mi cuerpo fué consumido." El pecado destruye, tanto física como espiritualmente.

Lo importante que hay que recordar acerca de los autoexámenes es no examinarnos a nosotros mismos basándonos en nuestro estándar o por lo que creemos que está bien o mal; más bien, debemos apegamos a la normatividad de Dios, como se establece en Su Palabra. Mientras que podemos y queremos justificar casi cualquier cosa que hagamos como si estuviera bien, el Señor es muy claro sobre lo que es y lo que no es pecado. Debemos recordar que no nos sirve de nada realizar autoexámenes si solo vamos a llamar a nuestro cáncer una masa inofensiva y benigna, porque en última instancia, solo nos estamos lastimando. Como nos recuerda Ezequiel 18:28, "Porque aquél que reconsidera, se arrepiente y se aparta de todas las transgresiones que cometió, seguramente vivirá; no morirá."

Oremos fervientemente como oró el salmista y eliminemos ese pecado de nuestras vidas, no importa lo que sea: "Examíname, oh Dios, y conoce mi corazón; pruébame y conoce mi maldad; y ve si hay en mí un camino de perversidad, y guíame en el camino eterno."

OCTUBRE 2

Isaías 12: 1: "Aunque Te enojaste conmigo, Tu enojo se alejó, y Tú me consuelas."

A lo largo de nuestras vidas hemos visto y experimentado el sistema relacional de causa y efecto del mundo que es algo como esto: Cuando hacemos cosas buenas, hacemos a la gente feliz y amada; cuando hacemos cosas malas, enojamos a la gente y no somos amados. Entonces, naturalmente entramos en una relación con Dios a través de Jesucristo, traemos a la relación este mismo tipo de mentalidad disfuncional. Cuando hacemos cosas buenas, hacemos feliz a Dios y Él nos ama; cuando lo hacemos mal Dios se enoja y Su amor por nosotros disminuye.

Sin embargo, Isaías 12: 1 nos recuerda que "Aunque estabas enojado conmigo, tu enojo se ha ido y me consuelas." Note que Dios estaba (tiempo pasado) enojado con nosotros por nuestro pecado; pero también observe que ya no es el caso ya que toda la ira de Dios fue derramada sobre Jesucristo en la cruz. En otras palabras, "se ha ido" de nosotros para siempre. Jesús lo declaró cuando dijo *Tetelestai*, o "Consumado es" mientras estaba en la cruz (Juan 19:30).

No solo fue derrotado el pecado, sino que la ira de Dios está completamente agotada. Ahora, Dios solo tiene consuelo para nosotros a través de Su gracia. Aunque pueda parecer que Dios está enojado cuando nos disciplina, debemos recordar que la disciplina de Dios siempre proviene del amor, no del enojo. El apóstol pablo nos recordó esto cuando afirmó con vehemencia en Romanos 8 que nunca nada podría apartarnos del amor de Dios.

Y aunque Jesucristo demostró su amor perfecto por nosotros al morir en la cruz, todavía somos víctimas del pensamiento de que lo que hacemos determina Su amor por nosotros. Pero como Efesios 1: 4 nos recuerda, antes que el mundo existiera, antes que tu y yo fuéramos creados, antes de que pudiéramos hacer algo para ganarnos su amor, Dios ya nos había amado. Él tomó la decisión de amarnos a pesar de saber que le íbamos a fallar, y lo hizo por Su propia voluntad. Nada de lo que hagamos hará que alguna vez cambie eso.

OCTUBRE 3

Isaías 12: 2: "He aquí Dios es mi salvación, confiaré y no temeré. Porque Jehová, el Señor, es mi fuerza y mi canción."

Una cosa es confiar en Dios para nuestra salvación; otra muy distinta *es confiarle* nuestra salvación. Como creyentes, hemos llegado a confiar en que Dios ha provisto el camino de la salvación a través de Su Hijo Jesucristo, sin embargo, a menudo luchamos por confiar en Dios para preservar nuestra salvación. Reconocemos nuestra naturaleza pecaminosa y comenzamos a temer que nuestra salvación fallará debido a nuestra iniquidad, así que tratamos de preservar nuestra salvación compensando el mal comportamiento con el bien. En ese momento nuestra seguridad en la cruz y todo lo que Jesús hizo se vuelve tan frágil que, en lugar de que Dios sea nuestra salvación, nosotros queremos convertirnos en nuestra salvación.[135] Lo que debemos recordar es que Jesucristo no es sólo nuestro Salvador por quien somos salvos, sino que también es nuestra salvación misma, en quien Somos salvos. "He aquí, Dios es mi salvación."

La clave para confiar en Dios con nuestra salvación es confiar en Dios mismo: "Confiaré y no temeré." El miedo surge cuando creemos que Dios nos fallará; cuando creemos que nuestro pecado es mayor que nuestro Dios y debemos hacer algo para mitigar sus defectos. Considerando que la fe en el Dios soberano de la Biblia, en todo lo que se dice acerca de quién es y qué hará, disipa todos esos temores y trae paz a nuestras almas nos permite proclamar: "Porque JAH el Señor es mi fuerza y mi cánción" (Isaías 12:2).

JAH el Dios Eterno, e inmutable Dios, es la fuerza de nuestras mentes y el canto de nuestros corazones. Él no es solo una ayuda para encontrar fuerza cuando lo necesitamos; Él mismo es nuestra fuerza. No es solo una ayuda para encontrar gozo cuando estamos atribulados; Él mismo es nuestro gozo.[136] y no es solo una ayuda para el camino de la salvación; Él es nuestra salvación.

OCTUBRE 4

Isaías 19:22: "Él herirá y Él sanará."

Hace unos años, un buen amigo mío fue un orador invitado en una función de la iglesia, y como era mi amigo, me pidieron que lo presentara. Le di a la audiencia la información habitual como su nombre, su ocupación (oficial de policía), desde cuando lo había conocido, etc. Pero realmente quería que conocieran su corazón los demás, así que les dio esta analogía: "Si apuntas con un arma a alguien, o a mi amigo; el sin dudarlo, te bajaría el arma y te la quitaría, pero luego se acercaría a ti para vendarte y explicarte por qué te bajó el arma con violencia para que aprendas de eso. Este es el corazón de Dios."

El mayor deseo del Señor es que todos los hombres sean salvos por gracia, por fe, en Su Hijo Jesucristo (1 Timoteo 2: 4; Efesios 2: 8–9); pero ese no es el mayor deseo del hombre. Por naturaleza, somos un pueblo rebelde y pecador, y muchas veces el Señor debe golpearnos físicamente para sanarnos espiritualmente. Vemos este tipo de "duro amor" a lo largo del libro de Isaías, ya que el Señor no solo golpeó a Israel por su rechazo a Él, pero también a Moab, Asiria, Etiopía, Egipto, etc. Todos estos lugares estaban sujetos bajo el mismo estándar, y todos fueron golpeados con el único propósito de salvarlos de su pecado.

En mi propia experiencia, supe que cuando oraba para que Dios hiciera lo que fuera necesario para salvar a mi familia, probablemente me iba a doler. Pero, "el Señor cura la herida de su pueblo y sana el golpe de su herida" (Isaías 30:26). El fruto espiritual que he visto en sus vidas, porque el Señor los hirió, grandemente supera la incomodidad física temporal por la que pasaron, o que todavía están pasando hasta hoy.

Esto no significa, sin embargo, que una vez que seamos salvos, el Señor nunca nos golpeará de nuevo. Estamos siendo santificados continuamente, y a veces nuestra santificación solo puede venir al ser golpeado por el Señor. Pero, aunque el Señor pueda necesitar golpearnos físicamente con el fin de purgar el mal de nuestros corazones, podemos estar seguros sabiendo que Él nos está sanando espiritualmente.

"Ahora ningún castigo parece ser gozoso al momento, pero doloroso; sin embargo, luego da el fruto apacible de la justicia a los que en ella han sido educados" (Hebreos 12:11). La victoria en medio de esta disciplina no es centrarse en lo que nos está pasando, sino más bien en lo que está sucediendo dentro de nosotros, porque el resultado de la disciplina del Señor es siempre el fruto apacible de la justicia.

OCTUBRE 5

Efesios 4: 11-12: "Y él mismo concedió a unos ser apóstoles, a otros profetas, algunos evangelistas, y algunos pastores maestros, para el equipamiento de los santos para la obra del ministerio, para la edificación del cuerpo de Cristo."

Estaba hablando con un hermano de la iglesia el otro día y él me estaba explicando por qué se iba de nuestra iglesia y se iba a otra. Dijo que los pastores de nuestra iglesia no estaban evangelizando lo suficiente, y él quería encontrar una iglesia donde los pastores estaban más entregados a esta área del ministerio, yo rápidamente le expliqué que no es el papel de los pastores salir y evangelizar; ese es nuestra encomienda y ministerio de trabajo.

Como este hermano, hay muchos cristianos hoy en día que creen que la responsabilidad del liderazgo de la iglesia, visitar a los enfermos, dar testimonio de los perdidos, ministrar a los pobres, orar por los necesitados, servir en el ministerio, etc. es únicamente responsabilidad de los pastores. Debido a esta perspectiva, cuando el Espíritu Santo mueve nuestros corazones para que se muevan en cierta capacidad, asumimos esta actitud de que no es nuestro trabajo hacer eso, es de ellos. Las excusas que a menudo aplicamos en estas situaciones es que no estamos dotados en esa área en particular, o simplemente no tenemos tiempo para servir en esa área, o no tenemos cierta capacidad, por lo que "alguien más puede hacerlo." Teniendo esta perspectiva es la razón por la que existe una necesidad tan enorme en casi todos los ministerios de la iglesia hoy.

Sin embargo, esto no es lo que las Escrituras nos enseñan con respecto a los roles de los creyentes. Primera de Corintios 12–14 nos enseña que todos los creyentes reciben dones espirituales, no solo algunos, o la mayoría, pero todos los creyentes están dotados. Primera de Timoteo 4 nos recuerda que no debemos descuidar los dones que se nos han dado, sino que debemos usarlos como el Espíritu Santo nos guíe, porque los dones no se dan para nuestro beneficio, sino para el beneficio de los demás para que podamos estimular, edificar y animarnos. Debemos recordarnos continuamente que nuestro papel es servir y bendecir a los demás, no al contrario.

También se nos enseña que el propósito principal del liderazgo de la iglesia es "para equipar a los santos para la obra del ministerio, para la edificación del cuerpo de Cristo." Note que el papel principal de los pastores es equipar a los santos (todos los creyentes), es decir, ellos deben equiparnos a nosotros. Por ejemplo, si estuviéramos en una expedición al Polo Sur, tendríamos que estar equipados con cierto equipo para que estemos preparados para el duro entorno al que vamos.[137]

Esta misma idea se aplica al papel del pastor en nuestras vidas hoy. Están para equiparnos espiritualmente a través de la predicación y enseñanza de la Palabra de Dios para la obra del ministerio, para que podamos estar equipados para visitar a los enfermos, dar testimonio a los perdidos, ministrar a los pobres, orar por los necesitados y servir en el ministerio. Porque cuando hacemos esto la iglesia está edificada y "llegamos a tal unidad en nuestra fe y conocimiento del Hijo de Dios que seremos maduros y plenamente desarrollados en el Señor, midiendo hasta la plena estatura de Cristo" (Efesios 4:13, NLT1996).

OCTUBRE 6

"Isaías 26: 3: "Tu guardarás en perfecta paz, a aquel cuyo pensamiento en ti persevera, porque en ti confía."

Muchas veces luchamos en la vida simplemente porque creemos que se supone que nuestras mentes están controladas a distancia por Dios. Vamos a la iglesia, adoramos, oramos, leemos nuestras Biblias, y luego simplemente presionamos el control de crucero y asumimos que nuestro trabajo está hecho, es ahora el turno de Dios para trabajar, su responsabilidad de limpiar nuestras mentes y llenarlas de las cosas del reino. Sin embargo, la Biblia nos enseña algo diferente.

Según Isaías 26: 3, Dios mantendrá a la persona "en perfecta paz, cuya mente permanece en Él," Note que tener paz perfecta depende de nuestras mentes que permanecen en Dios. La palabra hebrea "permanece" que se usa aquí significa "apoyarse" o "agarrar." No es algo que va a suceder milagrosamente; esto es algo que debemos proponernos hacer. Colosenses 3: 2 confirma esto: "Pon tu mente en las cosas de arriba, no en las de la tierra." El apóstol Pablo también nos recuerda en Filipenses 4 que debemos meditar a propósito en esas cosas que son verdaderas, nobles, justas, puras, hermosas. . . cosas que son de buen nombre, cosas con virtud y todo lo digno de alabanza. Al hacer estas cosas, lograremos tener la "mente de Cristo" (1 Corintios 2:16).

La trampa para el creyente es cuando olvidamos que la vida cristiana es una vida de pensamiento. En algún lugar de la línea separamos la fe y la razón y las colocamos en dos categorías diferentes como si fueran completamente opuestos entre sí. Bien, contrario a lo que el mundo podría decir sobre la fe, no es dar un salto sin sentido cuando no hay otro lugar a donde ir. Es una decisión pensada y deliberada que hacer, basado en lo que sabemos que es verdad porque hemos puesto nuestra fe y confianza en Dios. Proverbios 3: 5 refleja esta verdad: "Confía en el Señor con todo tu corazón, y no te apoyes no [te quedes] en tu propio entendimiento." Las batallas que enfrentamos en quién o en qué confiar siempre comienzan en la mente; cuando confiamos en el Señor, nuestra mente permanecerá en Él, y nos mantendrá en perfecta paz.[138]

OCTUBRE 9

Génesis 22: 1: "Dios probó a Abraham."

¿Qué determina si lo que hacemos es un éxito o no? Para nosotros, se trata de los resultados, ya que vivimos en un mundo impulsado por los resultados. Si los resultados de lo que hacemos no se ajustan al estándar que hemos predeterminado para el resultado de esa situación, concluimos que hemos fallado. Pero, ¿Y si el éxito no tiene nada que ver con los resultados o el resultado de una situación? ¿Y si el éxito dependiera únicamente de la disposición de una persona a seguir instrucciones? Cuando "Dios probó a Abraham" y le dijo que sacrificara a su hijo Isaac, ¿Se consideró que Abraham había tenido éxito porque su hijo iba a ser sacrificado o porque obedeció la instrucción del Señor? Si definimos el éxito como el logro de algo planeado o intentado en el mundo, ¿Cómo se traduce eso en el Reino de Dios, cuando no conocemos sus planes? "Porque mis pensamientos, no son tus pensamientos ni mis caminos son tus caminos, dice El Señor" (Isaías 55.8). Porque en los planes de Dios para Abraham, nunca estuvo el sacrificar a su hijo; más bien, fue para probar la fe de Abraham y su obediencia a Dios, "Porque ahora sé; que temes a Dios, ya que no has retenido a tu hijo, tu único hijo de Mí" (Génesis 22:12).

Es fácil para nosotros creer que le hemos fallado al Señor cuando compartimos el evangelio con alguien y no llegan a la salvación. Sin embargo, ¿Somos el Cristo? ¿Podemos convertir un corazón de piedra en un corazón de carne? ¿Tenemos el poder de traer a los muertos a la vida? No, solo Dios tiene el poder de salvar a los perdidos. Lo que debemos recordar es que el poder del evangelio "hará lo que [al Señor] le plazca, (Su palabra no volverá vacía) y prosperará en aquello para que la envié" (Isaías 55:11).

Recuerdo que le pidieron a una joven que compartiera su testimonio con un grupo de misioneros en nuestro viaje misionero en 2004. Su objeción a hacerlo tenía sentido: ¿Por qué compartir su testimonio con un grupo de personas que ya eran salvas? Lo que ella no sabía es que el conductor del autobús no sabía del plan de salvación de Dios y él estaba sentado justo detrás de ella, y escuchó con interés cada palabra que dijo. Como ondas en un estanque que siempre se expanden hacia afuera, no podemos comprender el propósito o plan de las cosas que el Señor nos llama a hacer y no es para que de antemano lo sepamos. Simplemente debemos ser obedientes para hacer lo que Dios nos ha llamado a hacer y dejar los resultados en Sus manos.

OCTUBRE 8

1 Corintios 1:18: "el mensaje de la cruz…"

Hace unos años, nos pidieron a Michelle y a mí que dirigiéramos la adoración en una conferencia de parejas. En los días previos a la conferencia, comencé a sentir mucha presión sobre la responsabilidad que se nos había dado, de llevar a otros a conocer el regalo de la Gracia. Fue entonces cuando el Señor me habló de la cruz. Me recordó que no contribuí absolutamente en nada para Su victoria en el Calvario. Todo lo que yo tenía era mi quebrantamiento, mi pecado, mi vergüenza y mi debilidad; la victoria era toda Suya, ¿Entonces por qué la conferencia debería ser diferente?

Me acordé de esto porque últimamente he estado considerando mucho acerca de la cruz. Yo creo que es importante que recordemos que cuando Jesús tomó la cruz sobre sí mismo, un pacto fue realizado entre Dios y el hombre. Los términos del acuerdo fueron básicamente estos: Ofrecemos traer nuestro quebrantamiento, nuestro pecado, nuestra vergüenza y nuestra debilidad; y el Señor gratuitamente nos otorga perdón, gracia, gozo, fuerza, esperanza, y la restauración de nuestro corazón. Nuestro Señor selló el pacto con su sangre y con su Santo Espíritu para toda la eternidad.

Desde ese momento, Dios ha cumplido con creces Su parte del acuerdo, sin embargo, me confunde por qué nosotros siempre fallamos, no lo hemos hecho. Con demasiada frecuencia nosotros, como creyentes, ponemos esta fachada que somos buenos y que no luchamos con el pecado. De alguna manera nos engañamos al pensar que, si admitimos lo que realmente está pasando en nuestras vidas, seremos marcados con letra escarlata y considerados espiritualmente inmaduros y sin verdadera fe. Pero lo que verdaderamente estamos diciendo es que cuando vivimos nuestra vida de esta manera es que no necesitamos la redención de la cruz rompiendo efectivamente este pacto con el Señor.

Las repercusiones de esta mentalidad orgullosa han dañado a la iglesia hasta el punto donde muchas personas ahora tienen miedo de pedir ayuda y creen que no pueden venir a la iglesia hasta que se limpien. En esencia, nuestro orgullo por esconder nuestra fragilidad ha hecho que la cruz no tenga efecto en muchas personas, ya que les hemos llevado el mensaje de la cruz y lo convirtieron en locura para aquellos que piensan que sus pecados son tan graves que incluso no son salvos por ella.

OCTUBRE 9

Números 32:23: "Y ten por seguro que tu pecado te descubrirá."

Tu pecado te descubrirá. Mi pecado me descubrirá. ¿Por qué no creemos esto? a decir verdad ¿Es porque pecamos y aparentemente no hay consecuencias tangibles? después, seguimos pecando, seguro que podemos sentirnos mal, e incluso podemos jurar prometiendo no volver a hacerlo nunca, pero al hacer esto, todo lo que hemos hecho apacigua nuestra conciencia y deja lugar para que ese pecado permanezca cómodamente dormido en nuestras vidas hasta la próxima vez que llame nuestro nombre.

Acán pensó que podía ocultar su pecado; sin embargo, se descubrió, y le costó todo; incluso su familia, incluso sus vidas (Josué 7). David pensó que podía esconder su pecado y le costó muy caro, ya que el Señor prometió que la espada nunca dejaría a su familia (2 Samuel 12:10). La mentira de que el pecado no duele solo es igualada por la mentira de que el pecado no lastima a nadie más, sin embargo, una y otra vez vemos que el pecado destruye vidas, familias y ministerios.

El Señor le dijo a Israel, "no puedes estar delante de tus enemigos hasta que quites de en medio de ti la cosa maldita" (Josué 7:13). ¿Por qué sería diferente para nosotros hoy? ¿Cómo podemos esperar resistir las artimañas del enemigo cuando tenemos el pecado escondido en nuestro campamento (casa)? La verdad es que siempre estaremos en esclavitud a un pecado en particular hasta que hagamos lo que Santiago nos instruyó en Santiago 5:16, "Confesaos unos a otros vuestras ofensas y orad unos por otros, para que podáis ser sanado." Porque no es que el pecado *pueda descubrirte*; ¡más bien ten por seguro que tu pecado te descubrirá!

He estado meditando mucho sobre lo que Jesús le dijo a Tomás en Juan 20:29, "Benditos son los que no vieron y creyeron." En contexto, Jesús estaba hablando de que tengamos fe en Él como Mesías. Pero durante el último fin de semana, esta verdad tomó una perspectiva completamente nueva para mí: Bienaventurados los que creen en Su Palabra e instrucciones, aunque no veamos las consecuencias de ellas. La horrible verdad para nosotros es que para cuando veamos las consecuencias del pecado en nuestras vidas, es demasiado tarde para que cambiemos algo que hemos hecho, y ahora debemos enfrentar la fría realidad de esas transgresiones. Sí, Dios nos perdonará cuando le confesemos nuestro pecado. (1 Juan 1: 9), pero las consecuencias tangibles de esas elecciones aún permanecen.

Entonces, creyente, no crea la mentira de que podemos esconder nuestro pecado, o que el pecado no tiene un control sobre nosotros. Confía en la Palabra del Señor que es perfecta y verdadera. . . nuestro pecado nos encontrará.

OCTUBRE 10

Isaías 28:26: "Porque Dios instruye [al agricultor] en juicio recto, Su Dios le enseña."

Antes de que naciera nuestra hija Kate, había imaginado cómo sería en apariencia, personalidad y temperamento. Imagina mi sorpresa cuando supe que no se parecía en nada a lo que yo había esperado que fuera; más bien, ella era más de lo que jamás podría haber imaginado. Michelle y yo a menudo nos sentamos y nos maravillamos de que tan única es nuestra hija, ya que naturalmente asumimos que sería un pequeño clon de Michelle. Pero Dios no hace clones; Crea obras maestras incomparables, ninguna como otra. Su perfecta ley del diseño asegura que no seamos simplemente bosquejos o recortes de alguna plantilla predeterminada, ni hay errores o deslices porque tuvo un día libre. Más bien, somos revelaciones vivientes de la visión perfecta de Dios; de la belleza y la santidad que viene de lo más profundo de Su corazón.

Como explicó Matthew Henry, podemos suponer que debido a que Dios creó a cada uno de nosotros de manera tan diferente, también debe tratarnos de manera diferente a cada uno de nosotros. "¿No siembra [el agricultor] el comino negro y esparce el trigo en hileras, la cebada en el lugar designado y la avena en su borde apropiado?" (Isaías 28:25).

Observe que una semilla se siembra, otra se esparce y otra se coloca en filas; pero en última instancia, todas se plantan en su lugar apropiado. Como el granjero sabe cómo manejar cada semilla y qué tipo de suelo es el más adecuado para que cada semilla florezca y crezca, Dios sabe exactamente cómo y dónde colocarnos para que podamos florecer y crecer también, porque "Dios es quien enseña." Es fácil sentirse perdido cuando a veces se equivoca en esta vida, pero tenga la seguridad de que Dios le conoce y le tiene justo donde debe estar para que pueda producir de acuerdo con Su diseño y propósito.[139]

Asimismo, "El eneldo no se trilla con un trillo, ni sobre el comino se pasa una rueda de carreta; sino que el eneldo es sacudido con un palo, y el comino con una vara. El grano se trilla; pero no será trillado para siempre, ni comprimido con la rueda de su carreta, ni lo quebranta con los dientes de su trillo." (Isaías 28: 27-28). Observe que el comino se separa fácilmente con una vara, mientras que la harina de pan requiere mucha más fuerza. Como el granjero sabe qué herramienta utilizar para cada tipo de semilla, también conoce los límites físicos de cada semilla en el sentido de que nunca la trillará demasiado, ni la romperá ni la triturará hasta donde la cosecha esté dañada e inútil.[140]

De manera similar, Dios sabe exactamente qué métodos usar con cada uno de nosotros para refinarnos de aquello que corrompe su preciosa creación. Aunque podría sentir que Dios nos da más de lo que podemos manejar a veces, podemos estar tranquilos sabiendo que Dios nunca nos trillará demasiado, ni nos romperá o aplastará hasta donde quedemos dañados e inútiles para su reino. Por el contrario, el Señor usa la exacta cantidad de trilla y molienda para perfeccionarnos cada vez más a Su imagen, para que podamos tener la mente y el corazón de Cristo y producir treinta, sesenta, incluso un ciento por uno. (Marcos 4: 20).

OCTUBRE 11

> Zacarías 4: 6: "No con ejército, ni con fuerza, sino con mi Espíritu, dice El Señor de los ejércitos."

El viernes pasado por la noche en nuestra conferencia anual de hombres, el orador se centró en Zacarías 4: 6: "No con ejército, ni con fuerza, sino con mi Espíritu," dice el Señor de los ejércitos." Lo que no se dio cuenta es que sería un ejemplo vivo de ese mismo versículo a medida que avanzaba la noche. Déjame explicarlo.

Desde el punto de vista de "Hablar en público 101," hay ciertas cosas que nunca debe hacer al dirigirse al público. Desde esa perspectiva, nuestro orador que esa noche falló miserablemente. Continuamente golpeaba su puño en su mano, provocando este sonido de estallido fuerte; estaba chupando algún tipo de pastilla para la garganta o tos y parecía no estar preparado, incluso perdido a veces. Sin embargo, mientras continuaba compartiendo, los errores que se notaron se desvanecieron lentamente en un segundo plano y surgió el poder detrás del mensaje, obligando a muchos hombres a responder a su desafío.

Después, mientras me sentaba y reflexionaba sobre los acontecimientos de la noche, le dije al Señor todos los errores que yo también podría hacer como orador público y, sin embargo, mirar la respuesta de su mensaje. . . ¿Cómo es eso posible? Fue entonces cuando el Señor respondió y dijo, "no es con ejército, ni con fuerza, sino con Mi Espíritu." El Señor amablemente me recordó que cuando confiamos en nuestra habilidad, fuerza o ingenio en cualquier trabajo o ministerio, nos estamos restringiendo de recibir completamente el poder del Espíritu Santo, porque lo que esencialmente le estamos diciendo a Dios cuando hacemos esto es: "Tengo esto, Señor." Mientras que cuando nos acercamos al Señor con un corazón humilde y nos damos cuenta que no tenemos nada de valor eterno para ofrecer a nadie, cuando sabemos que el cambio solo viene mediante la obra del Espíritu Santo en nuestras vidas; entonces estamos listos para ser usados.

Me resulta muy reconfortante que nunca se trata de nuestra capacidad para hacer lo que el Señor nos llama a hacer, sino más bien nuestra *disponibilidad* para hacer lo que Él nos llama a hacer, "Porque los ojos del Señor corren de un lado a otro por toda la tierra, para mostrarse Él mismo con Su Fortaleza a favor de aquellos cuyos corazones le son leales" (2 Crónicas 16: 9).

OCTUBRE 12

> Marcos 8: 4: "Entonces sus discípulos le respondieron: ¿Cómo se puede satisfacer a esta gente con pan aquí en el desierto?"

A pesar de que los discípulos de Jesús habían presenciado alimentar a más de cinco mil personas con cinco hogazas de pan y dos pescados apenas unos días antes; ¿Los mismos discípulos estaban en el plan de que "ese" milagro fue antes, pero "ahora" que va a pasar? Este tipo de fe que es tan común en todos nosotros cuando la horrible duda aparece de nuevo. Una vez más. Jesús deseaba alimentar a las masas, y sus discípulos respondieron diciendo: "¿Cómo se puede saciar de pan a esta gente aquí en el desierto?" Lo que los discípulos realmente le estaban preguntando a Jesús fue: "Señor, ¿Cómo puedes proveer en este lugar? ¿Cómo puedes posiblemente proporcionar lo que se necesita en esta situación, Señor? Mira dónde estamos, mira lo que necesitamos. . . ¿Cómo puedes satisfacerlos aquí, en este desierto?"

Me parece interesante que recordemos la gran fidelidad y provisión de Dios como escalones de la fe, y, sin embargo, ¿Usamos esos mismos escalones como piedras de tropiezo al preguntar cómo nos proveerá ahora? Nos decimos a nosotros mismos: "Sí, Él proporcionó en esa situación, pero, esta situación es completamente diferente. Si, el Señor Jesús proveyó antes, pero esta situación es completamente diferente. Sí, proveyó para aquellas necesidades, pero esta necesidad es mayor. Sí, Él proveyó para ellos, pero no lo hará por mí, (porque fueron más especiales, más espirituales, más favorecidos) que yo."

A todas esas mentiras, les doy el gran secreto de por qué Él proveyó en todas esas situaciones en el pasado. El día que Jesús proveyó para más de cinco mil personas en las colinas cubiertas de hierba, hasta el día en que proveyó para más de cuatro mil personas en el desierto, y todos antes, después y en el medio, quiero que noten que la única razón por la que Jesús les proveyó fue simplemente porque vinieron a Él.

Ese era el criterio para recibir la provisión de Jesús: el estándar que se necesitaba para saber por qué la gente fue alimentada y satisfecha en el desierto es porque fueron a Jesús, fueron a Él; no importaba cuál era la situación, ni cuán grande era la necesidad, ni quiénes eran; Jesús proveyó para cada persona, simplemente porque tomaron la decisión de venir a Él y recibir. Entonces, ¿Por qué sería diferente para nosotros hoy? Él es el mismo Dios hoy, y que fue ayer, que será mañana. Y al igual que los del pasado, Jesús nos invita a todos hoy, "Venid a mí. . . y te daré. ." (Mateo 11:28).

OCTUBRE 13

Efesios 4:27: "ni deis lugar al diablo."

¿Creemos que, al pecar, el pecado realmente se debilitará en nuestras vidas? Eso es mentira, ¿No es así? Que, si cedemos a esa tentación, ¿Desaparecerá y se convertirá en un mal menor para nosotros? La verdad es que, aunque ceder a la tentación podría silenciar la llamada, aunque podría disminuir la lucha por ese momento, lo que hemos realmente hecho se le da al pecado una oportunidad para crecer y volverse más dominante entre nosotros. Piénselo así: si permitimos que Satanás entre en nuestras vidas, ¿Realmente nos dejará en paz, o usará ese pequeño compromiso para ganar terreno y seguirá tomando más y más hasta que tenga todo lo que somos?

Después de que Jesús fue arrestado en el huerto de Getsemaní para ser interrogado por el sumo sacerdote, se le preguntó a Pedro: "¿No eres tú también uno de los discípulos de este hombre, ¿verdad? Él dijo: No lo soy" (Juan 18:17). Pedro se tragó la mentira de silenciar el miedo esta vez, si pudiera evitar la confrontación de ser discípulo de Jesús en este momento, desaparecería y él estaría bien. Pero como bien sabes, el miedo ganó mucho terreno en la vida de Pedro, y se hizo tan fuerte dentro él, que Pedro eventualmente negaría profanamente que Él alguna vez tuvo algo que ver con Cristo. El apóstol Pablo nos recuerda en Efesios 4:27 que nunca debemos "dar lugar al diablo." Literalmente, nunca debemos darle a Satanás la oportunidad de conseguir ni siquiera un meñique en nuestras vidas, porque cuando lo hagamos, traerá destrucción (ver David y Judas como ejemplos). Entonces, ¿Qué hacemos cuando pecamos? Debemos ocuparnos de ese pecado correctamente antes de que pueda enraizar y dar fruto.

El último fracaso de Pedro no fue que negó a Cristo; fue que no lidió adecuadamente con su pecado de inmediato, para revocar así el control del pecado sobre su vida. El error hizo pensar a Pedro que su pecado desaparecería, fue igualado por el error que él podría vencer ese pecado por Su propia cuenta, al pensar que él mismo podría vencer ese pecado. Lo mismo ocurre con nosotros, cuando pecamos, encubrirlo nunca es la respuesta, ni tratar de manejarlo, Proverbios 28:13 nos recuerda que "El que cubre sus pecados no prosperará, el que los confiese y los abandone recibirá misericordia."

Creyente, ¿Por qué querríamos esconder nuestro pecado o tratar de manejarlo nosotros mismos? "El Señor esperará [en nosotros], para tener misericordia de (nosotros); y por lo tanto Él será exaltado por tener misericordia de [nosotros]" (Isaías 30:18). En otras palabras, Dios está dispuesto a perdonar; Él solo está esperando que regresemos a Él.

OCTUBRE 14

1 Juan 4:17: "Porque como Él es, así somos nosotros en este mundo."

Hace un par de semanas, Michelle me preguntó qué ve Dios cuando la mira; en respuesta dije: "Él ve a Jesús." Al decir eso, no quise decir que Dios literalmente ve a Su Hijo cuando mira a mi esposa; más bien, ve la obra terminada de Jesús en la cruz cuando la mira. Podría decirle esto con confianza a mi esposa porque hace diez años, le pregunté a Dios si me dejaría verme a mí mismo a través de Sus ojos. Luego me dio una visión increíble de mi perfeccionado: sin mancha, sin arrugas, sin pecado, solo yo con los brazos extendidos completamente abrumado por la alegría y la paz. A menudo reflexiono sobre esta visión porque cuando me miro yo mismo, solo veo al pecador. Sin embargo, el Señor a menudo me recuerda, "como [Jesús] es, así estás [tú] en este mundo."

Este es un concepto asombroso a considerar a la luz de quiénes somos, lo que decimos, qué hacemos, qué pensamos, cómo actuamos, etc. Sin embargo, ninguna de estas cosas define realmente cómo nos ve Dios "porque como [Jesús] es, así somos nosotros en este mundo." Al considerar esto, David Guzik planteó la pregunta: "¿Cómo está Jesús ahora?" Él está Justificado Glorificado para siempre en la presencia del Padre.[141] Si somos como Él, nunca deberíamos avergonzarnos de venir a nuestro Padre; nunca deberíamos tener miedo de estar de pie ante nuestro Dios, sin importar lo que hayamos hecho. Esto es lo que nos recuerda el apóstol Juan cuando dijo: "El amor se ha perfeccionado entre nosotros en esto: para que tengamos denuedo en el día del juicio; porque como Él es, así somos nosotros en este mundo" (1 Juan 4:17). Como creyentes en Jesucristo, podemos estar con valentía ante Dios en el día del juicio por lo que Cristo ha hecho por nosotros. No hay nada que temer, sin dudarlo, "porque como Él es, así somos nosotros en este mundo." Tal como el Padre recibió a Jesús, así también Él Padre nos recibirá.

OCTUBRE 15

Isaías 30:18: "Por tanto, el Señor esperará, para tener misericordia para ti."

Cuando el hijo impetuoso reclamó su herencia y dejó a su padre por los placeres del mundo, el padre no repudió a su hijo; más bien, le dio a su hijo lo que le pedía y velaba diligentemente por su hijo todos los días, anhelando su regreso. Cuando su hijo finalmente regresó, el padre corrió hacia él y lo abrazó con amor, dándole la bienvenida a su hijo como si nunca se hubiera ido (Lucas 15). Esto no solo es una parábola que Jesús contó a sus discípulos un día, es un tema interminable que encontramos a lo largo de la Biblia, de la Gracia y Misericordia de Dios para con Sus hijos.

Cuando los hijos de Israel le dijeron abiertamente a Dios que no querían tener nada que ver con Él, el Señor les permitió seguir su propio camino y cumplir sus deseos, pero continuamente anhelaba su regreso, no para castigarlos o decirles, "¡Te lo dije!" No. Esta fue Su respuesta a su rebeldía errante: "Por tanto, el Señor esperará para tener misericordia de ustedes; y por lo tanto será exaltado, para que tenga misericordia de ti" (Isaías 30:18). El Señor añoraba su regreso y arrepentimiento para que Él les mostrara su gran Misericordia y su Gracia.

Durante los últimos meses, Michelle y yo hemos estado enseñando a nuestra hija de veinte meses, Kate, a venir a nosotros cuando se lo pedimos. Seguro que hay momentos que le pedimos a Kate que venga a nosotros porque necesitamos corregirla, pero la mayoría de las veces le pedimos a Kate que venga a nosotros solo para que podamos darle un abrazo, decirle que la amamos, o para que pudiéramos darle una sorpresa especial. Bueno, ¿Por qué sería diferente con nuestro Padre celestial? ¿Qué pasa si nuestro Dios nos llama a acercarnos a Él solo para poder abrazarnos y decirnos que nos ama? ¿Qué pasa si quiere compartir con nosotros los grandes misterios de Su Palabra? ¿Qué pasa si Él quiere revelar su llamado a nuestra vida o simplemente quiere consolarnos en nuestra confusión o prepararnos para lo que se encuentra adelante? El caso es que nuestro Padre celestial está esperando que nos acerquemos ahora mismo a Él, sólo para poder mostrarnos misericordia y gracia. ¿Qué estamos esperando?

OCTUBRE 16

1 Timoteo 4: 1: "Ahora el Espíritu dice expresamente que en los últimos tiempos algunos se apartará de la fe, prestando atención a espíritus y doctrinas engañosas de los demonios."

Leí un artículo recientemente sobre un pastor que decidió que su iglesia no solo permitió que aquellos que viven en pecado habitual y sin arrepentimiento sirvan en el liderazgo, pero que también consideraría estos pecados como permisibles a los ojos del Señor. La primera pregunta que tenía era: "¿Cómo sucedió esto?" Aparentemente, algunos años antes, el pastor notó que las personas que se negaban a arrepentirse del pecado habitual estaban dejando su iglesia, por lo que decidió discutir con el cuerpo de la iglesia si ellos deberían aceptar estos pecados como permisibles en la estimación del Señor. El pastor declaró que mientras oraba al respecto, algo que describió como un "viento divino" lo movió a cambiar la forma en que su iglesia debía considerar estos tipos de pecado habitual. "Ahora el Espíritu dice expresamente que en los últimos tiempos algunos se apartarán de la fe, prestando atención a los espíritus engañadores y las doctrinas de los demonios."

Antes de continuar, déjeme decirle primero que Dios no odia a los que viven en el pecado habitual y sin arrepentimiento, y el propósito de este devocional no es golpear al pastor ni aquellos que luchan con estas cosas. Más bien es una advertencia, un llamado a todos los creyentes a saber lo que dice la Palabra de Dios. Hoy veo estudios bíblicos que no enseñan la Palabra de Dios de manera precisa, completa o en contexto, y hago la pregunta, "¿Cómo se defenderá esa congregación de hermanos cuando los falsos maestros vengan, cuando los espíritus engañadores ataquen su fe y sus valores? ¿Cómo se opondrán a las artimañas del enemigo si no saben lo que realmente dice la Palabra de Dios?"

Se dice que, si Dios hablara audiblemente hoy, simplemente repetiría lo que ya está escrito en la Biblia. En otras palabras, Dios nunca contradice lo que está escrito en la Biblia, porque Él la escribió perfecta y completamente. "La ley del Señor es perfecta, que convierte el alma; el testimonio del Señor es seguro, hacer sabio al simple; los estatutos del Señor son rectos, alegrando el corazón; el mandamiento del Señor es puro, que ilumina los ojos" (Salmo19: 7-8).

Para que cualquiera crea en el espíritu engañador que promueve una doctrina demoníaca contra la misma Palabra de Dios es un recordatorio sobrio de que esto le puede pasar a cualquiera de nosotros en cualquier momento si apartamos nuestros ojos de la Palabra de Dios. Las advertencias que se dan en la Biblia son reales, y están dando frutos mientras hablamos. Sabiendo esto, la pregunta que planteo aquí adquiere un sentido de urgencia aún mayor. ¿Cómo seremos capaces alguna vez de resistir en los días de adversidad si no sabemos qué nos dice La Palabra de Dios? Hay una razón por la que la Palabra de Dios se llama nuestra espada: porque estamos en una batalla muy real y necesitamos armas para defendernos de todos los espíritus engañosos y doctrinas demoníacas que vienen, y que ya están aquí ahora mismo (1 Juan 4: 1-3). Así que creyente, recuerda, no nos hace ningún bien tener una espada, si no sabemos cómo usarla.

OCTUBRE 17

Oseas 2: 6: "Cercaré tu camino con espinas, y lo cerraré, así que no puede encontrar sus caminos."

Antes de que Kate naciera, Michelle y yo pasamos por toda nuestra casa y la preparamos a prueba de bebés lo mejor que pudimos. No es que no quisiéramos que nuestra hija tuviera libertad en nuestro hogar; es que queríamos protegerla de todo lo que pudiera hacerle daño, para permitirle tener rienda suelta en nuestra casa sin límites. Al no hacer esto, no solo habría sido imprudente; también habría demostrado que no nos importaba el bienestar de nuestra hija.

En el libro de Oseas, vemos algo muy similar cuando leemos acerca de un tiempo en la historia de Israel, donde el pueblo de Dios había "cometido una gran prostitución al alejarse del Señor" (Oseas 1: 2). El amor que Dios tenía por sus hijos nunca cambió, a pesar de que Israel lo había rechazado como su Dios y había perseguido las cosas mundanas. Entonces, para proteger a Sus hijos y traerlos de vuelta al arrepentimiento, el Señor decidió "tapar su camino con espinas y taparlo para que no pueda encontrar sus caminos." Al hacer esto, el Señor esencialmente estaba protegiendo la vida de sus hijos.

No es que Dios no quisiera que tuvieran libertad; es que Él quería protegerlos de aquellas cosas que eventualmente los destruirían. Al permitir que sus hijos tuvieran libertad sin límites no solo habría sido imprudente; también habría demostrado que a Él no le importaba su bienestar.

Hoy, la asombrosa libertad que se nos ha dado a través de Cristo Jesús es a menudo abusada por cristianos que quieren justificar su comportamiento mundano proclamando que ya no estamos atados y que ahora somos libres de hacer lo que queramos hacer. ¿Qué queremos hacer? ¡Dios nos libre! Como nos recuerda Proverbios 14:12, "Hay camino que al hombre le parece correcto, pero su fin es el camino de la muerte." Incluso después de caminar con el Señor durante diecinueve años, sé que no debo confiar en mí mismo para elegir mi propio camino en la vida porque reconozco cuán engañosamente malvado puede ser mi corazón a veces, y cómo puedo justificar casi cualquier comportamiento en mi mente. Entonces, cuando empecemos a perseguir las cosas mundanas que nos alejan del Señor, Él amorosamente "cercará [nuestro] camino con espinas, y [los] muros, de modo que [no] podamos encontrar [nuestros] caminos (de perversión)."

El problema que tenemos cuando el Señor hace esto es que a menudo vemos Sus vallas como muros que nos encierran, en lugar de barreras que nos protegen. Cuando esto sucede, y nuestros caminos están frustrados y dolorosamente cortados, nos enojamos y arremetemos contra El Señor. Es en estos tiempos que debemos recordar que Él no hace esto para castigarnos, sino más bien para protegernos de nosotros mismos, porque Él nos ama y Él quiere lo mejor para nosotros.

OCTUBRE 18

Isaías 32:15: "Hasta que el Espíritu sea derramado sobre nosotros desde lo alto, y el desierto se convierta en un campo fértil, y el campo fértil se cuente como un bosque."

Cuando mis padres estaban vendiendo su casa hace un par de años, mi mamá y yo pensamos que sería divertido hacer un viaje por el camino de los recuerdos y ver algunas películas caseras de la primera vez que nos mudamos a nuestra casa. Cuando el video comenzó a reproducirse y me vi a mí, no salvo, mi alma comenzó a temblar y me sobrecogió gran tristeza, porque todo lo que podía ver en mí era la muerte. No había vida en mis ojos, sin esperanza en mi corazón, y sin sustancia en mi ser. Yo era un vacío, deprimido, suicida, de veinticinco años que confiaba en el mundo, hasta que, es decir, hasta que le entregué mi vida a Jesucristo y su Espíritu Santo fue derramado sobre mí. Entonces todo cambió.

Me acordé de esto cuando leí sobre cómo los hijos de Israel pusieron su confianza en "Egipto en busca de ayuda, y confiaron en sus caballos, confiaron en sus carros de guerra porque eran muchos, y en los jinetes porque eran fuertes, pero no miraron al Santo de Israel" (Isaías 31: 1). El resultado final de esta extraviada confianza era una tierra de desolación y ruina, sus campos fructíferos y hogares felices fueron invadidos por espinas y abrojos y sus bulliciosas ciudades estaban desiertas (Isaías 32: 12-14).

Isaías declaró que esta sería la suerte de Israel en la vida: "Hasta que el Espíritu sea derramado sobre nosotros desde lo alto, y el desierto se convierta en un campo fértil, y el el campo se cuente como bosque." Solo el poder del Espíritu Santo puede traer riqueza y vida a un páramo desierto y transformarlo en un campo exuberante y fértil que es tan abundante puede ser considerado un bosque.[142] Entonces la justicia morará en el desierto, y la justicia permanecerá en el campo fértil" (Isaías 32:16). Una vez que el Santo Espíritu se derrame, la paz reinará en la tierra y Él traerá tranquilidad y seguridad para siempre.

No puedo pensar en una descripción más amplia de cómo mi vida cambió tan radicalmente después de que entregué mi vida a Jesucristo y Su Espíritu Santo fue derramado sobre mí. El páramo de maldad y caos parecido a la *película Mad Max*, que una vez fue mi alma; se transformó en un campo fructífero de justicia, ya que Él trajo tranquilidad y seguridad a mi vida, aunque puedan surgir problemas en esta vida, aunque "venga granizo en mi bosque y la ciudad se humille. (Isaías 32:19) Mi pueblo morará en moradas de paz, en habitaciones seguras y en recreo de reposo" (Isaías 32:18) Puedo estar en completa paz; porque, aunque nuestro país está fracasando, aunque la economía se está hundiendo, aunque este mundo está pereciendo, y aunque la enfermedad se está extendiendo, tengo una vivienda segura en un lugar tranquilo y reparador que está atado a mi Salvador que yace detrás del velo. ¿Puedes decir lo mismo? Si no, déjate conocer, es tuyo si lo quieres. Jesucristo murió por toda la humanidad y desea derramar su Espíritu Santo sobre todos los que lo pidan.

OCTUBRE 19

> Génesis 18:33: "Entonces el Señor se fue tan pronto como terminó de hablar con Abraham; y Abraham volvió a su lugar."

Hace unos años, un hombre se acercó a mí y a otro hermano en la sala de oración y me preguntó si podía ver a un pastor porque necesitaba oración. Le explicamos que no había pastores en la sala de oración, ya que todos estaban sirviendo en sus respectivos ministerios en ese momento. Luego nos miró y dijo con un tono muy decepcionado: "Bueno, supongo que tu servirás."

¿Por qué creemos que las oraciones de una persona son más poderosas que las de otra? Para algunas personas se debe a un título o una ordenación, pero para la mayoría probablemente sea porque en un momento dado esta persona en particular oró por ellos y hubo una respuesta inmediata a esa oración. Por tanto, la suposición natural para nosotros es que sus oraciones son más poderosas que otras.

Pero Dios no hace acepción de personas (Hechos 10:34), es decir, no favorece a nadie sobre otra. Entonces, ¿Por qué algunas oraciones tienen resultados inmediatos y otras llevan años antes de que se vea algún fruto? Creo que la respuesta se encuentra en Génesis 18 donde Abraham estaba intercediendo por su sobrino Lot. Una y otra vez Abraham oró, apelando a la naturaleza misericordiosa de Dios para Lot y su familia. "Entonces el Señor se fue por su camino tan pronto como terminó de hablar con Abraham; y Abraham volvió a su sitio." Note que el Señor se fue cuando terminó de hablar con Abraham, no cuando Abraham terminó de hablar con Dios.

Obtenemos una idea aquí de Apocalipsis 5: 8, donde dice que hay copas de oro en el cielo que "están llenas de incienso, que son las oraciones de los santos." El pensamiento predominante aquí es que las diferentes situaciones tienen recipientes de diferentes tamaños que deben llenarse antes de que esa oración sea respondida. Algunas situaciones tienen copas pequeñas para llenar, y otras situaciones tienen copas grandes para llenar. Independientemente, cada copa se adapta perfectamente a cualquier situación en cuanto a ancho, profundidad y volumen. En el caso de Abraham, la copa que contenía sus oraciones esta ahora llena, y casi ya no le quedaba nada por orar. Era Dios quien ahora le tocaba contestar esa oración en Su tiempo y a Su manera.

Nuestra responsabilidad en todo esto es ser diligentes en la oración, tal como lo fue Jacob, cuando luchó con Dios y se negó a dejarlo ir hasta que lo bendijera (Génesis 32: 22–32). La sabiduría dice que si las oraciones de una persona son de mucha utilidad (Santiago 5:16), ¿Cuánto servirían diez, veinte o cien? Piense en ello de esta manera: si estoy tratando de llenar una piscina con un balde, puedes apostar que voy a pedir toda la ayuda que pueda conseguir para llenar la alberca. La misma lógica se puede usar en la petición de oración. Entonces creyente, aunque puede ser muy difícil permanecer diligente en la oración mientras el tiempo continúa y la desesperación comienza a instalarse, recuerde, aunque hoy vivimos en una sociedad de gratificación instantánea, Dios tiene una forma muy diferente de hacer las cosas, y a menudo, esperar es una gran parte de la respuesta a nuestras oraciones. Como la Biblia nos recuerda continuamente, "Bienaventurados todos los que en él esperan" (Isaías 30:18).

OCTUBRE 20

Isaías 33: 2: "Te hemos esperado"

"¿Cuál es la clave para esperar en el Señor?" Esta fue la pregunta con la que me encontré luchando esta mañana mientras leía el libro de Isaías. Después, de pensar en ello por un tiempo, decidí enumerar algunas de las cosas que deseamos de esta vida, esperando encontrar la respuesta. Con eso, se me ocurrieron dos categorías de las cosas que esperamos: 1) cosas por elección; y 2) cosas por circunstancia.

Siempre me sorprende la cantidad de personas que hacen fila en un cine días antes del lanzamiento de una película de gran éxito; Estoy asombrado por la cantidad de personas que acampan en una tienda específica semanas antes de una venta de Black Friday. Yo mismo he esperado durante horas en la fila solo para pasear en la montaña rusa como la atracción más nueva en Magic Mountain. Estos son solo algunas de las cosas que esperamos por elección. Algunas de las cosas que esperamos por circunstancia serían cosas como el DMV, un centro de atención de urgencia y, por supuesto, el tráfico. Sin embargo, tan diferentes como son cada una de estas cosas, todas tienen algo en común que responde nuestra pregunta: Tienen expectativa.

Ya sea que estemos esperando en la fila para ver una película, atrapados en el tráfico, acampando en una tienda, o sentados en el DMV, esperamos porque tenemos la expectativa de un resultado final. Bueno si nosotros tenemos tanta fe en las cosas de este mundo, ¿Por qué nos falta tanta fe en el que es verdaderamente siempre Fiel y nunca falla? En última instancia, fallamos porque no esperamos que Dios se mueva en esa situación. La Biblia lo promete una y otra vez que cuando esperamos en el Señor, cuando ponemos nuestras expectativas en Sus manos, nunca seremos avergonzados.

El Señor es bueno para los que esperan en Él, para el alma que le busca. (Lamentaciones 3:25)

Porque la visión es todavía por un tiempo señalado; pero al final hablará, y no mentirá. Aunque se demore, espéralo; porque seguramente lo hará vendrá, no tardará. (Habacuc 2: 3)

Y ahora, Señor, ¿Qué espero? Mi esperanza está en Ti. (Salmo 39: 7)

Cuando Michelle y yo estábamos esperando que el Señor nos dijera si deberíamos salir, si deberíamos casarnos, si deberíamos tener hijos, si deberíamos comprar una casa, etc. Lo que siempre recordábamos era que, si queríamos hacerlo bien, si queríamos la perfecta voluntad del Señor en la dirección y el tiempo: todo lo que teníamos que hacer era orar y esperar porque el Señor nos respondería, porque siempre lo ha hecho. Entonces, creyente, sin importar lo que estás esperando, no te rindas; más bien, pon toda tu expectativa en el Señor, sabiendo que cuando esperes en Él serás abundantemente bendecido.

OCTUBRE 21

Isaías 33:15: "El que tapa sus oídos para no oír propuestas sanguinarias; el que cierra sus ojos para no ver cosa mala"

Mi mamá me contó el otro día sobre cómo los padres generalmente trataban la varicela cuando yo era niño. En lugar de evitar el virus por completo, cuando un niño se infectaba, la madre de ese niño les haría saber a todas las otras mamás y tenían una fiesta de la varicela para que todos sus hijos se contagiaran. La creencia era que una vez que te daba la varicela, serías inmune para el resto de tu vida y la vacunación no sería necesaria.

Aunque este pensamiento pudiera o no funcionar para cosas como la varicela, definitivamente no funciona con respecto al pecado. Escucho a muchos cristianos hoy hablar de que necesitan exponer a sus hijos al pecado, para que sean "inmunes" a él más adelante en la vida. Michelle y yo estábamos leyendo un libro en el que el autor afirmaba que las películas, la música, los videojuegos y los medios con clasificación X no son pecaminosos; es el niño quien es pecador, y mantener a su hijo alejado de estas cosas es ser legalista y controlador. Es cierto que los niños son pecadores, pero exponerlos a tales cosas sería como echar leña a un fuego ya encendido. No apaga el fuego; simplemente lo alimenta y lo hace más poderoso.

En el libro de Isaías, cuando se hizo la pregunta de quién puede vivir con "¿El fuego devorador?" (Isaías 33:14), hablando del justo juicio de Dios, la respuesta fue: "El que camina con justicia y habla con rectitud, el que desprecia la ganancia de opresiones, que gesticula con las manos, rechazando sobornos, que tapa sus oídos a las propuestas sanguinarias y de derramamiento de sangre, y cierra sus ojos para no ver el mal: él se paseará por lo alto; su lugar de defensa será la fortaleza de las rocas; se le dará pan y tendrá segura su agua" (Isaías 33:15-16).

Estos versos no hablan de enterrar la cabeza en la arena e ignorar los males de la sociedad. Más bien, se refieren a oponerse a las cosas malas, negándose a participar en ellos o incluso estar expuestos a ellos.[143] David declaró en el Salmo 101: 3, "No pondré nada malo ante mis ojos." Salomón luego escribiría en Proverbios 4:23, "Guarda tu corazón con toda diligencia, porque de él brota la vida." El apóstol Pablo lo dejó muy claro cuando escribió en 1 Tesalonicenses 5:22, "Abstenerse de toda forma de mal." Tan gráfica como la Biblia puede ser a veces, incluso la Biblia se abstiene de describir ciertos males para no exponer al lector a esas cosas viles. La clave para criar a un niño se encuentra en Proverbios 22: 6: "Instruye al niño en el camino que debe seguir" (y aunque fuere viejo no se apartará de él). Lea la Biblia a sus hijos; enséñeles lo que dice; expóngalos a la misma Palabra de Dios porque en esto aprenderán todo sobre el mal de este mundo. La diferencia es que aprenderán sobre esto a través de los ojos de Dios, no a los ojos del mundo.

OCTUBRE 22

Filipenses 1: 9: "Y esto ruego, que tu amor abunde aún más y más en conocimiento y discernimiento."

Al contrario de lo que dirían hoy algunas personas, el verdadero amor no es ciego; tampoco es tolerante y que acepta todas las elecciones y comportamientos. La iglesia de Corinto se enorgullecía en su amor libre por todas las personas y todas las cosas porque creían que eso era amor; sin embargo, el apóstol Pablo los reprendió fuertemente por esta práctica, ya que permitieron que un asistente a la iglesia tuviera relaciones sexuales con la esposa de su padre sin consecuencias (1 Corintios 5: 1-7). Es cierto que debemos ponernos al amor por encima de todas las demás cosas (Colosenses 3:14), ya que el amor cumple tanto la ley como el evangelio. Pero el amor nunca es ciego hacia la ética y lo moral; más bien abunda tanto en conocimiento como en discernimiento.

Encuentro desconcertante que aquellos que predican la aceptación y tolerancia de todas las cosas hoy en día (también conocido como "amor") arrojan veneno sobre cualquiera que no esté de acuerdo con su punto de vista. Aquí radica el verdadero problema con la práctica del amor ciego en el mundo: sin el conocimiento y el discernimiento abundantes en ese amor, solo conduce al odio y al desprecio. Los líderes religiosos en los días de Jesús eran muy celosos de Dios, pero sin conocimiento y discernimiento, fueron dados a la violencia, la ira y hasta el asesinato.[144]

Pero cuando el amor abunda en un "conocimiento preciso y correcto de las cosas éticas y divinas,"[145] cuando puede percibir y discernir correctamente los asuntos sociales, "no sólo por los sentidos, pero [también] por el intelecto,"[146] y a través de una relación con Jesucristo entonces "puedes aprobar las cosas que son excelentes. . . puedes ser sincero y sin ofensas. . . lleno de los frutos de justicia que son por Jesucristo, para gloria y alabanza de Dios" (Filipenses 1: 10-11). Por eso el apóstol Pablo oró por la iglesia de Filipos, "para que vuestro amor abunde aún más y más en conocimiento y discernimiento de modo que, aunque fueron enviados entre los lobos, a pesar de que serían odiados y perseguidos, serían tan sabios como serpientes y tan inocentes como palomas en su testimonio al mundo" (Mateo 10:16).

OCTUBRE 23

Isaías 35: 2: "Verán la gloria del Señor, la excelencia de nuestro Dios."

Cuando Israel se negó a arrepentirse de su rebelión, trajeron el juicio del Señor sobre ellos y su tierra. El camino a Jerusalén, que una vez fue un camino de alegría y celebración, ahora estaba desolado y vacío tanto que los viajeros temían por su seguridad. Líbano, que era famoso por sus cedros, Sarón por sus rosas, Basán por su ganado, y Carmel por su maíz, todos exuberantes con abundantes cosechas de cedros, rosas, ganado y de frutas recursos, ahora serían tierras baldías y desoladas (Isaías 33). Hasta el Día del Señor entonces habrá un camino ahí que será llamado

"Camino de Santidad…el desierto se regocijará y florecerá como la rosa" (Isaías 35: 8). Además, "Florecerá abundantemente y se regocijará, incluso con alegría y cánticos. Le será dada la gloria del Líbano, la excelencia del Carmelo y de Sarón. Ellos verán la gloria del Señor, la excelencia de nuestro Dios" (Isaías 35: 2).

Creo que es muy revelador que la Gloria del Señor, la Excelencia de nuestro Dios, sea vista en la restauración de aquellas cosas que una vez fueron destruidas por el pecado y la rebelión.

Es muy importante que comprendamos esto, porque con demasiada frecuencia ocultamos nuestro quebrantamiento de Dios y volvemos a pensar que debemos curarnos de las decisiones insensatas que hemos tomado. Sin embargo, ¿Cómo es eso posible cuando Dios es la única fuente de restauración?

Recuerdo haber escuchado la historia de un pastor que fue desafiado a un debate por un ateo. El pastor dijo que estaría de acuerdo con este debate si el ateo pudiera proporcionar testigos de personas que no creyeron en Dios y, sin embargo, fueron restauradas. Le preguntó al ateo si podía traer una prostituta, un consumidor de drogas, un adúltero y un desviado sexual o personas inmorales que habían sido restauradas, renovadas o transformadas por el ateísmo y entonces él le concedería el debate que pedía. El ateo dio vuelta y se alejó.

Dios desea restaurar el quebrantamiento que ha traído el pecado. Anhela restaurar todas esas cosas, esas personas como tú y yo, que han sido devastadas por los efectos del pecado. Le encanta tomar lo que está roto, vacío e inútil, esas cosas que el mundo ha corrompido y descartado, y restaurarlas totalmente en lo que es completo, intencionado y efectivo. De hecho, Dios restaura tan completamente en Cristo que somos creaciones nuevas; todas las cosas pasaron, he aquí, todas las cosas han sido hechas nuevas (2 Corintios 5:17).

OCTUBRE 24

Isaías 35: 3: "Fortalece las manos débiles, y afianza las rodillas endebles."

La parte más difícil del caminar cristiano no es el comienzo (justificación) o el final (gloria venidera), ya que ambos son tiempos jubilosos llenos de celebración y alegría. No, el momento más urgente para el creyente es lo que ocurre entre estos dos puntos. Ya sea por el problema que trae la vida o la monotonía de caminar a través de un paisaje árido día tras día, luchamos por sobrevivir en una sociedad, e incluso en una iglesia, eso a menudo nos hace sentir como si estuviéramos solos en una isla desierta. Es por eso que la Biblia nos recuerda continuamente que nuestra vida aquí en la Tierra no va a ser un intervalo de tiempo muy corto en una carrera o competencia, sino un maratón, lleno de colinas y valles, exuberantes jardines y páramos del desierto, en los que debemos correr con paciencia (Hebreos12: 1) avanzando hacia la meta a la que Dios nos ha llamado (Filipenses 3:14). En otras palabras, no debemos rendirnos, sino que debemos descansar en el Señor y tener nuestra fuerza renovada (Isaías 40:31).

En los días de Isaías, el resto de los creyentes que todavía se mantenían fieles a Dios luchaban por seguir adelante porque su nación era corrupta y perversa; sus corazones estaban desmayándose a medida que sus líderes políticos y religiosos eran idólatras inmorales que le dieron la espalda a Dios, que, a su vez, traía el Juicio del Señor en forma de una devastadora invasión asiria. Sabiendo esto, el Señor instruyó a Isaías "Fortalecer las manos débiles y afirmar las rodillas endebles." Dile a los que tienen el corazón atemorizado, "¡Sé fuerte, no temas! He aquí, tu Dios vendrá con venganza, con la recompensa de Dios; Vendrá y te salvará" (Isaías 35: 3-4). Esencialmente, lo que el Señor les estaba diciendo a Sus hijos era: "No es momento de tener manos débiles y rodillas endebles. Aquí es cuando tu nación más te necesita." Todo esto plantea la pregunta: "¿Es nuestra sociedad tan mala como lo es hoy porque la oscuridad es tan grande, o porque la iglesia tiene manos débiles y rodillas endebles?" Temo que es lo último, ya que la oscuridad es simplemente la ausencia de luz; el único camino para que la oscuridad prevalezca es si la luz no está presente, o en nuestro caso, no está actualmente activa en la batalla. Entonces, ¿Dónde está la luz hoy? ¿Dónde está el poder de la iglesia? El señor está diciendo exactamente lo mismo a Su iglesia hoy que le dijo a Isaías, "Este no es el momento para que dejes de trabajar; este no es momento para que dejes de orar. Esto es cuando el mundo más te necesita, así que fortalece esas manos débiles y haz firmes a las endebles rodillas." Que así sea hoy en cada una de nuestras vidas.

OCTUBRE 25

Hageo 2:12: "¿Se volverá santo?"

A medida que entramos en la temporada de resfriados y gripe, se están difundiendo mensajes por todo el país que nos dicen que debemos vacunarnos contra la gripe para prevenir la propagación de la gripe. Pero el sentido común nos dice que la mejor manera de evitar contraer la gripe es simplemente evitar a los que ya tienen gripe. Una de las formas en que hacemos esto es; constantemente lavarnos las manos durante todo el día.

Recuerdo que cuando nuestra hija estaba en la UCIN, Michelle y yo tuvimos que lavarnos desde nuestras manos hasta los codos durante tres minutos, y luego ponernos una bata sobre nuestra ropa, para que no infectáramos a nuestra niña con ningún tipo de gérmenes. Después de que fue dada de alta de la UCIN cuatro días después y la llevamos a casa, cogí un resfriado y constantemente me lavaba las manos y usaba una máscara de respiración para que ella no se contagiara. Lo que aprendemos de todo esto es, que una persona no puede hacer que una persona enferma esté sana, pero una persona enferma puede hacer que otra persona se enferme.

Este es el mismo principio del que habló el Señor en el libro de Hageo cuando Él preguntó: "Si eres santo y tocas el pan o el agua, ¿Eso hace el pan o agua santa? No. Pero, si eres impuro y tocas el pan o el agua, ¿no hace el pan o el agua inmundos? Sí" (véase Hageo 2: 11-14). En otras palabras, como Jon Courson dijo, ustedes que son "santos no pueden limpiar una cosa profana, pero aquello que es inmundo puede hacerte a ti que eres santo, un impío o profano."[147] En resumen, la impureza es contagiosa.

El Señor entró en gran detalle sobre esto en Levítico 11 cuando habló sobre cadáveres de animales. Allí se nos dice que todo el que tocó el cadáver de un animal se hizo inmundo. Pero, si el cadáver de un animal cae en un manantial, el movimiento y la cantidad de agua determinaban la probabilidad de una contaminación efectiva ya que el agua era bien escasa; solo la porción de agua que tocaba el cadáver quedaba prohibida para su consumo.   Lo que es tan interesante de esta afirmación es que los manantiales solían denominarse "agua viva." De acuerdo con Jeremías 2:13, el Señor es "La fuente de aguas vivas." Por tanto, en un sentido muy real, Jesucristo es el manantial que nos limpia de todo nuestro pecado.[148]

Recuerde, nacemos en este mundo como pecadores. No somos pecadores porque pecamos; pecamos porque somos pecadores. Estamos infectados desde el nacimiento, estamos, en cierto sentido inmundos, somos como cadáveres de animales y necesitamos ser limpiados de nuestro pecado. Solo Jesucristo puede hacer eso, porque solo Jesucristo derrotó al pecado en la cruz del Gólgota por el derramamiento de Su sangre. Pero incluso después de haber entregado nuestra vida a Jesús y arrepentido de nuestro pecado, no podemos simplemente exponernos voluntariamente a las cosas que son inmundas, pensando que no nos contaminarán. No, debemos evitarlos, sabiendo que la impureza es contagiosa. Hay una razón por la que el Rey David dijo que no establecería nada malo ante sus ojos, porque reconoció el peligro que esto trae (Salmo 101: 3). El Señor lo dijo muy claramente: "Sed santos, porque yo soy santo" (1 Pedro 1:16). En otras palabras, debemos tomar la decisión de ser apartados y evitar esas cosas inmundas, para que no estemos contaminados.

OCTUBRE 26

Salmo 68:19: "Bendito sea el Señor, que cada día nos colma de beneficios."

¿Cómo abordará este día? Para muchos, los pensamientos de problemas, conflictos y la desesperanza les sobreviene en el mismo momento en que se despiertan. Para ellos es seguro que será un día plagado de oscuridad y desesperación, ya que están seguros de que el día se ha puesto contra ellos. Para el creyente, no debería ser así. En cambio, debemos prepararnos nosotros mismos cada mañana para correr y encontrarnos con Dios con alegría, llenos de acción de gracias y alabanza, sabiendo que Él "cada día nos colma de beneficios."

Incluso en los días más oscuros, la plena seguridad de esta esperanza permanece porque somos los herederos de su promesa. Al Señor le encanta brindarnos oportunidades a diario para alabarlo, por eso Él nos carga incansablemente con la abundancia de Su Gracia. Tanto, que literalmente no hay lugar para que recibamos nada más, la posibilidad de que un niño vacíe el océano con un balde y una pala es más probable que nosotros pudiéramos agotar las gracias diarias que Dios nos otorga.

Como huérfanos adoptados por Aquel que conquistó la muerte y venció al mundo, ¿Somos solo víctimas viviendo nuestros días sin poder hacer nada en un mundo violento y perverso? o somos más que vencedores a través de Aquel que nos ama (Romanos 8:37)? Ser un conquistador es ser alguien que sale victorioso después de una batalla; el creyente en Cristo, que es más que un vencedor, es victorioso incluso antes de que comience la batalla.

Tenemos ante nosotros una esperanza inquebrantable que es a la vez segura y firme, porque el Ancla de nuestra alma no está todavía colgando de una cruz, ni enterrada en una tumba en algún lado. No, nuestra Esperanza Viva, a quien estamos atados detrás del velo, ha resucitado de entre los muertos y está sentado a la diestra del Padre, intercediendo por cada uno de nosotros ahora mismo. Entonces, creyente, ¿Cómo abordará este día?

OCTUBRE 27

1 Pedro 5: 9: "Resístanle, firmes en la fe."

La semana pasada, un hermano me contó acerca de un pensamiento que tuvo de un ser querido que estaba esclavizado por las drogas y el alcohol. En la visión, este amado estaba completamente atado en una telaraña, y un hombre vestido con armadura con una espada ancha gigante estaba parado frente a ella. En ese momento, mi amigo no estaba seguro de si el hombre estaba allí para matar o proteger a la joven. Fue entonces que el Señor rápidamente me recordó que Satanás no tiene espadas ni cuchillos ni ninguna otra arma de esa naturaleza; las armas que Satanás empuña contra nosotros son las del engaño.

En 1 Pedro 5: 8, se nos dice que Satanás "anda como león rugiente, buscando a quien devorar." Nuestras mentes leen mucho en esto a primera vista, y rápidamente pensamos que las Escrituras nos dicen que Satanás es una bestia feroz con garras y colmillos penetrantes. Como señaló David Guzik, Colosenses 2:15 nos recuerda que Satanás fue desarmado en la cruz, lo que significa que Satanás fue desarmado y desangrado; todo lo que puede hacer ahora es caminar como un león "rugiente," infundiendo miedo en su presa.[149] esto no significa que sea inofensivo de ninguna manera, porque el engaño es un arma muy poderosa y es un maestro artesano en su uso. Pregúntale a cualquiera que alguna vez consideró el suicidio y le dirán que comenzaron a creer la mentira de que todo era inútil. Afortunadamente, el Señor nos ha dado un arma poderosa que ilumina y derrota las mentiras de Satanás. Es la Palabra de Dios.

Cuando Jesús fue llevado al desierto y tentado por Satanás, derrotó a Satanás al usar la Palabra de Dios, no ejércitos de ángeles y huestes celestiales. Simplemente se mantuvo firme en las Escrituras y derrotó el engaño de Satanás con la verdad de Dios. Como dice el viejo adagio, Satanás no tiene trucos nuevos, solo nuevas víctimas. El apóstol Pedro nos recuerda que debemos estar atentos a estos mismos tipos de engaños, porque vendrán a nosotros también. Nuestra defensa contra sus ataques es simplemente esta: "Resístale, firme en la fe." La palabra "resistir" básicamente significa "mantenerse firme" o "mantenerse en contra." Observe que tenemos la capacidad de enfrentarnos a él y resistir sus mentiras cuando colocamos nuestra fe en lo que Dios ha dicho más que en lo que nuestras circunstancias puedan decirnos. Nos recuerda que Satanás no tiene el poder de alcanzarnos; la única forma en que él gana en nuestras vidas es cuando cedemos a su engaño y creemos en sus mentiras.

Por eso es de vital importancia que todo creyente conozca la Palabra de Dios por sí mismos, porque así es en última instancia cómo derrotaremos las mentiras con las que somos bombardeados todos los días. Ya sean mentiras sobre lo que realmente es la belleza, sobre lo que nos satisfará, sobre la inmoralidad sexual que no destruye, sobre lo inesperado de un embarazo que arruina nuestras vidas, o las mentiras sobre el amor incondicional y la fidelidad de Dios por cada uno de nosotros, todas estas mentiras están expuestas, redefinidos y derrotados por la verdadera Palabra de Dios. Es aquí, en Su Palabra, donde somos "transformados por la renovación de nuestra mente" (Romanos 12.2).

OCTUBRE 28

2 Reyes 18: 4: "Quitó los lugares altos."

Cuando Ezequías se convirtió en rey de Judá, hizo cambios radicales en la nación e hizo algo que ningún otro rey antes que él tuvo el valor de hacer: Él "quitó los lugares altos" de adoración. Estos no eran únicamente altares idólatras erigidos en nombre de Baal u otros ídolos de ese día; también eran lugares de sacrificio que se realizaban en el nombre del Señor nuestro Dios. Uno de los problemas fue que los altares se construyeron de acuerdo con el deseo de lo que la gente quería, no según el deseo de lo que Dios había instruido a Sus hijos (Levítico 17: 1–4).

En efecto, los lugares altos eran un reflejo directo de la actitud y práctica del culto pagano en ese día, en el que era práctica común que la gente ofreciera sacrificios donde y como quisieran.[150] Esto era una ofensa para Dios, porque, precisamente instruyó a sus hijos para que llevaran sus sacrificios al tabernáculo (y más tarde el templo). ¿Pero por qué? ¿Cuál es el problema si las personas sacrificaran cómo y dónde querían, siempre y cuando estuviera dirigido a Dios? Para responder a esa pregunta, solo es necesario observar la actitud y la práctica de nuestra sociedad actual, en la que las personas establecen su propio conjunto de reglas sobre cómo quieren llegar a Dios (obras, bautismo, ser una buena persona, dádivas etc.)[151] Creo que Dios ordenó a sus hijos que llevaran sus sacrificios al tabernáculo / templo como un presagio de la verdad para todos; que solo habría un nombre bajo el cielo por el cual el hombre podría ser salvo, Jesucristo. (Hechos 4:12)

Dios instituyó un principio importante que contrasta directamente con el de los "lugares altos" que existen hoy, tales como: todos los caminos conducen al Cielo; todos adoramos el mismo Dios; oramos a hombres y mujeres en lugar de a Jesús; la penitencia trae perdón; el bautismo, las obras, los rituales, la membresía es igual a la salvación, etc. Dios nos recuerda que no podemos simplemente elegir qué partes de la Biblia queremos seguir; Él nos advierte que no podemos simplemente inventarnos nuestra propia religión y esperar que funcione de la manera que queremos. El Señor, por su propio deseo y voluntad, proveyó perfecta y dolorosamente el camino de salvación por medio de la cruz para toda la humanidad, como sólo Él podría. Pensar que podemos simplemente sumar, restar o alterar ese camino para adaptarlo a nuestros propios deseos es una tontería. Jesús lo dijo muy claramente para que no hubiera malentendidos o malas interpretaciones, "Yo soy el camino, la verdad y la vida. Nadie viene al Padre si no es por mí" (Juan 14: 6).

OCTUBRE 29

Proverbios 16: 4: "El Señor lo ha hecho todo para sí mismo."

Cuando Abraham recibió instrucciones de sacrificar a su amado hijo Isaac. . . cuando Sadrac, Mesac y Abednego estaban siendo arrojados a un horno de fuego. . . cuando se le reveló a Ezequías que iba a morir. . . y cuando le dijeron a María que ella estaría embarazada, todos pusieron su fe en el Señor porque todos entendieron el principio fundamental de que el Señor ha hecho todas las cosas para Él mismo. Eso no significa que estuvieran contentos con su situación, o incluso que estuvieran de acuerdo en cómo el Señor lo estaba haciendo realidad. Sin embargo, a pesar de cómo se sintieron y de lo que pensaron, todavía optaron por negarse a sí mismos y poner su confianza en el Señor y Sus caminos. Curiosamente, la frase "Él mismo" que se usa aquí; significa una respuesta o una respuesta-un propósito. Entonces, la pregunta que todos debemos responder cuando el Señor nos elija para sus propósitos es ¿Cuándo Él permita que cosas sucedan en nuestras vidas estemos o no de acuerdo…como le responderemos?

Antes de ir a Israel en abril de 2012, mi esposa y yo oramos fervientemente para que el Señor me curara de la aflicción de mi piel en curso. Meses después, mientras estábamos en Israel, el Señor me preguntó: "¿Me seguirás amando, aunque no te sane?" Ahí fue cuando me di cuenta de que había puesto mi fe y esperanza en una curación, en mi salud más que en mi Dios. Cuando regresamos a casa de nuestro viaje, escribí un devocional sobre mi aflicción y la esperanza que el Señor me había dado a través de esta enfermedad. Mientras estaba sentado en mi escritorio reflexionando exactamente por qué el Señor quería que tuviera esta aflicción, la respuesta de uno de nuestros lectores de los devocionales llegó diciendo: "No tienes idea de cuánto necesitaba escuchar esto hoy." Fue entonces cuando escuché al Señor decir: "Por eso."

Fue un gran recordatorio del hecho de que fui creado para Sus propósitos, no para el mío. También recordé lo que declaré el 22 de abril de 2000: "Señor, quítame la vida, si tú lo deseas, o úsame como tú quieras porque yo te pertenezco." Demasiado, olvidamos esas palabras cuando nos enfrentamos con circunstancias que no se alinean con nuestra voluntad, nuestro tiempo o lo que queremos para nuestras vidas. ¡Cómo se atreve Dios a tomarnos la palabra, si no cumplimos!

Si hay algo que el Señor me ha dejado muy claro sobre estos pasados dieciséis años de caminar con Él, es que Su voluntad, no la mía, no solo es la mejor para mí; también es mejor para todos los que están en mi vida y sus alrededores. Es por eso que mi esposa y yo oramos diligentemente y esperamos su voluntad en casi todo lo que podamos, porque queremos Su perfecta voluntad para nuestras vidas, no la nuestra. Entonces, creyente, ¿Cómo estás respondiendo hoy al llamado de Dios en tu vida?

OCTUBRE 30

Mateo 10: 16b: "Sed, pues, sabios como serpientes e inocentes como palomas."

Cuando era niño, mi padre solía decirme: "Engáñame una vez, la vergüenza es tuya; engáñame dos veces y la vergüenza es mía." Me acordé de esto mientras meditaba en Mateo 10:16, "Sed, pues, sabios como serpientes e inocentes como palomas." Durante los últimos meses más o menos, probablemente he citado este versículo unas treinta veces para mí, mi esposa y muchos otros con los que he hablado. Este fue el consejo y la dirección que Jesús les dio a sus discípulos cuando los envió como "ovejas en medio de lobos" (Mateo 10: 16a).

Jesús no nos está diciendo que seamos como una serpiente o una paloma; más bien, nos está diciendo que adoptemos ciertas características de la serpiente y la paloma como guía para vivir en este mundo caído. Lo primero que notamos es que debemos ser sabios como serpientes. Al comentar este versículo, Matthew Henry explicó que, a diferencia de los zorros que usan su astucia "para engañar a otros," las serpientes usan su astucia "para defenderse a sí mismas." La lección aquí es que, aunque estamos llamados a ser ministros de la gente de este mundo, no estamos llamados a exponernos imprudentemente con aquellos que nos harían daño una y otra vez. Más bien, debemos tomar decisiones que sean justas con respecto a sus mejores intereses, pero que también incluyan nuestra preservación también.[152]

Lo segundo que notamos es que debemos ser tan "inofensivos como palomas." lo interesante de las palomas es que por naturaleza no provocan a sus enemigos, ni son provocados por ellos. Esta es una descripción perfecta del Espíritu Santo, a quien Jesús expuso durante su tiempo aquí en la Tierra y especialmente en la cruz. Este Espíritu, que curiosamente, se nos dice, descendió sobre Él como una paloma, es el mismo Espíritu que debemos exhibir a este mundo.[153]

La palabra "inofensivo" que se usa aquí literalmente significa estar sin mezclar y puro y se refiere a no tener mezcla de maldad en nuestra mente o en nuestro corazón. Prácticamente hablando, significa que no debemos dañar a nadie ni sostener nada contra ellos cuando nos hagan daño. Sin embargo, mostrar gracia a los demás no significa que somos un saco de boxeo para que abusen de nosotros cuando lo deseen. Recuerde, no se nos instruye simplemente para que seamos inofensivos; también se nos instruye a ser sabios y protegernos a nosotros mismos, porque incluso Jesús advirtió a sus discípulos de los hombres (Mateo 10:17).

Un gran ejemplo del equilibrio que debemos tener se encuentra cuando Nehemías instruyó a los que estaban bajo su mando para que reconstruyeran el muro con una mano y sostuvieran en la otra una espada (Nehemías 4:17). El propósito de la espada no era atacar, ya que la orden dada fue la de defenderse a sí mismos, a sus familias y a sus hogares. Sería prudente recibir este consejo nosotros también.

OCTUBRE 31

Juan 17:17: "Santifícalos en tu verdad. Tu palabra es verdad."

"Entretenme, estoy aburrido." Este es aparentemente el grito de muchos en nuestra sociedad actual, el hombre ya no quiere buscar y encontrar la verdad por sí mismo; él quiere que se le entregue en una bandeja de plata. Ya no quiere pensar por sí mismo y determinar qué está bien o mal en una situación determinada; quiere que le digan qué hacer y en que creer. Todas las mañanas encendemos nuestros dispositivos electrónicos en busca de *la verdad del día*, esperando ser alimentado con cualquier tontería que pueda ofrecer el mundo. En un sentido muy verdadero nuestra sociedad se ha convertido en el perezoso de Proverbios que mete la mano en su plato, y es demasiado perezoso para llevárselo a la boca (Proverbios 26:15).

A menudo me pregunto cómo el amor en el corazón de un cristiano se enfriará en los últimos días (Mateo 24:12), cómo los creyentes serán descarriados por falsos maestros y falsos profetas, intercambiando la devoción pura de Cristo por una devoción corrupta por uno mismo (2 Corintios 11: 3). No es difícil ver cómo sucederá esto si consideras el hecho de que nuestra capacidad de atención se está convirtiendo en la de un niño de dos años que no puede sentarse quieto durante más de un segundo porque no estamos siendo estimulados por nuestra electrónica adicción. Dedicamos una cantidad excesiva de tiempo para ver un video sobre cualquier cosa bajo el sol, y mirar cada imagen que se cruza en nuestro camino, pero cuando nos encontramos con cualquier tipo de retórica escrita, especialmente lo que se refiere al Señor, lo ignoramos *porque requiere demasiado tiempo* y esfuerzo para leer y comprender lo que dice.

Creo que el corazón del cristiano se enfriará y los creyentes se desviarán porque dejarán de leer la Biblia y dejarán de buscar la verdad por sí mismos. Todo en lo que basarán la verdad será lo que alguien les comparta sin conocimiento de causa Independientemente de quién sea, si no sabemos la verdad por nosotros mismos,

¿Entonces como sabremos alguna vez si lo que otros nos dicen es realmente la verdad? ¿Como alguna vez podremos cambiar, crecer y ser transformados cada vez más a la imagen de Cristo?

Juan 17:17 nos recuerda que es la misma verdad contenida en la Biblia que nos santifica cuando la leemos, la entendemos y la aplicamos a nuestras vidas por medio del Espíritu Santo. Así es como crecemos en fe, sabiduría y discernimiento. Es como nos defendemos a nosotros mismos y a nuestras familias de los engaños del mundo. Es como nos mantenemos firmes y resistimos al enemigo. Y en última instancia, así es como conocemos al Padre y podemos glorificarlo a este mundo. Entonces, creyente, toma el Libro, la Biblia y encuéntrate a ti mismo, y sé santificado por Su verdad.

NOVIEMBRE 1

Isaías 6: 1: "En el año que murió el rey Uzías, vi al Señor sentado en un trono, alto y sublime, y las orlas de su manto llenaban el templo."

Para Isaías, la desesperanza crecía: el amado rey Uzías había muerto; el caos aumentaba; Los enemigos de Judá se agitaban; y se acercaba el cautiverio. Fue entonces, en ese momento, cuando todo parecía más oscuro, cuando parecía que el Señor no se encontraba en ninguna parte, que Isaías "vio al Señor sentado en un trono, alto y sublime y sus faldas llenaban el templo." Aunque "parecía" que ya todo estaba fuera de control y que se caía a pedazos, el Señor manifestó claramente que Él estaba en el Su Trono y tenía el control.

Había estado pensando mucho en la perspectiva que se le dio a Isaías como en 2016 que se acercaban las elecciones presidenciales. Debemos recordar que independientemente de cómo la elección resultó, nada ha cambiado para el creyente. Nuestra esperanza siempre ha estado en Dios y siempre estaremos firmemente seguros en Jesucristo, porque estamos apegados al Rey de Reyes que reside detrás del velo y se sienta a la diestra del Padre. Como Hebreos 6 nos recuerda que esta inquebrantable esperanza que tenemos en Él es el ancla de nuestra alma. Mientras que, si tuviéramos que anclar nuestra esperanza a una persona, partido o cualquier cosa contraria, estaríamos realmente desesperados, porque esas cosas siempre nos fallarán.

Para mantener esta perspectiva en su lugar, debemos adherirnos a las instrucciones del Señor y continuar orando por los líderes de este país, sin importar quiénes sean, porque la Biblia dice que cuando hacemos súplicas, oraciones, intercesiones, y dando gracias por los que están en autoridad, llevaremos vidas tranquilas y pacíficas con toda piedad y reverencia (1 Timoteo 2: 2). El asombroso beneficio de orar y ayunar por las elecciones del 2016 es que me ha cambiado. Ya no hay más preocupaciones ni ansiedad ni miedo por lo que pueda venir porque mi perspectiva se ha colocado exactamente donde debe de estar: en Jesús, sentado en el Trono Alto y Sublime.

NOVIEMBRE 2

Juan 14:27: "La paz les dejo, mi paz les doy. Yo no se la doy a ustedes como la da el mundo. No se angustien ni se acobarden."

El lunes pasado por la noche, Michelle y yo nos reunimos con muchos de nuestros hermanos para orar e interceder por las elecciones de 2016. Mientras disfrutábamos de la comunión unos con otros, me di cuenta de que había un entusiasmo por la elección que no estaba allí antes. Después de mencionarlo a varios otros, me resultó evidente que nuestra emoción por la elección no tenía nada que ver con quién ganaría. Más bien, era una emoción en lo que Dios iba a hacer porque sabíamos que no importaba lo que sucedería. Él estaba en el trono y tenía el control total.

Creo que es importante entender la emoción que sentíamos, la noche fue una emoción que solo puede nacer de la paz que Dios nos da: "La paz os dejo, mi paz os doy; no como el mundo la da, yo la doy. No se turbe vuestro corazón, ni tenga miedo". Ray Stedman describió: es una paz con "la capacidad de hacer frente," lo que significa que es una paz que no está determinada por situaciones, circunstancias o resultados como la paz que brinda el mundo; más bien es una paz que supera situaciones, circunstancias y resultados porque es una paz que nunca se nos podrá quitar.[154]

Estaba pensando mucho en esto mientras leía ciertas publicaciones en las redes sociales siguiendo la elección. Entendí completamente por qué los incrédulos reaccionaron de la manera en que lo hicieron, porque la única paz que tienen está fundada en el mundo, y cuando esa paz fue alejada de ellos, se asustaron y se enojaron. Lo que no entendí fueron las publicaciones que leí de los creyentes, que estaban atacando y señalando con el dedo a otros. Me quedó claro que estos creyentes estaban asustados y enojados porque buscaban su paz en el mundo en lugar de encontrarla en Cristo; y por eso, no pudieron hacer frente a lo que había sucedido.

Jesús nos recuerda que es solo cuando buscamos la paz que Él da, la paz que sobrepasa todo entendimiento, la paz que no se nos puede quitar, que puede estar en tal estado que nuestros corazones no se turbarán, ni tendrán miedo independientemente de lo que pueda ocurrir.

NOVIEMBRE 3

Filipenses 1:27: "Sólo deja que tu conducta sea digna del evangelio de Cristo."

Hace unos diez años, uno de nuestros altos directivos presentó un programa de formación de servicio al cliente para todos los empleados. La sesión de dos horas se centró en tener la actitud adecuada, ser profesional, amable, cortés, paciente, etc. Curiosamente sin embargo, este hombre también nos contó historias de sus experiencias en restaurantes de comida rápida en las que reprendía a los empleados por tardar demasiado en servir o incluso solo por estar trabajando allí. Luego continuó con esta extraña diatriba hablando a la gente por no tener títulos universitarios, ya que los hacía inadecuados. ¿Qué es esto? el hombre no entendía que el servicio al cliente, no es una actitud que solo requiere el estar de 8 a 5; más bien, debería ser quiénes somos las 24 horas del día, los 7 días de la semana, independientemente de si estamos trabajando o no.

Para muchos creyentes, esto nos describe a la perfección espiritualmente, ya que hemos malinterpretado las Escrituras como diciendo "estamos para que nos muestren testimonio." en lugar de "somos testigos." Nosotros actuamos como testigos en momentos específicos o en lugares específicos, pero luego registramos nuestra salida y dejamos nuestro cristianismo atrás por el resto del día. Es como decir "Amen" después de una oración y pensando que Dios ya no está a nuestro alrededor porque hemos cumplido nuestro turno de trabajo.

En Filipenses 1:27, el apóstol Pablo nos exhorta: "Sea digna vuestra conducta del evangelio de Cristo." La palabra "conducta" significa ser ciudadano, y específicamente se refiere a nuestra ciudadanía en Cristo. Pablo nos recuerda que ya no somos ciudadanos de este mundo; ahora somos ciudadanos del cielo, y por lo tanto deberíamos vivir en tal manera en que el evangelio de Cristo se magnifique en y a través de nuestras vidas sin importar dónde estemos o lo que podemos estar haciendo.

Por ejemplo, cuando viajo al extranjero, no significa que ya no sea un ciudadano estadounidense; Soy un ciudadano estadounidense sin importar a dónde vaya o qué haga, no necesito intentar ser un ciudadano estadounidense; es simplemente quien soy. En el mismo sentido, como creyentes, somos testigos de Cristo sin importar dónde estemos o lo que estemos haciendo. La única pregunta es, ¿Qué tipo de testimonio estamos presentando a otros? ¿Es uno que atrae a la gente a Jesús, o uno que los repele de Él?

El desafío que Pablo nos da aquí es ser ciudadanos dignos del evangelio, que reflejen la imagen de Cristo a los demás sin importar cuál sea la situación. W. Glyn Evans dijo: "El evangelio es simplemente una colección de palabras, términos y frases, todos los cuales son difíciles de entender a menos que se aclaren en la vida de alguien. Mirándonos, la comunidad que no ha sido salva debería poder ver una conexión entre lo que somos y lo que el evangelio declara."[155] En otras palabras, nuestro comportamiento debe ser adecuado al evangelio para que no le demos al hombre una excusa para blasfemar en contra de Dios, sino una razón para alabarlo. Como bien dijo Warren Wiersbe, "la más importante arma contra el enemigo no es un sermón conmovedor ni un libro poderoso; es la vida constante en Cristo de parte de los creyentes"[156]

NOVIEMBRE 4

Isaías 40: 1: "¡Conforta, sí, consuela a mi pueblo! Dice tu Dios."

La instrucción que el Señor le dio a Isaías hace miles de años, para consolar a Su pueblo, tiene tanta relevancia para nosotros hoy como lo tuvo para Isaías en su día. De hecho, creo que esta instrucción no solo se le dio a Isaías para ese tiempo específico, sino se le dio a todo profeta y ministro de todos los tiempos: "Conforta. . . ¡Mi pueblo!" Debemos leer este cargo como si el Señor acabara de hacerlo realidad, y que nos lo ha dicho directamente a cada uno de nosotros. Segunda Corintios 1: 3 (énfasis añadido) nos recuerda que nuestro Dios es "el Dios de *toda* consolación." Así, como David Guzik nos recordó; con cada mensaje que entregamos como pastores de una iglesia sin importar cual sea; el consuelo debe ser parte del mensaje.[157]

El Señor instruyó a Isaías para consolar a su pueblo asegurándoles tres cosas: 1) su guerra ha terminado; 2) su iniquidad es perdonada; y 3) su Señor vendrá (Isaías 40: 2-5). Pudo parecer extraño que Isaías le dijera al pueblo de Dios que su guerra había terminado cuando aún se avecinaba la invasión babilónica; todavía, aunque la batalla de la vida se mantuvo, la guerra misma había terminado.

La segunda cosa que Isaías debía asegurarle al pueblo de Dios era que su iniquidad había sido perdonada. Los primeros treinta y nueve capítulos describen cómo Isaías reveló el pecado de Israel y su rebelión contra el Señor, para que el pueblo supiera de su transgresión y la consecuencia que traería. Escuchar ahora que el Señor ha perdonado a todos su iniquidad debe haberlos consolado mucho. Por último, el Señor le dijo a Isaías que recordara a su pueblo que vendría por ellos. El idioma que se le dio a Isaías era un lenguaje común que se usaba a menudo para hacer los preparativos para un triunfante Rey. El Señor quería que le quedara muy claro a su pueblo: "Consuélate, tu Rey viene."

La clave para ser consolado en medio de esta vida y todo su furor es poner nuestro corazón en lo que es verdad, no en lo que vemos. "La hierba se seca, la flor se desvanece, pero la palabra de nuestro Dios permanece para siempre" (Isaías 40: 8). Cuando fui ascendido a un nuevo puesto en un departamento diferente en el condado, después de reportar mis dos semanas a mi supervisor en ese momento, no importa lo mal que haya salido el trabajo, no importa lo maltratado que fui por ese supervisor, sin importar cuánta guerra hubo, fácilmente podía mirar más allá de todo y sentirme consolado porque sabía que era temporal y que pronto el Señor me libraría y me iría. Lo mismo ocurre con nosotros hoy en Cristo Jesús. Este mundo es solo temporal para nosotros; pronto, nos iremos y nos dirigiremos a nuestro verdadero hogar en el cielo. Así que, creyente, consuélate. Tu guerra ha terminado, tu iniquidad ha sido perdonada y tu Rey viene por ti.

NOVIEMBRE 5

> Marcos 6: 5: "Ahora bien, no pudo hacer allí ningún milagro, si no fuera porque impuso sus manos sobre algunos enfermos y los sanó."

Una vez leí que la fe y la incredulidad usan la misma clave; la diferencia es que una abre la puerta y la otra en sentido contrario, la bloquea. Cuando Jesús regresó a su ciudad natal de Nazaret, se nos dice que "no pudo hacer ninguna obra poderosa allí; es decir milagros, excepto que puso sus manos sobre algunos enfermos y los sanó." Me parece asombroso que Jesús podía resucitar a los muertos, expulsar a cualquier demonio, ordenar a cualquier tormenta que se detuviera, sanar cualquier enfermedad o discapacidad. . . pero no podía hacer nada con la incredulidad.

Ron Daniel dijo que no es que "físicamente no pudiera" hacer milagros, sino más bien que "Él moralmente no podía."[158] Jesús todavía realizó milagros en Nazaret como se nos dice, que impuso las manos sobre unos pocos enfermos y los sanó, pero moralmente no podía hacer milagros entre los nazarenos incrédulos. Juan 1:12 nos recuerda: "Pero a todos los que le recibieron, les dio el derecho de ser hechos hijos de Dios, a los que creen en su nombre." Piense en ello de esta manera: si estoy enfermo, y no voy al médico, ¿Cómo puede el médico ayudarme?

La simple verdad que debemos reconocer aquí es que Jesús no pudo hacer ninguna obra poderosa entre esta gente simplemente porque no querían venir a Él; no creyeron en Él como el Mesías y por lo tanto no tenían ninguna expectativa de recibir algo de Él. "Y se maravilló de la incredulidad de ellos" (Marcos 6: 6). ¿Qué haría falta para que el Creador del universo se maravillara, el Dios que creó todo? la Fe. Jesús se maravilló dos veces en la Biblia, una vez por la presencia de fe (Lucas 7: 9), y otra vez debido a su ausencia.[159]

A menudo hablamos de los enemigos que enfrentamos en esta vida. . Satanás, el mundo, nuestra carne; y, sin embargo, a nuestro mayor enemigo a menudo lo descuidamos y permitimos que infecte nuestro corazón. Recuerde, Satanás ha sido derrotado, el mundo ha sido vencido y la carne ha sido controlada. Sin embargo, la incredulidad no se controla dentro de nosotros todos los días. Necesitamos dejar de enfocarnos en nuestros enemigos derrotados y comenzar a enfocarnos en el enemigo que verdaderamente nos derrota, porque "al que cree todo le es posible" (Marcos 9:23).

NOVIEMBRE 6

1 Corintios 4: 7: "¿Y qué tienes que no hayas recibido? Ahora bien, si realmente lo recibiste, ¿Por qué te jactas como si no lo hubieras recibido?"

El Señor me habló esta semana sobre la función adecuada de los dones que ha dado a cada uno de nosotros a través de la venida de Su Espíritu Santo. Nuestro papel, como se dijo muchas veces, es simplemente estar disponibles para que ese don sea ejercido; la gestión y el empoderamiento de ese obsequio queda únicamente a discreción del Señor. Él es el único responsable de la habilitación de ese don, el camino que debe seguir, y la potencia que debe llevar a cabo según sus propósitos dicten para esa situación. "Entonces la palabra que sale de Mi boca; no volverá a Mí vacía, sino que hará lo que Yo quiero y será prosperada en aquello para que la envíe" (Isaías 55:11).

En un sentido muy real, somos simplemente un anfitrión de ese regalo, y de ninguna manera deberíamos permitir que la gloria de ese regalo, de ese don sea siempre una joya colocada en nuestra corona. Como mi buen amigo Darrell

a menudo nos recuerda: "Después de una cirugía exitosa, no abrazas el bisturí."
¿Entonces por qué nos acreditaríamos alguna vez cuando los dones del Espíritu
se manifiestan a través de nuestra vida? Esta fue esencialmente la pregunta que el
Señor me hizo esta semana cuando estaba preparándose para enseñar: "Patrick,
¿Cómo puedes atribuirte el mérito de un regalo que se te dio a ti?"

Hay mucha libertad en lo que el Señor me habló esta semana, para toda la
presión de desempeño, producción, resultados, recepción, respuesta, etc., estaban
todos lejos de mi alcance como el Señor dejó en claro, "Patrick, no eres el Cristo,
Yo Soy" (Juan 1:20). El apóstol Pablo declaró en Romanos 1:14 que era un deudor
de todos los hombres. Reconoció que los dones que le había dado el Señor estaban
destinados a ser utilizados para el mejoramiento de los demás, no para la promoción
de uno mismo. Así que estaba endeudado, obligado a usarlos para la Gloria y el
Propósito del Señor.

Como señaló W. Glyn Evans, nuestros dones no nos pertenecen, sino que
pertenecen "a la gente para quien Dios [los determinó]."[160] El único activo que
podemos reclamar debidamente es la eterna promesa de salvación del Señor a través
de Cristo Jesús nuestro Señor.[161] Entonces, creyente, "¿Qué tienes que no hayas
recibido? Ahora si lo dieron recíbelo, ¿Por qué te jactas como si no lo hubieras
recibido?"

NOVIEMBRE 7

Isaías 42: 1: "¡He aquí! Mi siervo. . ."

¿Cuál es el mensaje más poderoso: ¿Que tú y yo somos pecadores, o que tú y yo
tenemos un Dios que voluntariamente murió por nuestro pecado? ¿Que tú y yo
merecemos la muerte, o que a usted y mí se nos ofrece la gracia? ¿Que tú y yo
no somos dignos de amor, o que tú y yo somos amados incondicionalmente? Es
interesante cómo agarramos y sostenemos tan fácilmente el aspecto negativo de
nuestra naturaleza carnal; todo el tiempo ignoramos y rechazamos las contrapartes
positivas que mitigan y superan completamente esas cosas para nosotros en Jesucristo.

La razón por la que nosotros, como creyentes, no caminamos en el poder y
la victoria de nuestro Señor y Salvador hoy es porque pasamos demasiado tiempo
enfocándonos en el problema, en lugar de regocijarnos en la solución que es el
Señor Jesús. Sabemos que somos cañas quebradas y pábilos humeantes; pero por
error permitimos que esas cosas definan nuestro carácter, nuestra actitud, nuestra
perspectiva y nuestra herencia espiritual porque fallamos en comprender el resto del

versículo en el que el Señor nos dice: "Una caña cascada y el pábilo que humeare no apagaré" (Isaías 42: 3).

El Señor nos asegura a cada uno de nosotros que, aunque seamos magullados, aplastados, encorvados y destrozados por esta vida, Él nos curará y restaurará gentil y tiernamente. En algo que será más fuerte, más hermoso y más útil que antes. Incluso si nuestro caminar espiritual produce más humo que fuego, y nuestra esperanza y fe en el Señor es débil y menguante, el Señor dice que tomará esa mecha humeante y la avivará en una llama que arderá brillantemente para Su reino.[162]

Creyente, el Padre nos está implorando a todos hoy, "Dejen de enfocarse en sus debilidades y ¡He aquí! Mi siervo Jesucristo. . . Estúdialo; pon tu atención en Él, Mi Elegido, Mi Hijo Jesucristo. Él es un pacto para toda la humanidad de Mi amor y Gracia; Él es la luz de los perdidos y abrirá los ojos de los ciegos; El traerá libertad a los presos, a todos los que se sientan en la oscuridad y la desesperación." Entonces ¿Qué mensaje captaremos y aferraremos hoy: que a menudo tropezamos o que nunca caeremos porque Él nos sostiene con Su poderosa diestra?

NOVIEMBRE 8

Josué 1: 5: "Como estuve con Moisés, estaré contigo."

Una de las cosas más difíciles de soportar es cuando una temporada con alguien querido llega a un final. He enfrentado muchas de esas temporadas desde que entregué mi vida a Cristo, padres espirituales para un tiempo específico de crecimiento, queridos hermanos y hermanas que han ido a casa para estar con el Señor, y amigos increíblemente cercanos que han sido llamados por Dios para dejar nuestra iglesia, el estado e incluso el país por un propósito mayor. Es en estos momentos que a menudo podemos sentir tristeza y tal vez incluso miedo debido al vacío que ha dejado esa gente. Sin embargo, al mismo tiempo, debemos reconocer que estas son también oportunidades muy raras que se nos brindan para madurar en el Señor, y examinar exactamente dónde está puesta nuestra fe y esperanza.

En el libro de Josué 1, Josué enfrentó el final de una temporada similar a la nuestra, pero con una magnitud que no podemos sondear. Después de la muerte de Moisés, el líder de los hijos de Israel, el padre espiritual, consejero y querido amigo de Josué; Dios llamó a Josué a asumir su puesto de liderazgo. Josué luchó poderosamente con este llamado, ya que la idea de reemplazar un guía espiritual como Moisés parecía imposible. Dios abordó el miedo y la duda de Josué prometiéndole: "como estuve con Moisés, así estaré contigo."

El Señor sabía que Josué había sido testigo de todas las cosas increíbles que había hecho a través de Moisés, por lo que Dios le dejó muy claro a Josué: "Así como yo estaba fuerte y fiel por el nombre de Moisés, seré fuerte y fiel en tu nombre también." Dios esencialmente estaba reenfocando la fe de Josué a donde tenía que estar: en el Señor Todopoderoso, no sobre su siervo Moisés. Dios le recordó a Josué que la victoria nunca dependió de las habilidades de Moisés, al igual que nunca dependería de sus habilidades. La victoria solo se logró gracias a la gran Fidelidad del Señor para aquellos que responden a su llamado y son obedientes a sus instrucciones.

El Señor luego reforzó el peso de esta promesa a Josué y a los hijos de Israel por el primer milagro que realizó bajo el liderazgo de Josué. No es una coincidencia que el Señor eligiera dividir el Río Jordán; fue un testimonio de que fue hecho por el Señor, Él y no Moisés, que había dividido el Mar Rojo. Para que Josué y los hijos de Israel pudieran presenciar este milagro antes de entrar en la Tierra Prometida, Dios le aseguró a Josué: "como estuve con Moisés, así estaré contigo."

NOVIEMBRE 9

Éxodo 20:23: "No harás ningún tipo de dioses para estar conmigo."

Después de entregar mi vida a Jesucristo, quise hacer algo para honrarlo como mi Señor y Salvador, así que decidí llevar una cruz de oro alrededor de mi cuello. Aproximadamente un año después, cuando me estaba preparando para el trabajo una mañana, la cadena que sostenía mi cruz se rompió y comencé a entrar en pánico. "¿Qué hago ahora?" Era como si mi única demostración hacia Dios se había ido y yo estaba completamente separado de Él. Entonces el Señor me hizo saber Patrick no necesitas esa cruz porque me tienes a mí.

Encuentro tanta paz en el hecho de que, aunque Dios es un ser muy complejo, la relación que Él desea tener con nosotros es muy simple. Cuando el señor habló a los hijos de Israel en Éxodo 20 sobre la relación que tenían con Él, les dijo: "Vosotros habéis visto que he hablado desde el cielo con vosotros. No hagáis conmigo; dioses de plata ni dioses de oro os haréis" (Éxodo 20: 22-23). En pocas palabras, Dios estaba diciendo: no necesitas nada más; Me tienes y Yo estoy siempre contigo. Él reforzó aún más este punto cuando dio a Sus hijos instrucciones sobre cómo construir altares para sacrificios:

Me harás un altar de tierra, y sobre él harás sacrificios. . . En todo lugar donde yo hiciere que esté la memoria de Mi Nombre vendré a ti y te bendeciré. Y si me hicieres un altar de piedras, no las labres de cantería; porque si alzares herramienta sobre él, lo profanaras. Ni subirás por gradas a mi altar. (Éxodo 20: 24-26).

Esencialmente, Dios les estaba diciendo a sus hijos: "Mantenlo simple y lo mantendrás sobre Mí." No le importaba dónde construyeran el altar: "En todos los lugares donde les pida que invoquen Mi nombre vendré a ti y te bendeciré." No le importaba lo lujoso que fuera, los materiales usados para el altar fueron: "Un altar de tierra me harás. . .no lo construyas de piedra labrada." Y no le importaba lo pequeño que era el altar: "Tampoco subas por gradas a mi altar. . ." Solo quería que el enfoque de sus hijos estuviera en Él.

Hace unos años, mientras visitaba a unos queridos amigos que son misioneros en Cabo San Lucas, Michelle y yo visitamos una iglesia que se estaba construyendo en una colonia local (barrio). Tenía piso de concreto, paredes de bloques de cemento y un techo hecho de un par de láminas de revestimiento de metal delgado. Mientras estaba allí mirando este edificio, me volví hacia el pastor de la iglesia y le dije: "Esta es la iglesia más hermosa que he visto," y lo era. La belleza de esa iglesia estaba en la sencillez de todo. No había un altar de lujo, sin escenario gigante, sin luces de colores, sin grandes pantallas. . . nada que pudiera intervenir en la forma de adorar a Dios y enseñar Su Palabra. Solo había un increíble sentido de pureza y libertad a diferencia del negocio en que se ha convertido en iglesia corporativa hoy. Este es el tipo de sencillez que Dios tenía en mente cuando hablaba a sus hijos en Éxodo 20.

Con demasiada frecuencia hoy en día nuestra adoración y devoción deja de ser una fragancia agradable para el Señor porque se ha vuelto demasiado complicado. Ponemos una carga tan enorme sobre nosotros mismos para tallar las piedras de nuestros altares a través de material legalista, impulsado hacia tiempos de devoción y servicios eclesiásticos compactos, sobre regulados y sobre programados que nos pierden por completo de Aquel que se supone que debemos adorar. Creo que Dios está quieto recordando hoy a Sus hijos: "No harás nada para estar conmigo." Entonces, creyente, deja de hacerlo tan complicado y pesado; solo mantenlo simple, y lo mantendrás acerca de Dios.

NOVIEMBRE 10

Isaías 43: 1: "No temas, porque yo te he redimido; Te he llamado por tu nombre, tú eres Mío."

Es fácil creer que a medida que crecemos y maduramos en el Señor, la lista de nuestras deficiencias disminuirá. Sin embargo, cuanto más nos transformamos a la imagen de Jesús, más encontraremos que la lista realmente aumenta, y mientras experimentamos esto tiramos continuamente hacia atrás del velo de nuestra naturaleza caída, comenzamos a plantear muchas preguntas diferentes y sinceras a nuestro Padre celestial. "Señor, examinas y conoces mi corazón, mis pensamientos, mis intenciones; nada escapa a tu vista: ¿Entonces cómo puedes todavía amarme Señor? ¿Como no has terminado conmigo cuando estoy tan alejado de Tu glorioso estándar?" A lo que el Señor nos responde de manera tranquilizadora: "No temas, porque yo he redimido; Te he llamado por tu nombre; eres Mío." Encontramos en esta asombrosa promesa que Dios no solo pagó el precio por nuestro pecado, "Yo te he redimido." Su propiedad sobre nosotros es personal "te he llamado por tu nombre," y eterna, "tú eres Mío,"[163]

En los versículos finales del capítulo anterior, Isaías 42, se nos dice que los hijos de Israel se negaron a andar en los caminos de Dios incluso cuando Él los estaba corrigiendo por su desobediencia. Se mantuvieron firmes y tercos en su rebelión contra Dios. Como señaló Matthew Henry, uno asumiría naturalmente que Dios simplemente los desecharía y dejaría; sin embargo, en la introducción de Isaías 43, vemos la asombrosa respuesta de Dios a su terquedad. "Pero ahora, así dice el Señor, que te creó, Oh Jacob, y el que te formó, Oh Israel; No temas, porque yo te he redimido; Yo te he llamado por tu nombre; eres Mío." La bondad insondable de Dios toma ocasión del feo corazón de Israel para dar mayor gloria a su Misericordia y Gracia.[164]

La verdad es que a medida que crecemos y maduramos en el Señor, aprenderemos cómo en bancarrota estamos verdaderamente sin Él; y, sin embargo, con esa revelación, también nos brindó la oportunidad de comprender cuán grandes son Su Gracia y Misericordia hacia nosotros cuando consideramos sus promesas de perdón y justificación a pesar de nuestra naturaleza caída. Fallamos en permanecer en sus promesas cuando las profundidades de nuestros defectos y pecados por la naturaleza y la maldad se nos revelan porque pensamos que también están siendo revelados al Señor, como si no supiera de ellos. Sin embargo, cuando Cristo fue enviado por el Padre, cuando Jesús subió a la cruz, nuestro pecado, todo lo que jamás pensaría que haría estaba a la vista de Él. Y aun con ese conocimiento, nuestro Padre amoroso todavía nos asegura: "No temas, porque yo te he redimido; yo te he llamado por tu nombre; tú eres Mío"

NOVIEMBRE 11

Isaías 43: 2: "Yo estaré contigo."

Creo que el mayor miedo que tenemos ante una dificultad es el miedo a que estemos solos en esa situación. Por tanto, es lógico que nuestro mayor consuelo al afrontar una dificultad debería ser el hecho de que Dios está con nosotros a través de todo. David dijo en el Salmo 23: 4 cuando escribió "Aunque ande por el valle de sombra de muerte, no temeré mal alguno; porque tú estás conmigo." David confesó que podía caminar por el valle de sombra de muerte y no temer al mal porque David sabía que Dios estaba con él.

Cuando Josué estaba guiando a los hijos de Israel a la Tierra Prometida, tenía mucho miedo, el Señor le prometió que "Como estuve con Moisés, estaré contigo" (Josué 1: 5). Cuando el cautiverio babilónico estaba esperando a Israel, El Señor les prometió: "Cuando pases por las aguas, yo estaré contigo; y cuando pases por los ríos no se desbordarán. Cuando camines por el fuego no te quemarás, ni la llama te quemará. Porque yo soy tu Dios, El Santo de Israel, tu Salvador" (Isaías 43: 2-3).

Cuando hacemos de Dios nuestro refugio en tiempos de dificultad, y confiamos en el hecho de que Él está con nosotros en esa situación, no nos veremos obligados a correr, tratando frenéticamente de escapar de la prueba como si fuera a vencernos. Más bien, lo haremos de manera casual y pacífica. "Caminar a través del fuego," sabiendo que no seremos quemados por las llamas porque nuestro Salvador está con nosotros, cuidándonos y protegiéndonos en todo momento.[165]

Me recuerda de una historia que una vez escuché de cómo algunos Nativos Americanos entrenaban a sus jóvenes para ser valientes. Se dice que, en el decimotercer cumpleaños del niño, el padre del niño vendaría los ojos a su hijo y lo conduciría a lo profundo del bosque donde su hijo se quedaría toda la noche. Puedes imaginar lo aterrador que esto debió haber sido para el joven, ya que cada vez que había un sonido, su mente imaginaría lo peor. Cuando finalmente llegaba la mañana, el niño se quitaba la venda de los ojos, y para su gran deleite, vería que su padre estaba sentado junto a él toda la noche, vigilándolo y protegiéndolo. Cuan cierto es esto con nuestro Padre Celestial también.

Entonces, creyente, aunque no veamos a nuestro Padre en nuestras pruebas, no hay nada que temer porque nunca estamos solos. El Señor promete a cada uno de nosotros, no importa dónde te encuentres o a qué te enfrentes, "Yo estaré contigo."

NOVIEMBRE 12

Mateo 15: 6: "Así habéis invalidado el mandamiento de Dios por vuestra tradición."

Las tradiciones, en sí mismas, no son necesariamente algo malo. Todos las tenemos y pueden resultar muy útiles si se manejan y aplican correctamente. Pero cuando la tradición se convierte en ley, entonces tenemos un problema, porque es ahí donde nos detenemos a probar la tradición con la Escritura y comenzamos a probar la Escritura con la tradición.

Entonces, aunque los líderes religiosos eran expertos en la ley de Dios, no tenían ni idea con respecto al corazón de Dios porque carecían de la comprensión adecuada de la ley de Dios y propósito de la ley. Sin embargo, más dañino para ellos fue que su fe estaba firmemente colocada en las tradiciones del sistema religioso más que en el Dios que profesaban adorar por esas tradiciones.

La raíz del problema era que estos hombres estaban comprometidos a seguir la ley al pie de la letra en lugar de dejarse guiar por el espíritu de la ley. En Oseas 6: 6 (NTV) el Señor le dijo a Su pueblo: "Quiero que muestres amor, más que ofrecer sacrificios. Quiero que me conozcas más de lo que quiero tus holocaustos."

Los líderes religiosos nunca pudieron comprender verdaderamente el corazón de Dios porque estaban demasiado ocupados en guardar, hacer cumplir e imponer la ley. Y cada vez que esto sucede, ya sea en la iglesia, en un estudio bíblico, en nuestra familia o incluso con celebraciones navideñas. . . la tradición se entroniza como nuestro señor y maestro y perdemos todos los atributos necesarios de Dios, como su Compasión, la Gracia, la Misericordia y Amor. Esencialmente, perdemos el corazón mismo de Dios, y en su lugar asumimos los atributos de la ley: muerte, condena, rigidez y rechazo.

Jesús dijo en Mateo 15: 6: "Así has invalidado el mandamiento de Dios por vuestra tradición." Creo que se estaba refiriendo a los dos mayores mandamientos aquí: "Amarás al Señor tu Dios con todo tu corazón, con toda tu alma y con toda tu mente" y el segundo es semejante: "Deberás amar a tu prójimo como a ti mismo" (Mateo 22:37, 39). La tradición invalida estos mandamientos, dijo Jesús, ya que rechaza la verdadera intención del corazón del Señor y solo se adhiere a los requisitos de la Ley.

NOVIEMBRE 13

> Hechos 15:10: "Ahora pues, ¿Por qué pruebas a Dios poniendo un yugo en el cuello de los discípulos que ni nuestros padres ni nosotros pudimos soportar?"

Compartí con un hermano la semana pasada sobre la frecuencia con la que me he encontrado criticando a los demás últimamente. Cuanto más hablábamos de eso, más comencé a hacer preguntas como, "¿Cómo sucedió esto? ¿Cuándo me volví tan crítico? ¿Cuál es la fuente de esta crítica?" La respuesta llegó unos días después a través de dos de nuestros mejores amigos, Mark y Jen, quienes me recordaron que muchas veces mantenemos a los demás bajo normas o estándares que no son del Señor sino modificadas por nosotros: normas de salvación, enseñanza, adoración, matrimonio, crianza de los hijos, política, toma de decisiones, cuestiones culturales, valores familiares, etc. Lo que encontré es que los estándares hechos por el hombre y que exigimos a los demás; son esas cosas que me hacen ser crítico.

Vemos un gran ejemplo de esto en Hechos 15, cuando ciertos hombres bajaron de Judea y les decían a los nuevos creyentes gentiles que tenían que ser circuncidados para ser salvos. Cuando este argumento fue llevado ante el concilio de Jerusalén, Pedro se puso de pie y dijo: "Ahora pues, ¿Por qué pruebas a Dios poniendo un yugo en el cuello de los discípulos, que ni nuestros padres ni nosotros pudimos llevar?" Esencialmente, Pedro les estaba preguntando a estos hombres por qué estaban poniendo un estándar en los creyentes que Dios no requería, una norma que incluso ellos mismos no habían podido llevar.

Creo que es muy revelador que Pedro haya usado la palabra "yugo" para describir lo que estos hombres estaban haciendo. Un yugo es algo que se coloca alrededor del cuello de un animal para controlarlo. Entonces, cuando esperamos que los demás vivan según nuestros estándares, estamos esencialmente tratando de controlarlos haciéndolos vivir de la manera que creemos que es mejor. Sin embargo, lo que yo he analizado a través de todo esto, es que debemos darnos cuenta de que no podemos esperar que otros vivan de acuerdo con nuestros estándares. Cuando mantenemos a otros prisioneros de nuestras normas o estándares, tratando de controlar lo que hacen y cómo lo hacen; las luchas y los conflictos surgen dentro de nuestros corazones cuando fallan al no estar a la altura de esos estándares. Básicamente, lo que estamos haciendo es cargarlos con un yugo que nunca debieron llevar, un yugo que es pesado y gravoso en la servidumbre, en oposición al de Cristo, que es fácil y ligero de llevar y en libertad.

NOVIEMBRE 14

> Romanos 11: 6: "Y si por gracia, ya no es por obras; de otra manera la gracia ya no es gracia. Y sí por obras, ya no es Gracia; de lo contrario, la obra ya no es obra."

El fin de semana pasado, mientras Michelle y yo estábamos comprando muebles con nuestra hija Kate, de veintitrés meses, nos encontramos con una escalera mecánica en una de las tiendas que visitamos. Para mi esposa y yo, esto no fue gran cosa, ya que hemos subido cientos de veces antes; pero para Kate, esta era la primera vez que veía uno, por lo que estaba muy emocionada de subir en él. Durante uno de los muchos viajes por las escaleras mecánicas, Kate comenzó subiendo las escaleras ella misma, a lo que Michelle respondió rápidamente: "Kate, no necesitas hacer nada; la escalera mecánica te llevará automáticamente a la cima." Fue entonces cuando el Señor le mostró a mi esposa que esta era "exactamente la misma forma que funciona con Su Gracia."

Pablo dijo algo muy similar a esto en Romanos 11 cuando escribió: "Pero si es por obras, ya no es Gracia." Creo que esta es la explicación perfecta de la Gracia: Si tienes que hacer algo para recibir la Gracia, entonces ya no es Gracia, porque "Si por Gracia, ya no es por obras; de lo contrario, la Gracia ya no es Gracia." David Guzik explicó que la gracia, por definición, es "*el don gratuito de Dios.*" Esto no se otorga basado en el desempeño o el potencial de desempeño; más bien, se basa únicamente en la bondad del que da la gracia.[166]

Una de mis historias favoritas en la Biblia es cuando Jesús resucitó a Lázaro de los muertos. Si lee esta historia en Juan 11, notará que Lázaro no hizo nada para ganar el favor de Jesús. Quiero decir, honestamente, ¿Cómo podría? Él estaba muerto. Jesús resucitó a Lázaro por su propia voluntad. Eso es gracia. Con demasiada frecuencia la gente pervierte toda la premisa de lo que significa gracia cuando nos obligan a ganarnos su perdón, cuando se niegan a reconocer las fechorías al mencionarlas continuamente una y otra vez, cuando aman a otros solo si hacen cosas buenas o solo cuando estamos en línea con sus estándares. Nuevamente, "si es por obras, ya no es gracia." Entonces, creyente, así como recibes la gracia de Dios muestra gracia a los demás.

NOVIEMBRE 15

Éxodo 14:14: "El Señor peleará por ti, y tú tendrás tu paz."

Como suele recordarnos mi buen amigo Darrell, el Señor nunca permitirá que escapemos la necesidad de fe. Por lo tanto, para que podamos soportar las pruebas de esta vida y crecer en la fe, debemos ejercer continuamente nuestra fe como lo haríamos si estuviéramos construyendo músculo. El problema es que creemos que la fe tiene solo una característica definitoria, es decir, "debemos hacer algo para poder ejercerla." Sin embargo, a menudo, el mayor ejercicio de la fe no es hacer algo per se, sino no hacer nada y permitir que Dios resuelva las cosas a Su tiempo y a Su manera, mientras le encomendamos esa situación a través de la oración.

Cuando los hijos de Israel quedaron atrapados entre el mar, las montañas y el ejército egipcio, no se les dio ninguna orden de lucha; más bien, avanzaron y se les dijo que no hiciera nada: "Estad quietos y ved la salvación del Señor, ved lo que el Señor logrará para ti hoy. . El Señor peleará por ti y tú sostendrás tu paz" (Éxodo 14: 13-14). ¿Por qué era tan importante para los hijos de Israel quedarse quietos y no hacer nada? Un par de razones: primero, para no empeorar la situación. Con frecuencia no confiamos en el Señor al tomar asuntos en nuestras propias manos cosechando así las consecuencias, no del problema original, sino del caos que creamos cuando comenzamos a hacer las cosas en nuestra propia fuerza y sabiduría (ver Abraham y Saraí en Génesis 16 como ejemplo). En segundo lugar, era importante que no hicieran nada para que supieran sin lugar a dudas que era sólo Dios Poderoso quien los sostenía ese día, no un dios extranjero, ni siquiera ellos mismos.

Este es uno de los aspectos más vitales en nuestro caminar con el Señor, porque es así "para que me conozcan y me crean, y comprendan que Yo, yo Jehová, y fuera de mí no hay quien salve. Yo anuncié, y salvé, e hice oír, y no hubo entre vosotros dios ajeno a Vosotros, pues, sois Mis testigos dice Jehová, que yo soy Dios" (Isaías 43: 10-12). El Señor nos recuerda aquí que somos Sus testigos en el mundo, que solo Él es Dios y que fuera de Él no hay otro. Muchas veces nuestro testimonio solo se perfecciona y se establece si nos quedamos quietos en una situación difícil y permitiéndole a Dios luchar por nosotros. Tiene sentido si realmente lo piensas, porque ¿Cómo podemos proclamar correctamente a los demás que solo Él es Dios, que solo Él libera, defiende, sana, salva, etc., si nosotros mismos no lo creemos primero y lo vivimos primero? La simple verdad es que antes de que podamos movernos con fe, primero debemos ser capaces de permanecer quietos en la fe, sabiendo que solo Él es nuestra salvación.

NOVIEMBRE 16

Isaías 43:16: "Así dice el Señor, que abre camino en el mar y camino por las impetuosas aguas. . ."

Un gran poder estaba creciendo contra los hijos de Israel en la forma de Babilonia, y pronto Israel sería llevado cautivo por ellos. . . pero solo por una temporada como el Señor rápidamente les recordó: Yo soy "vuestro Redentor" (Isaías 43:14); y no importa lo que pueda suceder, no importa lo que pueda venir en su contra, autoinfligido o no, eso nunca cambiará, porque "Yo soy el Señor, tu Santo, el Creador de Israel, tu Rey" (Isaías 43:15).

Aunque Israel había deseado muchos reyes terrenales en lugar del Señor su Dios, realmente solo tenían un Rey, el Santo, y que nunca cambiaría.

Sin embargo, ¿Cómo podía estar seguro Israel? ¿Cómo podrían encontrar la paz en medio de su tribulación, y estar seguro de que el Señor eventualmente los libraría? Por supuesto, el Señor había hecho poderosos actos de liberación en el pasado, más específicamente, la liberación de los hijos de Israel de la triste servidumbre de Egipto, pero entonces la situación era diferente a la que se estaban enfrentando ahora. Seguro que lo hizo entonces, claro que Dios lo había hecho antes, pero ¿Qué tal ahora? Este enemigo era más grande, más fuerte, más poderoso. . . Cómo podría el pueblo de Israel estar seguro que Dios los salvaría también? "Así dice el Señor, que abre camino en el mar y camino por las impetuosas aguas…"

Note que el Señor tranquilizó a Sus hijos al decir: Yo soy el "que abre un camino en el mar y un camino por las impetuosas aguas. . . "El Señor no habla en tiempo pasado aquí, refiriéndose a un evento único que había ocurrido previamente; no, Él está hablando en un tiempo verbal denominado presente continuo ("hace") y se está refiriendo a lo que continuará haciéndolo a lo largo de los siglos. Él es su Rey y su Dios, y eso nunca cambiará. El Señor promete a sus hijos que todavía está abriendo caminos por los mares para ellos en su día; Él todavía está creando caminos a través de las poderosas aguas para entregarlos en este día, por este tiempo, contra este poder. Nada ha cambiado con Dios. Desafortunadamente, nada ha cambiado con Su pueblo tampoco.

A menudo caemos en el mismo ciclo de miedo y duda cuando nos enfrentamos a los poderes que se levantan contra nosotros. Ansiosamente nos decimos a nosotros mismos: "Seguro, lo hizo por ellos, en ese entonces, ¿Pero ¿Qué pasa conmigo ahora? ¿Cómo sé que me librará en esta situación?" Creyente, podemos saber, podemos estar seguros, porque Él es nuestro Redentor, nuestro Rey y nuestro Dios, y todavía abre caminos en los mares y senderos a través de aguas poderosas para nosotros hoy, para este tiempo, contra este poder, y en esta situación. Nada ha cambiado. Dios sigue siendo el mismo hoy, que antes y será el mismo mañana. Por tanto, "No temas, porque yo te he redimido; yo te he llamado por tu nombre; Mío eres tú" (Isaías 43: 1).

NOVIEMBRE 17

Mateo 6:22: "Por tanto, si tu ojo es bueno, todo tu cuerpo será lleno de luz."

El sábado pasado por la mañana, Michelle y yo estábamos tomando fotos de nuestra hija. Kate, ya que cumpliría dos años el 26 de julio. Durante la sesión de fotos, intenté todo tipo de cosas para que Kate mirara a la cámara y se quedara quieta durante más de un minuto, pero mantener la atención de un niño de dos años puede ser algo muy difícil de hacer. Lo único que funcionó realmente bien fue cuando tomé lo que era su enfoque, una botella de burbujas o su muñeca, y la sostuvo mientras estaba de pie detrás de la fotógrafa y fue hasta entonces que logramos que se enfocara donde queríamos y pudimos tomar unas buenas fotos de ella.

Habrá muchas ocasiones en nuestras vidas en las que el Señor tendrá que hacer esto mismo con nosotros también. Podemos distraernos tanto con las cosas de esta vida, y todos sus pequeños tesoros brillantes, que a menudo no tenemos tiempo para sentarnos a los pies de nuestro Señor y concéntrate en Él por más de un minuto. Así que para volver a concentrarnos en sí es necesario, que el Señor a menudo nos quite aquello que es nuestro enfoque. Quitará lo que deseamos, o incluso permitirá una enfermedad o una prueba en nuestras vidas, solo para que volvamos a enfocarnos en donde realmente debemos estar, en Él.

Jesús advirtió a sus discípulos sobre el peligro de tener un enfoque fuera de lugar en Mateo 6: 22-23, cuando dijo: "La lámpara del cuerpo es el ojo. Si por tanto tu ojo es bueno, todo tu cuerpo estará lleno de luz. Pero si tu ojo es malo, tu todo el cuerpo estará lleno de tinieblas." Por tanto, si la luz que hay en ti es oscuridad, "¡Cuán grande es esa oscuridad!"

De alguna manera creemos que podemos vivir en ambos mundos y estar bien, que podemos tener dos enfoques separados y completamente contradictorios y no alejarse del Señor. Sin embargo, el Señor deja en claro que esto es imposible porque "Nadie puede servir dos señores" (Mateo 6:24). Como explicó David Guzik, si nuestro enfoque está en Él y en las cosas celestiales, todo nuestro cuerpo estará lleno de luz; si nuestro enfoque está en nosotros mismos y en las cosas del mundo, todo nuestro cuerpo estará lleno de tinieblas.[167] Y si la oscuridad es la única luz que tenemos, "¿Qué tan grande es esa oscuridad?" El pensar que la luz y la oscuridad puede coexistir en cualquier cosa, especialmente dentro de nosotros, es una tontería. La oscuridad es simplemente la ausencia de luz; por lo tanto, solo puede haber una fuerza dominante dentro nosotros a la vez, es luz u oscuridad. Entonces, creyente, ¿Dónde está tu enfoque hoy?

NOVIEMBRE 18

Isaías 44: 3: "Derramaré agua sobre aquel que tenga sed."

Un hermano estaba compartiendo conmigo la semana pasada sobre lo seco que estaba espiritualmente. Aparentemente estaba tan ocupado con todas las cosas que la vida nos arroja que no había estado con el Señor en bastante tiempo. Entonces me pidió que orara por él, para que "volviera" a tener comunión con el Señor. Rápidamente le recordé a él, "Regresar a la comunión con el Señor toma tanto tiempo como para que dobles tus rodillas delante de Él. No necesitas orar por eso; solo necesitas hacerlo. No es un proceso largo y prolongado; es un simple acto de petición que toma alrededor de un segundo. Hermano, el Señor solo está esperando que vengas a Él para que Él pueda derramar Su Agua viva sobre ti. Todo lo que necesitas hacer es pedirlo."

Encontramos un gran cuadro de esto en el libro de Isaías. La promesa del juicio venidero a los hijos de Israel al final de Isaías 43 fue rápidamente reemplazada con la promesa de restauración completa al comienzo de Isaías 44. El Señor aseguró a sus hijos: "No temas, siervo mío Jacob; y tú, Jesurun, a quien Yo he escogido" (Isaías 44: 2). Curiosamente, el nombre Jesurun significa "el erguido;" solo por esa definición, debemos hacer una pausa y considerar la magnitud de lo que se dice aquí. Incluso en su rebelión intencionada y pecado flagrante hacia el Señor, Dios todavía llama a sus hijos amados y erguidos (rectos).

"No temáis . . . porque derramaré agua sobre el sediento, e inundaciones sobre el suelo seco; Derramaré mi Espíritu sobre tu descendencia y mi bendición" (Isaías 44: 2-3). Note que el deseo del Señor es restaurar y bendecir a sus hijos, no para maldecirlos ni aplastarlos por su pecado. Dios ha probado de una y otra vez que Él está listo, dispuesto y capaz para restaurarnos en cualquier momento, con una condición: Debemos desear recibir esa restauración. "Derramaré agua sobre él que tiene sed." A todos los que tienen sed, el Señor dice, ríos de Agua Viva, mi Espíritu Santo no te racionará, no solo te será dado, sino que se derramará sobre ti como corrientes de agua en seco. Como bien David Guzik dijo: "¡Dios está buscando tierra seca para derramar inundaciones!"[168] ¿Estás seco? ¿Te hace falta? Bien, porque el Señor está buscando tierra seca para derramar Agua de Vida. Las palabras aquí no hablan de un cubo de agua de dos galones y medio que se vierte agotado y exhausto en un momento; sino un torrente eterno e interminable como las cataratas del Niágara atravesando el desierto.

Lo que realmente me convenció de esta gran promesa es que, si el Señor está listo, dispuesto y es capaz de derramar una abundancia de Su Espíritu Santo y Poder sobre todos los que tienen sed. . . ¿Por qué la iglesia es hoy tan débil e impotente? Porque es que ¿Existe tal falta del mover del Espíritu Santo en y a través de nuestras vidas?   Creyente, si tenemos sed, si queremos más de Él, el Señor con gusto derramará inundaciones de Su Agua viva sobre nosotros en abundancia. La pregunta que debemos hacernos es: ¿De qué estamos realmente sedientos? "Si tú, siendo malo, sabes dar buenos regalos a tus hijos, ¡Mucho más su Padre Celestial dará el Espíritu Santo a quienes se lo pidan!" (Lucas 11:13).

NOVIEMBRE 19

Marcos 8:23: "Entonces tomó al ciego de la mano y lo sacó del pueblo."

Poco después de ser salvo, pasé por un proceso de purga del mundo de doce meses. Mis amigos, mi novia, mis viejos hábitos, la forma en que solía tratar con problemas, la forma en que pensaba, la forma en que hablaba, etc., estaban siendo purgados de mi vida, y realmente dolió mucho. Fue, por mucho, el momento más difícil de mi vida, ya que busqué al Señor, oré y lloré casi todos los días.

Sin embargo, ahora, cuando miro hacia atrás a ese tiempo, no miro hacia atrás con desdén o con dolor; de hecho, lo recuerdo con mucho cariño porque fue en ese momento cuando más cerca del Señor he estado en mi vida. Puedo ver honestamente ahora que Él me tomó de la mano y me llevó fuera de la ciudad en la que viví cuando era ciego y corrupto, y me curó de esas enfermedades al igual que lo hizo con el ciego en el Evangelio de Marcos 8. Pero, así como el ciego soltó la mano de Jesús una vez que estuvo sanado, yo también.

Es un dilema interesante que enfrentamos en nuestra relación con el Señor. Cuando nos encontramos en medio de los momentos más difíciles de la vida, pasamos todo el tiempo tratando de salir de esas dificultades; sin embargo, es allí, en el fuego, donde estamos más cerca a nuestro Salvador. Entonces; ¿Es mejor estar en el fuego y tener al Creador del universo sosteniendo nuestra mano, llevándonos al lugar donde seremos sanados de esas cosas que nos obstaculizan refinándonos y limpiando la escoria…o ser liberados del fuego o no tener ese nivel de intimidad y transformación que enriquece nuestras almas?

No estoy diciendo que debamos esperar el fuego y las pruebas de la vida porque pueden ser muy dolorosos; pero, con eso, debemos aprender a abrazar esos tiempos cuando vengan, porque sabemos que nuestro Salvador está con nosotros, tomándonos de la mano, y guiándonos a través de ellas. Y la verdad sea dicha, nunca debemos temer el fuego del Señor porque nunca nos quemará; más bien, su fuego quema la escoria y la paja refinando lo que es precioso: nosotros. Y es aquí, en este proceso de templado, donde El Padre eventualmente ve Su reflejo en el producto terminado.

NOVIEMBRE 20

2 Pedro 1: 5–7: "Pero también por esta misma razón, con toda diligencia, agrega a tu fe virtud, a la virtud conocimiento, al conocimiento dominio de ti mismo, al dominio propio, paciencia y a la perseverancia, piedad, a la piedad o bondad fraternal, amor."

La vida es una progresión continua de crecimiento y madurez. Esto no solo es cierto física y mentalmente, pero aún más espiritualmente. Los hongos pueden dispararse durante la noche, pero solo duran unos días; los robles, por otro lado, pueden tomar años para crecer, pero duran siglos. Espiritualmente hablando, los creyentes no se disparan de la noche a la mañana como maduros y fuertes. Sería maravilloso que el día en que somos salvos estuviéramos al nivel de Spurgeon o Moody en su máxima expresión. Pero eso simplemente no sucede; no hay atajos para el crecimiento espiritual. La caminata con Jesús es una progresión continua de crecimiento y madurez que tiene lugar en un tiempo determinado extraordinario. No es una caminata; es un maratón. Demasiado a menudo olvidamos esto y nos consumimos por la ansiedad, porque intentamos vivir en el futuro con la persona que somos hoy.

Por ejemplo, cuando Michelle quedó embarazada de nuestra hija Kate, en Octubre de 2013, comenzamos a mirar la fecha de nacimiento y nos preguntamos: "¿Cómo en el mundo vamos a hacer esto?" No sabemos absolutamente nada sobre el trabajo y parto, crianza de los hijos, formación de un niño, etc. "¿Cómo va a suceder esto?" Lo que el Señor nos recordó rápidamente fue, que sólo éramos Patrick y Michelle en ese día y que, dentro de nueve meses, cuando Kate hubiera nacido, seríamos personas diferentes a las que éramos ese día. Cuando Kate estaba por venir, estaríamos listos para su llegada. Eso no significa que tendríamos todas las respuestas, pero en cuanto a la madurez, estaríamos listos para ser los padres que ella necesitaría.

Con demasiada frecuencia intentamos imaginar la versión de Octubre de 2013 de nosotros mismos teniendo un bebé cuando es la versión del 26 de Julio de 2014 de nosotros mismos la que va a tener un bebé, pero no estamos preparados, porque el bebé todavía no ha llegado y es nuestro primer bebé. Dicho esto, sin embargo, no podemos simplemente sentarnos y no hacer nada y esperar hasta estar mágicamente listos. Debemos redimir diligentemente el tiempo aprendiendo y creciendo y preparándonos para ese día.

En 2 Pedro 1: 5–7, el apóstol Pedro nos recuerda esto mismo: "Pero también por esta misma razón, poniendo toda su diligencia, añada a su fe virtud, a la virtud conocimiento, al conocimiento autodominio, al autodominio la perseverancia, a la perseverancia piedad, a la piedad bondad fraternal, y a la bondad fraternal amor." Este tipo de transformación no sucede de la noche a la mañana; es una progresión medida que tiene lugar en el tiempo como cuando buscamos crecer y madurar en el Señor.

Y cuando vemos que estas cosas se agregan a nuestras propias vidas a través de un propósito, que es caminar diligentemente con Jesús, nuestra naturaleza se vuelve cada vez más como la de Él, y cada vez menos como la del mundo. Esencialmente, estamos progresando lejos de quienes fuimos una vez, y gradualmente avanzando más hacia quien es Él. Es una prueba para nosotros y para todos aquellos alrededor de nosotros que nos están mirando, que estamos siendo "conformados a la imagen de Su Hijo" (Romanos 8:29), y que estamos siendo "transformados por la renovación de nuestra mente" (Romanos 12: 2).

NOVIEMBRE 21

Juan 7:38: "El que cree en mí, como dice la Escritura, de su corazón correrán ríos de agua viva."

El otro día estaba viendo un documental sobre el planeta Tierra, fue asombroso presenciar cómo el agua puede transformar un desierto estéril y sin vida en un desierto lleno de vida, en un exuberante oasis. La transformación es tan radical, tan monumental que solo puede ser descrito como un milagro.

Reflexione sobre este pensamiento mientras considera lo que Jesús dijo acerca de los creyentes en Juan 7: 38, "Aquel que cree en Mí, como dice la Escritura; de su corazón fluirán ríos de agua viva." El pensamiento aquí es que Jesús ha empoderado a cada uno de nosotros a tal grado que donde quiera que vayamos, hagamos lo que hagamos, deberíamos traer el cambio a ese entorno. La vida debería brotar, sin importar cuán sin vida o estéril u hostil sea el ambiente. Vemos una imagen simbólica de esto en el Salmo 84: 6, donde el salmista escribió; "Al pasar por el valle de Baca [llorando], lo transforman en un manantial." El Valle de Baca era un desierto estéril y sin vida, y, sin embargo, cuando los judíos lo atravesaron con el corazón puesto en la peregrinación, lo convirtieron en un manantial que dio mucha vida.

¿Debería ser diferente con los entornos en los que nos encontramos hoy? Con demasiada frecuencia cedemos a nuestro entorno y permitimos que nos cambie, en lugar de permitir el Poder del Espíritu Santo para cambiar ese ambiente a través de nosotros. Como Michelle y yo a menudo oramos por nosotros mismos y por nuestros hijos: "Señor, seamos termostatos, no termómetros." Los termostatos cambian el ambiente, mientras que los termómetros simplemente lo miden.

Este principio se refleja en el hecho de que Dios no usó definiciones para describir cosas como el amor, la fe, la gracia y el poder de la oración; no, usó a la gente para definirlos para nosotros como ellos los vivieron y a la vista de los demás. Jesús poniendo Su vida por nosotros; es como Dios definió el amor; la fe es definida por aquellos como Abraham y Noé; la gracia es definida por aquellos como David, Rahab y el apóstol Pablo; y el poder de la oración se ve en las vidas de Moisés y Elías. La gente en y alrededor de nuestras vidas comprenderán lo que son el amor, la fe y la gracia al vivir esas cosas frente de ellos; pues verán el poder de la oración mientras oramos por ellos y con ellos. Así es como cambiamos nuestro entorno como lo son los desiertos estériles y sin vida y lo convertimos en manantiales exuberantes y llenos de vida.

NOVIEMBRE 22

Salmo 62: 5: "Porque mi expectativa es de Él."

Después de que mi padre le dio su vida a Jesús, le puse una expectativa injusta de cómo debería vivir ahora que fue salvo. Esperaba una inmediata y radical transformación, una en la que sería ferviente por el Señor tanto en palabra como en la escritura. Básicamente, esperaba que fuera como yo, porque eso es lo que sucedió cuando yo fui salvo, y cuando esos comportamientos no se concretaron y mis expectativas de él no se cumplieron, me encontré enojado, desanimado y temeroso porque empecé a dudar si mi papá se había salvado.

Sin embargo, cuando miro la Biblia y leo lo que dice acerca de dar el fruto de salvación, dice que algunos darán fruto "ciento por uno, otros sesenta, otros treinta" (Mateo 13: 8). Entonces, si mi papá solo dio una pieza de fruta, si solo un comportamiento en su vida había cambiado, ¿No sigue dando frutos? ¿No está todavía salvo? El problema fue que la salvación de mi papá no fue suficiente para mí; Necesitaba más de él simplemente porque le había puesto una expectativa injusta y no bíblica que no estaba obligado a cumplir.

Vemos esto mismo en la vida de los discípulos después que Jesús murió en la cruz. Aunque Jesús les dijo una y otra vez que sería muerto y luego resucitado a los tres días, sus expectaciones de que el Mesías venidero establecería un reino terrenal y libertad para Israel de la opresión romana estaban en sus mentes y ensordeció sus oídos de lo que Jesús había dicho de Su reino y porque sus expectativas del Mesías no se cumplían se molestaron se abatieron y se volvieron temerosos.

Sin embargo, no somos diferentes. ¿Cuántas veces nuestra fe en el Señor ha sido fracturada simplemente porque proyectamos nuestras expectativas no bíblicas en Él? Muchas veces hemos apartado nuestro corazón de Él porque esperábamos que hiciera algo de cierta manera en un momento determinado, y no sucedió como lo esperábamos. Debemos recordar que cada vez que ponemos expectativas no bíblicas en cualquier persona, sin importar quién sea, nos encontraremos enojados, decepcionados y desanimados. Entonces, creyente, tómese un minuto y considere qué expectativas ha puesto en Jesús. . . en sus padres. . . su cónyuge. . . sus niños. . . sus hermanos. ¿Son expectativas de lo que tu deseas o son expectativas que se alinean con lo que dice la Biblia?

NOVIEMBRE 23

1 Juan 2: 3: "En esto sabemos que le conocemos, si guardamos Sus mandamientos."

Es muy fácil desanimarse cuando leemos un versículo como este porque generalmente nos enfocamos en el aspecto de obediencia del versículo; y siendo que no siempre somos obedientes a Dios, podríamos comenzar a cuestionarnos si realmente conocemos a Dios. Es en este punto que debemos preguntarnos: ¿La obediencia trae conocimiento de Dios, o el conocimiento de Dios trae obediencia? Si vuelve a leer este versículo, vea que el enfoque no está en la obediencia per se; más bien es conocer a Dios.

La palabra "conocer" que Juan usa aquí es la palabra griega *ginosko*. Significa adquirir conocimientos a través de la experiencia. Entonces, para conocer a Dios, primero debemos experimentar a Dios. Observe que Juan escribió en el tiempo perfecto de indicativo activo, por lo que podría traducirse de esta manera: "por esto podemos saber ahora mismo que lo hemos conocido y seguimos conociéndolo."[169] Conocer a Dios en este sentido se refiere a un presente continuo, un conocimiento continuo de Dios que sigue progresando a medida que pasamos tiempo con Él, Esta no una experiencia única de conocer a Dios, como el día en que fuimos salvos; es un acto continuo de conocer a Dios cada día más.

El punto que el apóstol Juan nos está diciendo es que cuanto más conocemos a Dios, más queremos ser obedientes a Él. David Guzik dijo: "La evidencia de alguien que conoce a Dios y tiene comunión con Él es que guardan Sus mandamientos; una obediencia simple y amorosa es un resultado natural de la comunión con Dios." Podemos suponer que este pasaje es más un barómetro que nos índica dónde estamos en nuestro caminar con Dios.[170] Cuando nos resulta difícil obedecer a Dios y seguir Sus instrucciones, debería ser una advertencia para nosotros de que no estamos dedicando suficiente tiempo para llegar a conocerlo.

Una vez escuché una historia de un pastor sobre un hombre que se fue de viaje y trajo a su esposa una caja de fósforos que brillan en la oscuridad. Cuando apagaron las luces no podían ver las cerillas, y él simplemente pensó que lo habían engañado. Poco después la esposa notó algo escrito en el costado de la caja: "Si quieres que brille en la noche, mantenme en la luz." Lo mismo se puede decir de nosotros.

NOVIEMBRE 24

Isaías 45:19 (NLT1996): "No le dije al pueblo de Israel que me preguntara por algo que no pensaba dar."

Dios no nos dice que pidamos cosas que no planea darnos. Él no mueve nuestros corazones a la acción solo para dejar esos deseos fallidos. Él no nos conduce por caminos que terminarán en fracaso, y no habla de tal manera que no podamos entender lo que está diciendo. De hecho, el Señor nos declara a todos: "Yo proclamaré públicamente promesas audaces. No susurro obscuridades en algún rincón oscuro para que nadie pueda entender lo que quiero decir. Y no le dije al pueblo de Israel que preguntara por algo que no pensaba dar. Yo, el Señor, hablo solo lo que es verdad y correcto" (Isaías 45:19, NLT1996).

Dios proclama abiertamente sus promesas a toda la humanidad porque tiene la intención de guardarlas. Esencialmente, Él está desafiando a cada uno de nosotros a permanecer firmes en Su Palabra y ver si se cumplen tal como lo ha prometido. ¿Necesitas sabiduría? Pregunta por ello (Santiago 1: 5). ¿Estás espiritualmente seco? Pide al Espíritu Santo que te refresque (Lucas11:13). ¿Necesitas ayuda en un momento de necesidad? Ven con valentía a Su trono de Gracia y pide ayuda (Hebreos 4:16). El salmista se dio cuenta de este notable aspecto de la fe cuando nos lanzó el mismo desafío en el Salmo 34: 8: "Probad y mira que el Señor es bueno."

Estoy convencido de que la falta de poder y fuerza en la iglesia de hoy se deriva específicamente por la falta de conocimiento y fe en las promesas de Dios. Quiero decir ¿Cómo se puede esperar que oremos por un milagro si no conocemos Sus promesas, como combustible para nuestras peticiones? ¿Cómo podremos soportar las tormentas de la vida si no tenemos sus promesas como ancla de nuestra esperanza?

Creyente, comprenda que Dios desea que nos mantengamos en Sus promesas. Él anhela que sus hijos ejerzan su fe, de la cual nos ha hablado a través de los profetas de la antigüedad, sino que también está documentado a fondo en la Biblia, con el fin que podamos apoyarnos cuando lo necesitemos. Sabiendo esto, creyendo esto y confiando en esto, estaremos envalentonados para pedir y orar por las mismas promesas de Dios con absoluta expectativa de que se cumplan, y caminaremos confiadamente por el valle de sombra de muerte sin temer mal alguno, porque sabemos que Él está con nosotros (Salmo 23).

NOVIEMBRE 25

Mateo 10: 16a: "He aquí, os envío como ovejas en medio de lobos."

La parte más difícil de crecer en una familia militar para mí fue el constante movimiento de un lugar a otro. Parecía que cada dos años, yo era el chico nuevo en el colegio; para contrarrestar todas las dificultades que enfrenté con este tipo de vida, desarrollé un mecanismo de defensa que me ayudó a adaptarme rápidamente a los entornos cambiantes en los que me encontraba; me convertí en quien los otros niños querían que fuera. De manera fue que me recibieron de inmediato, se agradaron mucho y evité tanta incomodidad y conflicto como me fue posible.

Sin embargo, el problema de hacer esto fue que en algún momento perdí mi propia identidad. No tenía idea de quién era realmente porque estaba demasiado ocupado tratando de ser quien todos los demás querían que fuera. No fue hasta que le di mi vida a Cristo cuando tenía veintinueve años que el Señor empezó a descubrir quién era yo en realidad, pero incluso eso me trajo un nuevo conjunto de desafíos, ya que ahora era un creyente y seguidor de Jesucristo en un mundo lleno de incrédulos.

Jesús dejó muy claro a sus discípulos quiénes eran en comparación con el mundo, y lo que experimentarían como creyentes: "Los envío como ovejas en medio de los lobos.   Pero cuando te entreguen. . . serás odiado. . . ellos[os] perseguirán" (Mateo 10:16, 19, 22-23). Cristo nunca nos dijo que nos preocupáramos acerca de los lobos o que tuviéramos miedo de los lobos; más bien, dijo, "ten cuidado" con ellos, es decir, está atento a sus comportamientos y adicciones para evitarlos. Por eso yo creo que es interesante que a menudo advirtamos a los demás sobre lobos con piel de oveja, pero el mayor peligro para la iglesia y el cuerpo de Cristo hoy son las ovejas con piel de lobo, porque es allí donde comprometemos nuestra fe y perdemos nuestra identidad en cuanto a quién verdaderamente está en Cristo.

El apóstol Pablo nos advirtió en Romanos 12: 2 que "No os conforméis a este mundo," porque, aunque parezcan pequeños, e insignificantes los compromisos, cuando decidimos ocultar quiénes somos para evitar conflictos y encajar, aunque puedan parecer buenas opciones cuando adoptamos los comportamientos del mundo, para que podamos "ministrar" a otros en su terreno, al hacer esto al final perdemos nuestra identidad en Cristo y nos olvidamos de que somos sal y la luz como bien dijo Jesús:

> Ustedes son la sal de la tierra, pero si la sal pierde su sabor, ¿Como pues será sazonada? Entonces ya no sirve para nada, más que para ser desechada y pisoteada por los hombres.

> Son la luz del mundo. Una ciudad asentada sobre una colina no puede ser oculta. Tampoco se enciende una lámpara y la ponen debajo de una canasta, sino sobre un candelero, y alumbra a todos los que están en la casa. Deja que tu luz brille ante los hombres, para que vean tus buenas obras y glorifiquen a tu Padre en los cielos. (Mateo 5: 13-16)

NOVIEMBRE 26

Isaías 48:18: "¡Oh, si hubieras escuchado Mis mandamientos!"

Existe una delgada línea entre el legalismo y la diligencia. El legalismo dice que tengo que seguir las instrucciones de Dios o de lo contrario seré castigado, es decir, no seré amado, no seré perdonado, no seré salvo, etc. Esta perspectiva generalmente conduce al desánimo y depresión. La diligencia dice: ya soy amado, ya estoy perdonado, soy salvo y, sin embargo, quiero seguir las instrucciones de Dios porque reconozco los beneficios que se derivan de ellos. Esta perspectiva conduce a la paz y la alegría.

El Señor ha razonado con el hombre sobre esto mismo durante miles de años. Él ha tratado de hacernos darnos cuenta de que Sus instrucciones son para nuestro bien, no nuestro castigo:

> ¡Oh, que tuvieran tal corazón en ellos que me temieran y guardaran siempre todos mis mandamientos, para que les vaya bien y con sus hijos para siempre! (Deuteronomio 5:29)

¡Oh, si hubieras escuchado mis mandamientos! Entonces tu paz hubiera
sido como un río, y tu justicia como las olas del mar.
(Isaías 48:18)

Sin embargo, por alguna razón, todavía no confiamos plenamente en Dios y en
lo que Su Palabra dice. Entonces, como señaló Matthew Henry, para ayudarnos a
comprender por qué deberíamos confiar en Él, y preste atención a Su instrucción,
consideremos tres cosas acerca del Señor como se declara en Isaías 48: 17-18. Lo
primero que el Señor nos recuerda es que Él es nuestro Redentor. "Así dice el Señor,
tu Redentor, el Santo de Israel. . . ." Él fue el que voluntariamente murió en la cruz
por nosotros para que fuéramos libres de pecado y muerte. En segundo lugar, Él es
nuestro maestro: "Yo soy el Señor tu Dios, que te enseño para tu beneficio." Él nos
instruye en aquellas cosas que nos son benéficas y que compensan nuestra paz, y,
por último, Él es nuestro guía, "quien te guía por el camino que debes seguir." Él no
solo ilumina nuestros ojos para ver claramente qué camino tomar, Él también dirige
nuestros pasos para que no tropecemos y caigamos.[171]

Después de considerar detenidamente estas cosas, ¿Por qué no deberíamos seguir
sus consejos e instrucciones? Tristemente, hay muchas veces que culpamos a Dios por
permitir cosas difíciles en nuestra vida cuando claramente fue nuestra desobediencia a las
instrucciones de Dios lo que nos hizo cosechar esas consecuencias. Me hace preguntarme
por mí vida y cuánta dificultad se eliminaría si solo siguiera Su consejo y caminara en su
justicia. Salomón habló de esto en el Libro de Proverbios, "Él que camina con integridad
camina seguro. . . La integridad de los rectos los guiará a ellos" (Proverbios 10: 9, 11:3).

Como el Señor le recordó a su pueblo: "Proclamo públicamente promesas
audaces. Yo no susurro controversias en algún rincón oscuro para que nadie pueda
entender lo que quiero decir. Y no le dije al pueblo de Israel que me pidiera algo que
no planeaba hacer. Yo, el Señor, hablo sólo lo que es verdadero y recto" (Isaías 45:19,
NTV1996). Conforme nosotros maduramos y crecemos en el Señor, descubriremos
que lo más sabio en una situación es simplemente como se establece en la Palabra de
Dios_ —No fuera de la legalidad porque seremos castigados, ni porque caigamos en
desgracia con Dios si no lo hacemos, sino porque reconocemos los beneficios y las
bendiciones que vienen de seguir sus instrucciones.

NOVIEMBRE 27

Isaías 49: 4 "Entonces dije: En vano he trabajado, he gastado fuerzas sin
provecho y en vano."

Es muy fácil creer que la obra del reino en la que trabajamos es en vano. Nosotros oramos por los demás con fervor, pasión y esmero, testificar a los demás, servir a los demás, etc., y la mayoría de las veces es como si no estuviéramos haciendo ninguna diferencia en sus vidas lo que puede resultar muy desalentador.

Afortunadamente, tenemos un Sumo Sacerdote que puede relacionarse plenamente con esto. En Isaías 49: 4, aunque era el mismo Isaías hablando, podemos relacionar correctamente este versículo a nuestro Mesías quien seguramente sería tentado con el mismo tipo de desánimo que a menudo experimentamos: Entonces dije: "He trabajado en vano, he gastado mis fuerzas sin provecho para nada." Estoy seguro de que Jesús fue tentado por el pensamiento de que toda su obra, todo Su sacrificio, fue simplemente en vano ya que fue rechazado una y otra vez por la humanidad. ("Al menospreciado, al abominado de las naciones ..." Isaías 49: 7)

Sin embargo, Jesús no permitió que ese desánimo echara raíces, ya que rápidamente lo reprendió al ponerlo todo en perspectiva: "Sin embargo, mi recompensa justa es con el Señor, y mi obra para con mi Dios" (Isaías 49: 4). Matthew Henry nos recuerda: "Aunque en vano sea el trabajo para los que están trabajando, pero no para el obrero mismo, si es fiel: su juicio es con el Señor."[172] Jesús sabía muy bien que Su única preocupación era ser obediente a las instrucciones del Padre, ya que lo principal es la obediencia, no los resultados, esa es nuestra justa recompensa. Venció la tentación de desanimarse poniendo Su confianza firmemente en el Padre, y no en los resultados de ese trabajo.

Debemos tener esta misma perspectiva al seguir el llamado del Señor en nuestras propias vidas. Con demasiada frecuencia permitimos que los resultados tangibles de nuestro servicio nos dicten ya sea que estemos alegres o desanimados, sin embargo, esto es simplemente una visión carnal arraigada en nuestra carne y orgullo de una obra espiritual que realmente no podemos ver ni sondear anticipadamente. Nosotros debemos encontrar nuestro gozo en el hecho de que hacemos nuestro trabajo para el Señor como Él nos instruye: porque, después de todo, nuestro trabajo es para Sus grandes propósitos, no para nuestro ego, nuestro orgullo o nuestra reputación.

NOVIEMBRE 28

Isaías 49: 9: "Para que digas a los presos: Salid."

He notado un defecto fatal en nuestra fe: a menudo tomamos la obra completa, infinita y omnipresente de Dios y redefinimos sus límites, reduciéndolo a un criterio selectivo, trabajo finito y limitado. Hacemos esto basándonos en el sentimiento, el pecado, la vista y las circunstancias. Entonces, para refrescar nuestra perspectiva sobre cuán completo, infinito y abarcador las obras realmente son, consideremos Su plan de salvación

"Es una cosa demasiado pequeña que debas ser Mi Siervo para levantar las tribus de Jacob, y para restaurar a los preservados de Israel; También te daré como luz a los gentiles, para que seas mi salvación hasta los confines de la tierra" (Isaías 49: 6). No fue suficiente que Jesús viniera y salvara a Israel, porque eso era una obra limitada a los ojos del Señor. No, el Señor deseaba que todos los hombres fueran salvos; así que, Jesús vino por toda la humanidad, convirtiéndola en una obra completa y que lo abarca todo. Pero la salvación es solo el comienzo de Su obra en nuestras vidas, no el final. "Ellos se alimentarán a lo largo de los caminos. . . no tendrán hambre ni sed, ni calor ni el sol los herirá" (Isaías 49: 9-10). La salvación no debe limitarse a "Obtener una tarjeta fuera del infierno" la salvación es vida, es libertad, es provisión, es poder, es propósito, y mucho, mucho más. Para muchos cristianos, la salvación se considera nuestro fin; y, sin embargo, el Señor nos dice a todos, hay mucho más para ustedes. Lo comparo con ir a Hawaii y luego sentarse en su habitación de hotel todo el tiempo. Seguro que estás ahí, pero hay mucho más en Hawái que solo estar allí.

Una de las obras más poderosas que trae la salvación es una completa libertad. de todas las cosas: "Para que digas a los presos: Salid" Jesús valientemente ha proclamado públicamente a todos los que lo recibirían como Señor y Salvador que somos libres del mundo y de todo lo que hay en él, porque ha vencido al mundo (Juan16:33). Sin embargo, seguimos sentados en nuestras celdas como si todavía fuéramos prisioneros, incluso aunque la puerta esté abierta y las cadenas se hayan caído. Considere el tiempo cuando el apóstol Pedro estaba en prisión y la puerta se abrió y las cadenas se cayeron; Pedro todavía tenía que tomar la decisión de levantarse y salir (Hechos 12: 5–10). Lo mismo ocurre con nosotros. Jesús nos ha proclamado a cada uno de nosotros: "Salid" de esa celda, porque en verdad sois libres.

Entonces, creyente, no limites la obra de completa y total libertad que Jesús ha llevado a cabo para tu vida. Levántese y salga, porque la puerta está abierta de par en par y han caído las cadenas que lo sujetaban.

NOVIEMBRE 29

Isaías 51: 2: "Porque lo llamé y lo bendije y lo multipliqué"

Hay muchos niveles de insatisfacción en esta vida, pero ninguno mayor que no estar haciendo lo que el Señor nos ha encomendado específicamente. Entienda que el Señor tiene un propósito muy específico y un llamado para cada uno de nosotros, ya que Él nos ha creado y nos ha dotado de tal manera que prosperemos y seamos realizados de maneras que no podríamos conocer sin ese llamado. Pero es importante recordar que, a menudo, cuando llegue esa llamada, no será fácil para nosotros responderla, porque esa llamada requerirá una gran medida de fe para dar un paso adelante y ser obedientes.

Mientras oraba al Señor acerca del propósito en mi propia vida, encontré este pasaje en Isaías 51: 2, en el que el Señor les dijo a Sus hijos: "Porque yo lo llamé [Abraham] cuando estaba solo, y lo bendije y lo multipliqué." Leemos de este gran llamamiento en Génesis 12: 1–2: "Ahora el Señor le había dicho a Abraham: Sal de tu país, de tu familia y de la casa de tu padre, a una tierra que te mostraré a ti. Haré de ti una gran nación; Te bendeciré y engrandeceré tu nombre; y serás de bendición."

Note que no fue una orden fácil de responder, ya que Abraham no solo fue llamado a dejar todo lo que le era familiar y cómodo (su país y su familia), pero también tuvo que renunciar a su obligación como el nuevo líder de la casa de su padre y dirigirse a una tierra que no conocía. Este llamado requirió de una gran fe para responder, y estoy seguro de que Abraham escuchó muchas opiniones acerca de por qué no debería hacer eso. También es importante comprender que no había nada especial o único acerca de Abram; era un hombre común que provenía de una familia común, sin embargo, el Señor lo hizo con un propósito muy específico en mente, y solo respondiendo ese llamado y cumpliendo su propósito, Abram llegaría a convertirse en Abraham. Esto debería animarnos a todos a responder a la llamada cuando llegue, porque, aunque seamos llamados a dejar todo lo cómodo y familiar, la Promesa del Señor permanece, sin importar el tipo de llamado o situación. Aunque Él "llamó a Abraham cuando estaba solo, [Él] lo bendijo y lo prosperó" El Señor satisfizo todas las necesidades de Abraham y cumplió ese llamado en su vida, tal como lo había prometido.

NOVIEMBRE 30

> Deuteronomio 17: 16-17: "Pero no lo hará. . . para que no se desvíe su corazón."

El martes por la mañana, Michelle se llevó a nuestros dos hijos, Kate (dos años) y Joel (seis semanas), al parque justo detrás de nuestra casa. Rodeando el patio de recreo, en este parque en particular hay una acera de concreto con un desnivel de dos pies hacia el piso de juegos. Entonces, mientras Michelle jugaba con Kate en el patio de recreo, Joel estaba estacionado de forma segura en la carriola sobre la acera justo detrás de ellos.

En algún momento, mientras Michelle hablaba con otra madre, Kate decidió que Joel necesitaba estar más cerca de donde estaban parados, por lo que comenzó a empujar el cochecito hacia el patio de recreo. Cuando Michelle se volvió para ver qué era lo que Kate estaba haciendo, ella supo de inmediato lo que iba a suceder y rápidamente pidió a Kate para que se detuviera. Pero Kate no escuchó, y tanto ella como Joel cayeron al suelo del patio de recreo; afortunadamente, ninguno de ellos resultó herido. La bendición en todo esto es que nos brindó una gran oportunidad para enseñarle a Kate acerca de lo importante de escuchar y obedecer.

Más tarde, mientras Michelle y yo hablábamos de las aventuras del día, reconocimos la lección espiritual que se nos dio sobre la obediencia y la confianza en la voluntad de Dios y Su Palabra. Kate no obedeció la orden de Michelle de detenerse porque no podía ver el peligro en lo que estaba haciendo. Michelle, por otro lado, pudo ver exactamente lo que iba a suceder y por eso llamó a Kate para que se detuviera.

Así es con nosotros y Dios. Elegimos ignorar sus instrucciones porque no podemos ver nada malo en lo que estamos haciendo. Pero Dios puede ver el peligro en todo ello; por eso nos ha dado instrucciones sobre lo que no debemos hacer. Desafortunadamente para nosotros, con demasiada frecuencia vemos la Palabra de Dios como una barrera contra las cosas buenas, cuando la realidad es una barandilla que nos protege de cualquier daño.

Tomemos a Salomón, por ejemplo. Aquí está posiblemente el hombre más sabio que jamás haya vivido y, sin embargo, su corazón se apartó de Dios simplemente porque no pudo confiar en lo que decía la Palabra de Dios. En Deuteronomio 17: 16-17, el Señor dio tres mandamientos a los que quieren ser rey: "Pero él [el rey] no aumentará caballos para sí, ni hará que el pueblo vuelva a Egipto con el fin de aumentar caballos. . . . Tampoco tomará para sí muchas mujeres para que no se desvíe su corazón; ni mucha plata ni oro aumentará para sí en abundancia". Aunque estos mandamientos os pueden parecer insignificantes e inofensivos, las advertencias fueron muy claras: si haces estas cosas, tu corazón se volverá alejado del Señor. Salomón decidió ignorar estos mandamientos y, efectivamente, su corazón se apartó del Señor tal como Dios dijo que pasaría.

"¡Oh, si hubieras obedecido Mis mandamientos! Entonces tu paz hubiera sido como un río, y tu justicia como las olas del mar" (Isaías 48:18). Creyente, sería prudente tomar a Dios en Su Palabra y confiar en lo que dice, porque cuando obedecemos sus mandamientos, la paz y la justicia continuamente reinaran en nuestras vidas.

DICIEMBRE 1

Isaías 53: 2: "No tiene forma ni atractivo; y cuando lo veamos, no hay belleza para que lo deseemos."

Después de que Michelle y yo nos conocimos y nos hicimos amigos, a menudo me enviaba fotografías de la creación de Dios mientras ella estaba corriendo. Una foto que realmente me llamó la atención fue una imagen de una rosa roja. Ahora, no soy realmente un hombre fan de flores, así que no estaba seguro de por qué la imagen llamó mucho mi atención en ese momento o por qué incluso decidí guardar la imagen. Pero meses después, el Señor movió mi corazón para escribir una carta a Michelle que estuvo enfocada alrededor de esa imagen.

La premisa de la carta era esta: aunque la rosa es hermosa en apariencia y es lo que inicialmente atrae a la gente, es la fragancia de la rosa lo que mantiene a la gente cautivada. Si la rosa oliera a zorrillo, por ejemplo, no habría una atracción duradera, no importa lo hermoso que sea físicamente. Lo que el Señor quería que compartiera con Michelle que, aunque era físicamente hermosa, es la fragancia de Cristo dentro de ella lo que realmente la hace bella y atractiva. "Deberían vestirse con la belleza que viene de adentro, la belleza inmarcesible de un espíritu quieto y apacible, que es tan precioso para Dios" (1 Pedro 3: 4, NLT). Aprendí hace muchos años que la atracción inicial que sentimos por alguien está determinada por los ojos; pero una vez que conoces a esa persona, la atracción crece o se desvanece dependiendo de quién sea esa persona por dentro.

No hay mayor ejemplo de esto que nuestro Señor Jesucristo, como el profeta Isaías nos dice, "no tenía forma ni belleza; y cuando lo vemos, no hay belleza para que le deseemos. "No había nada majestuoso en la apariencia de Jesús; Solo era una apariencia promedio. Podrías caminar junto a Él y ni siquiera recordarlo cinco segundos después; sin embargo, para todos aquellos que lo conocemos con razón y sin dudarlo, es la persona más hermosa que hemos conocido, aunque no tenemos idea de cómo es Él. En pocas palabras, nos atrae Jesús, no por su apariencia, sino más bien por quién es. Jesús estaba más centrado en estar en forma para la cruz que en estar "en forma." Y también deberíamos concentrarnos en ello nosotros. Entonces, creyente, ¿Dónde está su enfoque en este momento, en moldear su cuerpo o moldear su carácter?

DICIEMBRE 2

Isaías 53: 3: "Es despreciado y rechazado por los hombres; un hombre de dolores, y experimentado en quebranto."

En Isaías 53: 3, se nos dice que Jesús fue "despreciado y rechazado por los hombres; un hombre de dolores y familiarizado con el dolor." En un sentido muy real, Jesús fue despreciado y rechazado en parte porque era un hombre de quebranto que estaba familiarizado con gran dolor. De hecho, se nos dice que los hombres le ocultaron el rostro; le dieron la espalda y Él miró hacia otro lado debido a Su dolor, que creíamos que eran consecuencias autoinfligidas a través del pecado y la rebelión: "estimamos a Él herido por Dios y afligido" (Isaías 53: 4).

Isaías nos recuerda que Jesús fue herido y afligido porque "Él sufrió nuestros dolores y le tuvimos por azotado" (Isaías 53: 4). Jesús no tuvo fiestas de compasión; Él no sintió lástima de sí mismo ni se afligió por su suerte en la vida.[173] No, los dolores que Él cargó no eran Suyos, sino nuestros. Todos los sufrimientos del cuerpo, la mente y el alma que enfrentaremos en esta vida, Jesús lo llevó para que fuéramos libres.

La imagen aquí es que Jesús cargó todo nuestro dolor en Su espalda y lo llevó por nosotros para que no tuviéramos que hacerlo. Sin embargo, por alguna extraña razón, seguimos cargando con nuestro dolor como si no tuviéramos otra opción. Cada día nos despertamos, lo cargamos todo sobre nuestras espaldas como buenos soldaditos, y luego tratamos de vivir la vida, mientras nos arrugamos bajo su enorme peso. Nosotros buscamos desesperadamente la libertad completa en Cristo, sin embargo, continuamente escapa de nuestro alcance. porque olvidamos que a pesar de que Jesús tomó nuestra tristeza y dolor por nosotros, de nada sirve si no entregamos esas cosas en sus manos.[174]

En Hebreos 4:15 se nos dice: "Porque no tenemos un Sumo Sacerdote que no pueda simpatizar con nuestras debilidades." Jesús tomó nuestra tristeza y dolor sobre sí mismo para que pudiéramos tener un Sumo Sacerdote que pudiera compadecerse de nuestra difícil situación; quién pudiera consolarnos en nuestras tribulaciones y aliviar nuestro dolor; quien entendería exactamente por lo estaríamos pasando y proveernos con exactamente lo que necesitáramos. Así que la pregunta no es: "¿Dios puede ayudarnos? Más bien ¿Le permitiremos que nos ayude? Creyente, tanto la victoria como la libertad son tuyas si así lo eliges.

DICIEMBRE 3

Isaías 53:10: "Sin embargo, agradó al Señor herirlo; lo ha sujetado a padecimiento."

Isaías 53 a menudo se titula "El siervo que sufre," ya que nos da detalles generales sobre el sufrimiento que Jesús soportó espiritual, física, mental y emocionalmente. En este capítulo leemos que fue despreciado, golpeado, afligido, herido, magullado, castigado, oprimido, tomado y cortado, solo por nombrar algunos. Pero luego, en medio de este pasaje muy sombrío, leemos algo aparentemente fuera de lugar: "Sin embargo, agradó al Señor herirlo; Le ha hecho sufrir,"

Por favor, comprenda que, aunque el Padre orquestó esto desde el principio, el placer que recibió no fue del sufrimiento de Jesús; más bien, era del resultado del sufrimiento de Jesús. . . salvación para toda la humanidad: "La voluntad del Señor prosperará en su mano" (v. 10). A Dios no le gusta ver sufrir a nadie; pero con Dios, el fin siempre justifica los medios, no solo para Él, sino para el sufrimiento también. "[Jesús] verá el trabajo de su alma y quedará satisfecho" (v. 11). Honestamente, ¿Estaría Jesús satisfecho si se hubiera rendido a Satanás durante la tentación en el desierto y evitar todo el dolor y sufrimiento que eventualmente encontró? ¿Habría estado realmente satisfecho si no hubiera tomado la cruz? No. La satisfacción de Jesús estaba ligada directamente al fruto de Su sufrimiento, no a evitarlo. Lo mismo va para nosotros.

Recuerdo cuando Michelle estaba de parto con nuestra primera hija, Kate; después de veintiséis horas de trabajo de parto extremadamente doloroso, me agarró del brazo y me dijo que nunca íbamos a tener otro hijo. Sin embargo, dos años después, tuvimos nuestro segundo hijo Joel. La clave para Michelle fue que no se centró en el dolor y el sufrimiento del trabajo de parto; más bien, esperaba con ansias lo que ese dolor y sufrimiento produciría. Romanos 5: 3–4 nos recuerda esto mismo (énfasis agregado): "También nos gloriamos en las tribulaciones, sabiendo que la tribulación produce perseverancia; y la perseverancia, carácter; y el carácter, esperanza." Note que no debemos gloriarnos en el sufrimiento; más bien, debemos gloriarnos en saber lo que producirá el sufrimiento: perseverancia, carácter y esperanza. Porque es en esto, que el fruto del trabajo de nuestra alma, en que estaremos satisfechos.

DICIEMBRE 4

Isaías 40: 8: "La palabra de nuestro Dios permanece para siempre."

Es lamentable cómo naturalmente agregamos condiciones a la Palabra de Dios y cambiamos las promesas del Señor desde que se reciben hasta que se cumplen. Es como si leyéramos entre líneas de lo que ha dicho, en lugar de creer lo que realmente quiere decir. Por ejemplo, el Señor le prometió a Su pueblo en Jeremías 29:13, "Y me buscarás y me encontrarás, cuando me busques con todo tu corazón." En Mateo 7: 7–8, Jesús afirmó esta misma promesa durante el Sermón del Monte: "Pide, y te será entregado; busca y encontraras; llama, y se te abrirá. Porque todo el que pide, recibe, y el que busca, encuentra, y al que llama se le abrirá."

Sin embargo, mi interpretación de lo que el Señor realmente quiere decir es que tengo que trabajar en oración durante al menos una semana, si no más; Continuamente debo tomar buenas decisiones, negarme a mí mismo y evitar todo lo que no sea "santo" porque si no lo hago, debo empezar de nuevo, porque solo cuando cumpla con estas condiciones encontraré al Señor. Pero eso no es lo que el Señor prometió, ni es lo que dijo. Él dijo claramente: "Me buscarán y me encontrarán, cuando me busquen con todo su corazón… Pregunta y se te dará; Busca y encontrarás; llama, y se te abrirá. Porque todos los que piden, reciben, y el que busca, halla, y al que llama, se le abrirá." Así que, sin haber hecho nada más, si busca al Señor con sinceridad, aunque fuera solo por un minuto, ¿No lo encontraría? Sí, lo haría.

Este tipo de disfunción también se extiende más allá de la oración. El señor dice que nos ama, sin embargo, continuamente creemos que debemos ganarnos su amor; Él dice que somos perdonados por Su Gracia, a través de la fe, sin embargo, continuamente tratamos de ganarnos Su perdón a través de obras y hechos, etc. Isaías 40: 8 nos recuerda que "La palabra de nuestro Dios permanece para siempre," lo que significa que Sus verdades soportarán toda persecución y oposición que viene en su contra. Se confirmará que es firme y veraz, porque ha sido establecida por Dios mismo. Entonces creyente, confíe en Dios, en Su Palabra, confíe en Él, esté firme en Él y encuentre libertad, victoria, esperanza y el gozo que se nos ha prometido con Él.

DICIEMBRE 5

Isaías 7:14: "He aquí, la virgen concebirá y dará a luz un hijo, y llamarán su nombre Emmanuel."

Después del nacimiento de nuestra hija Kate, Michelle y yo realmente comenzamos a orar por comenzar nuestras propias tradiciones familiares durante las fiestas. Fue durante este proceso que nos dimos cuenta de lo loca que se ha vuelto esta época del año. Estrés, ajetreo, tristeza, depresión, culpa, soledad. . . estas fueron solo algunas de las cosas que notamos en nuestras vidas y en las vidas de aquellos con quienes hablamos sobre la temporada navideña. Yo creo que Michelle lo resumió mejor cuando dijo: "Ya no hay Noche de paz, No hay paz, no hay descanso, no hay alegría." Fue revelador para nosotros, es como si abriéramos los ojos, porque se mantuvo el contraste directo con todo el significado de la Navidad.

La profecía de Emanuel fue dada a Israel en medio de uno de sus períodos más oscuros de pecado y rebelión, "Porque todos son hipócritas y malhechores, y toda boca habla locura" (Isaías 9:17). Fue una promesa de esperanza, que la venida de "tribulación y tinieblas, [y] oscuridad de angustia" (Isaías 8:22) de parte la servidumbre de la opresión de Asiria no duraría para siempre, "Porque un niño nos es nacido, un Hijo nos es dado" (Isaías 9: 6). Esta no fue solo una promesa de salvación para Israel, sino para toda la humanidad, "Aquellos que caminan en tinieblas verán una gran luz. Para aquellos que viven en una tierra de oscuridad profunda, una luz les alumbrará" (Isaías 9: 2, NTV).

Lo que he notado es que "la angustia y la oscuridad" que la gente experimenta durante la temporada navideña llega solo cuando "buscamos lo del mundo y hacemos de la Navidad, todo lo que no es conforme a Jesucristo." Si pusiéramos nuestro enfoque en celebrar el *nacimiento* de Nuestro Salvador, la Esperanza de la Gloria venidera, la Luz que brilla en la oscuridad, y nos percatáramos, de que Dios está con nosotros, seríamos liberados de la esclavitud, la oscuridad, el estrés, el ajetreo, la tristeza, la depresión, la culpa y la soledad que consigo trae.

DICIEMBRE 6

Isaías 8:22: "Entonces mirarán a la tierra, y verán tribulación y tinieblas, oscuridad de angustia; y serán arrojados a la oscuridad."

El 2 de diciembre de 2015, hubo un tiroteo masivo en la ciudad de San Bernardino, California en el que muchas personas murieron y resultaron heridas. De inmediato la gente comenzó a buscar respuestas, ¿Por qué lo hicieron? ¿Cuál fue el motivo detrás de todo esto? Una vez más salió información sobre quienes eran estas personas y como se había llevado a cabo el tiroteo la gente comenzó a señalar con el dedo y a expresar sus opiniones sobre cómo evitar que esto vuelva a suceder. Algunos dijeron que tenemos un problema musulmán; otros dijeron que tenemos un problema de control de armas. Ahora, estoy a favor de proteger nuestras fronteras de aquellos que amenazan con matarnos, absolutamente, pero incluso si no hubiera musulmanes en nuestro país, e incluso si controlamos la venta de todas las armas de fuego, ¿los tiroteos realmente se acabarían?

La verdad del asunto es que cada vez que "miramos a la tierra" en busca de respuestas, solo veremos "angustia y tinieblas, [y] oscuridad de angustia;" y en lugar de ser levantados, "seremos arrojados a las tinieblas." No hay motivo que alguna vez explique o justifique lo que pasó ese día del tiroteo, porque es pura maldad. Es prueba que Satanás está vivo y todavía engaña a las personas para que crean sus mentiras de odio y rabia. Vivimos en un mundo oscuro y caído que está gobernado por el gran engañador; y cada vez que busquemos respuestas en su mundo, nos volveremos mundanos con respuestas que alimentan su agenda de miedo y odio y nos llevarán aún más a la desesperanza y la desesperación. Entonces, en lugar de buscar respuestas en el mundo, "¿No debería la gente buscar a Dios?" (Isaías 8:19).

Una vez leí que cuando buscamos respuestas en el mundo, solo nos enfocamos en el motivo detrás del acto, las personas que cometieron el acto y los medios para realizar el acto, todas son cosas terrenales. Sin embargo, cuando buscamos respuestas en Dios, nos enfocamos sobre la verdadera naturaleza detrás de todo esto. Vemos que el motivo, la gente y los medios no son las razones detrás de lo que ocurrió; son simplemente síntomas de un mayor problema que todos tenemos: una naturaleza caída y pecaminosa. Vemos que nuestro enemigo es no de carne y hueso, sino de naturaleza espiritual. Nuestra batalla no es física, sino más bien espiritual (Efesios 6:12). Vemos que la solución no es de este mundo, sino que está en Jesucristo, el único nombre bajo el cielo por el cual somos salvos (Hechos 4:12). Solo Él puede cambiar el corazón del hombre y vencer la naturaleza del pecado, a través del poder y la obra del Espíritu Santo. Entonces, creyente, no busques respuestas en el mundo, porque solo te causará pensar y actuar como el mundo. Más bien, busque en Dios respuestas, para que pueda tener su corazón y su mente en todas las cosas espirituales y para con toda persona.

DICIEMBRE 7

Hechos 8: 4: "Por tanto, los que estaban esparcidos iban por todas partes predicando la palabra."

Después del ataque a Pearl Harbor el 7 de diciembre de 1941, se registra que el almirante japonés Isoroku Yamamoto declaró: "Me temo que todo lo que hemos hecho es despertar a un gigante dormido y llenarlo de una respuesta terrible."[175] Comprenda que hasta ese punto en el tiempo los Estados Unidos no se había involucrado en la Segunda Guerra Mundial y en realidad esperaba permanecer fuera de esto por completo. Pero una vez que Japón atacó Pearl Harbor, Estados Unidos no tuvo más remedio que participar en la guerra.

Vemos algo muy similar en Hechos 1: 8, cuando Jesús instruyó a sus discípulos a salir y compartir el evangelio con todo el mundo; sin embargo, la iglesia no fue. Eran, en cierto sentido, un gigante dormido que simplemente se contentaba con existir dentro de sus propios límites cómodos. Pero cuando Esteban fue martirizado por su fe, y la persecución llegó a la iglesia, fue entonces cuando los creyentes se dispersaron por los alrededores y comenzaron a compartir el evangelio. "Por tanto, los que estaban esparcidos fueron por todas partes predicando la palabra." La iglesia, aunque reacia, finalmente se despertó y se movió como Cristo lo había instruido.

Estaba pensando en todo esto al reflexionar sobre algunas de las decisiones recientes hechas por la Corte Suprema. A primera vista, parecen grandes victorias para el gobernante de este mundo. Sin embargo, tras una revisión adicional, todo lo que Satanás hizo fue molestar a un gigante dormido. No estoy hablando de Dios aquí, sino más bien me refiero a la iglesia en los Estados Unidos. Demasiado tiempo hemos estado de brazos cruzados, sin involucrarnos en la guerra a nuestro alrededor porque nos sentíamos demasiado cómodos dentro de nuestros propios límites.

Bueno, la guerra está ahora a nuestras puertas y no nos queda ningún lugar a donde ir. Con esto, creo que cada cristiano tendrá una de dos reacciones a medida que se acerquen los días: 1) Seremos envalentonados en nuestra fe a medida que estemos resueltos a participar en esta guerra espiritual y cumplir el ministerio que Cristo nos ha dado; o 2) Nos encogernos en la persecución, abandonar nuestra fe y amoldarnos a la ideología del mundo. En otras palabras, habrá una separación del trigo y la cizaña.

Creyente, he leído la Biblia y sé cómo termina todo: Cristo gana, y ni siquiera sabemos si está cerca. Pero todavía hay batallas que deben tener lugar. Ya no podemos permitirnos ser un gigante dormido que simplemente se contenta con sus propios límites cómodos. Debemos participar en estas batallas ya que no hay poder en la Tierra tan grande como la iglesia cuando usa las armas espirituales que nuestro Padre nos ha dado.

DICIEMBRE 8

Deuteronomio 32:18: "De la Roca que te engendró te olvidaste, y te has olvidado del Dios que te creó."

No hay nada peor para un creyente que perder la presencia de Cristo. Esto es no hablando de salvación; más bien, está hablando de la pérdida de la comunión con Él. Generalmente, cuando sentimos la pérdida de Su presencia, automáticamente asumimos que es por el pecado. Aunque es cierto que el pecado nos separa de Dios, también hay veces que el Señor se apartará de nosotros para despertar una mayor hambre por Él entre nosotros.

Pero probablemente la razón más pasada por alto por la pérdida de Su presencia es cuando descuidamos nuestra relación con él. Se nos dice en Deuteronomio 32:18 que, aunque el Señor eligió a Israel para ser su pueblo, aunque proveyó para cada una de sus necesidades y los defendió y los libró de todos sus enemigos, "De la Roca que te engendró te olvidaste y olvidaste al Dios que te creó." Los hijos de Israel comenzaron a descuidar la relación que tenían con su Padre, porque se habían vuelto perezosos en esa relación y lo habían tomado por sentado.

El peligro que nos plantea la negligencia es que no es una obviedad ni un acto intencional, que reconoceríamos rápidamente; más bien, es un proceso lento y nublado que conduce que nos volvamos descuidados. Creo que encontramos una gran analogía de esto mismo en Proverbios 24: 30–31 donde Salomón escribió: "Pasé por el campo de un hombre perezoso, y por la viña del hombre falto de entendimiento; ahí estaba todo cubierto de espinas su superficie estaba cubierta de ortigas; su muro de piedra fue derribado." Esta viña del hombre no se volvió de repente estéril y ruinosa en un día; no, murió lentamente con el tiempo ya que él continuamente la descuidó y falló en regarla. Asimismo, nuestra relación con Cristo debe ser atendida y cultivada para prosperar y dar fruto. Pero si descuidamos esa relación y nos olvidamos de ella, también se arruinará y se volverá estéril como esta viña. Entonces, creyente, ¿Cómo es tu relación con Cristo en este momento? ¿Es como una viña fresca, como un jardín lleno de vida que está dando fruto; o es un huerto averiado, infructuoso, cubierto de maleza con espinas y malas hierbas?

DICIEMBRE 9

Hechos 4:13: "Y se dieron cuenta de que habían estado con Jesús".

Cuando Pedro y Juan fueron arrestados y llevados ante los líderes religiosos porque estaban llevando a cabo el ministerio de Cristo, se les preguntó: "¿Con qué poder o en qué nombre, han hecho esto?". . . Ahora, cuando vieron la valentía de Pedro y Juan. . . se dieron cuenta de que habían estado con Jesús" (Hechos 4: 7, 13). Lo encuentro interesante que no fue lo que Pedro y Juan dijeron específicamente lo que causó que los líderes religiosos se dieran cuenta que habían estado con Jesús; sino la forma en que desplegaron el corazón de Cristo lo que los llevó a esta conclusión.

Me acordé de esto cuando Michelle y yo asistimos a un funeral hace un par de semanas. Cuando el pastor se levantó y compartió el evangelio, me cautivó la autenticidad de este hombre en cómo compartía a Cristo. No era un argumento magistral sobre la salvación, impregnado de referencias teológicas que mostraban un conocimiento mental completo del Dios de la Biblia. No, este fue un testigo ocular humilde, sincero y guiado por el Espíritu que es el relato de alguien que conoció a Jesús personalmente. Honestamente no recuerdo todo lo que dijo el pastor, pero recuerdo que cuando habló, vi a un hombre que había estado con Jesús.

Oh, cuánto necesitamos conocer más a Jesús. Demasiadas veces he sido culpable de vivir por la letra de la ley en lugar de ser movidos por el corazón de Cristo y seguir el espíritu de la ley. Con demasiada frecuencia me he encontrado con creyentes que muestran un conocimiento intelectual impresionante de la Biblia y, sin embargo, carecen por completo del corazón de Cristo. También a menudo he escuchado sermones que están tan impregnados de doctrina teológica que el corazón de Dios no se encuentra en ninguna parte. Oh, cuánto necesitamos conocer más a Jesús.

El propósito de estudiar la Biblia no es que encontremos un método en la vida o poder establecer una relación con la doctrina. No, es un tiempo que debe reservarse para que podamos llegar a conocer al Padre, al Hijo y al Espíritu Santo más personalmente. Eso es cuando buscamos conocer el corazón de Dios que nos transformamos más a Su imagen. Y es aquí, en esta relación personal con Cristo, donde otros se darán cuenta de que nosotros también hemos estado con Jesús.

DICIEMBRE 10

2a Crónicas 7:14: "Si Mi pueblo sobre el cual mi nombre es llamado se humillare, orare y buscara mi rostro, y se apartara de sus caminos perversos, entonces oiré desde el cielo, y perdonaré su pecado y sanaré su tierra ".

Es fácil culpar del estado de nuestro país a las divisivas, los corruptos, los perversos, y demás. Sin embargo, cuando considero el quebrantamiento de nuestro país en vista de 2a Crónicas 7:14, la culpa recae directamente sobre los hombros del creyente, no sobre los paganos. porque el Señor ha dicho: "Si mi pueblo, sobre el cual mi nombre es llamado, se humilla, ora, busca mi rostro y se aparta de sus malos caminos, yo escucharé desde el cielo, y perdonaré su pecado y sanaré su tierra." Dios estaba hablando directamente a la nación de Israel en este pasaje, sin embargo, se pueden aplicar estas palabras para nuestra nación y aplica también a todo creyente y a toda nación que conozca a Jesucristo.

Note que el Señor dijo específicamente *"si mi pueblo."* Le está hablando al creyente aquí, no al hombre carnal. La verdad que la iglesia no quiere escuchar es que nuestro país se está desmoronando *porque carecemos* de la convicción adecuada para humillarnos, orar y apartarnos de nuestro pecado. No cumplimos con la prescripción del Señor para sanar porque estamos demasiado preocupados por nuestra propia autosatisfacción personal y muchas cosas en la vida. Básicamente, nos hemos convertido en el trigo que está siendo ahogado por las espinas de esta vida, al no madurar porque estamos demasiado concentrados en las riquezas y tesoros.

Al proclamar la necesidad de un día nacional de ayuno y oración, Abraham Lincoln dijo: "Embriagados por el éxito ininterrumpido, nos hemos vuelto demasiado autosuficientes para sentir la necesidad de la Gracia Redentora y Preservadora, somos demasiado orgullosos para orar al Dios que nos creó."[176] Un pueblo absorto en la autosatisfacción del yo nunca será un pueblo de gran fe, porque es solo cuando estamos angustiados por nuestra carencia, solo cuando tengamos un autoexamen verdadero y honesto nos percataremos de nuestros pecados y vacío. Tener este tipo de transparencia y enfoque es lo que nos obligará a suplicarle a Dios que supla nuestra necesidad, y esto es lo que finalmente nos llevará a buscar humildemente Su rostro, arrepentirnos de nuestro pecado y cumplir el deseo de Dios de sanar nuestra tierra.

DICIEMBRE 11

Mateo 16:24: "Si alguno quiere venir en pos de mí, niéguese a sí mismo, y tome su cruz, y sígame."

Mientras oraba al Señor esta mañana mientras me preparaba para el trabajo, vino a mi mente esta frase, "Señor, guíame." Me atrapó esa oración: "Señor, condúceme." Yo no estaba seguro de dónde vino o por qué lo dije, pero cuanto más meditaba en ello, cuanto más me di cuenta de que esta era una oración débil de un hombre débil que no quería enfrentar la batalla del día. Era como si dijera: "Señor, quiero caminar en Tu Espíritu, quiero tomar buenas decisiones, quiero enfrentarme a la corriente, pero solo si lo haces por mí. No quiero enfrentar este mundo, no quiero estar parado firme y tomar las decisiones difíciles yo mismo; Quiero que me guíes y lo hagas todo por mi para no tener que hacerlo yo solo."

Sin embargo, a lo largo del Nuevo Testamento escuchamos a Jesús llamándonos a todos: "Sígueme." Toma la decisión de negarte a ti mismo, toma tu cruz y sígueme. (Mateo 16:24). El Señor no nos impulsará, porque no quiere desarrollar individuos de mente débil que eventualmente serán impulsados por cualquiera que sea la agenda más popular para esa temporada. No, el Señor quiere desarrollar a los hombres y mujeres de gran valor que tienen la fuerza mental en Cristo Jesús, que quieran seguirlo por fe porque confían en él y en su Palabra y eligen hacerlo bajo su propio riesgo. Quiere soldados que tomen las decisiones correctas sin importar cuán difíciles pueden ser, cuán insignificantes pueden parecer o cuántas personas podrían ofender soldados que no se acobardarán en el día de la adversidad.

Creyente, hay una razón por la que no somos arrebatados al cielo en el momento que entregamos nuestra vida a Jesucristo: porque tenemos trabajo por hacer. Nosotros a menudo nos desanimamos y nos negamos a pararnos porque decimos que hay demasiados en contra nosotros y que no haremos una diferencia en el gran esquema de las cosas, así que cedemos y nos retiramos, sin hacer nada. Pero nuestra misión individual no es hacer cambios en todo el estado, país o mundo, porque eso abrumaría a cualquiera de nosotros. No, como individuos, debemos ir y hacer cambios en el lugar y el camino que el Señor tiene para nosotros hoy, siguiéndolo a Él conforme nos guía.

Entonces, independientemente de si es uno o cien, independientemente de que no haya nadie alrededor, elegir hacer lo que Él quiere que hagamos porque hemos respondido al llamado a seguirlo en todas las cosas. Así maduramos, así nos fortalecemos, así es como somos santificados, y en última instancia, así es como somos transformados por la renovación de nuestra mente para que podamos probar lo que es bueno y aceptable y la perfecta voluntad de Dios (Romanos 12: 2).

DICIEMBRE 12

Filipenses 3:12: "Pero prosigo, para poder echar mano de eso por lo que también me asió Cristo Jesús."

Leí algo interesante sobre cuando España estaba en el apogeo de su poder en el siglo XV. Tenían el lema *Ne Plus Ultra* impreso en sus monedas, que significa "Nada más." España había creído erróneamente que ya había llegado a lo máximo, y que no tenían nada más que lograr. Sin embargo, una vez que se descubrió el Nuevo Mundo, rápidamente cambiaron sus monedas para leer *Plus Ultra*, que significa "Más allá."[177]

Esto es esencialmente lo que el apóstol Pablo les estaba diciendo a los filipenses en su carta con respecto a su caminar con el Señor: "No que ya lo haya alcanzado, o que ya estoy perfeccionado; pero sigo adelante, para poder agarrarme de aquello para lo que también me asió Cristo Jesús" (Filipenses 3:12). Pablo deseaba desesperadamente el propósito por el cual Jesús lo asió, el "supremo llamamiento de Dios en Cristo en Cristo Jesús" (v. 14). Es por eso que Pablo con gusto pudo "considerar todas las cosas como pérdida, por la excelencia del conocimiento de Cristo Jesús su Señor" (v. 8) porque en esa pérdida Pablo "conocería. . . el poder de Su resurrección y la comunión de Sus sufrimientos" (v. 10).

Esencialmente, Pablo estaba diciendo que no había nada más importante que conocer a Cristo y ser conocido por él. Para muchos, sin embargo, asumimos la perspectiva que después de ser salvos ya no hay nada más para nosotros; hemos llegado, y nos sentaremos y esperaremos que venga el rapto. Sin embargo, Pablo nos implora seguir adelante, porque hay mucho más allá de la experiencia de la luna de miel de la salvación.

Estaba hablando con un hermano el domingo y me estaba contando su deseo de conocer más a Dios. Mientras hablaba con él, noté que estaba molesto y estaba viendo este deseo como un problema porque no tuvo suficiente tiempo para hablar con Dios. Rápidamente le pregunté: "¿Cuánto tiempo sería suficiente para hacer eso?" yo luego le compartí que el deseo de conocer a Dios nunca debe ser considerado como un problema, porque es un hambre que nunca se debe saciar. De hecho, tener ese deseo es prueba de que estamos creciendo y madurando en el Señor y, en última instancia, es lo que nos impulsa a seguir adelante hacia el supremo llamado de Dios en Cristo. Es este deseo constante el que nos impulsa a considerar todas las cosas como una pérdida para la excelencia del conocimiento de Cristo Jesús. Es solo cuando perdemos ese deseo y nos sentimos satisfechos con nuestro conocimiento de Dios que deberíamos estar preocupados. Entonces, creyente, ¿Cómo describirías tu vida espiritual en este momento? ¿No hay nada más, o hay más más allá?

DICIEMBRE 13

Isaías 55:11: "Así será mi palabra que sale de mi boca; No volverá a Mí vacía, sino que hará lo que Yo quiero, y prosperará en aquello para lo cual la envié."

Hace poco más de tres años, cuando Michelle y yo descubrimos que estaba embarazada de nuestra primera hija Kate, inmediatamente salimos corriendo y compramos un iPad y un par de auriculares. ¿Porque te preguntarás? Porque creemos plenamente lo que Isaías 55: 10–11 dice:

> Porque como cae la lluvia y la nieve del cielo, y no vuelven allí, sino para regar la tierra, y hacerla brotar y retoñar, para que puede dar semilla al sembrador y pan al que come, así será Mi palabra que sale de Mi boca; no volverá a mí vacía, sino cumplirá lo que me plazca, y prosperará en lo que yo la envié.

Aunque los médicos le dirán que un bebé no puede escuchar sonidos en el útero hasta las semanas veintinueve a treinta y tres, creemos lo que dice la Palabra de Dios, que Su Palabra no vuelve vacía, sino que siempre prosperará y producirá fruto. Entonces, por fe, instalamos una aplicación de la Biblia en nuestro iPad, conectamos los audífonos, y se colocaron los auriculares en el estómago de Michelle y dejó que la Palabra de Dios se hablara a nuestro bebé de cinco semanas. Mientras continuamos haciendo esto, el Señor nos dio la más asombrosa imagen de lo que estaba sucediendo dentro del útero; mientras Kate estaba siendo formada la Palabra de Dios se estaba tejiendo en la misma estructura de su ser, espiritual, física, mental y emocionalmente. A partir de ese momento, nuestra continua oración por ella era que Su Palabra sería la base de lo que Kate sería.

La pregunta que debemos hacernos es, ¿Cuánto creemos realmente lo que la Palabra de Dios dice? Cuando lo creemos como verdad, comenzamos a apoyarnos y aplicar formas que nunca antes habíamos considerado. Segunda de Timoteo 3: 16-17 nos recuerda que "Toda la Escritura es inspirada por Dios y útil para enseñar, para redargüir, para corregir, para instruir en justicia, para que el hombre de Dios pueda estar completo, completamente equipado para todo buen trabajo." Estos versos nos obligaron a Michelle y a mí a exponer continuamente a nuestros hijos la Palabra de Dios tanto como podamos. Aunque mi hijo Joel tenía ocho semanas cuando comencé, realmente disfruté guiándolo a través del libro de Proverbios, porque creo plenamente que ambos estamos creciendo en fe a partir de esto (Romanos 10:17). Las personas podrían decir: "No va a entender el bebé solo tiene dos meses, estás perdiendo tu tiempo." ¿Pero que dice Dios sobre eso? Una y otra vez; ¿Tu qué crees?

DICIEMBRE 14

Isaías 55: 7: "Deje el impío su camino, y el hombre inicuo sus pensamientos; que vuelva al Señor, y Él tendrá misericordia de él; y al Dios nuestro, el cual será amplio en perdonar."

Michelle y yo siempre hemos enfatizado el perdón con nuestro hijo de dos años y nuestra hija Kate. Continuamente hablamos con ella y le enseñamos cuán completamente Jesús nos perdona abundantemente nuestro pecado cuando nos volvemos a Él y buscamos su perdón. Entonces, después de que Kate toma una mala decisión y es disciplinada por eso, hay que abrazarla y decirle cuánto la amamos, explicarle por qué fue disciplinada, y orar por ella, y luego decimos: "¡Se acabó todo!" y nunca mencionamos lo que ella hizo de nuevo.

Bueno, el otro día, mientras jugábamos con Kate en casa, hizo un par de malas decisiones que la llevaron a ser disciplinada. Después de abrazarla, le dije lo mucho la amaba, le expliqué por qué era disciplinada y oré por ella, Le dije: "¡Se acabó todo!" Inmediatamente salió corriendo de su habitación con sus brazos extendidos en el aire gritando: "¡Estoy perdonada! ¡Estoy perdonada!" Fue un momento maravilloso porque nuestra hija supo sin lugar a dudas que ella fue completamente perdonada. Oh, cómo necesitamos tener esta misma perspectiva hoy.

Proverbios 29: 6 (NTV) dice: "Los malos están atrapados por el pecado, pero los justos escapan, gritando de alegría." ¿Cuándo, como creyentes, nos volvimos tan sombríos y estoicos acerca de las promesas del Señor? ¿Hemos dado por sentada la gracia asombrosa que nos ha sido otorgado por medio de Cristo nuestro Señor, o simplemente no creemos que sea cierto? El Señor nos prometió en Isaías 55: 7, "Deje el impío su camino, y el hombre inicuo sus pensamientos; que vuelva al Señor, y él tendrá misericordia de él; y que el regrese a nuestro Dios, el cual será amplio en perdonar."

Cuando nos dirigimos al Señor en busca de perdón, sin importar si es la primera vez o la milésima vez, no nos rechaza; No instituye penitencia por nuestro pecado donde tenemos que trabajar nuestro camino de regreso a Su buena misericordia. Más bien, Él tiene misericordia de nosotros y nos perdona abundantemente sin importar quiénes somos o qué hemos hecho. No es sorprendente considerar el hecho de que, a la luz de todo lo que hemos dicho y hecho, somos completa y abundantemente perdonados de nuestro pecado. ¿No deberíamos estar alegremente corriendo con nuestros brazos estirados en el aire, gritando: "¡Estoy ¡perdonado! ¡Estoy perdonado!"?

El aspecto más grande del perdón de Dios para mí es que Él nunca menciona nuestro pecado de nuevo. Una vez que se perdona, desaparece y nunca resurge. Se nos recuerda esto en el Salmo 103: 12, cuando el salmista declara que nuestro pecado ha sido quitado tan lejos de nosotros como el este es del oeste. Sin embargo, esta es la parte del perdón con la que a menudo luchamos la mayoría, porque, aunque el Señor aparta nuestro pecado, nosotros a menudo no; todavía nos detenemos en ello, recordándolo una y otra vez en nuestra mente. La clave para recibir y creer esta asombrosa promesa es poner el pecado en su *debida perspectiva*: ¿Por qué nosotros no olvidamos nuestras faltas y también nos perdonamos a nosotros mismos como ya lo hizo el Señor? Y además comprometernos a buscar Su misericordia cada día. Primera de Juan 1: 9 nos promete que "Si confesamos nuestros pecados, Él es Fiel y Justo para perdonar nuestros pecados y limpiarnos de toda maldad." Entonces, creyente, recuerde y crea que, en Cristo, ¡Está perdonado!

DICIEMBRE 15

> 1 Pedro 5: 6–7: "Humillaos, pues, bajo la mano poderosa de Dios, para que Él pueda exaltarte a su debido tiempo, poniendo todo tu cuidado en Él, porque Él se preocupa por ti."

¿Alguna vez has arrojado algo rodándolo solo para que te vuelva a rodar hacia ti de regreso? Es decir, esencialmente a lo que se refiere 1 Pedro 5: 7 cuando Pedro escribió, "echando toda tu atención sobre Él" El Pastor Jon Courson dijo que esta frase significa "rodar algo lejos que muy probablemente regresará a ti."[178] por eso, Pedro escribió esto en el presente sentido continuo, porque "lanzar" no es una acción única que realizamos; es algo que debemos hacer continuamente una y otra vez hasta que seamos liberados de esa situación.

Pero antes de que podamos verdaderamente poner nuestras preocupaciones en el Señor, debemos humillarnos, "Porque Dios resiste a los soberbios, pero da gracia a los humildes." Humillaos bajo la poderosa mano de Dios, para que Él te exalte a su debido tiempo, poniendo todo tu cuidado en Él, porque Él se preocupa por ti" (1 Pedro 5: 5-7). Para entender correctamente lo que este versículo nos está diciendo, debemos leerlo de esta manera: "Humillaos, pues, bajo la mano poderosa de Dios poniendo todo tu cuidado sobre Él; Él te exaltará a su debido tiempo porque Él se preocupa por ti."

Hay un orden de eventos que tienen lugar aquí que sería prudente notar. Cuando continuamente echamos nuestras preocupaciones al Señor, de hecho, estamos reprendiendo la tentación del orgullo y la incredulidad al quitar todo el control de esa situación de nuestras manos. A su vez, nos humillamos bajo la poderosa mano del Señor diciendo: "Confío en que tú Señor manejarás esto a tu manera y en tu tiempo." De nuevo, esto no es algo que hacemos una sola vez; es algo que hacemos continuamente hasta que Dios nos saca de esa situación. ¿Cuándo sucederá eso? "A su debido tiempo," el apóstol Pedro dice más específicamente, en el tiempo del Señor. Así es la fe en acción, porque esperar que el Señor nos libere en Su tiempo perfecto es una cosa difícil de hacer. Proverbios 13:12 nos recuerda esto: "La esperanza diferida hace al corazón enfermo."

Entonces, ¿Cómo confiamos en que Dios nos exaltará cuando nuestras preocupaciones continúan retrocediendo? Pues por medio de recordarnos continuamente a nosotros mismos que "Él se preocupa por nosotros." La mayoría de las religiones en su mejor momento, tienen suerte si pueden encontrar un momento en que su dios sea bueno.[179] Pero Dios, el Único Dios Verdadero, no solo es bueno todo el tiempo, sino que también es un Dios que se preocupa por sus hijos. ¿Creo que es interesante que usemos esta característica de Dios muy casualmente como lo citamos a otras personas todo el tiempo, pero realmente nos lo creemos de verdad?

Cuando tenía dieciséis años, destrocé el coche de mis padres. Tenía tanto miedo de contarle a mis padres lo que había pasado que le pedí a mi amigo que llamara a mi papá por mí y le dijera que tuvimos un accidente. Cuando mi papá llegó al lugar, mi amigo preguntó "¿Quieres que me interponga entre tú y tu papá?" Bueno; mi papa no es un hombre malo en ningún sentido de la palabra, pero debido a mi falta de confianza en su amor por mí, pinté una imagen horrible de quién era para mí no solamente mi padre sino también mi amigo. Bueno mi papa, siendo mi padre, pasó por delante de lo que quedaba de su coche, ni siquiera lo miró ya que él vino directamente a mí para asegurarse de que yo estuviera bien. Su única preocupación era solo por mi bienestar.

Como creyentes, cuando fallamos en humillarnos y confiar en Dios, y permitimos que la preocupación e incredulidad entren y cambien quién es Dios en nuestras mentes y corazones, es porque el mundo da una imagen de un Dios que no se preocupa por sus hijos. Pero, cuando nosotros permanecemos en la fe, continuamente echando nuestras preocupaciones sobre Él porque conocemos que nuestro Dios nos ama y se preocupa por nosotros, el mundo verá a Dios por quien Él verdaderamente es.

DICIEMBRE 16

Hebreos 11: 5: "Por la fe, Enoc fue llevado para que no viera muerte, y no fue encontrado porque Dios se lo había llevado; porque antes de que fuera tomado él, tuvo testimonio de haber agradado a Dios."

Puede ser muy humillante leer Hebreos 11 y aprender de los hombres y mujeres que realizaron increíbles actos de fe en los momentos más adversos. Es muy fácil alejarnos de este capítulo comparándonos con ellos, preguntando: "¿Qué es lo que alguna vez he hecho?" Pero luego leemos acerca de este hombre llamado Enoc: "Por la fe Enoc fue llevado para que no viera la muerte, "y no fue encontrado porque Dios había tomado a Enoc porque desde antes de ser llevado, él tenía este testimonio de que agradaba a Dios."

Entonces, ¿Qué sabemos sobre Enoc? En Génesis 5 se nos dice que vivió sesenta y cinco años, engendró a Matusalén y luego "caminó con Dios durante trescientos años y tuvo hijos e hijas" (Génesis 5:22). Sin embargo, no se dice nada sobre ningún acto de fe que pudo haber realizado. Entonces, ¿Por qué Enoc fue incluido en el "Salón de Fe"? Sencillo, caminó con Dios. Espera, ¿qué?

¿Podría la vida cristiana ser realmente así de simple? ¿Podrían realmente nuestras vidas en Jesús reducirse a caminar con Dios? ¿Ni obras, ni hechos, ni logros, ni tampoco cuantas personas hemos llevado a Dios. . . sino simplemente caminar con Dios? Creo que podemos conseguir quedar atrapados en cómo otros están sirviendo al Señor de tal manera que nos menospreciamos y a nuestro llamado, porque no estamos haciendo lo mismo que ellos. ¿Pero que si no estamos llamados a hacer esas cosas? ¿Qué pasa si somos llamados a simplemente orar y a interceder por los demás en la tranquilidad de nuestro hogar? ¿Qué pasa si estamos llamados a caminar con Dios a la sombra de los gigantes espirituales de nuestros días, estaremos contentos con eso? ¿Seremos obedientes a ese llamado, incluso si no obtenemos el reconocimiento del hombre?

Michelle compartió conmigo algo que leyó en el Salmo 64 hace un tiempo, y surgió la pregunta, ¿Cuál es la expectativa de Dios para nosotros? La pregunta con la que deberíamos examinarnos a nosotros mismos es, "¿Cuál es la expectativa de Dios para mi vida?" No, "¿Cuál es la expectativa de mi pastor, de mi amigo o de mis padres sobre mi vida?" Cuando colocamos nuestro enfoque en lo que el hombre espera de nosotros; en lugar de lo que Dios espera de nosotros, somos descarriados y distraídos con obras y hechos que simplemente complican y ajetrean nuestras vidas. Mientras tanto, perdemos la hermosa simplicidad de caminar con Dios y la oportunidad de conocerlo cada vez más íntimamente.

El testimonio de Enoc a toda la humanidad fue simplemente este: "agradó a Dios." Cómo nos recuerda Hebreos 11: 6, sin fe es imposible agradar a Dios. Entonces vemos que Enoc fue un gran hombre de fe simplemente porque caminó con Dios. ¿Podría haber mayor testimonio que este? Entonces, creyente, ¿Cuál será tu testimonio cuando todo está dicho y hecho?

DICIEMBRE 17

Isaías 63: 9: "En toda la aflicción de ellos, él fue afligido."

Si tuviéramos que considerar la inmensa magnitud que es Dios, descontando los sufrimientos de Jesucristo mientras estuvo aquí en la Tierra, rápidamente recordaríamos que Dios no puede sufrir daño, no puede ser disminuido, y nunca, nunca, puede ser afligido. Sin embargo, en un momento de declaración pública a los hijos de Israel, recordando las misericordias del Señor hacia su pueblo amado a lo largo de su historia, el profeta Isaías declaró: "En toda la aflicción de ellos, Él fue afligido."

Independientemente de lo que los israelitas enfrentarían, sentirían o deducirían en su próxima temporada de cautiverio y sufrimiento, Isaías recordó a sus hermanos que su devoto Padre no era un Dios desapasionado ni un espectador de corazón duro. Más bien, sufre cuando ellos sufren; Él se aflige cuando ellos lloran; y le duele cuando ellos están dolidos, porque Él los ama y se preocupa por ellos como un Padre lo haría con los suyos.[180] Vemos esto durante una época de rebelión y sufrimiento donde se nos dice acerca de Dios, "Su alma no pudo soportar más la miseria de Israel" (Jueces 10:16). Dios está siempre conectado a Israel como su Padre, y nada cambiará eso.

También es importante notar que el Padre siempre se compadeció de Su pueblo, ya que tomaría lo que le hicieron a su pueblo, como un ataque directo contra Él mismo. Vemos prueba de esto cuando Saulo perseguía fervientemente a los cristianos. Estaba en la cima de esa persecución que Jesús se apareció a Saulo y le preguntó: "Saulo, Saulo, ¿Por qué me persigues? (Hechos 9: 4).

Matthew Henry encontró una traducción hebrea aún más interesante de Isaías 63: 9, que dice: "En toda su aflicción no hubo aflicción." El pensamiento aquí es que, aunque los hijos de Dios estaban sufriendo bajo una intensa aflicción, Su gracia transformó esa aflicción en algo bueno; la severidad de esa aflicción fue disminuida por las misericordias de Dios hasta el punto de que fueron sostenidos y consolados a través de todo. El tiempo de angustia que fue tan intenso resultó ser tan breve, "y terminó tan bien," que en efecto no fue una aflicción en absoluto para los hijos de Dios. A diferencia de los otros pueblos, las dificultades que los hijos de Dios con los que se encontraron no fueron aflicciones per se, sino remedios para lo que realmente los afligía.[181]

Es difícil mirar esto y no estar reconfortado y seguro en nuestros tiempos de dificultad, porque, aunque Dios se estaba refiriendo a los israelitas en este pasaje de Isaías, hemos sido injertados en el reino de Dios mediante la sangre de Jesucristo; por lo tanto, ahora somos hijos espirituales de Israel. Entonces, creyente, recuerda, en tus tiempos de dificultad que, en toda tu aflicción, no estás solo, porque Él también está afligido; y que, con Él, por Su gracia y misericordia, cuando todo esté dicho y hecho, será como si no hubiera aflicción.

DICIEMBRE 18

Isaías 64: 7: "Y no hay quien invoque tu nombre, que se despierte para apoyarse de ti."

¿Cuál es la mayor amenaza para nosotros: que pecamos o que no buscamos el perdón? Esta es la pregunta que me hice mientras leía Isaías 64. Los hijos de Israel lamentaban la ausencia de la intervención divina de Dios en sus vidas debido a su pecado y rebelión en curso, "Pero Tú has estado muy enojado con nosotros," porque no somos piadosos. Somos pecadores constantes; ¿Cómo puede la gente como nosotros ser salvos? Todos estamos infectados e impuros con el pecado. Cuando mostramos nuestras buenas obras son como trapos de inmundicia. "Como hojas de otoño, nos marchitamos y caemos y nuestros pecados nos barren como el viento" (Isaías 64: 5–6, NTV). ¿Suena esto familiar para ti? Sé que muchas veces le he dicho estas mismas cosas a Dios en mi caminar. Lo que debemos entender es que no somos solo tú y yo; este es el estado de toda la raza humana desde el momento en que nacemos. ¿Pero es esto el verdadero problema?

"Sin embargo, nadie invoca tu nombre ni te suplica misericordia. Por lo tanto, Tú te has apartado de nosotros y nos han entregado a nuestros pecados" (Isaías 64: 7, NTV). Es importante recordar que, aunque el pecado nos separa de Dios, el no arrepentirse es lo que finalmente lo aleja de nosotros. Tan malvado como es el pecado, el problema aquí no fue que pecaron, sino que nadie invocó a Dios.

Ninguno suplicó misericordia; nadie buscó Su gracia mediante el arrepentimiento. Los hijos de Israel simplemente continuaron en su pecado.

La diferencia entre un creyente y un incrédulo no es si pecamos o no, porque todos los hombres han pecado y todos los hombres están destituidos de la gloria de Dios (Romanos 3:23). No, la diferencia es que aquellos que invocan su nombre, que suplican por su misericordia, quienes buscan su gracia y se arrepienten de su pecado, para éstos será el reino de Dios; para éstos será el perdón y la vida eterna.

Es cierto, el Señor se encuentra con los que se regocijan y continúan en justicia. (Isaías 64: 5), por lo que debemos abstenernos de pecar con todo nuestro corazón, alma, mente, y fuerzas. Pero con eso, cuando pecamos, nunca debemos permitir que nuestro pecado nos impida buscar Su misericordia y gracia, porque esa es la razón por la que Jesús Cristo vino al mundo.

Mi buen amigo Bill Hanley escribió lo siguiente en relación con este mismo tema: "¿Puedes ver tus faltas, y tu carne, interponiéndose en el camino de la gracia y la misericordia? Llame al pecado por su nombre y llévelo a la cruz. Odias el pecado lo suficiente para preguntar, "¿Qué le ha hecho esto a un Dios amoroso que vino en carne, murió por mí y ahora continúa orando por mí? ¿Ves tus pecados como Cristo lo hizo, cuando sufrió y llevó todos tus pecados al infierno? Reconoce lo que hizo Cristo en la Cruz. Nada es tan valioso como ver tu pecado a la luz de lo que hizo Cristo en la cruz."[182]

DICIEMBRE 19

Juan 3:30: "Él debe crecer, pero yo disminuir."

En 1 Corintios 7, el apóstol Pablo habló sobre los beneficios y desafíos de ser soltero y casado. Uno de los puntos más importantes que tocó Pablo fue que "El que no está casado se preocupa por las cosas del Señor, cómo para agradar al Señor. Pero el que está casado se preocupa por las cosas del mundo: cómo para agradar a su mujer" (1 Corintios 7: 32–33). Su punto era que la persona soltera no tiene las responsabilidades que conlleva tener una familia; así, tiene más tiempo disponible para pasar tiempo sirviendo y conociendo al Señor; la persona casada debe dividir su tiempo entre el Señor, su familia y ellos mismos.

Entonces, ¿Cómo debería dividirse ese tiempo? Este tema surgió el fin de semana pasado cuando Michelle y yo estábamos en comunión con algunos queridos amigos nuestros, y yo estaba explicándoles el error que a menudo cometemos cuando pasamos de ser solteros a estar casados. Cuando estaba soltero, mi tiempo se dividía en dos categorías: tiempo para mí y tiempo para Dios. Así que, por el bien de la discusión, digamos que fue 50% para mí y 50% para Dios. Cuando me casé, se convirtió en un 50% para mí, un 25% para Dios y el 25% para Michelle. Entonces nació nuestra hija Kate, y se convirtió en 50% para mí, 17% para Dios, 17% para Michelle y 16% para Kate. Entonces nuestro hijo Joel nació, y se convirtió en 50% para mí, 12,5% para Dios, 12,5% para Michelle, 12,5% para Kate y 12,5% para Joel.

¿Ves el problema aquí? En lugar de que mi tiempo permanezca constante y el tiempo de Dios menguando, debería haber sido que el tiempo de Dios no se tocara y mi tiempo que se redujera. La gran cantidad de complicaciones que surgen de este sistema de vida en el que yo soy el primero es demasiado numeroso para contar, simplemente porque si estoy invirtiendo el 50% de mi tiempo en mí, y solo el 12,5% en Dios (si es así), será influencia dominante en mi vida, y eso nunca es bueno, ya que mis pensamientos siempre conducen a mi forma de vivir, no a la suya.

John Ruskin dijo una vez: "Cuando un hombre está envuelto en sí mismo, hace un paquete bastante pequeño."[183] W. Glyn Evans hizo eco de este sentimiento: "Nunca antepondré cualquier cosa por Cristo hasta que asista a mi propio funeral."[184] Creyente, debemos reunirnos detrás de lo que Juan el Bautista declaró correctamente a sus discípulos cuando estaban preocupados por la creciente popularidad de Jesús entre la gente, "Él [Jesús] debe crecer, pero yo debo disminuir" (Juan 3:30). Debemos recordar que el crecimiento espiritual y la madurez se basa en que nos neguemos a nosotros mismos. Oh, como tenemos que salir del camino y permitir que el Espíritu Santo posea cada vez más de nuestro ser. ¿Qué podemos traer que posiblemente mejoraría la autoridad, el poder y la gracia salvadora de Jesucristo? En Él nosotros tenemos todas las cosas; apartados de Él, no tenemos *nada*.

DICIEMBRE 20

Génesis 22: 2: "Toma ahora a tu hijo. . . y ofrécelo allí como holocausto."

Cuando estudio para recibir un mensaje y me encuentro con un mandato de Dios, siempre quisiera adjuntarle la consecuencia de seguir o no seguir ese mandato, porque la mayoría de las veces parece que eso es lo que se necesita para que podamos ser obedientes. Bueno, recientemente, mientras me preparaba para una próxima enseñanza, seguí encontrando versículos que instruían a los creyentes a ocuparse de los asuntos del Padre y para hacer el trabajo que nos ha dejado. Y así, como siempre lo he hecho en el pasado, seguí buscando la consecuencia de lo que sucedería si no nos ocupamos de Su trabajo o nuestra misión, sino que más bien están preocupados por los cuidados de esta vida.

Fue entonces cuando Dios me dio una revelación sobre esto. Me recordó que no debería importar cuál sea la consecuencia de un mandato, porque eso nunca debería ser nuestro llamado a las armas. Debemos ser obedientes a Sus instrucciones simplemente porque eso es lo que nos ha instruido que hagamos. No se debe pedir más al Dios que voluntariamente murió para salvarnos de nuestro pecado.

Pero plantea la pregunta: "¿Nos hemos convertido en personas que solo obedeceremos los mandamientos de Dios si la consecuencia es lo suficientemente severa, o la bendición suficiente?" Nuestra obediencia a Cristo nunca debe basarse en las consecuencias; no deberíamos necesitar ser amenazados o sobornados para ser obedientes. Debemos ser obedientes porque Él es nuestro Señor y Salvador y porque confiamos en que Él es Fiel y Su Palabra es verdadera. En algún momento, pusimos nuestra fe en Él, le dimos nuestra vida y dijimos: "Señor, confío en ti con mi destino eterno". ¿Fueron esas palabras vacías?

Pienso en la prueba de todas las pruebas de fe, cuando Dios le dijo a Abraham que sacrificara a su hijo, Isaac, a quien Abraham amaba más que a cualquier otra cosa (aparte de Dios, es decir). Si leyeras esta sección de versículos, verías que Dios nunca le dio a Abraham una consecuencia de su mandato, pero Abraham obedeció completamente a Dios, no necesitó ser sobornado o amenazado para obedecer; simplemente necesitaba escuchar lo que dijo Dios. Ese es el ejemplo que debemos seguir, porque Abraham nunca fue más semejante a Cristo de lo que fue en ese momento, porque obedeció la Palabra de Dios sin medir consecuencia. Oro, para que también sea así con nosotros.

DICIEMBRE 21

> Marcos 14:47: "Y uno de los que estaban cerca, sacó su espada y golpeó al siervo del sumo sacerdote, y le cortó la oreja."

Pedro se vio envuelto en una guerra para la que no estaba preparado ni equipado. Podía desenvainar una espada sobre una gran multitud de soldados, pero no podía sentarse a orar con Jesús durante una hora.[185] Había puesto erróneamente su fe en su fuerza y en las armas de este mundo, en lugar de en el Dios Todopoderoso y las armas que Él nos ha dado.

¿Pero, somos diferentes? ¿Qué tan rápido buscamos las armas equivocadas cuando estamos comprometidos en la batalla? Vemos una situación y reaccionamos en la carne en lugar de reflexionar en el Espíritu. Para que tengamos éxito en la batalla, tenemos que cambiar nuestra forma de pensar de lo carnal a lo espiritual, ya que nuestra batalla no es física, sino espiritual. Nuestras armas de guerra no son de este mundo; son oración y predicación de la Palabra de Dios.

Necesitamos dejar de mover la cabeza y comenzar a enfocarnos en el corazón. Usted quiere cambiar su familia, su lugar de trabajo, su comunidad, este mundo, usted quiere cambiar todo para dar la gloria a Jesús. . . entonces póngase de rodillas y ore para que esté preparado para toda buena obra. Estudie la Palabra de Dios, conózcala, aplíquela, predíquela, para que esté equipado para toda buena obra.

La verdad es que cuando perdemos la confianza en las armas que Cristo nos ha dado a nosotros, perdemos todo poder efectivo para el cambio y la victoria. Cuando eso sucede, elegimos hasta las armas de este mundo, que sólo mutilan y apalean. ¿Cuántas orejas hemos cortado al intentar hacer la guerra con nuestras propias fuerzas? Demasiadas creo yo. El fracaso de los discípulos en el huerto no se debió a su intención ni a su fervor, porque amaban a Jesús increíblemente. No, su fracaso estuvo en su preparación ya que no velaron ni oraron. Aunque también amamos a Jesús, a menudo rechazamos las instrucciones para velar y orar porque no vemos ningún peligro en el horizonte; vemos que no hay razón para mirar y orar mientras confiamos erróneamente en nuestra fuerza y habilidades al proclamar: "Estaré listo." Y sin embargo no estamos ni preparados ni equipados para la batalla venidera, todo porque carecemos de fe en las armas que Dios nos ha dado.

La pregunta que tenemos que hacernos es, ¿Cómo nos mantendremos en el día de la adversidad si no somos un pueblo que ora fielmente y maneja hábilmente la Palabra de Dios? Una pregunta aún mejor es, ¿Cuándo *será* el día de la adversidad? ¿Lo sabremos? ¿Cuándo llegará la llamada telefónica con la respuesta del diagnóstico médico? ¿Cuándo estará a nuestra puerta la persecución de los cristianos? El error que cometemos a menudo es que esperamos para prepararnos hasta que se nos presente una situación; pero para entonces, ya es demasiado tarde y nos encontramos carentes. Entonces, creyente, no seas atrapado sin preparación o sin equipo para la batalla del día, porque todos los días podrían ser un día de adversidad.

DICIEMBRE 22

Lucas 5:17: "Y el poder del Señor estaba presente para sanarlos."

Un día, cuatro hombres llevaron a un paralítico a Jesús. Incapaz de alcanzar a Jesús por la multitud, estos cuatro hombres abrieron el techo de la casa donde Jesús estaba enseñando y bajaron al paralítico hacia Él. Cuando Jesús vio la fe de ellos, le dijo al paralítico, "Hombre, tus pecados te son perdonados" (Lucas 5:20). Siempre me he preguntado por qué Jesús dijo esto primero, y no solo curó al paralítico al momento. Muchos expositores han ofrecido sus pensamientos sobre por qué Jesús hizo esto, pero recientemente, el Señor me mostró que la respuesta está en las secciones anteriores a este versículo.

"Sucedió un día, mientras Él enseñaba, que estaban sentados fariseos y maestros de la ley, que habían venido de todas las ciudades de Galilea, Judea y Jerusalén. Y el poder del Señor estaba presente para sanarlos" (Lucas 5:17). Los "*ellos*" a los que se refiere el apóstol Lucas aquí eran los fariseos y los maestros de la ley. Rich Cathers declaró que la palabra "curar" no solo significa "curar o sanar," sino que también significa "liberarse del error y los pecados; para provocar unos a salvación."[186] Fue entonces, en ese momento, que los cuatro hombres llevaron al paralítico a Jesús.

Todo esto fue establecido por Dios para que los fariseos y los maestros de la ley pudieran ver que el Poder para perdonarlos de sus pecados estaba en medio de ellos. Esto es por lo que Jesús le dijo al paralítico: "Hombre, tus pecados te son perdonados." Jesús quería que todos vieran que Él era el Mesías. El poder de curarlos estaba presente; ellos podrían ser perdonados; podrían recibir la salvación y estar libres de la condenación de la Ley. Naturalmente, al escuchar a Jesús decir esto, los fariseos y los maestros de la ley cuestionaron esto en sus corazones:

> "¿Quién es éste que habla blasfemias? ¿Quién puede perdonar pecados sino Dios?" Pero cuando Jesús percibió sus pensamientos, respondió y les dijo: ¿Que es más fácil de decir, "Tus pecados te son perdonados" [que no requiere prueba], o decir, "¿Levántate y camina [que requiere mucha evidencia]?" Pero para que sepas que el Hijo del Hombre tiene poder en la tierra para perdonar pecados ... Le dijo al hombre que estaba paralizado: "Te digo, levántate, toma tu cama y vete a tu casa." Inmediatamente se levantó ante ellos, retomó el catre donde había estado acostado y se fue a su propia casa, glorificando a Dios. (Lucas 5: 21-25)

Es en esta época del año cuando se nos recuerda que el poder de perdonar es presente y está con nosotros. Eso es lo que proclamaron los ángeles cuando nació Jesús: "Porque os ha nacido hoy en la ciudad de David un Salvador, que es Cristo el Señor" (Lucas 2:11). Después de todo, el mismo nombre de Jesús significa "Dios con nosotros." Entonces creyente, regocíjate, porque Él está con nosotros, con

Su poder para perdonar todos los pecados, Dios está presente, listo y deseando perdonarnos.

DICIEMBRE 23

Marcos 14:49: "Pero las Escrituras deben cumplirse."

La inmensa consideración que Jesús tenía por las Escrituras es simplemente increíble para mí. Como Matthew Henry comentó: "Él soportaría cualquier cosa," incluso la muerte en la cruz, en lugar de permitir que "la más mínima jota o tilde" de la Palabra de Dios "cayera al suelo" y fuera pisoteada.[187] Con ese pensamiento en mente, debemos regocijarnos en el hecho de que así como Jesús cumplió todas las Escrituras con respecto a Su sufrimiento, también cumplió todas las Escrituras con respecto a Su gloria, y cumplirá todas las Escrituras con respecto a aquellos que lo invocan como Señor y Salvador también.

Si entregamos nuestras vidas a Cristo, viviremos con Él por toda la eternidad; si perseveramos y permanecemos en Él, también reinaremos con Él; si lo negamos, Él también nos negará; si somos infieles, Él permanece fiel porque no puede negarse Él mismo. (2 Timoteo 2:13). Esta es la alabanza que la iglesia primitiva cantaba mientras enfrentaba una presión y persecución increíbles. Debemos recordarnos a nosotros mismos, como lo hicieron ellos, que Jesús no puede negar quién es Él; No puede retractarse de ninguna palabra que haya dicho o cualquier promesa que Él ha hecho, porque Él es el Sí y Amén, el Fiel y Verdadero testigo (Apocalipsis 3:14).

A menudo no nos ponemos de pie, no porque no tengamos fe en Él, no porque Él nos ha fallado, y no porque tengamos una fe débil, sino simplemente porque no estamos familiarizados con todas Sus promesas. Porque nos falta el conocimiento de sus poderosas seguridades, sus liberaciones y sus provisiones, entonces no tenemos nada sobre que pararnos, nada en donde poner nuestra esperanza cuando enfrentamos la adversidad. Es allí, en esos momentos de fe sin apoyo, que ese miedo se fortalece, provocando derrumbarnos incluso bajo la más mínima presión. Entonces, creyente, conozca y estudie la Palabra de Dios, porque Él es digno de confianza, completo, autoritario, suficiente y Él siempre cumple lo que dice.

DICIEMBRE 24

Lucas 5:17: "Y el poder del Señor estaba presente para sanarlos."

Me desperté una mañana de Nochebuena con un dolor insoportable. Mi cuello de alguna manera estaba rígido y se había torcido mientras dormía y apenas podía girar la cabeza en cualquier dirección. Inmediatamente, comencé a orar para que Dios me sanara, ya que era Nochebuena y Michelle y yo teníamos muchos planes. Empecé a sentirme un poco frustrado cuando traté de averiguar qué había hecho que causó que mi cuello estuviera tan fuera de control, pero me negué a permitir que me deprimiera y seguí orando.

Mientras pensaba en el mejor curso de acción, me vino a la mente que debería llamar mi antiguo quiropráctico, a quien no había visto en unos cuatro años. Pero luego pensé; "Es Nochebuena; y no va a estar trabajando." Pero me sentí guiado a llamar a su oficina de todas formas. Coincidentemente, "simplemente pasó" a que estuviera en su consultorio viendo a uno de sus pacientes. Nosotros tuvimos una conversación rápida sobre lo que estaba pasando con mi cuello, y dijo que podía verme rápidamente antes de que se fuera de la ciudad esa mañana.

Después de que colgué el teléfono con él, sentí que el Señor me decía: "Patrick, tal vez esta cita no tiene nada que ver contigo; tal vez esta cita tenga que ver con él." Cuanto más pensaba en esto, más paz tenía sobre lo que estaba pasando. De camino a su oficina, oré: "Padre, por favor imprime en mi corazón lo que sea que quieras que le diga y se lo diré."

Una vez que llegué allí, nos pusimos al día platicando un poco, y luego comenzó a trabajar en mi cuello y hombro. Mientras hacía esto, le conté lo que el Señor me había dicho revelando a mi corazón esa mañana, que todo esto no tenía nada que ver conmigo, pero todo que ver con él.

Se sorprendió un poco por lo que dije, y comencé a sentir que algo sucedía en su vida y que algo le preocupaba. Empezamos a hablar del poder de la oración, Dios, la iglesia y la Biblia, y finalmente le pregunté si podía orar por él. Él estuvo de acuerdo con mucho gusto y oré lo que creía que el Señor quería que orara. Cuando terminé de orar, me agarró y me dio un gran abrazo como diciendo: "Realmente lo necesitaba." Fue en ese momento que sentí que el Señor me decía: "No es suficiente solo orar por él, Patrick; pregúntale si me recibirá como su Señor y Salvador."

Así que le expliqué lo que creía que el Señor me había dicho mientras estábamos abrazados, y le pregunté si quería entregar su vida a Jesucristo. Él dijo que sí. Después de que entregó su vida a Cristo, oré por él nuevamente y recuerdo agradecer tanto a Dios por destrozarme el cuello para poder ser parte de este momento increíble. Fue entonces cuando me sentí abrumado por lo que estaba sucediendo ante mí, pude ver a este hombre pasar de la muerte a la vida en cuestión de segundos.

Cuando salía de su oficina, lo miré para decirle adiós y nunca olvidaré la sonrisa que tenía en su rostro cuando se decía a sí mismo: "Soy una nueva creación."

Verdaderamente el poder del Señor está presente hoy para perdonar a los hombres de sus pecados. Así que creyente, prepárate; abundan las citas divinas porque hoy es el día de salvación para muchos y el poder del Señor está presente para perdonarlos.

DICIEMBRE 25

> Tito 1: 2: "en la esperanza de la vida eterna que Dios, que no puede mentir, prometió antes de que comenzara el tiempo. . ."

Las expectativas no satisfechas siempre conducirán a la incredulidad, y la falta de fe, en su esencia, es todo lo opuesto a Dios, porque sin fe es imposible agradar a Dios (Hebreos 11: 6). Entonces, ¿Cómo derrotamos la incredulidad? Confiando en el hecho de que Dios no puede mentir. No es que Dios no mienta, o que Dios no desee mentir, es que Dios *no puede* mentir. ¡Así como tú y yo no podemos ser otra cosa que humanos, Dios no puede mentir! Es imposible que Él lo haga porque Él es la verdad, y no hay sombra de cambio dentro de Él (Santiago 1:17). Esta verdad debe ser lo primero que debemos decirnos a nosotros mismos cada vez que leemos la Biblia, cada vez que enfrentamos una dificultad, y cada vez que somos tentados por la incredulidad. ¡Dios no puede mentir!

Considere esto al leer Juan 14: 1–3: "No se turbe vuestro corazón; creed en Dios, creed también en mí [Jesús]. En la casa de Mi Padre hay muchas mansiones; si no fuera así, te lo habría dicho. Voy pues a prepararte un lugar. Y si me voy prepararé un lugar para ti, vendré de nuevo y te recibiré para Mí mismo, para que donde Yo estoy, ustedes también estén."

Si nunca ha estudiado la secuencia de eventos del matrimonio hebreo tradicional, es bastante fascinante. Comienza con el compromiso matrimonial, en el que el futuro novio viajaría desde la casa de su padre a la casa de su futura esposa. Luego pagaría el precio de compra por ella, estableciendo así el pacto matrimonial con ella. El novio luego regresaría a la casa de su padre (que significaba estar separado de su novia por un corto período), durante el cual prepararía el alojamiento para su esposa en la casa de su padre.

El novio volvería entonces por su novia, pero en un momento que ella no conocía; por lo tanto, ella siempre tendría que estar preparada. Luego regresarían a la casa de su padre. para consumar el matrimonio y celebrar la fiesta de bodas en los próximos siete días.[188]

El paralelismo que encontramos con la promesa de que nuestro Esposo, Cristo, nos ha dado a nosotros, Su novia, no se puede perder. Jesús dejó la casa de su

Padre para venir a nuestra casa para que Él pudiera pagar nuestro precio de compra y establecer un pacto con nosotros. Ascendió al cielo y regresó a su Padre, para poder prepararnos un lugar en la casa de Su Padre. Él regresará por nosotros en un momento que no conocemos; por lo tanto, siempre debemos estar preparados. entonces estaremos con Él, donde Él esté, y celebraremos la fiesta de bodas del Cordero por toda la eternidad.

Entonces, creyente, recuerde, Dios no puede mentir: "si no fuera así, le habría dicho," La expectativa del regreso de Cristo debería ser donde nuestra esperanza esté firmemente puesta; Esta debe ser la expectativa que está al frente de nuestra mente y pensamientos, cada momento durante el resto de nuestros días porque "todo el que tiene esta esperanza en él, se purifica a sí mismo, así como Él es puro" (1 Juan 3: 3). Tener esta esperanza debilitará el deseo por este mundo y sus caminos, mantengamos nuestro enfoque en lo que es verdadero, y siempre asegúrese de que estemos listos a Su regreso.

DICIEMBRE 26

Filipenses 4: 4: "Regocíjense en el Señor siempre. De nuevo diré, ¡regocíjate!"

El tema básico de la carta a los Filipenses es el gozo. Pero la pregunta obvia es, "¿Cómo nos regocijamos siempre y en toda circunstancia?" Lo hacemos pensando con razón, dice Pablo, porque la forma en que pensamos determina en última instancia cómo nos sentimos.[189] El gozo es un tema tan poderoso a lo largo de esta carta; por eso, lo que a menudo se pierde es el hecho de que el apóstol Pablo exhortó a la iglesia en Filipos a pensar correctamente, cuando se refirió específicamente a nuestras formas de pensamiento en nuestras vidas más de veinte veces en esta carta. En otras palabras, Pablo nos instruye a que pongamos nuestra mente en Cristo porque cuando hacemos esto entraremos en gozo.

Al considerar Filipenses 1, Jon Courson dijo que no podemos cambiar nuestros corazones; pero podemos cambiar de opinión. No podemos cambiar cómo nos sentimos, pero podemos cambiar nuestra forma de pensar. Este es un concepto muy importante que debemos entender porque, aunque Dios puede cambiar nuestro corazón, nunca cambiará nuestra mente. Dios le ha dado a la humanidad la libertad de pensar y elegir lo que queramos, y Él nunca quita o infringe esa libertad. Pero si cambiamos de opinión, Dios luego cambiará nuestros corazones.[190]

Proverbios 23: 7 dice: "Porque como [un hombre] piensa en su corazón, así es él." La palabra "corazón" usado aquí se refiere al lugar donde uno piensa y reflexiona, no al centro de las emociones y sentimientos. De qué otra manera podemos explicar cómo el apóstol Pablo, sentado en una silla romana dentro de su celda y sabiendo que podría morir en cualquier momento, ¿Pudo escribir una carta que no solo está llena de gozo, sino que también nos instruye a *regocijarnos* siempre?

El punto es que no podemos quedarnos de brazos cruzados y esperar que el gozo nos llegue milagrosamente. Hay que tomar decisiones, decisiones difíciles. Tiene que haber un esfuerzo de nuestra parte para cambiar nuestra forma de pensar, independientemente de cómo nos sintamos o en qué situación nos encontremos. Cuando nos ponemos en la mente de Cristo y cambiamos nuestra propia mente pensando en lo que sentimos es verdadero y lo que Cristo dice es cierto, nuestro comportamiento cambia y daremos gloria a Dios. Así es como maduramos; así es como somos fortificados; así es como somos santificados; y en última instancia, así somos transformados por la renovación de nuestra mente para que podamos probar lo que es bueno y aceptable y la perfecta voluntad de Dios (Romanos 12: 2).

DICIEMBRE 27

Romanos 5:20: "Pero donde abundó el pecado, sobreabundó la gracia."

La promesa de lo que el pecado trae a nuestras vidas es un mensaje muy aleccionador. Nos recuerda que el pecado destruye, condena y, en última instancia, nos separa de Dios. Como pecadores, sabemos que esto es cierto, ya que todos hemos experimentado de primera mano la destrucción, condenación y separación que trae el pecado. ¿Pero esto es todo el mensaje que debemos recibir con respecto al pecado?

Siempre junto con lo que trae el pecado, está la mayor promesa que hay Gracia y Perdón por medio de Jesucristo nuestro Señor: "donde abundó el pecado, sobreabundó la Gracia" (Romanos 5:20). Este vínculo de maldición y redención se ve claramente en toda la Biblia; como el Señor prometió continuamente qué pasaría si su pueblo se apartara de Él. Sin embargo, junto con esa promesa, el Señor también juró que el perdón estaba disponible para ellos si así lo deseaba (Salmo 86: 5).

Es de vital importancia para nosotros recordar que la promesa de lo que trae el pecado contra nosotros no es el mensaje completo que Dios nos ha dado; más bien, es simplemente el precursor a un mensaje mayor: que en Cristo hay abundante perdón (1 Juan 1: 9). También a menudo solo aceptamos la primera mitad de este mensaje: que el pecado destruye, condena, y nos separa de Dios, y olvidamos que "como por la transgresión de uno vino el juicio a todos los hombres. . . aun así, a través del acto de justicia de un Hombre, llegó el regalo gratuito a todos, lo que resulta en la Justificación de Vida" (Romanos 5:18). Si recibimos la verdad respecto a nuestro pecado, también debemos recibir la verdad sobre el perdón de Cristo. Usted no puede tener uno sin el otro.

Como señaló el pastor David Guzik, cuando el profeta Natán le dijo a David que su pecado había sido rechazado por el Señor; la única razón por la que David podía creer que él fue perdonado por cometer adulterio con Betsabé y asesinar a Urías, fue porque podía creer que había pecado.[191] Darse cuenta y confesar nuestro pecado no es una maldición de ninguna manera; más bien, es el trampolín para buscar y recibir el gran perdón de Dios. Entonces, creyente, incluso cuando "nuestro corazón nos condena" cuando nos enfrentamos cara a cara con nuestra naturaleza pecaminosa, recuerde, "Dios es más grande que nuestro corazón" y está listo y dispuesto a perdonar (1 Juan 3:20).

DICIEMBRE 28

2a Crónicas 30: 18a: "Sin embargo comieron la Pascua al contrario de lo que estaba escrito."

Ejercemos sabiduría cuando implementamos la estructura para un servicio de la iglesia, un estudio bíblico, o reunión de oración, ya que todas las cosas deben hacerse decentemente y en orden (1 Corintios14:40). Pero con eso, también debemos tener cuidado al mantener esa agenda, ya que hay una delgada línea entre tener estructura y ser legalista. El problema del legalismo generalmente surge cuando tenemos estructura sin desviaciones; es ahí donde el espíritu se apaga y la estructura se convierte rápidamente en ley.

En 2 Crónicas 30, leemos acerca de un momento en la historia de Israel cuando el rey Ezequías limpió, estableció y restauró la adoración en el templo. Luego llamó a todo Israel para viajar a Jerusalén y celebrar la fiesta de la Pascua. Desafortunadamente, la mayoría de la gente no sabía cómo prepararse adecuadamente para la Pascua porque no se había celebrado en muchos años. "Para una multitud de personas. . .

no se habían purificado ellos mismos, pero comieron la Pascua contrariamente a lo que estaba escrito" (2 Crónicas 30: 18a). Sin embargo, el Señor no los derribó. No los condenó ni los castigó por violar la ley. Más bien, tuvo misericordia de sus almas y "escuchó a Ezequías" (2 Crónicas 30:20), quien había orado por ellos diciendo: "Jehová que es bueno, sea propicio a todo aquel que ha preparado su corazón para buscar a Dios" (2 Crónicas 30: 18b).

Si leyeras todo este capítulo, descubrirías que casi todas las leyes sobre la celebración de la Pascua se rompieron; sin embargo, el Señor bendijo a la gente y les perdonó su pecado porque la actitud de su corazón prevaleció sobre su actividad externa.[192] Tenemos que recordar que siempre se tratará de nuestro corazón con el Señor. Aunque estas personas ignoraban la ley, aunque hicieron casi todo lo malo, sus corazones realmente buscaron al Señor, y eso es lo que más importó. El Señor no quiere rituales; Quiere intimidad. El pastor F.B. Meyer dijo una vez: "Puede que no entiendas la doctrina, el credo o el rito; pero asegúrate de buscar a Dios." Ningún ceremonial espléndido ni etiqueta rigurosa puede interceptar el alma que busca a Dios.[193]

Me temo que con demasiada frecuencia fallamos en esta área, ya que interceptamos el alma que busca a Dios sujetándola a nuestra religión estructurada. Rechazamos a los que entran a la iglesia todavía apegados al mundo; reprendemos a los que ignoran nuestras leyes o no actúan como un cristiano. Los enviamos magullados y rechazados por nuestra religiosidad, cuando lo único que deseaban era venir y aprender a adorar al Señor. Nosotros debemos recordar, como bien dijo Grotius, "Las instituciones rituales deben dar lugar, no sólo a una necesidad pública, sino a un beneficio y ventaja públicos."[194]

Mahatma Gandhi escribió en su autobiografía que cuando estaba buscando sanar a su país de la división que había creado el sistema de castas, trató de saber más del cristianismo, pero mientras entraba a una iglesia un domingo por la mañana para hablar con el ministro acerca de Cristo y la salvación, los que estaban ahí se negaron a permitir que se sentara y le dijeron que fuera a adorar con su propia gente. Oh, cómo debemos desviarnos de nuestra estructura religiosa y recordar que Jesús no vino a crear división, establecer rituales y hacer cumplir la ley. No, Él vino a salvar a los enfermos y derribar todas las barreras para que todos los hombres puedan acudir a Él y ser salvos.

DICIEMBRE 29

Romanos 1:16: "No me avergüenzo del evangelio de Cristo, porque es el poder de Dios para salvación."

Una vez escuché a un pastor dar un mensaje completo sobre el padre fundador de su iglesia. Desde el punto de vista de hablar en público, este hombre lo manejó como un mensaje bien pensado, atractivo, gracioso y hablado con elocuencia, pero desde un punto de vista bíblico, este hombre fracasó miserablemente, ya que nunca mencionó el nombre de Jesucristo. Aunque este hombre entregó un buen mensaje que hizo cosquillas a los oídos de la congregación, la verdad es que fue un mensaje impotente que no cambió a nadie, no salvó a nadie, y finalmente no dio fruto de valor eterno.

El apóstol Pablo se encontró con algo muy similar cuando compartió el mensaje de la cruz con los judíos y los griegos. Los judíos rechazaron este mensaje porque buscaban una señal poderosa; los griegos lo rechazaron porque buscaban sabiduría lógica. A los ojos de judíos y griegos, el mensaje acerca de un Mesías que fue crucificado para salvar al hombre de su pecado no fue poderoso ni lógico; fue una tontería.

La tentación de Pablo habría sido proponer un mensaje que fuera atractivo tanto para los judíos como para los griegos, uno que les activara su corazón, pero como Pablo escribió a los romanos: "No me avergüenzo del evangelio de Cristo, porque es poder de Dios para salvación." Pablo entendió claramente que solo había un mensaje que realmente cambiaría vidas y culturas, y ese era el mensaje de la cruz.

Antes de la Nochebuena de 2003, la cultura en mi familia era muy diferente a la que es ahora. No nos abrazamos; no decimos "te amo;" no mostramos emoción; y nunca compartimos nada personal. Esto no fue culpa de mis padres, fíjate; fue cómo se criaron y cómo se crio a sus padres, y cómo se crio a los padres de sus padres. Durante más de cien años la cultura en mi familia todo permaneció igual hasta la víspera de Navidad de 2003. Esa fue la noche en que compartí el evangelio de Jesucristo con mi familia.

Que yo sepa, nadie recibió la salvación esa noche; pero a medida que pasaba el tiempo, la cultura en mi familia comenzó a cambiar lentamente. Pronto comenzamos a abrazarnos unos a otros y decirnos "te amo;" comenzamos a compartir lo que estaba pasando en nuestras vidas e incluso comenzamos a mostrar emoción. Conforme pasó el tiempo, comenzamos a orar juntos y finalmente tuvimos un estudio bíblico familiar los domingos por la tarde. Sin embargo, lo más importante que surgió de esa noche fue el hecho de que, con el tiempo, cada miembro de mi familia le dio su vida a Jesucristo.

Realmente es algo asombroso, cuando se considera el hecho de que durante más de cien años de conducta condicionada cambiaron radicalmente cuando el evangelio de Jesucristo fue compartido. Entonces, creyente, si quieres cambiar la vida y la cultura de tu familia, tus compañeros de trabajo y tu comunidad, predica a Cristo crucificado. (1 Corintios 1:21). Solo el mensaje de la cruz tiene el poder de cambiar y transformar, porque solo el evangelio de Jesucristo es el poder de Dios para salvación.

DICIEMBRE 30

Deuteronomio 7: 6 (NTV): "Porque eres. . . un tesoro especial ".

Uno de los libros favoritos de Kate es La Caja de Benjamín Box, de Melody Carson. Es la historia de un niño llamado Benjamín que vivió en Jerusalén durante los días del ministerio terrenal de Jesús. Según cuenta la historia, el abuelo de Benjamín le dio una caja del tesoro que contenía solo una pajita ordinaria. Cuando Eli, el amigo de Benjamín, le preguntó sobre la paja, Benjamín explicó que "la paja vino de la cama de un bebé que nació en un establo, y continúo diciendo que su abuelo era pastor entonces y dijo que el bebé crecería hasta convertirse en rey."[195] Elí su amiguito se rio mientras cuestionaba el significado de la paja y el bebé. Esto prepara el escenario para el resto del libro, en el que Benjamín continuaría y recogería más tesoros que son importantes para la semana de la crucifixión de Jesús, como pieles del burro en el que Jesús cabalgó, una copa rota de la Última Cena, una piedra para el juego de azar de los guardias en la crucifixión, etc.

Esto inspiró a mi hija de cuatro años a hacer algo muy similar. Tal como la reacción que tuvo Eli ante la pajita en la caja de Benjamín, mucha gente mira los tesoros que Kate ha reunido y los descarta como insignificantes. Ante los ojos del mundo; unas margaritas del campo que recolecta y que juega con ellas en la iglesia, palitos del parque detrás de nuestra casa, rocas y hojas muertas a lo largo de la acera, trozos de papel, pedacitos de cinta adhesiva, bandas de goma rotas. . . todos son inútiles y deben tirarse lejos.

En la estimación del mundo, estas cosas no tienen valor ni importancia porque no hay nada especial en ellos. Pero a los ojos de Kate, todos son tesoros.

Estaba pensando en esto mientras colocaba la punta de un hisopo de algodón limpio en su caja del tesoro como ella pidió. Me di cuenta de que, aunque pudiera considerar estas cosas como irrelevantes y sin importancia, para ella todos son muy especiales y significativos, justo como cada uno de nosotros es muy especial y significativo para Dios. El mundo a menudo nos etiquetará como inútiles, sin valor, insignificantes y dañados. Nos descartará y nos echará aparte porque no tenemos ningún valor en el sistema mundial. Sin embargo, el Señor nos dice a cada uno de nosotros; sí, incluso tú: eres especial, eres significativo, tienes un gran propósito, eres una nueva creación has sido completamente restaurado; ante Mis ojos eres muy valioso y te amo (inserta tu nombre aquí).

Lo que debemos recordar es que no debemos conformarnos con el sistema de valores, que dice el mundo que tenemos que ser [rellenar el espacio en blanco (inteligentes, guapos, ricos etc.)] para ser especiales. Al contrario de lo que dice el mundo, nuestro valor no se mide por cómo nos vemos, cuánto dinero tenemos, nuestro estado civil, nuestro trabajo, nuestra ropa, nuestro coche, nuestra educación, o nuestro pasado. Nuestro valor ni siquiera está determinado por lo que pensamos nosotros mismos por lo que hemos hecho o no hemos hecho en nuestra vida. Nuestro valor está determinado únicamente por quiénes somos ante los ojos de Dios, y Él dice que somos sus amados, su obra maestra, su tesoro precioso, su herencia eterna. . . simplemente, nosotros somos la niña de sus ojos. En el sistema de valores del Señor, nos define quiénes somos en Jesucristo, no quienes somos en el mundo. Entonces, creyente, recuerde, usted "pertenece al Señor su Dios. [Él] le ha elegido para ser su propio tesoro especial" (Deuteronomio 7: 6, NTV).

DICIEMBRE 31

> Salmo 37:25: "Fui joven, y ahora soy viejo; y aún no he visto al justo abandonado, ni a su descendencia mendigando pan."

Una víspera de Año Nuevo, Michelle y yo pensamos que sería una buena idea buscar en el año anterior, mes por mes, y dar gracias al Señor por todas las bendiciones que Él derramó sobre nosotros. Reflexionamos sobre todas las cosas que Dios había hecho por nosotros, las lecciones que aprendimos, las puertas que cerró, las pruebas y dificultades que nos hicieron crecer, etc. Reflexionamos sobre los cumpleaños y celebramos los aniversarios y agradecimos a Dios por todas las personas que trajo a nuestras vidas.

Fue entonces, en ese momento de oración, que recordé los miedos que enfrentamos y las situaciones de desesperanza que se habían presentado a lo largo del año, y me di cuenta de que ni una sola vez ninguno de esos temores se hizo realidad. Ni una vez fuimos superados por esa situación desesperada; ni una sola vez nos faltó lo que era necesario; ni una sola vez fuimos desamparados; ni una sola vez fuimos expulsados a causa de nuestro pecado; Dios no nos falló ni una sola vez de ninguna manera o forma. Y apuesto a que, si miramos todos los años anteriores, todos diríamos exactamente lo mismo que dijo el Rey David: "He sido joven, y ahora soy viejo; y sin embargo no he visto al justo desamparado, ni a sus descendientes mendigando pan."

El año que viene, sin duda, va a tener retos para nosotros, pueden ser dificultades o tribulaciones y tal vez, nos encontraremos desanimados, temerosos y enfrentando situaciones aparentemente imposibles. Quizás incluso estés experimentando algunas de estas cosas ahora mismo. Creyente, no temas; no estés ansioso; no te preocupes ni te abrumes por estas cosas, porque nuestro Dios es un Dios bueno. Él es fiel, y Él es el que está en control de todas las cosas. Él nunca nos ha fallado, nunca nos ha desamparado y nunca lo hará. Él nos verá a través de todas las cosas, *porque nuestro Dios ha vencido* al *mundo*, y en Él, somos más que vencedores. Así que "¡Den gracias al Señor, porque Él es bueno! Porque su misericordia permanece para siempre" (Salmo 136: 1). Amén.

Notas Finales

1. Francis of Assisi, The Little Flowers of St. Francis Assisi, Goodreads, https://www.goodreads.com/quotes/4342-all-the-darkness-in-the-world-cannot-extinguish-the-light (acceso Marzo 18, 2019).

2. David Guzik, "Acts 5—The Church Grows Despite Opposition," Enduring Word, 2018, https://enduringword.com/bible-commentary/acts-5.

3. Ibid.

4. Guzik, "James 5—The Life of a Living Faith," Enduring Word, 2018, https://enduringword.com/bible-commentary/james-5/.

5. Ibid.

6. Guzik, "Acts 14—The Conclusion of the First Missionary Journey," Enduring Word, 2018, https://enduringword.com/bible-commentary/acts-14.

7. Jim Cymbala, You Were Made for More (Grand Rapids, MI: Zondervan, 2008), 193–194.

8. Ibid.

9. Jon Courson, Jon Courson's Application Commentary: New Testament (Nashville, TN: Thomas Nelson, 2003), James 5:15, 1531

10. Guzik, "James 5—The Life of a Living Faith."

11. Chuck Smith, Living Water (Santa Ana, CA: The Word for Today, 1996), 38.

12. Guzik, "Genesis 28—Jacob Flees from Esau," Enduring Word, 2018, https://enduringword.com/bible-commentary/genesis-28/.

13. Quoted by Guzik, "Isaiah 40—Comfort and Strength for God's People," Enduring Word, 2018, https://enduringword.com/bible-commentary/isaiah-40/.

14. Quoted by Ed Rea, "Daily Devotions with Pastor Ed Rea," Packinghouse Christian Fellowship, November 1, 2012, http://packinghouseredlands.org/devotional.

15. Quoted by Erwin W. Lutzer, "Get the Right Start Every Day," Moody Church Media, https://www.moodymedia.org/articles/get-right-start-every-day (accessed Julio 21, 2017).

16. Charles Swindoll, *The Christian Life* (Berlin, MD: Vision House, 1994), 94

17. John MacArthur, *The MacArthur Study Bible* (Dallas: Word, 1997), James 3:6, 1931.

18. Ron Daniel, "Study Notes for James 3:1–12," Ron Daniel . . . a renaissance kinda guy, 1998–2019, http://www.rondaniel.com/library/59-James/James0301.php.

19. Guzik, "James 3—Warnings and Words to Teachers," Enduring Word, 2018, https://enduringword.com/bible-commentary/james-3.

20. Jim Cymbala, *Spirit Rising* (Grand Rapids, MI: Zondervan, 2012), 36–37.

21. Guzik, "Exodus 31—The Call of Bezaleel and Aholiab," Enduring Word, 2018, https://enduringword.com/bible-commentary/exodus-31.

22. Ibid.

23. Ray Stedman, "Things That Don't Work: The Search for Meaning," Ray Stedman Authentic Christianity, September 19, 1982, https://www.raystedman.org/old-testament/ecclesiastes/the-search-for-meaning.

24. Guzik, "Exodus 33—Israel's Path of Restored Fellowship," Enduring Word, 2018, https://enduringword.com/bible-commentary/exodus-33.

25. Ibid.

26. Daniel, "Study Notes Hosea 11:1–14:9," Ron Daniel . . . a renaissance kinda guy, 1998-2019, http://www.rondaniel.com/library/28-Hosea/Hosea1101. php.

27. Charles Spurgeon, *Morning and Evening*, January 14 a.m., Blue Letter Bible, https://www.blueletterbible.org/devotionals/me/view.cfm?Date=01/14&Time =both&body=1.

28. Quoted in Rea, "Daily Devotions with Pastor Ed Rea," Packinghouse Christian Fellowship, Abril 3, 2012, http://packinghouseredlands.org/devotional.

29. Guzik, "Exodus 32—The Golden Calf," Enduring Word, 2018, https://enduringword.com/bible-commentary/exodus-32.

30. Guzik, "Isaiah 6—Isaiah's Conviction, Cleansing and Call," Enduring Word, 2018, https://enduringword.com/bible-commentary/Isaiah-6.

31. Ibid.

32. Spurgeon, *Morning and Evening*, January 14 p.m., https://www.blueletterbible. org/devotionals/me/view.cfm?Date=01/14&Time=both&body=1.

33. MacArthur, *MacArthur Biblia de Estudio*, Daniel 1:8, 1227.

34. Chuck Smith, *Living Water* (Santa Ana, CA: The Word for Today, 1996), 38.

35. John MacArthur, *The MacArthur New Testament Commentary: Revelation 1–11* (Chicago: Moody Press, 1999), 129.

36. Guzik, "1 John 2—Hindrances to Fellowship with God," Enduring Word, 2018, https://enduringword.com/bible-commentary/1John-2.

37. Guzik, "Hebrews 6—A Warning to Discouraged Believers," Enduring Word, 2018, https://enduringword.com/bible-commentary/Hebrews-6.

38. Guzik, "Isaiah 26—Judah's Kingdom of God Song," Enduring Word, 2018, https://enduringword.com/bible-commentary/Isaiah-26.

39. Matthew Henry, *Matthew Henry's Commentary on the Whole Bible*, Proverbs 2, Blue Letter Bible, https://www.blueletterbible.org/Comm/mhc/Pro/Pro_002. cfm?a=630001.

40. Guzik, "Galatians 5—Standing Fast in the Liberty of Jesus," Enduring Word, 2018, https://enduringword.com/bible-commentary/Galatians-5.

41. W. E. Vine, "Vine's Expository Dictionary of NT Words," StudyLight, https:// www.studylight.org/dictionaries/ved/l/love.html.

42. Guzik, "Romans 5—Benefits of Being Justified through Faith," Enduring Word, 2018, https://enduringword.com/bible-commentary/Romans-5.

43. MacArthur, *The MacArthur New Testament Commentary*: Acts (Chicago, IL.: Moody Press, 1996), 326.

44. Stedman, "Maintaining Love: Love Made Visible," Ray Stedman Authentic Christianity, June 11, 1967, https://www.raystedman.org/new-testament/1-john/ love-made-visible.

45. Ibid.

46. Guzik, "Genesis 3—Man's Temptation and Fall," Enduring Word, 2018, https://enduringword.com/bible-commentary/Genesis-3.

47. Brian and Cheryl Broderson, Packinghouse Couples' Retreat, personal communication, July 23, 2013.

48. MacArthur, MacArthur Bibia de Estudio, Romanos 6:4, 1703.

49. Alistair Begg, "They Crucified Him: Mark 15:16-32," Truth for Life: The Bible Teaching Ministry of Alistair Begg, Marzo 18, 2013, https://www.truthforlife. org/resources/sermon/they-crucified-him.

50. Ibid.

51. Guzik, "Matthew 17—Jesus Transfigured, Triumphant, and Taxed," Enduring Word, 2018, https://enduringword.com/bible-commentary/Matthew-17.

52. Justin Alfred, Packinghouse Men's Retreat, personal communication.

53. Guzik, "Matthew 4—The Temptation of Jesus and His First Galilean Ministry," Enduring Word, 2018, https://enduringword.com/bible-commentary/ Matthew-4.

54. Ibid.

55. W. Glyn Evans, *Daily with the King* (Chicago: Moody Publishers, 1979), Enero 31.

56. MacArthur, *MacArthur Biblia de Estudio*, Salmos 84:6, 817.

57. Ibid., Proverbios 24:27, 912.

58. *Star Wars: Episode V, The Empire Strikes Back*, directed by Irvin Kershner (1980; Los Angeles: Twentieth Century Fox Home Entertainment, 2004), DVD.

59. Evans, *Daily with the King*, Diciembre 15.

60. MacArthur, *MacArthur Biblia de Estudio*, Proverbios 10:20, 890.

61. Ibid., Isaiah 50:4–11, 1033.

62. Evans, Daily with the King, Diciembre 7.

63. Henry, *Matthew Henry's Commentary*, Proverbs 10:20, https://www.blueletter-bible.org/Comm/mhc/Pro/Pro_010.cfm?a=638001.

64. Ibid., Psalm 51:6, https://www.blueletterbible.org/Comm/mhc/Psa/Psa_051. cfm?a=529001.

65. MacArthur, *MacArthur Biblia de Estudio*, Proverbios 11:24, 892.

66. Guzik, "Matthew 13—The Kingdom Parables," Enduring Word, 2018, https:// enduringword.com/bible-commentary/Matthew-13.

67. Ibid.

68. Guzik, "Romans 7—Exposing the Weakness of the Law," Enduring Word, 2018, https://enduringword.com/bible-commentary/Romans-7.

69. Henry, *Matthew Henry's Commentary*, Proverbs 13:2-3, https://www.blueletter-bible.org/Comm/mhc/Pro/Pro_013.cfm?a=641001.

70. Ibid., Proverbs 13:4, https://www.blueletterbible.org/Comm/mhc/Pro/Pro_013.cfm?a=641001.

71. Ibid.

72. Cathers, "Acts 1:6–8: Sunday Morning Bible Study," Calvary Chapel Fullerton, May 11, 1997, http://calvaryfullerton.org/Bstudy/44%20Act/1997/44act01b. htm.

73. Ibid.

74. MacArthur, *MacArthur Biblia de Estudio*, Proverbios 3:18, 880.

75. Ibid., Luke 22:10, 1559.

76. Guzik, "Romans 12—Living the Christian Life," Enduring Word, 2018, https://enduringword.com/bible-commentary/Romans-12.

77. Cathers, "Isaiah 40:12–31: Sunday Morning Bible Study," Calvary Chapel Fullerton, December 26, 1999, http://calvaryfullerton.org/Bstudy/23%20Isa/1999/23Isa40b.htm.

78. Guzik, "Joshua 9—The Gibeonite Deception," Enduring Word, 2018, https://enduringword.com/bible-commentary/Joshua-9.

79. MacArthur, *MacArthur Biblia de Estudio*, Psalm 67:1, 800.

80. Guzik, "1 Corinthians 13—Agape Love," Enduring Word, 2018, https://enduringword.com/bible-commentary/1Corinthians-13/.

81. Daniel, "Study Notes: 1 Samuel 13:1–14:52," Ron Daniel . . . a renaissance kinda guy, 1998-2019, http://www.rondaniel.com/library/09-1Samuel/1Samuel1301.php.

82. Nancie Carmichael and William Carmichael, *Lord Bless My Child* (Sisters, OR: Deep River Books, 2011), xxv.

83. MacArthur, *MacArthur Biblia de Estudio*, 1 Peter 4:7, 1947.

84. Stedman, "Let God be God: The Test," Ray Stedman Authentic Christianity, Septiembre 4, 1977, https://www.raystedman.org/old-testament/job/the-test.

85. Ibid.

86. Courson, "Daily Devotional with Pastor Jon Courson: Exodus 27:16," https://www.joncourson.com.

87. Ibid.

88. Evans, *Daily with the King*, Noviembre 4.

89. Courson, "The Law of the Leper Part 2: Leviticus 13–14," Searchlight with Pastor Jon Courson, Enero 29, 2012, https://www.joncourson.com/teaching/teachingsplay.asp?teaching=S7011.

90. Evans, *Daily with the King*, Diciembre 4.

91. Ibid.

92. Ibid., Diciembre 11.

93. Ibid.

94. MacArthur, *MacArthur Biblia de Estudio*, Filipenses 2:12, 1823.

95. Courson, "Leviticus 15:1–17:10," Searchlight with Pastor Jon Courson, Febrero 1, 2012, https://www.joncourson.com/teaching/teachingsplay.asp?teaching=W7021.

96. Ibid.

97. Henry, *Matthew Henry's Commentary*, Psalm 9:10, https://www.blueletterbible.org/Comm/mhc/Psa/Psa_009.cfm?a=487001.

98. Guzik, "1 Corinthians 6—Lawsuits and Loose Living," Enduring Word, 2018, https://enduringword.com/bible-commentary/1Corinthians-6.

99. Guzik, "Genesis 17—God Reaffirms the Covenant," Enduring Word, 2018, https://enduringword.com/bible-commentary/Genesis-17.

100. Evans, *Daily with the King*, March 11.

101. Ibid.

102. Stedman, "John: Who is This Man? – That Other Helper," Ray Stedman Authentic Christianity, Marzo 24, 1985, https://www.raystedman.org/new-testament/john/that-other-helper.

103. Ibid.

104. Henry, *Matthew Henry's Commentary*, Proverbs 19,https://www.blueletterbible.org/Comm/mhc/Pro/Pro_019.cfm?a=647001.

105. Courson, "Leviticus 21–24," Searchlight with Pastor Jon Courson, February 15, 2012, https://www.joncourson.com/teaching/teachingsplay.asp?teaching=W7023.

106. Gene Pensiero, "2 Corinthians 1:1–11," Calvary Hanford, November 11, 2009, http://media.calvaryhanford.com/2corinthians/Chapter01a.pdf.

107. Guzik, "2 Corinthians 1—The God of All Comfort," Enduring Word, 2018, https://enduringword.com/bible-commentary/2Corinthians-1.

108. Pensiero, "2 Corinthians 1:1–11," Calvary Hanford, November 11, 2009, http://media.calvaryhanford.com/2corinthians/Chapter01a.pdf.

109. Guzik, "Romans 12—Living the Christian Life," Enduring Word, 2018, https://enduringword.com/bible-commentary/Romans-12.

110. Guzik, "James 4—The Humble Dependence of a True Faith," Enduring Word, 2018, https://enduringword.com/bible-commentary/James-4.

111. *The NKJV Study Bible*, second edition (Nashville: Thomas Nelson, 2007), Understanding the Bible, xvi.

112. *NKJV Study Bible*, 2 Timoteo 3:16–17, 1929.

113. Guzik, "2 Corinthians 6—Paul's Resume," Enduring Word, 2018, https://enduringword.com/bible-commentary/2Corinthians-6.

114. Guzik, "2 Corinthians 10—How to Judge and Apostle," Enduring Word, 2018, https://enduringword.com/bible-commentary/2Corinthians-10.

115. Stedman, "John: Who Is This Man? The Testing of Faith," Ray Stedman Authentic Christianity, November 13, 1983, https://www.raystedman.org/new-testament/john/the-testing-of-faith.

116. Ibid.

117. Courson, *Jon Courson's Application Commentary: New Testament*, John 15:3, 563.

118. Guzik, "1 John 2—Hindrances to Fellowship with God," Enduring Word, 2018, https://enduringword.com/bible-commentary/1John-2.

119. Stedman, "1 John 1: The Fruit of Fellowship with Christ—The Man Who Rationalizes Sin," Ray Stedman Authentic Christianity, October 9, 1966, https://www.raystedman.org/new-testament/1-john/the-man-who-rationalizes-sin.

120. Ibid.

121. Stedman, "Leviticus: The Way to Wholeness—Power to Do," Ray Stedman Authentic Christianity, September 5, 1971, https://www.raystedman.org/old-testament/leviticus/power-to-do.

122. Ibid.

123. Guzik, "John 13—Jesus, the Loving Servant," Enduring Word, 2018, https://enduringword.com/bible-commentary/John-13.

124. *NKJV Study Bible*, John 13:1, 1686.

125. *NKJV Study Bible*, John 13:37, 1688.

126. G. Campbell Morgan, *The Westminster Pulpit*, Volume IX (Grand Rapids, MI: Baker, 2012), 318–323.

127. Daniel, "Study Notes: Philippians 1:1–2," Ron Daniel . . . a renaissance kinda guy, 1998–2019, http://www.rondaniel.com/library/50-Philippians/Philippians0101.php.

128. *NKJV Study Bible*, Acts 1:14, 1707

129. Henry, Matthew Henry's Commentary, Acts 2, https://www.blueletterbible.org/ Comm/mhc/Act/Act_002.cfm?a=1020001.

130. *NKJV Study Bible*, Acts 1:14, 1040.

131. *NKJV Study Bible*, Acts 1:2, 1040.

132. David Guzik, "Isaiah 7—Shear-Jashub and Immanuel," Enduring Word, 2018, https://enduringword.com/bible-commentary/Isaiah-7.

133. *NKJV Study Bible*, Isaiah 7:9, 1051.

134. Stedman, "Isaiah: The Salvation of the Lord—O Come Immanuel," Ray Stedman Authentic Christianity, Diciembre 22, 1985, https://www.raystedman.org/ old-testament/isaiah/o-come-immanuel.

135. Guzik, "Isaiah 12—Words from a Worshipper," Enduring Word, 2018, https://enduringword.com/bible-commentary/Isaiah-12.

136. Ibid.

137. Pensiero, "Ephesians 4:1–16," Calvary Hanford, October 29, 2008, http://media.calvaryhanford.com/ephesians/Chapter4a.pdf

138. Guzik, "Isaiah 26—Judah's Kingdom of God Song," Enduring Word, 2018, https://enduringword.com/bible-commentary/Isaiah-26.

139. Henry, *Matthew Henry's Commentary*, Isaiah 28, https://www.blueletterbible.org/Comm/mhc/Isa/Isa_028.cfm?a=707001.

140. Ibid.

141. Guzik, "1 John 4—Abiding in God and His Love," Enduring Word, 2018, https://enduringword.com/bible-commentary/1John-4.

142. Guzik, "Isaiah 32—A King's Reign of Righteousness," Enduring Word, 2018, https://enduringword.com/bible-commentary/Isaiah-32.

143. *NKJV Study Bible*, Isaías 33:15, Page 1088.

144. Henry, *Matthew Henry's Commentary*, Philippians 1, https://www.blueletter-bible.org/Comm/mhc/Phl/Phl_001.cfm?a=1104001.

145. Strong's Greek Lexicon, G1922, *epignosis*, Blue Letter Bible, https://www.blueletterbible.org/lang/lexicon/lexicon.cfm?Strongs=G1922&t=KJV.

146. Ibid., *aesthesis*, https://www.blueletterbible.org/lang/lexicon/lexicon.cfm?Strongs=G144&t=KJV.

147. Courson, "Leviticus 11–14," Searchlight with Pastor Jon Courson, Enero 25, 2012, https://www.joncourson.com/teaching/teachingsplay.asp?teaching=W7020.

148. Ibid.

149. Guzik, "1 Peter 5—For Shepherds and Sheep," Enduring Word, 2018, https://enduringword.com/bible-commentary/1Peter-/.

150. Guzik, "Leviticus 17—The Sanctity of Blood," Enduring Word, 2018, https://enduringword.com/bible-commentary/Leviticus-17.

151. Ibid.

152. Henry, *Matthew Henry's Commentary*, Matthew 10, https://www.blueletterbi-ble.org/Comm/mhc/Mat/Mat_010.cfm?a=939001.

153. Ibid.

154. Stedman, "John: Who Is This Man? That Other Helper," Ray Stedman Authentic Christianity, Marzo 24, 1985, https://www.raystedman.org/new-testament/john/that-other-helper.

155. Evans, *Daily with the King*, Agosto 9.

156. Warren Wiersbe, *Be Joyful: Even When Things Go Wrong, You Can Have Joy—NT Commentary Philippians* (Colorado Springs: David C. Cook, 2008), 52

157. Guzik, "Isaiah 40—Comfort and Strength for God's People," Enduring Word, 2018, https://enduringword.com/bible-commentary/Isaiah-40.

158. Daniel, "Study Notes: Mark 6:1-56," Ron Daniel . . . a renaissance kinda guy, 1998–2019, http://www.rondaniel.com/library/41-Mark/Mark0601.php.

159. Guzik, "Mark 6—Rejection, Opinions and Miracles," Enduring Word, 2018, https://enduringword.com/bible-commentary/Mark-6.

160. Evans, *Daily with the King*, Mayo 18.

161. Ibid.

162. Quoted by Guzik, "Isaiah 42—The Servant's Song," Enduring Word, 2018, https://enduringword.com/bible-commentary/Isaiah-42.

163. Guzik, "Isaiah 43—Fear Not," Enduring Word, 2018, https://enduringword.com/bible-commentary/Isaiah-43.

164. Henry, *Matthew Henry's Commentary*, Isaiah 43, https://www.blueletterbible.org/Comm/mhc/Isa/Isa_043.cfm?a=722001.

165. Guzik, "Isaiah 43—Fear Not."

166. Guzik, "Romans 11—The Restoration of Israel," Enduring Word, 2018, https://enduringword.com/bible-commentary/Romans-11.

167. Guzik, "Matthew 6—The Sermon on the Mount," Enduring Word, 2018, https://enduringword.com/bible-commentary/Matthew-6.

168. Guzik, "Isaiah 44—The LORD, Your Redeemer," Enduring Word, 2018, https://enduringword.com/bible-commentary/Isaiah-44.

169. Rich Cathers, "1 John 1–2: Sunday Evening Bible Study," Calvary Chapel Fullerton, Abril 1, 2001, http://calvaryfullerton.org/Bstudy/62%20 1Jo/2001/621Jo01-02.htm.

170. Guzik, "1 John 2—Hindrances to Fellowship with God," Enduring Word, 2018, https://enduringword.com/bible-commentary/1John-2.

171. Henry, *Matthew Henry's Commentary*, Isaiah 48, https://www.blueletterbible.org/Comm/mhc/Isa/Isa_048.cfm?a=727001.

172. Henry, *Matthew Henry's Commentary*, Isaiah 49, https://www.blueletterbible.org/Comm/mhc/Isa/Isa_049.cfm?a=728001.

173. Guzik, "Isaiah 53—The Atoning Suffering and Victory of the Messiah," Enduring Word, 2018, https://enduringword.com/bible-commentary/Isaiah-53.

174. Ibid.

175. "Isoroku Yamamoto Quotes," BrainyQuote.com, https://www.brainyquote.com/quotes/isoroku_yamamoto_224334 (accessed August 11, 2018).

176. Abraham Lincoln, "Proclamation Appointing a National Fast Day, March 30, 1863," *The Collected Works of Abraham Lincoln*, ed. Roy P. Basler, vol. 6 (New Haven, CT: Yale Law Journal Company, 1954), 156.

177. Guzik, "Philippians 3—Leaving Law and Pressing on to Jesus," Enduring Word, 2018, https://enduringword.com/bible-commentary/Philippians-3.

178. Courson, *Jon Courson's Application Commentary*: New Testament, 1 Peter 5:7, 1577.

179. Guzik, "1 Peter 5—For Shepherds and Sheep," Enduring Word, 2018, https://enduringword.com/bible-commentary/1Peter-5.

180. Guzik, "Isaiah 63—Prayer from Captivity," Enduring Word, 2018, https://enduringword.com/bible-commentary/Isaiah-63.

181. Henry, *Matthew Henry's Commentary*, Isaiah 63, https://www.blueletterbible.org/Comm/mhc/Isa/Isa_063.cfm?a=742001.

182. Bill Hanley, personal communication, Febrero 6, 2017.

183. "John Ruskin Quotes," BrainyQuote.com, https://www.brainyquote.com/quotes/quotes/j/johnruskin143120.html (accessed Junio 17, 2017).

184. Evans, *Daily with the King*, Febrero 16.

185. Guzik, "Matthew 26—Jesus' Betrayal and Arrest," Enduring Word, 2018, https://enduringword.com/bible-commentary/Matthew-26.

186. Cathers, "Luke 5:17–26—Wednesday Evening Bible Study," Calvary Chapel Fullerton, April 5, 2000, http://calvaryfullerton.org/Bstudy/42%20Luk/2000/42Luk05b.htm.

187. Henry, *Matthew Henry's Commentary*, Mark 14, https://www.blueletterbible.org/Comm/mhc/Mar/Mar_014.cfm?a=971001.

188. Chuck Missler, "The Wedding Model, Pattern Is Prologue: The Rapture, Part 2," Koinonia House, Enero 1, 2003, http://www.khouse.org/articles/2003/449.

189. Courson, "Philippians 1," Searchlight with Pastor Jon Courson, Marzo 8, 1995, https://www.joncourson.com/teaching/teachingsplay.asp?teaching=W689.

190. Ibid.

191. Guzik, "2 Samuel 12—Nathan Confronts David," Enduring Word, 2018, https://enduringword.com/bible-commentary/2Samuel-12.

192. MacArthur, *MacArthur Study Bible*, 2 Chronicles 3:18–20, 628.

193. F. B. Meyer, "Our Daily Homily: 2 Chronicles," GototheBible.com, http://www.gotothebible.com/Meyer/dailyhomily2chronicles.html.

194. Quoted by Henry, *Matthew Henry's Commentary*, 2 Chronicles 30:20, https://www.blueletterbible.org/Comm/mhc/2Ch/2Ch_030.cfm?a=397001.

195. Melody Carson, *Benjamin's Box* (Grand Rapids, MI: Zondervan, 1997), 10.

Printed in the United States
by Baker & Taylor Publisher Services